U0456922

国家社科基金
GUOJIA SHEKE JIJIN HOUQI ZIZHU XIANGMU
后期资助项目

浙江近代图书出版史研究

A study of Zhejiang modern book
publishing history

梁春芳　朱晓军
胡学彦　陈后扬　著

学习出版社

图书在版编目（CIP）数据

浙江近代图书出版史研究 / 梁春芳等著 . –– 北京：
学习出版社，2014.7

（国家社科基金后期资助项目）

ISBN 978 – 7 – 5147 – 0448 – 8

Ⅰ. ①浙⋯　Ⅱ. ①梁⋯　Ⅲ. ①出版事业 – 文化史 –
研究 – 浙江省 – 近代　Ⅳ. ①G239.275.5

中国版本图书馆 CIP 数据核字（2014）第 046854 号

浙江近代图书出版史研究
ZHEJIANG JINDAI TUSHUCHUBANSHI YANJIU

梁春芳　朱晓军　胡学彦　陈后扬　著

特约编辑：杨庆文
责任编辑：李　岩
技术编辑：王晓勇
封面设计：杨　洪

出版发行：学习出版社
　　　　　北京市崇文门外大街 11 号新成文化大厦 B 座 11 层（100062）
　　　　　010 – 66063020　010 – 66061634　010 – 66061646
网　　址：http://www.xuexiph.cn
经　　销：新华书店
印　　刷：北京市密东印刷有限公司
开　　本：710 毫米 × 1000 毫米　1/16
印　　张：22.75
字　　数：384 千字
版次印次：2014 年 7 月第 1 版　2014 年 7 月第 1 次印刷
书　　号：ISBN 978 – 7 – 5147 – 0448 – 8
定　　价：45.00 元

国家社科基金后期资助项目
出版说明

后期资助项目是国家社科基金设立的一类重要项目，旨在鼓励广大社科研究者潜心治学，支持基础研究多出优秀成果。它是经过严格评审，从接近完成的科研成果中遴选立项的。为扩大后期资助项目的影响，更好地推动学术发展，促进成果转化，全国哲学社会科学规划办公室按照"统一设计、统一标识、统一版式、形成系列"的总体要求，组织出版国家社科基金后期资助项目成果。

全国哲学社会科学规划办公室

绪　言

　　浙江向被称为文物之邦、文化之邦，从图书出版事业即可见一斑。浙江的出版事业滥觞于唐穆宗时代，至今已有1100多年的历史。近代著名学者王国维引唐元稹为《白氏长庆集》所作序说：元稹和白乐天的诗被缮写模勒"卖于市肆"，"夫刻石亦可云摹勒，而作书鬻卖，自非雕版不可，则唐之中叶吾浙亦已有刊板矣"。说明早在公元8世纪，浙江的雕版印刷已经起步，出版工作已具维形。五代吴越国主钱俶佞佛，请永明寺（今净慈寺）高僧延寿主持刻印过大量佛经，在国内外传播。其实物至今犹存，如1924年杭州雷峰塔倾圮时发现的"陀罗尼经"，其经首镌有"天下兵马大元帅吴越国王钱俶造此经八万四千卷舍入西关砖塔永充供养乙亥八月日记"三行文字。吴越国大量刻印佛经，为宋代杭州的刻书业打下了坚实的基础。北宋，杭州一跃而成为全国四大刻书中心之一。据程俱《麟台故事》载，当时朝廷中不少重要典籍，如"三史"、《资治通鉴》等均由皇帝下旨"就杭州镂版"。南宋建都临安（即今杭州），浙江的出版事业更加盛极一时，不仅有官家机构负责雕版刊印的书，即所谓官刻本，如国子监本（简称监本）、公使库本、郡斋本等，也有书坊刊行的书称坊刻本，私人出资刊行的书——称私刻本或家刻本；有的寺院也刻书。地域的分布也十分广泛，可说遍地开花，有杭州本、衢州本、婺州本、温州本、明州本、台州本、绍兴本等名目。杭州是当时全国雕版印刷手工业的重要基地，聚集了一大批技术精良的刻工，对浙江出版事业的发展做出了卓越的贡献。据史载，南宋绍兴年间，国子监复刊的《汉书注》，刻工有120名，孝宗时刻《仪礼疏》，刻工更多达160余名之众。

南宋临安已书坊林立。据叶德辉所著《书林清话》中说："《潜志》（指宋潜说友所撰《咸淳临安志》）京城图，睦亲坊与近民坊平列，中隔御河……河有棚桥，故此一带街巷即以棚名……其时宗学多立于此，故近处多书坊，而陈姓尤盛。"① 陈姓书坊指陈起、陈思所开设的书坊。他们既售书又刻书，所刻书，不仅精致，书的规格也基本统一，行款均为10行18字，后人称为书棚本。张秀民在《中国印刷史》中说到，南宋时，在临安城中像这样前店后坊式的书铺今尚有堂号姓氏可考的就有20余家。其他地方的书坊也不少，如婺州有10多家，庆元（今宁波）、绍兴、湖州、严州（今建德）、衢州诸府共有70余家。南宋150多年间，浙江的出版事业进入鼎盛时期，公私均刻印了很多书，其图书质量有不少已达到极高水平。

元代，虽然政治中心北移，朝廷中一些重要典籍仍交由杭州刊行。如至正五年（1345）中书省奉旨命令杭州刊《辽史》116卷、《金史》135卷。所刊《金史》，因为纸墨精湛，人称"世无其匹"。次年又把《宋史》稿飞马送杭州，依样镂造。大德三年（1299），元朝廷又下令江浙等处行中书省刊《大德重校圣济总录》200卷。延祐元年（1314），元仁宗嫌《农桑辑要》的初刻本字样不佳，下令江浙行省在杭州重刊，并一印再印，先后达万部之多。元代杭州西湖书院，所刊书名重一时。元人刻书多请名人写刻，如四明（今宁波）袁家所刻《清容居士集》50卷，用赵松雪体手写，被称为元版中上乘之作；至正二十六年（1366）婺州路儒学所刊《渊颖吴先生集》12卷，由名手宋璲誊写，古雅可爱。

明代，浙江的出版事业仍居全国的上游。不过地区之间已发生了变化，杭州的刻书就其数量而言虽不下于宋元，但在全国的地位已被列于金陵（今南京）、北京、苏州之后。吴兴（今湖州）在万历年间异军突起，成为全国彩色套印图书的重要基地。在万历、天启年间，以凌、闵两家为代表的湖州彩色套印本书兴起，令人刮目相看。凌、闵两家不仅以朱墨两色套印书籍，更出现了不少三色、四色甚至

---

① 叶德辉：《叶德辉书话》，浙江人民出版社1998年版，第68页。

五色的套印本，所刻书经、史、子、集四部皆备，刻的戏曲、小说还附有各种插图。凌、闵两家套色刻印本，纸白笺细，彩色斑斓，其版式大体相同，以字体方正、行距疏朗、用纸考究为特色，被称为闵刻本或凌刻本。叶德辉在《书林清话》中说："朱墨套印，明启祯间，有闵齐伋、闵昭明、凌汝亨、凌濛初、凌瀛初，皆一家父子兄弟刻书最多者也……墨印朱批，字多流动。""斑斓彩色，娱目怡情，能使读者精神为之一振。然刻一书而用数书之费，非有巨资大力，不克成功。"①

万历中后期，杭州所刊插图本图书，也颇具特色。其中最有名的当数杭州容与堂所刻《李卓吾先生批评忠义水浒传》，插图有 200 幅之多。著名的还有钱塘汪填修重刻的《三遂平妖传》、山阴李延谟延阁在杭刻的《北西厢记》、武林藏珠馆刻的《新刊徐文长先生评唐传演义》、陆云龙峥霄馆刻的《型世言》以及崇祯十年所刻的《吴骚合编》等等。其中不少插图为陈洪绶、蓝瑛等著名画家所绘，由著名刻工黄应光、项南洲所镌刻，精美绝伦。

明代浙江刻书尚有一个特点，即重视地方文献以及古人稀见书籍的整理与出版，刻了大批丛书。如杭州胡文焕所刻的《格致丛书》、钟人杰所刻《唐宋丛书》、何允中所刻的《广汉魏丛书》、海盐胡震亨所刻的《秘册汇函》、湖州茅一相所刻的《欣赏编》（即《重订欣赏编》）、宁波范钦天一阁所刻的《范氏奇书》、绍兴商濬所刻的《稗海》等等，使许多国家重要文献得以流传至今未遭泯灭，为祖国优秀文化的传承作出了重要贡献。

明亡，进入清朝，浙江的出版事业迭遭劫难。当代著名学者、版本目录学家黄裳在《清刻之美》一文中说："康熙、乾隆之间的文字狱与销毁禁书，道咸之间的太平天国战争，在典籍流传上是两个关键时刻。前者造成明清之间出版物的大量毁灭；后者使许多嘉道以还江南雕版中心地区在战火中遭遇损失。比较下来，乾隆、嘉庆两朝留下的印本就比较多些。这就是清初刻本与某些道咸刻本成为罕传

---

① 叶德辉：《叶德辉书话》，浙江人民出版社 1998 年版，第 209 页。

的稀见书的原因。"① 这段话是就全国范围说的，对照浙江则有过之而无不及。浙江所受到的文字狱与禁书之危害，比其他省更甚，对出版事业所造成的影响更深、更广，一直到同光年间才逐渐有所改变。

清朝的文字狱案在浙江有"庄廷鑨史案"、"查嗣庭案"、"吕留良文选案"、"齐召南案"、"卓长龄等诗集案"等。这些案件牵连人数之众，杀害人数之多，实属罕见。至今已过去 200 余年，人们想起，仍不免毛骨悚然，心有余悸。

乾隆后期兴起的大规模的禁书活动，其涉及范围之广，禁书之严酷，也史无前例，对出版事业的打击无异于雪上加霜。据台湾已故小说家高阳考证，乾隆于三十七年（1772）下了一道谕旨，要在全国搜访遗书乃起因于发现钱谦益所撰之《牧斋存学集》有"建夷"二字。遂决定大索天下之书，作一次全面的学术与思想检查。乾隆三十九年（1774）八月他又下了一道谕旨，说："明季造野史者甚多，其间毁誉任意，传闻异辞，必有诋毁本朝之语，正当及此一番查办，尽行销毁，杜遏邪言，以正人心而厚风俗，断不宜置之不办。"从乾隆四十七年（1782）三月四库馆总裁英廉给乾隆的奏折也可见端倪："臣与总纂纪昀等公同商酌，以各书内有词义违碍者，业经陆续查出，分次奏缴销毁……随派纂修翰林戴衢亨、蔡廷衡、潘廷筠、王春熙、吴裕德、吴省兰、汪如洋、程昌期、吴舒帷、吴锡麒、孙希旦、陆伯焜、陈万青等十三员，将各省解送之明代以后各书，逐一严加检阅，详细磨勘，务将诞妄字句删毁净尽，不致稍有遗漏。兹据各该纂修等已全行阅竣，共看出应行销毁书一百四十四部，应酌量抽毁书一百八十一部。臣同该总纂纪昀等，遂加复核，理合开具略节清单，同原书三百二十五部，二千一百二十三本，一并缴进，请旨分别销毁。"② 乾隆发起编纂《四库全书》，确如鲁迅先生所说，是一种"文化统制"的手段，"文字狱不过是消极的一方面，积极的一面，则如钦定四库全书，于汉人的著作，无不加以取舍，所取的书，凡有涉及

---

① 黄裳：《榆下杂说》，上海古籍出版社 1992 年版，第 69 页。
② 〔清〕姚觐元：《清代禁毁书目》（补遗），商务印书馆 1957 年版，第 1 页。

金元之处者，又大抵加以修改，作为定本。"① 修改不了的，部分销毁，或全部销毁。乾隆对浙江尤其关注，在一谕旨中指出："此等笔墨诋毁之事，大率江浙两省居多。"② 因而对江浙查抄特严，于乾隆五十三年（1788）五月初四日特谕江苏、浙江和江西三省："应禁之书，恐尚有存留之本，着传谕严饬所属，悉心查缴，解京销毁。"浙江巡抚罗琅奉谕诚惶诚恐，于五月十三日即上奏，说浙江过去虽共查办过 10 年，奏缴过 24 次，计书 538 种，"但浙江为人文渊薮，民间书籍繁多，实难保再无存留……兹奉谕旨饬查，惟有钦遵设法认真办理。臣现已通行各属，剀切出示晓谕，并督同司道府实力查办……一俟查有禁书，即随时奏明，解京销毁，务期查缴净尽，以仰副我皇上维持风教之至意。"③ 这场费时 20 年的禁书活动，雷厉风行，对浙江出版事业的摧残，至深且钜。

黄裳上文还提到太平天国战争。太平天国战争对浙江最直接而重大的影响当在咸丰末至同治初。当时战火蔓延至浙江的大部分地区，双方你争我夺，战况惨烈，各行各业都受到不同程度的破坏，而出版事业也被波及，因而在较长时期内陷于停滞不前的状态。

咸丰以后，各地逐渐恢复了平静，浙江的出版事业逐渐走上正轨，建立了官书局，各府州县的书铺、书坊也逐渐恢复旧观。

鸦片战争是我国历史的重大转折点，不仅使我国在政治上出现了从未有过的大变局，在我国的文化界、思想界，也出现了新气象。一些先进人士放眼世界，经过观察、比较、思考，认识到英、美、法、德诸国之强于我，不只是因为拥有"坚船利炮"，还由于他们具有更高的文化，或曰文明。我们要想自立于世界民族之林，避免亡国灭种之祸，就应该抛弃过去一些陈旧、落后的思想、观念，面向世界，向西方学习。王韬、严复等开始办报刊，著文介绍西学，严复翻译了《天演论》、《原富》等西方政治、经济等方面的经典著作。在中日甲午战争前夕，严复在天津《直报》上发表了《论世变之亟》、

① 鲁迅：《鲁迅全集》（第 6 卷），人民文学出版社 1981 年版，第 57 页。
② 黄裳：《榆下杂说》，上海古籍出版社 1992 年版，第 196 页。
③ 〔清〕姚觐元：《清代禁毁书目》（补遗），商务印书馆 1957 年版，第 39 页。

《原强》等文章，指出西方之所以强，乃在民主与科学。中日之战，中国失败，清朝廷迫于内外压力，在上层建筑层面也作了某些改革，如废科举等。但是对于国家的根本政治制度则仍坚持不改，因而最终被孙中山先生所领导的国民革命军所推翻。到了民国初年，李大钊、胡适、陈独秀等，对世界形势看得更清楚。他们学贯中西，对我国国情也有深切了解。为了扭转国家命运，振兴中华，他们一方面大声疾呼，引进西方的民主与科学，即所谓德先生和赛先生，一方面强调开发民智，掀起启蒙运动，开展新文化运动。在那一段时间，我国的知识界、思想界真可说是意气风发，议论风生，反映在图书出版界也是一片欣欣向荣的景象。刘国钧在《中国书史简编》中说："在这一时期，我国图书和出版事业出现了空前的发展：图书品种日益增多、出版数量日益高涨，出版物新类型（杂志、报纸、教科书等）的诞生、新印刷术（铅印、石印）等的采用、资本主义经营方式的出版企业的出现——所有这一切标志着我国图书史已进入一个崭新的时代。""由于当时社会对新知识有着强烈的要求，各种政治党派有出版刊物的需要，原有的雕版印刷已不能适应迅速生产大量书籍的要求，因此新技术的应用便成为不可避免的趋势……一些民族资本家陆续开设新式印刷厂，采用新式印刷技术，创立出版机构和发行机构，这也就为我国图书出版事业的发展开辟了新路。"①

鸦片战争失败后，我国开放了广州、福州、厦门、宁波、上海五口通商。

1843 年宁波开埠以后，外国商人纷至沓来，一些传教士也来到中国。美国长老会原来开办在澳门的花华圣经书房，为了传教的方便，也为了宣传西方，迁移到宁波，并改名为华花圣经书房。圣经书房采用西方的铅印技术，大量地印制《圣经》、《使徒行传》等宗教宣传品，也印制部分介绍西方新知识、新文化的书籍，不仅速度快、效率高，也大大减轻了工人的劳动强度，令国人刮目相看，从而对我国的传统雕版印刷技术构成巨大的冲击。

---

① 刘国钧：《中国书史简编》，书目文献出版社 1982 年版，第 97—100 页。

　　鸦片战争以后，由于欧美及日本等帝国主义的不断入侵，我国迅速地沦为半封建半殖民地的国家，广大人民饱受侵凌与奴役之苦，民不聊生。与此同时，由于西方文化的不断侵入，我国传统文化受到重大冲击，人民大众的思想也发生了很大变化，我国社会进入一个大变动的时代。广大知识分子具有社会使命感，如李大钊、陈独秀、胡适、鲁迅等人，他们积极投身于新文化运动，为挽救国家命运、振兴中华，大声呐喊。他们是那个时候一些重要报刊的创办者或积极投稿者。浙江最先引入西方新的印刷出版技术，各地报刊也如雨后春笋般涌现，介绍新知识、新文化的图书逐渐成为图书市场的主角。它们对辛亥革命运动、新文化运动，起到了重要的作用。据浙江省战时教育文化委员会于民国 27 年（1938）年底所作的调查，当时浙江各县共拥有新的印刷机构 166 处，在七八十年的时间内，出版事业已向现代化跨出了一大步。

　　民国时期，浙江图书出版业有了巨大进步，也遭受到反动派更多的压迫。据调查统计，民国元年至 15 年（1912—1926）北洋军阀控制时期，浙江被查封的报刊有 22 种之多，从业人员被杀害、被逮捕的更不计其数。著名报人邵飘萍即牺牲于 1926 年。国民党统治时期，对舆论的控制也有过之而无不及。据调查，从民国 16—26 年（1927—1937）这 10 年间被查封的报刊达 27 种，因出售进步报刊被勒令停办的书店有 10 余家，从业人员被杀害的更多，被关被通缉的数不胜数。抗战初期情况略有好转，中后期及解放战争时期，国民党政府对舆论的控制更加严格，对共产党员与进步人士的迫害则变本加厉，无所不用其极。所以，浙江虽然自古以来就文化发达，人文荟萃，在这个时期，其图书出版事业不仅与上海、广州等地比落后一大截，与其他省市比较，也大大滞后。《浙江通史》（清代卷）"导论"中说："进入近代后，浙江经济和文化水平，在全国各省区虽然仍可侧身前列，但其发展速度与某些省区相比，则相对缓慢了。浙江的三个通商口岸发展都不顺利；浙江作为主要丝茶产区之一，其生产长期滞留在旧式手工劳动的生产水平，未能迅速转向机器生产；浙江新式工业的产生，要比沪粤等地区迟得多；文化教育和新闻出版事业也大致如此。① 这一段话十分中肯。浙江近代的图书出版业曾连续掀起两个高潮：在辛亥革命前夕及新文化运动时期，其报刊蓬勃发展，对推翻清政府、开发民智起到了重要作用；在抗战初期，金华、丽水一带一度成为东南文化中心，图书出版业呈现一派繁荣昌盛的景象。但是为时均不长，昙花一现而已。在民国时期，浙江图书市场上多属上海版的各类图书，在学校里也以上海版的教科书为主，浙江版图书式微了。这种情况一直至中华人民共和国成立，才有所改变，浙江的图书出版业才又迈上兴盛的道路。

图书出版作为一项社会文化活动，在积累文化遗产，促进并推动各类学科的发展，推进人类文明方面，功勋卓著。因而对图书出版业的研究一直有人在做。我国 2000 多年前的汉代就出现了目录学，如汉刘歆所撰《七略》，以后又有了文献学、版本学、校勘学等等。浙江古代的图书出版业繁荣昌盛，有辉煌的历史，因此对浙江图书出版业进行研究的人也不少。据笔者所知，已经出版的专著就有《浙江省出版志》（浙江人民出版社 2007 年 12 月版）、《浙江省出版史研究——中唐五代、两宋时期》（浙江人民出版社 1991 年 5 月版）、《浙江出版史研究——元明清时期》（浙江古籍出版社 1993 年 7 月版）、《浙江出版史研究——民国时期》（浙江大学出版社 1994 年 2 月版）、《浙江历代版刻书目》（浙江人民出版社 2008 年 12 月版）等。在浙江人民出版社出版的《浙江通史》、《浙江文化史》，以及中国古籍出版社出版的《中国出版通史》、广西师范大学出版社出版的《插图本中国图书史》、辽海出版社出版的《中国编辑出版史》，以及华文出版社出版的《中国近代现代出版通史》等书中，对浙江的图书出版业也多有涉及，吉光片羽，弥足珍贵。一些专业杂志及报刊上发表的文章也不少。

本书探讨的是浙江出版业的近代部分，也就是晚清民国时期。我们知道，晚清民国时期在我国历史上具有重大意义，是一个天崩

---

① 金普森、陈剩勇、汪林茂：《浙江通史》（清代卷），浙江人民出版社 2005 年版，第 6 页。

地坼的时代，一个剧变的时代，一个革故鼎新的时代。我国人民经过100多年艰苦卓绝的奋斗，终于推翻了在我国持续2000多年之久的封建君主统治；又在中国共产党的领导下，打倒了以蒋介石为代表的国民党政府，建立了中华人民共和国，人民成了国家的主人。这个时期对我国的出版业来说，也是一个巨变的时代，革故鼎新，承前启后的时代。清道光二十五年（1845）美国长老会在浙江宁波建立的华花圣经书房，引进了西方先进的新型的出版印刷技术，使我国传统的旧的雕版印刷技术相形见绌，新型的铅印技术、石印技术逐步取而代之，于是把我国的出版业推进到一个全新的时代。在这个转型时期，浙江的文化人和出版人，蒿目时艰，深感"天下兴亡，匹夫有责"，纷纷走出书斋，投身到变革实践中去。他们一方面参与各种革命斗争，同时又积极学习和运用西方先进的出版印刷技术，采用新的图书形式——报纸、刊物和新型图书，向广大人民群众宣传民主、平等、自由等新思想、新观念以及声光化电等新知识，以先知觉后知，先觉觉后觉，与民众联合起来进行革命斗争。其中如章太炎、秋瑾、鲁迅、张元济等人，既对我国国情有深切了解，又接受了西方文化的洗礼，洞察世界局势，以"我以我血荐轩辕"的决心，敢为天下先，为民前驱，为广大学人树立了光辉的榜样。每当国家变革的关键时刻，浙江总有一批人出来，义不容辞地参加到革命队伍中去，并以笔为刀，冲锋陷阵，杀敌救国。所以，在晚清民国时期，浙江的出版业曾出现几次高潮，不仅对我国的革命事业做出了应有的贡献，也促进了文化事业和出版事业的发展。

本书在搜集、整理史料的基础上，又参考了相关各种专著，对浙江在这个时期的图书出版事业进行了梳理，初步勾勒出其发展的框架，按鸦片战争前后，咸丰——光绪年间，辛亥革命前夕、民国初期、中期，抗日战争时期，解放战争时期的顺序，进行全面系统的论述。我们发现，近代浙江的图书出版事业，与上海、广东等先进省市比较，虽然其转型速度不够快，发展得也不够充分，但在全国范围来说，还是位居前列，到民国时期，无论出版机构、印刷机构、发行机构，都已实现了现代化。更可贵的是，浙江的文化人和出版人，在宣

传马克思主义和社会主义制度方面，一直走在前面。如马克思主义
的经典《共产党宣言》的第一个中译本就是首先在浙江完成，而后
送上海出版的。浙江革命根据地在国民党严密控制、物质条件极其
困难的条件下，也办起不少出版社，出版了不少为广大工农兵干部
和革命群众喜爱阅读的报刊和毛主席著作等，为浙江的出版业做出
了榜样，指明了发展的方向。

　　本书在编写过程中，承国家图书馆、浙江省图书馆、宁波市图书
馆等单位提供了大量资料和珍贵书影，特此致谢。

目　　录

Contents

第一章　从噩梦中醒来

——浙江出版业走出黑暗期

　　清朝顺治——雍正年间大兴文字狱，浙江受害最深，因著书刻书而被杀的人最多；在乾隆发起的禁书运动中，浙江先后被查抄 24 次以上，被销毁的图书居全国之首位。因而从顺治到乾隆的这 100 多年时间内，浙江文人谈书色变，出版事业萧条，陷入"无花只有寒"的局面。到乾隆以后，稍有好转，鸦片战争以后，由于帝国主义的不断入侵，清朝廷几次面临灭顶之灾，威风大减，对内的统治力量日渐削弱。同时由于西风东渐，文人学士开始摆脱萎靡不振的状态。一些先进人士以振兴国家为己任，为了唤起民众，振兴国运而大声疾呼，或大办报刊，支持革新政治，或著书立论，绍介西方的民主与科学，因而出版事业又日渐繁荣起来。

第一节　浙江出版事业开始踏上复兴之路

一、浙江出版业复兴的契机

　　乾隆四十一年（1776）朝廷把《武英殿聚珍版丛书》，颁发给江苏、浙江、江西、福建、广东五省，准许翻版重印。浙江重刊了经部的宋萧芝撰《春秋辨疑》4 卷；史部的宋程俱撰《麟台故事》5 卷，"拾遗" 2 卷；子部的元李冶撰《敬斋古今黈》8 卷；集部的宋胡宿撰《文恭集》40 卷，宋曾几《茶山集》8 卷，宋袁燮《絜斋集》24 卷，元仇达《金渊集》6 卷等。乾隆四十七年（1782），《四库全书》编完，先抄录 4 份，分藏于"内廷四阁"：北京故宫的文渊阁，奉天（今沈阳）的文溯阁，圆明园的文源阁，热河（今河北承德）的文津阁。后来鉴于江浙为人文渊薮，又续抄 3 份，分藏于江苏扬州的文汇阁，镇江金山寺的文宗阁，杭

图 1-1　浙江文澜阁

州的文澜阁。《四库全书》在文澜阁入藏之后，乾隆传谕，允许浙江学子传抄。这样一来，浙江学人的思想遂慢慢地转变过来，不再视著书、刻书为禁区了，出版事业重现生机，一些书香门第，仕宦之家，如钱塘（今杭州）的汪家、许家、海宁的蒋家等，家中缥缃万卷，对校书、刻书一直都有浓厚的兴趣，或本来有刻书的传统，这时都跃跃欲试。到乾嘉之季，沿海地区就有少数人开始出版活动。到道光年间鸦片战争后，便一发而不可收，不少人把原来家藏未刊的书稿都拿出来出版，旧的传统的出版业开始走上了复兴之路；新的现代化的出版业也逐渐起步，并不断扩大其业务范围，终于成为出版业中的主角。浙江还有另一种情况，即它毗邻上海，在鸦片战争前后，上海的商业已日趋繁荣，并逐渐成为外国人出入的重要关口，也是中外文化交流的基地，浙江学人纷纷到上海开创事业：有的人利用上海的有利条件，开办起新型的出版机构，如商务印书馆等，为中国现代化的出版事业开了先河。到民国初期，浙江人开办的新的出版社在上海几乎占了半壁江山。

二、道光年间的官刻书

清代地方官衙刻书很少。据《中国出版通史》（清代卷）所说："元明时代地方官刻非常活跃。清代由于朝廷的极度集权，官员动辄得咎，思想上的高压政策，加以地方的财政定额远低于实际需要……所以清代中央六部，地方官衙很少主动刊刻图书。"[①] 清代官刻书多集中于中央。康熙十九年（1680），清内府设立了武英殿造办处，编刊大型的类书、丛书等。康熙朝有百余种，如《渊鉴类函》、《佩文韵府》、《韵府拾遗》、《全唐诗》、《御选历代诗余》、《御选唐诗》、《古文渊鉴》等，雍正年间刻有《古今图书集成》、《子史精华》、《古文约选》等，乾隆年间刻有《御选唐宋文醇》、《御选唐宋诗醇》，以及《武英殿聚珍版丛书》（至嘉

---

① 汪家熔：《中国出版通史》（清代卷下），中国书籍出版社 2008 年版，第 71 页。

庆三年刻竣），嘉庆年间刻有《钦定全唐文》等等。《古今图书集成》与《武英殿聚珍版丛书》，为铜活字印本。后者的编辑、誊录、校阅、排印、装订、收发等官员和工匠就有近 1000 人，可见工程之巨。嘉庆以后，清国力渐衰，这种巨帙大书就出得比较少了。就武英殿刻书而言，乾隆朝共刻书 308 种，至嘉庆朝降至 29 种，道光朝只有 12 种，咸同年间（咸丰、同治年间）更少，咸丰 2 种，同治 1 种，真可谓每下愈况了。

道光年间，浙江的出版事业逐渐步入正轨。乾隆年间，浙江奉旨刻印《武英殿聚珍版丛书》，开了一个好头，进入道光时期，一些官府与书香之家把这一传承文化的重任又担当起来，开始雇工刻书、印书。官府刻书据今所知有：道光四年（1824）浙江抚署刊阮元辑、阮福补辑的《两浙金石志》18 卷、"补遗" 1 卷，道光七年（1827）浙江藩署刊汪志伊撰《荒政辑要》9 卷、首 1 卷。东阳县署于道光四年（1824）刊崔述撰《读风偶识》4 卷、《无闻集》4 卷。嘉兴县斋于道光三十年（1850）刊许灿所辑《梅里诗辑》28 卷，沈爱莲续辑《梅里诗辑续编》12 卷等，为数不多。私家刻书虽然也刚刚起步，却比官府刻书多得多。

三、私家刻书鸟瞰

道光年间，浙江的沿海地区，包括杭州、嘉兴、绍兴、宁波等地，私家刻书多起来了。如杭州有：

钱塘汪氏振绮堂：从道光十七年到二十八年（1837—1848）辑刊《振绮堂遗书》（又作《汪氏振绮堂丛刻》）5 种 49 卷，收汪远孙撰《国语校注本》3 种 29 卷，《汉书地理志校本》2 卷，《借闲生诗》3 卷、"词" 1 卷；汉刘向撰、清梁端校注的《列女传》7 卷、"续" 1 卷，清钱塘女史汤漱玉《玉台画史》5 卷、"别录" 1 卷。道光十七年（1837）刊梁绍壬所撰著名笔记《两般秋雨庵随笔》8 卷。道光十三年（1833），刊舒位撰《瓶笙馆修箫谱》4 种，有插图，刻印精良。

钱塘瞿世瑛清吟阁刻书也不少：道光十九年（1839）刊宋吕祖谦所撰《东莱先生左氏博议》25 卷，道光二十八年（1848）刊宋唐仲友撰《帝王经世图谱》16 卷。道光年间又先后刊有两种词总集，一为清朱彝尊所辑《词综》36 卷，一为宋赵闻礼所辑《阳春白雪》8 卷、"外集" 1 卷。又刊同邑汪宪所撰《说文系传考异》4 卷。

钱塘张云璈的简松草堂，所刊书均自撰。道光十一年（1831），刊《四寸学》6 卷、《选学胶言》20 卷，并先后刊有《简松草堂文集》12 卷，《简松草堂全集》7 种 70 卷。

钱塘许家自明以后即卓有声誉，是个望族，其族人著述宏富，道光年间，兄弟 5 人均入翰林院。道光二十九年（1849）刊有许乃钊撰《武备辑要续编》10 卷问世。

钱塘戴熙是清代著名画家，于道光十七年（1837）刊谢家禾所撰《谢谷堂算学》3 种，包括《演元要义》1 卷，《孤田古率》1 卷，《直积回求》1 卷。

仁和龚家，即清代思想家、文学家龚自珍的家，道光三年（1823）刊有《定庵文集》3 卷、"全集" 1 卷，是此书初刊本；道光二十年（1840）又以龚氏羽琌别墅的名义刊《定庵续集己亥杂诗》1 卷。

仁和胡敬的崇雅堂于道光二十四年（1844）刊《崇雅堂集》5 种 25 卷，收自撰《崇雅堂文钞》2 卷、"诗钞" 10 卷，《骈体文钞》4 卷及 "应制存稿" 1 卷、"删余诗" 1 卷，《定乡杂著》2 卷，《国朝院画录》2 卷，《南薰殿图像考》2 卷；附胡理所撰的《书农府君（胡敬）年谱》1 卷。

仁和劳权和劳格兄弟两人，精校雠之学，其书斋名丹铅精舍。两兄弟将其父所撰之《唐折冲府考》4 卷校定后，于道光二十一年（1841）付刊。

仁和王氏于道光二十年（1840）刊《漱六编》6 种 8 卷。

仁和钱廷烺于道光十七年（1837）刊其父钱林《玉山草堂诗集》12 卷。

道光年间杭州一些书坊开始刻书销售，如杭州务本堂于道光二十一年（1841）刊潘克溥所辑《四书备考》17 卷。武林清茗堂于道光二十五年（1845）刊《端溪砚志》3 卷。

道光年间萧山刊书有：沈豫的汉读斋于道光十八年（1838）刊《娥术堂集》16 卷，道光二十七年（1847）重刊。

道光十年（1830）苏州人李瑶任职盐务，寓居杭州。他雇了十余个工人，竭智尽力，在 240 天内，用泥活字印制成温睿临撰《南疆绎史勘本》58 卷（一作 30 卷，卷首 2 卷）。自称 "七宝转轮藏主"，在书封背后有篆文两行："七宝转轮藏定本，仿宋胶泥板印法"，凡例中又有 "是书从毕昇活字例，排版造成" 之语。第一次印 80 部，第二年又排版印 100 部。日人德富猪一郎称之为 "中国胶泥板的标本"。两年后，即道光十三年（1833），又以仿宋胶泥板印自辑《校补金石例四种》17 卷，收元潘昂霄《金石例》10 卷、明王行《墓铭举例》4 卷、清黄宗羲《金石要例》1 卷、清郭麟《金石例补》2 卷。①

道光二十五年（1845）鄞县陆鉴刊清刘灿撰、王堃订校的《续广雅》3 卷。刘灿字星若，号墨庄，镇海人。嘉庆优贡生，治经实事求是，著有《严氏诗辑补义》、《诗古音考》、《支雅》、《小学校误》等。

嘉兴地区也是人文渊薮，文化积淀浓厚，且有悠久的刻书传统，在道光年间不少人也纷纷披挂上阵了。

先说冯登府。冯登府，嘉兴王店人，字云伯，号勺园，又号柳东。他精于训诂之学。道光八年（1828）刊自撰《石经补考》12 卷，道光十年（1830）又刊《三家诗异文疏证》6 卷。又谙熟金石掌故，道光七年（1827）刊《金石综例》6 卷，道光十四年（1834）刊《浙江砖录》4 卷，附图 1 卷；工词，于道光十四年（1834）刊行《种芸仙馆词》5 卷。道光二年（1822）刊朱彝尊撰《曝书亭外集》8 卷。

嘉兴李遇孙耽嗜金石，辑有《括苍金石志》，于同治十三年（1874）由处州府署刊行。道光二十年（1840）又刊《李氏芝省斋杂著》7 卷。张沆淳雅堂于道光二十四年（1844）刊祝喆《西涧诗钞》。

张鸣珂寒松阁于道光中刊自撰《寒松阁集》20 卷，道光二十六年（1846）刊王昙《烟霞万古楼诗残稿》1 卷。

秀水（今嘉兴）沈濂于道光二十八年（1848）刊自撰辑之《沈濂溪全集》。

嘉兴张廷济清仪阁于道光十九年（1839）刊自撰《桂馨堂集》3 卷，道光二十八年（1848）重刊，增至 13 卷。

海宁刊书较多，即以蒋光煦别下斋而论，其所刊《别下斋丛书》、《涉闻梓旧》，收书即达数十种百余卷。俞樾尝为其所著《东湖丛记》作序，说："海昌生沐蒋君，自十龄即喜购书，其家藏书，早于浙右，所得多宋元椠及旧钞本，既出其所藏者，刻为《别下斋丛书》，而又有《东湖丛记》6 卷，则皆及其所见异书秘籍，而金石文字亦附见焉。"《别下斋丛书》所收除了清人解经之作及诗文著述外，尤多唐宋人有关词集及论著，多为稀见之书，为治中

图 1-2 蒋光煦像

---

① 张秀民、韩琦：《中国活字印刷史》，中国书籍出版社 1998 年版，第 54—55 页。

国词史学者所不可或缺的资料。此书初刊于道光中，咸丰六年（1856）又有续刊本。共收书 26 种 91 卷。刊于咸丰元年（1851）的《涉闻梓旧》，收书 52 种 119 卷。道光年间煦尚刊有自撰《简庄疏记》16 卷，道光十八年（1838）又刊他与王之佑合辑的《吴中两布衣集》20 卷（陆鼎撰《梅叶阁诗钞》8 卷、"文钞" 3 卷，顾承撰《竹素居诗钞》3 卷、"文钞" 6 卷）。

图 1-3　许楗像

海宁许氏两兄弟：许楗和许楣，也是著名出版家。清代杭州学者谭献说许楗"与弟楣笃志经术，精治六书，尤明律学如穷经"。许楗尝官淮安、镇江、徐州知府，"虽吏事精敏，而日不废学"，"博览群书，往往有所勘误校正"。由他编著刻印的几本书，都属精品。有《六朝文絜》、《字鉴》、《笠泽丛书》、《绛雪词钞》、《洗冤录详义》、《刑部比照加减成案续编》等，部分刻于本省，部分刻于外地，以古均阁或亨金宝石斋的名义刊行。《洗冤录详义》是继宋慈《洗冤录》后又一部重要法医学著作，与刊于道光二十三年（1843）的《刑部比照加减成案续编》32 卷，为谳狱时所必备。他好金石文字，道光五年（1825）刊有李文仲的《字鉴》5 卷，道光间又刊有翟云升《隶编》15 卷。也精医术，校刊《咽喉脉证通论》行世。其弟许楣，为清代货币理论家，尝作《钞币论》一书，驳斥王鎏的《钱币刍言》力主无限发行纸币，铸大钱，以搜刮民财的错误理论。此书许楗为其作序后，于道光二十六年（1846）刊行，深受经济学界欢迎。

道光年间，海宁刊书有：马锦刊德清许祖京撰《书经述》6 卷，道光十五年（1835）查氏菀原堂刊查揆的《筼谷诗钞》20 卷、"文钞" 12 卷；道光十七年（1837），海昌可读书斋刊嘉兴钱泰吉撰《甘泉乡人迻言》2 卷，道光二十六年（1846）海昌蒋氏宜年堂刊清恽格撰《颐香馆集》12 卷，首末各 1 卷，等等。

海盐杨氏述郑斋于道光二十五年（1845）刊杨雍建撰《杨黄门奏疏》2 卷、《抚黔奏疏》8 卷，等等。

平湖陆氏闻诸室于道光十六年（1836）刊陆炯撰《说文类解》4 卷、《六书辨正》1 卷、《辨韵简明》2 卷；朱云林于道光十九年（1839）刊自撰《小云庐诗稿删存》5 卷；钱氏后裔于道光二十年（1840）刊明钱士馨所撰《甲申传信录》10 卷；陈氏华凤阁于道光二十五年（1845）刊陈其泰辑《宫闺百咏》4 卷。

桐乡周桂于道光年间刊其祖周拱辰所撰《公羊墨史》2 卷，等等。

吴兴地区在明代后期的彩色套印本曾盛极一时，一般的图书也刻得不少。进入清代以后，也与其他地区一样，由于文字狱与禁书的影响，出版业停滞不前，到道光时期才渐有起色。

吴兴凌氏传经堂于道光中刊凌镐、凌镛辑《凌氏传经堂丛书》32 种。

乌程（今湖州）范氏于道光中刊范锴辑《范声山杂著》8 种 14 卷，道光十年至二十四年（1830—1844）又刊《范白舫所刊书》19 种 41 卷。

乌程严氏四禄堂于嘉庆七年（1802）刊严可均《严铁桥四种》55 卷，道光十八年（1838）又刊《铁桥漫稿》13 卷。

归安吴祖堂于道光二十一年（1841）刊吴进堂《从政纪事》。

绍兴也是浙江古代刻书基地之一，在道光年间刻书不少。

山阴（今绍兴）沈复粲的鸣野山房，原为藏书楼，也刻书，自康熙始至道咸间共刊有《方言注》、《尚书大传》、《秋塍文钞》、《刘子全书遗编》、《越中金石广记》（一作《越中金石志》）、《熙朝书家姓纂》、《东维子文集》，等等。

道光二十年（1840）会稽王衍梅刊自撰《绿雪堂遗集》20 卷。

道光二十六年（1846）会稽莫晋刊自撰《来雨轩存稿》4 卷。

宁波为浙东史学派的发祥地，也是中国现代出版业的发源地，所刻书也不在少数。

四明继雅堂于道光二十五年（1845）刊有陈仅、张恕所辑的《王深宁先生年谱》1 卷。王深宁即王应麟，南宋时鄞县人，字伯厚，晚年自号深宁老人。一生著述宏富，有《玉海》、《困学纪闻》、《通鉴答问》、《汉艺文志考证》、《通鉴地理考》、《深宁集》等。传说我国著名的启蒙教科书《三字经》，即为其所编撰。继雅堂在同年又刊有陈仅所辑《捕蝗汇编》4 卷，陈仅撰《文英书屋詹詹言》2 卷，道光二十六年（1846）刊《竹林答问》等。

四明文则楼于道光二十六年（1846）刊陈仅撰《读选臆签》。陈仅（1787—1868），字余山，号渔珊，鄞县人，著有《诗诵》、《群经质》、《竹林问答》、《继雅堂集》等，多自辑自刊，也是个出版家。

镇海姚家于道光十三年（1833）刊姚燮撰《疏影楼词》5 卷，又于道光二十六年（1846）刊《复庄诗问》34 卷。咸丰间刊《复庄骈俪文榷》8 卷，"二编"8 卷，总称《大梅山馆集》。

金华地区以浦江刊书最多。

浦江纷欣阁为周心如室名，道光中刊《纷欣阁丛书》13 种 78 卷。

金华翠微山房于嘉道年间刊张作楠撰辑《翠微山房数学》16 种 38 卷。

温州地区于道光二十年（1840）有张氏居易堂刊张璁撰《明太师张文忠公文集》6 卷。

明代松阳才女张玉娘所撰《兰雪集》，刊于道光二十六年（1846），刊行于何地不详。张玉娘字若琼，生有殊色，且敏慧绝伦，未嫁而夫已卒，郁郁不乐，至 28 岁得疾英年早逝。其文章、诗词俱佳，人比之为汉"班大家"。

第二节　清政府对出版业的管理

封建王朝为了实现对人民的思想控制，重视对出版业的管理。清代初中期，虽然从中央到地方都没有设立专门的出版行政管理机构，但对出版物的管理丝毫不肯放松。当时主要是通过朝廷及地方政府颁发的"通谕"、"通令"等来管理。

1840 年鸦片战争后，中国由封建社会逐渐沦为半封建半殖民地社会，无论在政治上、经济上、文化上都发生了带有根本性质的变化。文化出版事业，由于西方资本主义文化的侵入和近代印刷技术的传入，图书出版业由旧的体制逐渐向近代的新式的出版业转变，清朝廷对出版事业的管理也进入一个新的阶段。

一、清政府所订的出版法规

清政府为了维护其统治地位，学习国外对图书报刊管理的经验，着手制定管理图书报刊的法规，并设立了相关的管理机构。光绪三十二年（1906）六月，清政府颁布了《大清印刷物专律》，其第一章第一款明确规定：京师特设一印刷总局，隶商部、巡警部、学部。从此警察开始参与管理出版物。以后相沿成习，直至全国解放，造成了中国管理图书报刊由警察部门来执行的怪现象。之后，又在《大清报律》中规定："凡开设报馆发行报纸者……呈由该管地方官衙门申报本省督抚，咨民政部存案。"

清政府为监控出版物，从光绪二十七年（1901）到宣统二年（1910），10 年间先后制定了 6 部法规。这些法规，要求全国各地方的官府衙门从严管制出版物，凡发现有违朝廷的所谓"悖逆"、"违碍"的图书报刊，要予以查封，对相关人员包括作者、出版者和读者，要严加处置。如光绪二十七年（1901）刊布的《大清律例》，其中有"造妖书妖言"条，规定："凡造谶纬妖书妖言，及传播惑众者，皆斩监候。（被惑人不坐。不及众者，流三千里，合依量情分坐。）若（他人造传）私有妖书隐藏不送官者，杖一百，徒三年。"① 又有《大清印刷物件专律》。戊戌维新运动以后，报刊勃兴，日报亦常装订成册，定价发售。光绪三十二年（1906）六月，商部、巡警部、学部，会定《大清印刷物件专律》，分大纲、印刷人等、记载物件等、毁谤、教唆、时限 6 章 41 款。大纲中规定："京师特设一印刷总局，隶商部、巡警部、学部。所有关涉及一切印刷及新闻记载等，均须在本局注册。""本律通行各直省。其余各领土，即仰各地方该管官酌量办理。"第二章规定，"凡以印刷或发卖各种印刷物件为业之人，依本律即须就所在营业地方之巡警衙门，呈请注册。""凡未经注册之印刷人，不论承印何种文书图书，均以犯法论。""凡贩或分送不论何种印刷物件，如该物件并未印明印刷人之姓名及印刷所在者，即以犯法论。"要被监禁或处罚款，时间不短，罚金也不轻。第三章中规定："凡印刷或发卖或贩卖或分送各种记载物件，而该记载物件并未遵照本律所载各条向京师印刷注册总局注册者，即以犯法论。"第四章毁谤中规定："所谓毁谤者有三：甲、普通毁谤，乙、讪谤，丙、诬诈。"其罪罚更重，"凡科普通谤案，罚锾不得过银一千元，监禁期不得过二年"，"凡科讪谤案，罚锾不得过五千元，监禁期不得过十年"。

　　光绪三十二年（1906），清政府又颁布了《报章应守规则》，规定："一不得诋毁宫廷，一不得妄议朝政，一不得妨害治安，一不得败坏风俗。"并强调"除已开报馆之外，凡欲开设者，皆须来所呈报批准后，再行开设"。② 又有《钦定报律》。《钦定报律》实脱胎于日本报纸法。由商部拟具草案，巡警部略加修改，于光绪三十三年（1907）十二月，由民政部法部会奏，交宪政编查馆议复后颁布。宣统二年（1910），由民政部再加修改，交资政院复议后，请旨颁布。该报律共 45 条（内附则 3 条）。其中第一条规定："凡开设发行报纸者，应开具左列条款，于发行二十日以前，呈由该管地方官衙申报本省督抚，咨民政部存案。"其条款包括：一、名称；二、体例；三、发行人、编辑人及印刷人之姓名、履历及住

---

① 戈公振：《中国报业史》，上海古籍出版社 2003 年版，第 258—259 页。
② 戈公振：《中国报业史》，上海古籍出版社 2003 年版。

址；四、发行所及印刷所之名称及地址。第七条规定："每日发行之报纸，应于发行前一日晚十二点钟以前……送由该管巡警官署或地方官署，随时查核，按律办理。"月报、旬报、周报亦然。其中第十四条规定："左列各款，报纸不得揭载：诋毁宫廷之语；混淆政体之语；损害公安之语；败坏风俗之语。"不然，即将被论处。其第二十三条规定，"违第十四条第一、二、三款者，该发行人、编辑人、印刷人处六月以上二年以下之监禁。附加二十元以上二百元以下之罚金"，其情节严重的，还要"按刑律治罪，并且永远禁止发行"。①

宣统二年（1910），清政府又颁布《著作权章程》，分通例、权利期限、呈报义务、权利限制、附则等5章，共55条。第一章第一条规定："凡称著作物而专有重制之利益者，曰著作权。称著作物者：文艺、图画、帖本、照片、雕刻、模型皆是。"第四条规定："著作物经注册给照者，受本律保护。"这可说是我国颁布的第一个著作权法。第二章第五条规定："著作权归著作者终身有之。又著作者身故，得由其承继人继续三十年。"其中第二十八条还规定："从外国著作译出华文者，其著作权归译者有之。"（《教育杂志汇编》第三年第一期）其时译作已不在少数。

二、清政府查禁图书

清代后期，中国社会出现了错综复杂、激烈动荡的政治局面。在文化出版事业上，这一时期西方传教士加紧文化活动，扩大书刊出版发行；清朝洋务派人士在"自强"、"求富"的旗号下，也成立出版机构，着手翻译西方书籍；维新派和资产阶级民主派也纷纷争取出版阵地，著书立说，宣传各自的政治主张。清政府面对这种现状，为巩固其统治地位，对维新派和资产阶级民主派的出版物采取了更加严厉的措施，对所谓违法的出版发行人员和读者，实行逮捕屠杀。

道光二十四年（1844）十月，浙江巡抚应省城、士绅张鉴等呈请查禁所谓淫书，清政府即下令各省严查。据统计，当时被查禁的图书共有119种。

光绪二十四年（1898）9月21日，慈禧太后发动戊戌政变，把维新派打下去。同年颁旨查封各省维新派人士所办报馆，缉捕各报馆主笔。各省不少新兴报馆被关闭。杭州自光绪二十三年（1897）起开始创办的《经世报》、《杭报》和日商《杭报》等被迫停刊。以后，直到1901年，

---

①　清国政府：《大清宣统新法令》（第28册），商务印书馆1909年版。

没有出现新办的报纸，形成一个断裂层。黄庆澄于光绪二十三年（1897）在温州创办的《算学报》（月刊），是国内最早由国人自己创办的数学杂志，也于此时被迫停刊。

光绪三十一年（1905），清政府发布《查禁悖逆各书令》，将浙江的中国留日学生浙江同乡会于光绪二十九年（1903）在日本东京创办的革命刊物《浙江潮》等多种书刊列为"悖逆"之书刊，并令："自示之后，倘敢再售前项悖逆各书，一经查出，即饬提严办。其各学堂诸生及士民人等，务各束身自爱，不得购阅，致干咎戾。"

光绪三十年（1904），金华维新派人士和革命党人张恭、金北銮、刘琨等人在金华创办了《萃新报》（半月刊）。该刊"以启迪民智，鼓吹革命"为己任，设有社说、政法、教育、时论、纪实、小说、文苑等栏目。由于旗帜鲜明地宣传民主革命，宣传爱国民主主义和共和思想，呼吁国人"跳出黑暗界，步行红日中"，激怒了统治者。光绪三十二年（1906）严州知府禀请浙江巡抚以"出语狂悖"的罪名，查封了《萃新报》，史称"浙省报馆被封之第一遭"。

读者受到牵连被害的也不少。龙华会会员金华人曹阿狗，喜读陈天华著的《猛回头》。该书作者以激昂的爱国热情，通俗浅显的文字，唱词的形式，写出了民族危机和亡国的沉痛，号召反对帝国主义，推翻清朝统治，学习西方，建立资本主义制度。光绪三十二年（1906），曹阿狗随身携带一册《猛回头》，不幸被清吏查获，竟以身殉。

第三节　新型出版机构的出现——宁波 华花圣经书房

鸦片战争结束后，1842 年 8 月，清政府与英国签订了中国近代史上第一个丧权辱国的不平等条约——《南京条约》；10 月又签了两个附约：《五口通商附粘善后条款》（又称《虎门条约》）和《五口通商章程》，开放广州、福州、厦门、宁波、上海五处为通商口岸，规定英国有权"派设领事、管事等官住该五处城邑"。《南京条约》为帝国主义侵略中国打开了大门，外国人可以长驱直入，从而彻底打破了中国原有的封闭状态。

《南京条约》签订以后，英国的军舰撤回了，中国长达 100 余年的民族灾难也开始了。紧跟英国之后，法国、美国、俄国等侵略者纷至沓来，原来的中华大帝国很快就沦为半封建、半殖民地国家。

在中国被侵凌的同时，外国比较先进的文化也跟着进来，这里有外国传教士的一份功劳。外国传教士为了传教方便，也引进了近代西方的印刷技术，在中国建立起近代出版机构，从而促进了中国的印刷出版事业的发展，改变了整个出版业的面貌。

一、浙江出现最早的新型出版机构

这事要从宁波的华花圣经书房说起。

宁波的华花圣经书房是在道光二十五年（1845）建立的。华花圣经书房的前身是美国长老会在澳门开办的花华圣经书房。为了弄清其来龙去脉，我们再往前推。

早在嘉庆年间，约公元1815年以前，英国的印度公司在澳门办了一个印刷所，出版了一部由英国耶稣会传教士马礼逊编著的《中国语文字典》（也作《华英字典》或《华英辞典》）。这是一部卷帙浩繁的大型工具书，含有中文和英文两种文字。为排印这部字典，制造了中国也是世界上最早的一副中文铅合金活字，数量达10万余枚。那时还没有发明中文字模，没法大量制造汉文铅字，这是一个一个地刻在一枚枚预先制备好的铅合金或锡上的。这些中英文字各有不同的字体，字号也大小不一。中英文要上下平排，有时要夹排，在拼版中发现一系列问题，经过研究、设计，均一一解决。他们除了出版《中国语文字典》外，还出版了《中国语文学概略》等25部著作。

嘉庆末年，约1818年以后，马礼逊让一名传教士米怜从广州带领梁发等雕刻工和印刷工来到马六甲，筹建了英华书院及印刷所，并创办中文刊物《察世俗每月统记传》。先用雕版印刷，后试验活字排印，制造了两副铅活字。而且在传教士塞缪尔·戴尔的参与下，发明了钢冲压制造中文字模的方法。又引用西方的印刷机逐步将手工印刷改为机械印刷。

梁发是广东高明人，又名梁亚发、阿发，号学善者。原是广州雕版刻字的学徒，曾为马礼逊的《使徒行传》刻印其中译本和部分《中国语文字典》。到马六甲后，他参与编辑和刻印《察世俗每月统记传》，学会了西方的印刷技术。第二年受洗成为耶稣会的教徒，又于道光七年（1827）受牧师职，成为中国第一个华人牧师。他于嘉庆二十四年（1819）回到故乡，刊印自著《救世录撮要略解》的小册子，到处散发。清政府发现后，给以处罚，销毁其书版。道光元年（1821）他又著《真道问答浅解》，道光十二年（1832）又在广州刊印自著《劝世良言》及祈祷、赞美诗等小册子，并于次年试用手刻的铅活字排印出版祈祷文，对出版工作做出了一定的贡献。

在此前后，巴达维亚（今印尼雅加达）、新加坡、中国的广州等地也先后办起了印刷所或出版社，出版宣传宗教或宣扬西方新知识以及英、美的历史和地理等图书。在鸦片战争以前，清政府禁止西方传教士在中国传教，即使当时唯一准予与外国人通商的口岸——广州，也严禁传教士居住和传教。因此，西方传教士只能在南洋各地以及一些港口进行传教活动。1844年，美国在澳门建立了花华圣经书房，从美国运来一些中文活字字模和现代的印刷设备。1845年，宁波开埠，花华圣经书房遂迁到宁波，并改名为华花圣经书房。它是浙江的第一个现代化的印刷出版机构。

二、华花圣经书房对浙江出版事业的贡献

1858年，也即咸丰八年，美国长老会派遣"拥有印刷主管与电镀铸字技师的专业知识"的姜别利来到宁波，做华花圣经书房第五任印务总监。他带来一套新的柏林中文活字字模，一台电镀铸字机器，于当年10月抵达宁波。到次年10月，华花圣经书房在姜别利的有效管理下，成本支出明显减少，年印刷量大幅增加。于是集中资源，开始铸造新的活字。从1858年年底到1859年年初，他延聘两位宁波籍的文人，对汉字在书中出现的频率作调查：用一汉译《圣经》和其他27种中国福音书来计算，结果计算出这28种书实际使用汉字为1166335字，其中常用字有5150个；再把伦敦传道会所制的850个活字加上去，常用基本字约6000个。再按它们在书中出现的频次，分为15类：

①重现1万次以上的有13字；

②重现1000次以上的有224字；

③重现900次以上的16字；

④重现800次以上的19字；

⑤重现700次以上的44字；

⑥重现600次以上的47字；

⑦重现500次以上的59字；

⑧重现400次以上的99字；

⑨重现300次以上的112字；

⑩重现200次以上的197字；

⑪重现100次以上的400字；

⑫重现75次以上的207字；

⑬重现50次以上的301字；

⑭重现 25 次以上的 547 字；

⑮重现 25 次以下的 3715 字。

把这 15 类汉字制成大小 7 种不同的汉字铅活字，按《康熙字典》的部首排列成汉字字盘，再按常用字、备用字、罕用字 3 类，设计一种元宝式的字架（俗称三脚架或元宝架），在正面放 24 个字盘，中间 8 盘装常用字，上面 8 盘和下面 8 盘装备用字，两旁字盘内装罕用字。排字工人站在中间就架取字，这样不仅大大提高了工作效率，也减轻了劳动强度。这种方法一直沿用到新中国成立以后，所以外国传教士对我国的出版事业是有贡献的，我们在出版史上应该为他们记上一笔。

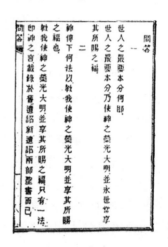

图 1-4　1849 年宁波华花圣经书房印《耶稣教要理问答》

华花圣经书房所出版的图书，以宣传宗教的为主，如道光二十九年（1849）刊行的《耶稣教要理问答》以及《圣经》、《使徒行传》等；同时也出版一些宣传西方文化，绍介英、美历史、地理以及自然科学方面的图书，如咸丰八年（1858）所刊《地球说略》以及《天文问答》、《地球图说》、《地理问答》，等等。使我国学人大开眼界，知道山外有山，天外有天，除大清帝国之外，世界上还有许多国家；同时，开始进入一个全新的知识领域：自然科学。其地理知识也与我国古人所传授的有别，原来不是天圆地方，地球是圆的，它由西向东旋转，同时又围绕着太阳旋转，故而有四季之别、昼夜之分。

大约在咸丰十年（1860）12 月，华花圣经书房由宁波搬到上海北京路 18 号，并改名为美华书馆。这时它已拥有 5 台手摇印刷机。到光绪二十八年至二十九年间（1902—1903），由于业务不断扩大，又在北四川路兴建了一个印刷厂，设有排字、印刷、装订、浇铸和照相制版等车间，成为西方传教士在中国办的规模最大、设备最齐全的一个出版机构。

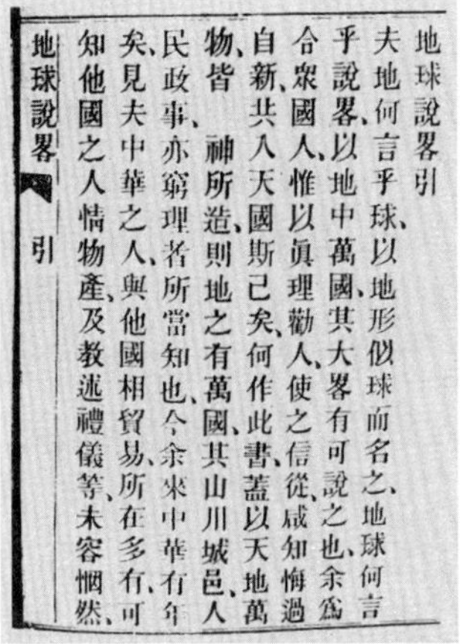
地球說畧引
夫地何言乎球、以地形似球而名之、地球何言乎說畧、以地中萬國、其大畧有可說之也、余爲合衆國人、惟以眞理勸人、使之信從、咸知悔過自新、共入天國、斯已矣、何作此書、蓋以天地萬物、皆神所造、則地之有萬國、其山川城邑、人民政事、亦窮理者所當知也、今余來中華有年矣、見夫中華之人、與他國相貿易、所在多有、可知他國之人情物產、及教迹禮儀等、未容惘然、
地球說畧 引

图 1－5 1856 年宁波出版的《地球说略》

宁波还有两个由外国传教士办的出版社：同治八年（1869），宁波传教士协会创办了书馆社。它经营的时间比华花圣经书房更长，但开始时，它主要用英文出版教会所需要的账册、单据以及少量的宗教宣传品。光绪七年（1881）以后，它附属于当地一个神学院，才开始添置中文活字以及印刷机，除了用英文为神学院印制试卷、表格、单据及少数教学用书外，又用中文印制祈祷书和神学书籍。还有一家宁波三圣教会出版社，规模不大，是由圣公会华中教会创建的。它只有三个学徒，主要用中文和拉丁化口语体文字，为华中教会出版一些神学和一般宗教宣传品。

这些新型的出版机构均由外国人创办，存在的时间也不长。但对我们中国来说，却都是新生事物，在出版事业中开风气之先。据熊月之《西学东渐与晚清社会》一书中所作统计：“自 1843 年至 1860 年，在华教会和外国人在香港、广州、福州、厦门、宁波、上海六地的出版物共有 432 种，上海居榜首，占 171 种，宁波占第二位，105 种，香港 59 种，广州 42 种，福州 42 种，厦门 13 种，而其中宗教书达 345 种，科学书 44 种。”①

三、外国人办的出版机构促进中国出版业的改革

外国传教士办的这些出版机构，因为引进了西方机械化的铅活字印刷技术，使我国原有的雕版印刷技术相形见绌，从而使我国的出版事业发生了根本的变化。主要表现在以下几个方面：

首先是我国使用了上千年的雕版印刷技术逐渐为西方的铅活字印刷技术所代替，为我国发展现代化的出版事业奠定了物质基础。

其次是书籍的形式也有了相应的改变，原来以线装为主的装帧形式

① 汪家熔：《中国出版通史》（清代卷下），中国书籍出版社 2008 年版，第 138 页。

改为平装和精装两大类。

更重要的是图书的内容扩展了。由于引进了西方的新知识、新文化，使统治了我国 2000 多年的儒家思想的独尊地位被打破了。在新出版的图书中，弘扬我国传统优秀文化的虽然仍占多数，而介绍西方文化的包括哲学、自然科学、社会科学以及戏曲、小说等方面的图书也不在少数，百花争艳，显示我国现代化的出版事业已成不可阻挡之势。

图书的发行方式也改变了。原来的图书发行只限于极小的范围，数量也极为有限，显然无法适应当时社会的需要。许多新办的出版社都采取了资本主义的经营方式，也即商业性的经营，或自办发行网络，或委托其他书商——书坊、书店代售，扩大了发行范围。

西方的石印术在鸦片战争以前就传入中国。据麦沾恩所作《中华最早的布道者梁发》一文所说："他自 1831 年起受雇于伦敦会……在马礼逊先生的长公子马儒翰处学习石印术，常在澳门印刷布道小书，分送与他的亲友。"鸦片战争以后，石印术在不少地方被用来印刷古籍。据记载，杭州在光绪十八年（1892）已开始用蒸汽带动的石版印刷机，并成立了石印局。至民国元年（1912），有石印、铅印的印刷所达十余家。宁波在光绪二十六年（1900），甬籍商人在江北洋船弄创办了钧和印刷公司、文华阁印刷所，置办石印机、铅印机，承印报纸、书籍。温州于光绪二十一年（1895）由李翰西、李墨西两兄弟在瑞安县北门外本寂寺创设石印印刷所；不久，温州十中教师李贤伦在永嘉县城府前街创办石印务本印刷局，有石印机 2 台、对开石印大机 1 台。嘉兴于光绪三十二年（1906），摅新社商号购置了石版印刷机，民国二年（1913）又购入美国花旗架双碰圆盘印刷机，商号改名为摅新印刷所。湖州南浔刘承幹所创办的嘉业堂，辑刊古籍，雕版印刷与铅活字并行。绍兴于光绪三十年（1904），邑人王子余创立了绍兴印刷局，开绍兴铅活字印刷之先河。金华最早购置石印机的是民国元年（1912）开办的震东印刷厂。衢州最早的印刷所是民国初开办的龙游县贫民习艺所三元印刷部，丽水是民国元年（1912）创办的新华五彩石印局。

尽管当时有些图书已经开始使用铅活字印刷，但在印装上还是照旧，即单面印刷、对折装订。直到清末一批留日学生回国和报纸、刊物大量出现后，我国书刊才逐渐开始采用两面印刷与洋式装订的办法。比如，浙江留日学生创办的《浙江潮》，就是洋装本。后来商务印书馆出版的《东方杂志》，也是洋装本。印刷技术的改进与发展，正适应当时国内政治、经济、文化迅速发展的需要。

第二章　浴火重生

——晚清各地出版业日趋繁荣

　　咸丰朝短短的 11 年（1851—1861），始终伴随着战争：对内是与太平天国之战，对外是与英法两国的第二次鸦片战争。咸丰末年，太平天国由于内讧，日渐衰败，太平军与清军在江浙皖一带展开了生死搏斗，战火延烧到浙江全省，仅在杭州一地，双方就经过来回多次较量。刚刚复苏的浙江出版业，遭到无情战火的摧残，又陷入停滞不前的状态。一直到同治中后期，才渐有起色。所以在咸丰年间，浙江所刊书极少，流传下来保存至今的更屈指可数，到同治光绪年间，浙江的出版事业逐渐走上正轨。

第一节　官刊书——浙江书局独领风骚

　　清朝廷对出版控制甚严，官刊图书主要集中在内府。康熙十二年（1673）设立了武英殿修书处，由翰林院词臣主持，其所刊书被称为"殿本"。乾隆四年（1739），诏刻"十三经"、"二十四史"等大批古书，又派朝廷重臣在武英殿刻书处总裁其事。乾隆十二年（1747）又刻《明史》、"三通"等。乾隆三十八年（1773）使用木活字，就又有了"武英殿聚珍版"的名称。乾隆中后期，曾将部分武英殿聚珍版图书颁发江苏、浙江、江西、福建等省重印，从此后，地方官刊书逐渐增多。

一、浙江地方官署刊书

　　在这一时期，浙江官署刊书仍寥寥可数。其中可查考者，有闽浙督署于同治七年（1868）所刊《钦定诗经传说汇纂》21 卷，光绪二十年（1894）刊有马新贻撰《马端敏公奏议》8 卷。咸丰三年（1853）浙江粮道库所刊由清椿寿纂、韩椿等续的《浙江海运全案》10 卷、"续编" 4

卷。同治六年（1867）刊马新贻重修、蒋益沣等重纂的《浙江海运全案重编》"初编" 8 卷、"续编" 4 卷、"新编" 8 卷。粮道库所刊的这两本书，为清代浙江的漕运工作留下一份重要史料。浙江盐局于同治十三年（1874）刊杨昌浚等撰、李伦全等辑《两浙盐法续纂备考》12 卷，同年又刊有浙抚阮元所撰《两浙盐法志》30 卷。这两本书及时刊行，对促进浙江的盐务工作发挥了重要的作用。浙江抚署向有刊书传统，雍正五年（1727）刊清吴澄纂、朱轼校《礼记纂言》36 卷，道光四年（1824）又刊阮元补遗《两浙金石志》18 卷，同治三年（1864）又刊《钦定康济录》4 卷。浙江舆图总局于光绪二十年（1894）刊宗原翰等编《浙江全省舆图并水陆道里记》。浙江采访忠义总局于同治年间刊张景祁等纂《浙江忠义录》10 卷、"续编" 2 卷；东瓯（今温州）郡斋于同治六年（1867）刊陈植撰《潜室陈先生木钟集》11 卷，武林藩属于同治七年（1868）刊陆陇其《三鱼堂剩言》12 卷。台州太守刘璈于同治九年（1870）刊金贲亨撰《台学源流》7 卷；台州培元局于光绪间刊齐召南撰《水道提纲》28 卷；湖州学署于咸丰四年（1854）刊许正绶辑《国朝湖州府科第表》1 卷；处州府署于同治十三年（1874）刊李遇孙辑《括苍金石志》12 卷、续 4 卷。四明（今宁波）节署于光绪十五年（1889）刊清欧阳利见所撰《金鸡谈荟》14 卷，海宁州署于光绪二十一年（1895）刊清李圭撰《鸦片事略》2 卷。后两书记述当代史事。欧阳利见，湖南湘乡（一说为祁阳）人，字庚堂，号健飞。早年与太平军、捻军作战有功，于 1881 年被升为浙江提督。中法战争期间，驻守镇海金鸡山，曾多次击退来犯之敌，并击毙法帅孤拔。李圭，江苏江宁（今南京）人，同治间尝司宁波关文牍。《鸦片事略》一书乃据其所见所闻，记述英帝国发动第一次鸦片战争的部分史实。这两本书为英法两个帝国主义在中国所犯下的侵略罪行留下了无可辩驳的证见。另外，海昌官署于光绪二十一年（1895）刊杨楷等辑《通商表》4 卷，是我国五口通商后对外贸易最初的记录。淳安县署在光绪十年（1884）刊有方粲如撰《集虚斋学古文》10 卷。

二、浙江书局刊书

清代末期，浙江官刊书以浙江书局刊书最多。浙江书局由浙江抚署建立，是官办的专业出版机构，所以又称之为浙江官书局。官书局的建立，是曾国藩首先提出来的。他在与太平军作战时，有感于西方文化对中国文化的冲击，主张振兴儒家文化，重振道统。同治三年（1864）六月，攻下了太平天国的天京（即今南京），曾国藩被清朝廷任命为两江总督，即倡议在金陵（即南京）、扬州、武昌、苏州、浙江设立官书局，以振兴文教。据况周颐在《蕙风簃二笔》中记："咸丰十一年（1861）八月，曾文正克复安庆，部署初定，命莫子偲大令（即县令）采访异书；既复江宁（即南京），开局于冶成山，此江南官书局之俶落也。"曾国藩开了这个头，浙江、湖北、湖南、江西、四川、山东、山西、福建、广东、云南等省也先后建立起官书局。这些官书局建成，遂出现了清后期官刻书的中兴气象。

图2-1　俞樾像

　　浙江书局的建立，后于江南书局约二三年。它于同治六年（1867）开局，到民国二年（1913）并入浙江图书馆为止，历时45年光景。在这40余年中，先后聘请当时的名宿薛时雨、孙衣言、俞樾等主持其事。薛时雨，字慰农，安徽全椒人，曾任杭州知府，当时主讲于杭州崇文学院。孙衣言字琴西，号遯叟，瑞安人，一生致力于阐述永嘉遗学，尝搜辑遗佚文献编成《永嘉集》74卷，又校辑《永嘉丛书》13种。当时正主讲于杭州紫阳书院。俞樾字荫甫，号曲园，德清人，为一代经学宗师，当时正主讲于杭州诂经精舍。他被委任为浙江书局总办，历时最长，贡献最大。书局订有严格的规章制度，礼聘李慈铭、谭献、黄以周等当代著名学者担任编辑、校勘工作。李慈铭字式侯，又字爱伯，号莼客，会稽（今绍兴）人。博及群书，经史子集以及稗官、梵文均有所涉猎。其诗词古文，名闻天下，一生著述宏富，达百种之多。谭献字仲修，号复堂，杭州人。有晚清浙江三大汉学家之称，熟谙国家政制典礼，曾受张之洞聘主讲于湖北经心书院；当时正讲学于诂经精舍。黄以周字元同，号儆季，定海人。他潜心经学，但不拘门户，曾主讲于江苏南菁书院达15年之久，后又尝主持宁波辨志精舍。官办的出版机构本来就有许多私人无法企及的优越条件，如朝廷重视，财力雄厚，出书方针明确，人才集中，管理严格，等等，再有这些全国知名的硕彦名士加盟，天时、地利，加上人和，实现了最佳的组合，因而浙江书局一开局，即为学术界所瞩目。浙江书局自成立之日起至并入浙江图书馆为止，40余年共刊书约200余种，多可称为精品。

三、浙江书局刊书要目

书　名	著者或编者	刊　年
《七经》（一作《钦定七经》、《御纂七经》）		同治六年（1867）
《五经》		光绪十九年（1893）
《经训比义》3 卷	黄以周撰	光绪年间
《郑氏佚书》22 种	汉郑玄撰，清袁钧辑	光绪十四年（1888）
《周易折中》22 卷	清康熙敕纂	同治六年（1867）
《尚书考异》60 卷	明梅鷟撰	光绪十八年（1892）
《书经传说汇纂》24 卷		同治七年（1868）
《诗义折中》20 卷	清傅恒等撰	同治九年（1870）
《诗经传说汇纂》21 卷	清王鸿绪等撰	同治七年（1868）
《周官义疏》48 卷		同治七年（1868）
《仪礼义疏》82 卷		同治七年（1868）
《续礼记集说》100 卷	清杭世骏撰	光绪二十一年（1895）
《礼记义疏》82 卷		同治八年（1869）
《夏小正通释》4 卷	清梁章钜撰	光绪十三年（1887）
《天子肆献裸馈食礼》3 卷	清任启运撰	光绪十一年（1885）
《春秋传说汇纂》38 卷	清王掞等撰	同治九年（1870）
《论语古训》10 卷	清陈鳣辑	光绪九年（1883）
《论语后案》20 卷	清黄式三撰	光绪九年（1883）
《论语集注训诂考》2 卷	宋朱熹撰	光绪十七年（1891）
《四书集注》26 卷	宋朱熹撰	光绪十八年（1892）
《四书反身录》8 卷	清李颙撰	同治年间
《四书约旨》19 卷	清任启运撰	光绪二十年（1894）
《孟子考略》1 卷		
《尔雅正郭》3 卷	清潘衍桐撰	光绪十七年（1891）
《小学纂注》6 卷	宋朱熹撰	同治十一年（1872）

续表

书　名	著者或编者	刊　年
《小学考》50 卷	清谢启昆撰	光绪十四年（1888）
《小学问答》1 卷	清章太炎撰	宣统元年（1909）
《小学韵语》1 卷	清罗泽南撰	光绪十八年（1892）
《佩文诗韵释要》5 卷	清周莲塘撰	光绪十八年（1892）
《通志》200 卷	宋郑樵撰	光绪二十二年（1896）
《汉书疏证》30 卷	清沈钦韩撰	光绪二十六年（1900）
《后汉书疏证》30 卷	清沈钦韩撰	光绪二十六年（1900）
《唐书》200 卷	后晋刘昫等撰	同治十一年（1872）
《新唐书》225 卷	宋欧阳修、宋祁等撰	同治十二年（1873）
《宋史》496 卷	元脱脱等纂修	光绪元年（1875）
《竹书纪年通笺》12 卷	清徐文靖编	光绪三年（1877）
《御批历代通鉴辑览》（又作《御批通鉴辑览》）120 卷	清傅恒等撰	同治十年（1871）
《纲鉴正史约》36 卷	明顾锡畴撰	同治八年（1869）
《周季编略》9 卷	清黄式三撰	同治十二年（1873）
《续资治通鉴长编》520 卷	宋李焘撰，清黄式三等校	光绪七年（1881）
《续资治通鉴长编拾补》60 卷	清黄以周撰	光绪九年（1883）
《资治通鉴后编》184 卷	清徐乾学等纂	光绪二十四年（1898）
《绎史》160 卷	清马骕撰	光绪三十年（1904）
《绎志》19 卷	明胡承诺撰	同治十一年（1872）
《国语古训》10 卷	清陈鳣撰	光绪九年（1883）
《唐鉴》24 卷	宋范祖禹撰	光绪十八年（1892）
《两浙防护录》	清阮元撰	光绪十五年（1889）
《平浙纪略》16 卷	清李继业撰	同治十二年（1873）
《胡端敏公奏议》10 卷	明胡世宁撰	光绪十九年（1893）
《孔孟编年》4 卷	清狄子奇辑	光绪十三年（1887）

书　名	著者或编者	刊　年
《先圣生卒年月考》2 卷	清孔广牧撰	光绪十九年（1893）
《儒林宗派》16 卷	清万斯同撰	宣统三年（1911）
《两浙名贤录》16 卷	清徐向贤撰	光绪二十六年（1900）
《两浙輶轩录》54 卷、补 16 卷	清潘衍桐辑	光绪十七年（1891）
《杭女表微传》17 卷	清孙树礼撰	光绪三十二年（1906）
《钦定古今储贰金鉴》6 卷	清高宗等撰	光绪二十一年（1895）
《金陀粹编》28 卷、续 30 卷	宋岳珂撰	光绪九年（1883）
《浙江通志》280 卷	清李卫、傅王露纂修	光绪二十五年（1899）
《西湖志》48 卷	清李卫、傅王露纂修	光绪四年（1878）
《湖山便览》12 卷	清翟灏、翟翰辑	光绪元年（1875）
《岳庙志略》10 卷	清冯培辑	光绪五年（1879）
《吴山伍公庙志》6 卷、首 1 卷	清金志章、杭世骏撰	光绪二年（1876）
《日本国志》40 卷	清黄遵宪撰	光绪二十四年（1898）
《入幕须知五种》9 卷	清张廷骧撰	光绪十八年（1892）
《先政遗规》4 卷	清汪正撰	光绪十九年（1893）
《宦海指南》8 卷	清许乃普撰	光绪十九年（1893）
《从政遗规》2 卷	清陈弘谋辑	光绪二十一年（1895）
《五种遗规》5 种 16 卷	清陈弘谋撰	光绪二十一年（1895）
《杭州八旗驻防营志略》25 卷	清张大昌撰	光绪十九年（1893）
《续通典》150 卷	清嵇璜等辑	光绪十二年（1886）
《九通》2421 卷		光绪八至二十二年（1882—1896）
《文庙通考》6 卷	清胡亦堂撰	同治十一年（1872）
《清朝藩部要略》18 卷、附 "藩部世表"		光绪十年（1884）

书 名	著者或编者	刊 年
《明刑管见录》1 卷	清穆翰辑	光绪三十年（1904）
《经义考》300 卷	清朱彝尊撰	光绪二十三年（1897）
《两浙金石志》19 卷	清阮元编	光绪十六年（1890）
《二十二子》22 种	浙江书局辑校	光绪元年至三年 （1875—1877）
《大学衍义》43 种	宋真德秀撰	同治十一年（1872）
《孔子集语》17 卷	宋薛据撰	光绪三年（1877）
《儒门法语辑要》1 卷	清彭定求撰	光绪十六年（1890）
《荀子》20 卷、 "校勘补遗" 1 卷	唐杨倞注， 清谢镛辑校	光绪间
《子思子辑解》7 卷	清黄以周撰	同光间
《近思录》18 卷	宋朱熹、 吕祖谦撰	光绪二十五年（1899）
《汉学商兑》4 卷	清方东树撰	光绪二十六年（1900）
《理学宗传》26 卷	清孙奇逢撰	光绪六年（1880）
《孙吴司马法》3 种 8 卷	清孙星衍辑	光绪十五年（1889）
《武备新书》10 种	清廖寿丰编	光绪二十三年（1897）
《重刊补注洗冤录集证》8 卷	宋宋慈撰	光绪三年（1877） 四色套印本
《蚕桑粹编》15 卷	清卫杰撰	光绪二十二年（1896）
《养蚕新法》1 卷	法国巴士德撰	光绪二十八年（1902）
《柞蚕杂志》1 卷	董元亮辑	宣统二年（1910）
《灵枢集注》9 卷	清张志聪集注	光绪十六年（1890）
《素问集注》9 卷	清张志聪集注	光绪十六年（1890）
《张氏医书》7 种 27 卷	清张璐等撰	光绪二十五年（1899）
《算法大成》前后编 20 卷	清陈杰撰	光绪二十四年（1898）
《十驾斋养新录》20 卷、 "余录" 3 卷	清钱大昕撰	光绪二年（1876）

续表

书　名	著者或编者	刊　年
《聂氏重编家政学》2 编	清曾纪芬等编	光绪三十年（1904）
《玉海》200 卷、附刻 13 种	宋王应麟编	光绪九年（1883）
《庄子》10 卷	晋郭象注，唐陆德明音义	光绪二年（1876）
《苏文忠公诗编注集成编年总案》45 卷	清王文诰辑	光绪十四年（1888）
《诚意伯文集》20 卷	明刘基撰	光绪二十六年（1900）
《王文成公全书》38 卷	明王守仁撰	光绪十二年（1886）
《读书堂全集》30 卷	清赵士麟撰	光绪十九年（1893）
《赵恭毅公剩稿》8 卷	清赵申乔撰	光绪十八年（1892）
《樊榭山房全集》42 卷、"集外文" 1 卷	清厉鹗撰	光绪十年（1884）
《道古堂全集》文集 48 卷、"诗集" 27 卷、"外集" 29 卷	清杭世骏撰	光绪间
《钱南园遗集》5 卷	清钱沣撰	光绪十九年（1893）
《定香亭笔读》4 卷	清阮元撰	光绪二十五年（1899）
《章氏遗书》	清章学诚撰	光绪年间
《儆居集》76 卷	清黄式三撰	光绪二十六年（1900）
《儆居遗书》11 种	清黄式三撰	同光间
《携雪堂文集》4 卷	清吴可读撰	光绪二十六年（1900）
《儆居杂著》22 卷	清黄式三撰	光绪二十六年（1900）
《赵裘尊公剩稿》	清赵熊诏撰	光绪年间
《韵山堂诗集》	清王文诰撰	光绪十四年（1888）
《唐宋文醇》58 卷	乾隆选定	光绪三年（1877）
《唐宋诗醇》47 卷	乾隆选定	光绪七年（1881）
《古文渊鉴》64 卷		同治十二年（1873）
《沈氏三先生集》42 卷	宋沈括等撰	光绪二十二年（1896）
《培远堂手扎节存》	清陈宏谋撰	光绪二十五年（1899）

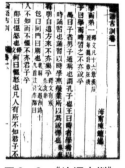

論語古訓卷一 海甯陳鱣編

學而第一

子曰學而時習之不亦說乎

有朋自遠方來不亦樂乎

人不知而不慍不亦君子乎

图 2－2 《论语古训》

欽定續通典

光緒二十八年二月初六日示

图 2－3 《钦定续通典》

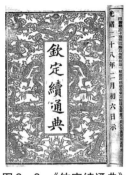

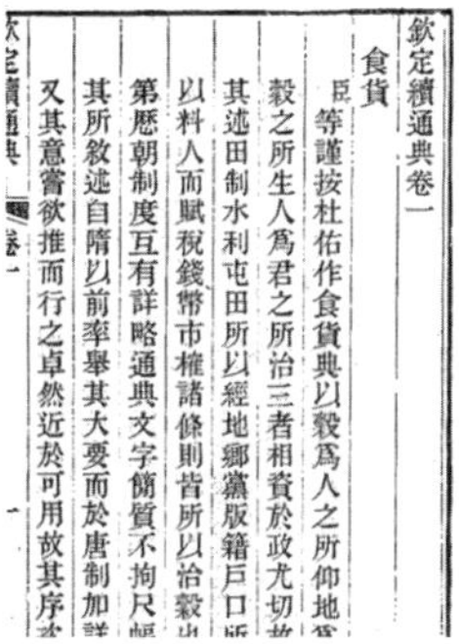

欽定續通典卷一

食貨

臣等謹按杜佑作食貨典以穀爲人之所仰地

穀之所生人爲君之所治三者相資於政尤切故

其述田制水利屯田所以經地鄉黨版籍戶口所

以料人而賦稅錢幣市榷諸條則皆所以治穀出

第歷朝制度互有詳略通典文字簡質不拘尺幅

其所敘述自隋以前率舉其大要而於唐制加詳

又其意嘗欲推而行之卓然近於可用故其序

图 2－4 《钦定续通典》卷一

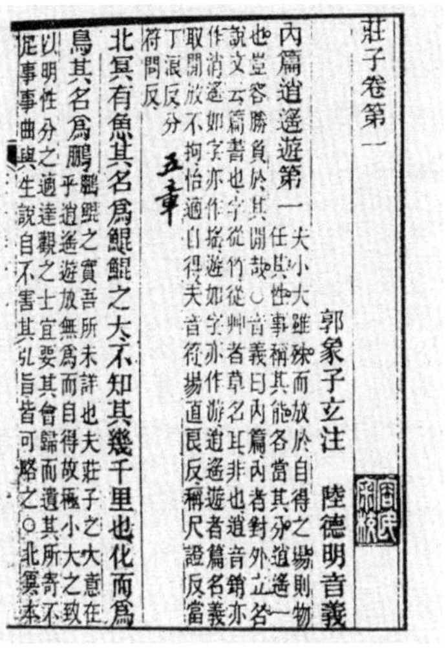

莊子卷第一

郭象子玄注 陸德明音義

內篇逍遙遊第一

北冥有魚其名爲鯤鯤之大不知其幾千里也化而爲

鳥其名爲鵬

图 2－5 《庄子》

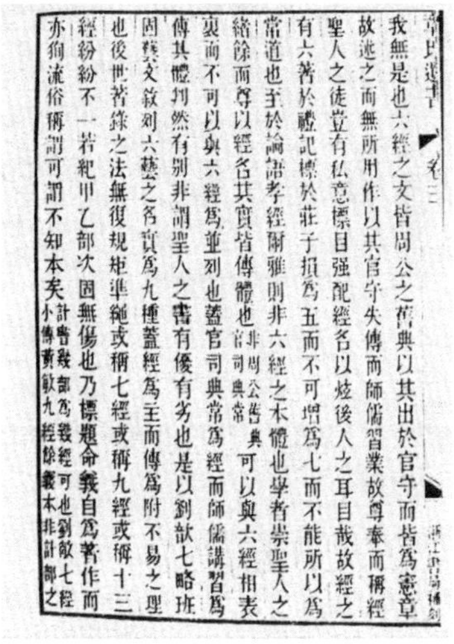

我無是也六經之文皆周公之舊典以其出於官守而皆爲憲章

故述之而無所用作以其官守失傳而師儒習業故尊奉而稱經

聖人之徒豈有私意標目强配經名以炫後人之耳目哉故經之

有六著於禮記標於莊子損爲五而不可增爲七而不能所以爲

常道也至於論語孝經爾雅則非六經之本體也學者崇聖人之

緒餘而尊以經名其實皆傳體也 可以與六經相表

裏而不可以與六經爲並列也蓋官司典常爲經而師儒講習爲

傳其體判然有別非謂聖人之書有優有劣也是以劉歆七略班

固藝文敘列六藝之名實爲九種蓋經爲主而傳爲附不易之理

也後世著錄之法無復規矩準繩或稱七經或稱九經或稱十三

經紛紛不一若紀甲乙部次固無傷也乃標題命義自爲著作而

亦猶流俗稱謂可謂不知本矣

图 2－6 《章氏遗书》

中書門下省時政房申狀

月十三日准

省劄備奉

同治十一年六月

浙江書局校刊

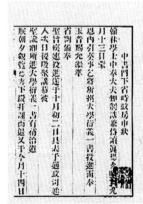

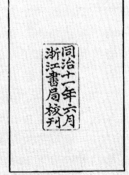

图 2－7 《大学衍义》

四、浙江书局刊书的特色

浙江出版家向来有个优良传统：重版本、精校勘。清代诗人海宁查揆尝写诗赞扬吴骞：“校雠友鲍卢，根柢诉许郑。”鲍指安徽人旅居杭州的鲍廷博，卢指余姚人旅居杭州的卢文弨，两个人是乾隆时期浙江著名的校勘学家，前者刊有著名的《知不足斋丛书》，后者刊有《抱经堂丛书》，皆以校勘精审为学术界所推崇。许指汉代许慎，郑指汉代郑玄，两人均为著名经学家，为汉以后学者所宗。这句诗说他学有根源，非无知妄说。浙江书局刊书继承重版本、精校勘这个优良传统。丁申在《武林藏书录》中说浙江书局凡重印的书“皆觅善本，精校重刻”。丁申、丁丙兄弟是当时杭州著名藏书家，家有藏书楼“嘉惠堂”，“八千卷楼”，藏书近20万卷，其中善本达2000余种。他们为浙江书局提供了不少善本以供校勘。永康胡凤丹在《嘉惠堂藏书目序》中即说：“浙省奏开书局多借君（丁）家藏本备校勘。”浙江书局又有许多著名学者主持其事，故而精品迭出。汪家熔《中国出版通史》（清代卷下）中说：“浙江书局还有谭献、黄以周等名家，浙江书局出版《十三经古注》、《九通》、《玉海》等大部头书，一直号称善本，受读书人欢迎。”①

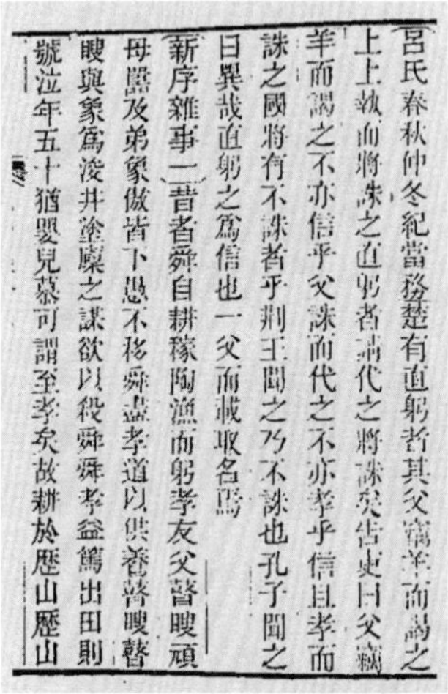
呂氏春秋仲冬紀當務楚有直躬者其父竊羊而謁之
上上執而將誅之直躬者請代之將誅矣告吏曰父竊
羊而謁之不亦信乎父誅而代之不亦孝乎信且孝而
誅之國將有不誅者乎荊王聞之乃不誅也孔子聞之
曰異哉直躬之為信也一父而載取名焉
新序雜事一昔者舜自耕稼陶漁而躬孝友父瞽瞍頑
母嚚及弟象傲皆下愚不移舜盡孝道以供養瞽瞍瞽
瞍與象為浚井塗廩之謀欲以殺舜舜孝益篤出田則
號泣年五十猶嬰兒慕可謂至孝矣故耕於歷山歷山

图2-8 《孔子集语》

浙江书局所刊书不多，其质量之高有口皆碑，在诸省局中属上乘。如光绪三年（1877）刻成的《二十二子》，即被当时人评为名刻。它以子书中的善本——明“世德堂本”为底本，同时又“注重吸收历代学者，尤其是清代诸家整理和研究诸子书的成果，汇编了历代刊本中较有代表性的精校、精注本”（上海古籍出版社重印此书时的“出版说明”），因而为人所称道。《二十二子》从光绪元年（1875）始刊，历时3年，至光绪三年（1877）刊成，共有梨板3360片，6327页。

光绪七年（1881）所刊的宋李焘著《续资治通鉴长编》，黄以周以嘉庆年间常熟张氏爱日精舍所排印的活字本为据，用文澜阁《四库全书》

① 汪家熔：《中国出版通史》（清代卷下），中国书籍出版社2008年版，第77页。

本加以校勘，发现其中缺治平四年至熙宁三年（1067—1070）、元祐八年（1093）七月至绍圣四年（1097）三月以及徽、钦二朝的史事。于是书付刊时，又写成《续资治通鉴长编拾补》60卷以补足之。两书出版后，颇得学术界好评。据夏定域所撰《浙江官书局始末》一文中说："官书局校刊了一部有名的宋史资料：李焘的《续资治通鉴长编》。这部书，清嘉庆时，才有常熟张氏爱日精庐的活字本，光绪五年己卯，由书局黄徽季等以张本为据，用文澜阁本校勘，黄等又用宋史有关文籍加以考核，改正甚多，遂以付书局刊行。黄等又依朱彝尊所作的《续资治通鉴长编跋》的启示，从宋杨仲良的《皇宋通鉴长编纪事本末》中辑录阁本所缺的治平四年至熙宁三年、元祐八年七月至绍圣四年三月，以及徽钦二朝史文，做成拾遗60卷。该本为李焘此书目前最好的本子。"[1] 他如《九通》、《苏文忠公诗编注集成》、《两浙輶轩录》、《沈氏三先生集》等也被世人许为上佳之作。

第二节 杭州及各府县私人刊书概况

清代的私人刊书，很大部分是由文人学士自己选辑的自撰的诗文或专著、自己家人的著作，也有部分是选辑经过整理的时贤或前修的著作；还有一部分是对经史典籍的校注、笺疏或汇编、札记等，一些藏书之家则精选自家所藏的宋、元等旧版书经校勘后付刻，或把几种书汇编而成丛书、丛刻付刻。有的著作请善书者手写上版，所用纸墨也佳，刻印精致，被称为精刻本。

一、杭州地区

杭州的出版业自宋至明，一直在全国名列前茅；官衙刻书，私家刻书不少，且多精品。进入清朝，因为遭受文字狱与禁书之危害较深，在较长一段时间内呈停顿状态。但是，由于浙江历史悠久，人文荟萃，一些文人学士爱书如命，喜欢藏书刻书，把振兴文教、传播优秀文化当作自己的神圣责任，又有比较深厚的刻书传统。因而一旦政策稍现宽松，就春风吹又生。乾隆后期，已有人开始刻书，如仁和余集手写元好问

---

① 浙江省政协文史资料委员会编：《民国轶事摭拾》，浙江人民出版社2002年版，第148页。

《续夷坚志》刊印等。同治光绪年间，杭州成为浙江出版业的中心，从事出版工作者多，刊书不少：

汪氏振绮堂：振绮堂为钱塘汪宪的书室。汪宪字千陂，号鱼亭，乾隆朝官至刑部员外郎。一生嗜书成癖，家中缥缃万卷。他与同郡藏书家互相借抄借校，所抄书不下数百种。他逝世以后，其子孙世守其业，刻书仍用汪氏振绮堂之名。如道光元年（1821）所刊厉鹗《辽史拾遗》24卷，道光二十六年（1846）刻《国语校注本》3种29卷，道光二十八年（1848）刻《汉书地理志校本》2卷；道咸间刊女史杨漱玉辑《玉台画史》5卷、"另录"1卷，同治六年（1867）刻《尚书古文疏证》，光绪十年（1884）刻厉鹗《樊榭山房全集》42卷、"集外文"1卷，光绪十四年（1888）刻杭世骏《道古堂全集》文集48卷、"诗集"27卷、"事"1卷等，均注以"钱塘汪氏振绮堂刻本"字样。

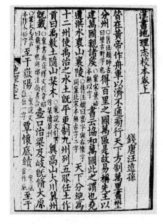

图2-9　《汉书地理志校本》

图2-10　《白石道人诗集》

榆园：又作娱园，仁和许增的书室。许增，字益斋，号迈孙。同治光绪间辑刻《榆园丛刻》，收书31种85卷，有《白石道人诗集》、《词源》、《纳兰词》等；光绪五年（1879）刻郭麐撰《灵芬馆全集》77卷，附6种；光绪十六年（1890）又刻宋姚铉辑《唐文粹》100卷，郭麐补辑《唐文粹拾遗》26卷。同年还刻有《古今名家词刻》10种，收宋张先《山中白云词》8卷、《词源》2卷，清郭麐《蘅梦词》2卷、《浮眉楼词》2卷、《忏余绮语》2卷、《爨余词》2卷，清纳兰性德《纳兰词》5卷，清张景祁《新蘅词》6卷，宋姜夔《白石道人歌曲》4卷、"别集"1卷。光绪间刻有清王元勋、程化骙辑的《明贤尺牍》4卷，等等。

评花仙馆：钱塘金绳武的书室。金绳武，字述之，号筠仙。其妻汪淑娟，字玉卿。夫妻二人并以词名。评花仙馆于咸丰年间刻有宋司马光撰《古文孝经指解》1卷、金绳武撰《泡影集》1卷、汪淑娟撰《昙花集》1卷；又于咸丰三年（1853）刻夫妻合撰《评花仙馆词》2卷，咸丰七年（1857）刻明陈耀文辑《花草粹编》24卷，附《乐府指迷》1卷。光绪间又刻《十家词选》，收清汤贻芬《画眉楼词》，赵庆熹《香销酒醒词》，金泰《怡云词》，许谨身《虚竹轩词》，杨尚观《曲池小圃词》，魏谦升《翠浮阁词》，吴承勋《影昙馆词》，蒋坦《百合词》，吴藻《香南雪北词》，陆倩《倩影楼词》。

琳琅秘室：仁和胡树声及其子胡珽的书室。胡树声字震之，原籍安徽休宁，后移居杭州。喜藏书，家有宋元善本千百卷。珽字心耘，爱书并工校勘。咸丰二年（1852）刻有宋黄休复《茅亭客话》10卷，咸丰三年（1853）刻有清江声撰《论语俟质》3卷，又刻大型丛书——《琳琅秘室丛书》（又名《秘集汇编》）4集30种94卷。咸丰九年（1859）又刻有朱琦撰《怡志堂诗初编》8卷，以仁和胡氏名义刊行。以上均用木活字重新排印，国家图书馆、南京、浙江图书馆均有收藏。

武林清来堂：武林为今杭州，清来堂为钱塘吴煦的书室。同治十年（1871）刻清沈名荪、朱昆田辑《南史识小录》14卷、《北史识小录》14卷，又补刻《新旧唐书合抄》260卷及归安沈炳震撰《宰相世家系订讹》12卷、槜李丁子复撰"补证"6卷。光绪二十六年（1900）刻有清刑部制定、陶骏等辑《大清律例增修统纂集成》40卷，附"督捕则例附纂"2卷。

武林竹简斋：武林为今杭州，竹简斋主人不详。光绪四年（1878）刻清朱亦栋撰《十三经札记》12种2卷，附1种16卷，其中收《易经札记》3卷、《尚书札记》2卷、

图2-11　《论语俟质》

《诗经札记》2卷、《周礼札记》2卷、《仪礼札记》1卷、《礼记札记》2卷、《左传札记》2卷、《公榖札记》1卷、《孝经札记》1卷、《论语札记》3卷、《孟子札记》2卷、《尔雅札记》1卷，附《群书札记》16卷，为石印本。光绪十八年（1892）又刻《三国志》65卷、《晋书》30卷、《南史》80卷、《北史》100卷、《宋书》100卷、《南齐书》59卷、《梁

书》56 卷、《陈书》36 卷、《隋书》85 卷、《旧五代史》150 卷、《新五代史》74 卷、《辽史》116 卷、《金史》135 卷、《元史》210 卷、《明史》336 卷等，也是石印本。

八千卷楼：钱塘丁丙、丁申兄弟藏书楼，为晚清全国著名四大藏书楼之一，所藏书多《四库全书》未收。丁氏所刊自撰自辑的书有《国朝杭郡诗辑》32 卷、"续辑"46 卷、"三辑"100 卷，《武林先哲遗书》56 种 316 卷，《武林掌故丛编》26 集 191 种 641 卷，《西湖集览》20 种 31 卷，《西泠词萃》6 种 9 卷，《当归草堂医学丛书初编》12 种 58 卷，《善本书室藏书志》40 卷、"附录"1 卷，《西泠八家印选》30 卷等。以上各书或以嘉惠堂名义，或以当归草堂名义，或以八千卷楼名义刊行。

武林望云楼：武林为今杭州，望云楼主人不详。光绪十七年（1891）刻康有为撰《新学伪经考》14 卷，系石印本，为该书最初刻本。康有为认为古文经学是帮助西汉末王莽夺取政权建立新朝的，故称之为"新学"；古文经多出自刘歆仿造，故称之为"伪经"。他写作此书用以反对封建顽固分子"恪守祖训"的言论，为变法维新制造舆论。

武林尚友斋：武林为今杭州，尚友斋主人不详。光绪二十三年（1897）刻清马骕撰《绎史》160 卷，"世系图"1 卷，"年表"1 卷。马骕字聪卿，山东邹平人。专治先秦史，人称"马三代"。此书汇合自上古至秦代的史书旧文加以论断，熔裁成篇，是研究先秦历史的重要参考资料。

亦卣斋：主人不详。光绪七年（1881）刻清吴修编撰《明代名人尺牍小传》24 卷。吴修字子思，号鱼亭居士，海盐人，流寓嘉兴。他工诗文，好书画，并精鉴别，尝广集名人尺牍、法书。此书即汇辑名人尺牍、书法而成。

红蝠山房：仁和王氏书室。光绪十六年（1890）刻钱绎撰《方言笺疏》（一作《輶轩使者绝代语释别国方言笺疏》）13 卷。

寿松堂：仁和孙仰曾的书室。同治七年（1868）刻有三国谢承撰、清姚之骃辑、孙志祖增订、孙峻补订的《谢氏后汉书补逸》6 卷。孙志祖，字诒谷，一字颐谷，号约斋，仁和人。他读书必释其疑，考论经史杂家，折中精审，著有《文选考异》、《文选李注补正》等。此书是他对姚之骃所辑三国谢承所著《后汉书》的补正。

宝墨斋：武林（今杭州）赵氏书室。光绪六年（1880）刻李桓撰《宝韦斋类稿》4 种 84 卷，收"奏疏"4 卷、"官书"24 卷、"尺牍"48 卷、《甲癸梦痕记》6 卷、"补遗"2 卷（另有 4 种 16 卷刻于长沙芋园）。

李桓字叔虎，号黼堂，湖南湘阳人。他对清代道光前的人物掌故搜罗甚富，著有《国朝耆献类征》等书，此书也颇有史料价值。

金氏如心堂：仁和人金德瑛书室。金德瑛字汝白，又字慕斋，号桧门。乾隆元年（1736）进士，授修撰。乾隆三十三年（1768）刊自撰《桧门诗存》（一作《诗存》）4卷，《观剧绝句》1卷，同治五年（1866）重刻。

吉华室：钱塘许氏的书室。光绪十年（1884）刻同郡梁绍壬撰《两般秋雨庵随笔》8卷。梁绍壬，字晋竹，号应来，钱塘人。《两般秋雨庵随笔》主要记载文学故事以及对诗文的译述以及风土名物等。

钱塘万卷楼：主人不详。光绪九年（1883）刻李用粹撰《证治汇补》8卷。李用粹为康熙间上海四大名医之一，字修之，号惺庵，鄞县人。其父赞化，明崇祯年间任中书舍人，兼工医学。他幼承家教，精研《灵枢》、《素问》诸医家经典，又遍览诸医家书，诊脉、处方皆精，尤擅内科、妇科。《证治汇补》一书是他悬壶经验之总结。

双照楼：仁和吴氏书斋。光绪二十一年（1895）刻陈元鼎撰《鸳鸯宜福馆遗词》1卷。陈元鼎字实庵，号芰裳，钱塘人。道光进士，官编修。他天才隽敏，工诗词。除此书外，还有《同梦楼词草》。

鹄斋：主人不详。光绪二十七年（1901）刻有仁和谭献《复堂文牍》5卷。

鲍氏知不足斋：光绪十六年（1890）刻清朱枫辑《古金待向录》4卷、"录余"1卷、"补遗"1卷。知不足斋原为安徽歙县人鲍廷博的书室。鲍廷博字以文，号渌饮，以商籍生员寄居杭州，后又徙桐乡。家富藏书，尤喜收罗散佚。乾隆开四库馆，他命其子士恭献书700种，且多宋元旧版，得清廷嘉奖。嘉庆初，辑刻《知不足斋丛书》30集，收书达207种781卷，且多系古钞旧刻，并多经自己精心校勘，举凡经史考订、算书、金石、地理、书画、诗文集等无不包罗在内，是清代最有学术价值的大型丛书之一。

杭城卫樽：光绪二十四年（1898）刻聚奎主人辑《兵书七种》20卷，收《六韬》、《吴子》、《孙子》、《司马法》、《武侯火攻心法》等。

武林任有容斋：光绪十六年（1890）刻清童叶庚撰《睫巢镜影》12卷。童叶庚字松君，一字松洲，号睫巢。博学好古，尝手抄海内孤本多种。所著《睫巢镜影》为世人所珍玩。

杭州三余堂（一作"武林三余堂"）：书坊名，主人不详。同治年间尝刻汉许慎撰《说文解字》15卷，又刻元陈澔撰《礼记集说》10卷。

杭州聚文堂：书坊名，主人不详。乾隆间尝刻吴廷华撰《礼仪章句》17卷。同治五年（1866）刻明杨继盛撰《杨椒山先生集》4卷、《杨椒山先生自著年谱》1卷。杨继盛字仲芳，号椒山，河北容城人。嘉靖年间上疏劾严嵩，结果反被所害，隆庆朝追谥忠愍。

杭州正文堂：位于西湖街，主人不详。咸丰三年（1853）刻清澼绽道人所辑《水陆攻守战略秘书》7种，收明刘基重纂《诸葛武侯兵法心要》内集2卷、外集3卷，《刘伯温先生百战奇略》10卷，《施山公兵法心略》2卷、附"心略火攻图式"1卷、《陈资斋天下沿海形势录》1卷、图1卷，《塞外行军指掌》1卷，《李盘金汤十二筹》12卷、图式1卷，《军中医方备要》2卷。以铜活字印行。

杭州史学斋：主人不详。光绪二十八年（1902）刻日本平田久所撰《十九世纪外交史》12章，由张相译成中文出版。此当为浙江出版的首批日译中图书。

武林务本堂：武林为今杭州，务本堂主人顾氏。道光年间曾刻明孙高亮撰《于少保萃忠全传》，又刻有《绣像九龙阵》。同治九年（1870）刻朱镜江、章惟善撰《绣像六美图》30卷30回。此书坊刻书以小说为主。

杭州小酉堂：主人不详。光绪三年（1877）刻《孝义真迹珍珠塔》24回，亦属章回小说。

杭州德记书庄：光绪二十四年（1898）刻何国宗、梅珏成汇编《御制万象考成》"上编"16卷、"下编"10卷、"后编"10卷。

杭州群学社：光绪三十一年（1905）刻黄宗羲撰《黄梨洲遗书》8种43卷，石印本。

武林灵兰室：武林为今杭州，灵兰室主人不详。咸丰年间刻曹金籀《古文原始》1卷。同治七年（1868）又有曹氏小石仓重刻本。

武林陈氏：光绪十一年（1885）刻陈烺撰《玉狮堂传奇》5种，光绪十七年（1891）又增补为10种。陈烺字叔明，号润翁，江苏阳湖人。以盐官分发浙江。精于音律，善作词曲，时与俞樾等人游。

钱塘张氏：同治中刻赵学敏撰《本草纲目拾遗》10卷，张应昌"正误"1卷。赵学敏字依吉，号恕轩，钱塘人。喜读医书，有所得摘抄成帙，达数千卷。对本草学造诣尤深。

钱塘仲氏：宣统间刻由张志聪注释、仲学辂集说《本草崇原集说》3卷、"附录"1卷。张志聪字隐庵，钱塘人。业医数十年，又于吴山建侣山堂，讲论医学，从学者甚众。

钱塘任九思：光绪二十一年（1895）刻叶申乡撰《小叟词存》3 卷。

钱塘许家：许家是钱塘望族，既是书香世家，亦是仕宦之家。咸丰九年（1859）刻许乃普所辑《宦海指南》8 卷，收《钦颁州县事宜》1 卷，《州县须知》1 卷，《佐治药言》1 卷、续 1 卷，《学治臆说》2 卷、"续说" 1 卷，《折狱便览》1 卷。

钱塘汪氏：光绪十四年（1888）刻明毛晋辑《宋名家词》6 集 61 种 91 卷。

钱塘项氏：光绪十三年（1887）刻项名达撰《下学庵算术三种》3 卷，收《下学庵勾股六术》1 卷，《平三角和较术》1 卷，《开诸乘方捷术》1 卷。项名达字梅侣，钱塘人。曾主讲于杭州紫阳书院。精通算学，融会中西，推见来源，洞明变化。还著有《象数原始》等。

钱塘王氏：光绪五年（1879）刻王麟辑《湖墅丛书》6 种 27 卷。属于郡邑类丛书，收有：清孙文燨《湖墅诗钞》8 卷，魏标撰《湖墅杂诗》"前集" 1 卷、"后集" 1 卷，明李晔撰《草阁诗集》6 卷、"拾遗" 1 卷、"文集" 1 卷，明李辕撰《筼谷诗》1 卷，清王德溥撰《宝日轩诗集》4 卷，清王钧辑《养素园题咏》3 卷、附 1 卷。

钱塘吴氏：咸丰五年（1855）刻吴清鹏辑《吴氏一家稿》10 种 84 卷，其中收有吴锡麒《有味正斋诗》及文、词、曲、赋，吴锡麒《访秋书屋遗诗》等。吴锡麒字圣征，号谷人，乾隆进士，官至国子监祭酒。归养后，曾主讲于安定、云间诸书院。工诗文，与洪亮吉、袁枚等齐名。其文章高丽使者尝出饼金购之归。

仁和曹籀：与龚自珍为友，同治七年（1868）刻龚撰《定庵文集》3 卷、"续集" 4 卷等。

图 2 - 12　《定庵文集》

仁和朱氏：光绪三十一年（1905）刻朱澂辑《结一庐朱氏剩余丛书》，收书 4 种 102 卷。其中有宋赵明诚撰《金石录》，唐张说撰《张说之文集》，刘禹锡撰《刘宾客文集》，司图空撰《司图表圣文集》。

仁和谭氏：光绪中刻谭献辑《半厂丛书初编》11 种。谭献字仲修，号复堂，仁和人。工诗古文辞。曾受张之洞延聘主讲于湖北经心书院。著述甚富。选清人词为《箧中词》，学者奉为圭臬。

仁和葛氏：光绪二年至九年（1876—1883）刻葛元煦辑《啸园丛书》6 函 57 种。巾箱本。光绪二年又刻清吴修撰《青霞馆记画诗》1 卷，及邵懿辰辑《集杭谚诗》1 卷，也是巾箱本，便于携带。

图 2-13　《任渭长四种》高士传的插图

仁和许氏：光绪三年至十一年（1877—1885）刻许善长撰《碧声吟馆丛书》6 种 8 卷、附 5 种 8 卷。许善长，字季仁，号玉泉樵子，仁和人。工曲，此丛书即由所作传奇六种汇编而成。

仁和徐氏：光绪元年至二十年（1875—1894）刻徐琪辑《香海庵丛书》9 种 18 卷。

这一时期杭州所属各县刻书，计有：

杭县（今属杭州市余杭区）小琳琅馆：主人郑氏，咸丰七年（1857）刻梁章钜《浪迹三谈》6 卷。

余杭章炳麟：光绪二十七年（1901）刻《张苍水集》2 卷、附《北征录》，铅字排印本。

萧山原贤堂：主人不详。光绪三年（1877）刻丁煊辑《济世经验汇编》8 种。

萧山遗经楼：陈光淞书室。光绪二十二年（1896）刻王绍兰撰《汉书地理志校注》2 卷。

养和堂：萧山王锡龄书室。咸丰八年（1858）刻《任渭长四种》，其中收有晋皇甫谧撰、清任熊绘像《高士传》3 卷。

寄虹山馆：萧山胡燏棻书室。光绪十七年（1891）刻王绍兰注《管子地员篇注》4 卷。

怡怡山堂：主人不详。同治十一年（1872）刻萧然居士辑《葆元录》。

富阳夏氏：光绪中期刻有《富阳夏氏丛刻》7 种 21 卷。光绪二十五年（1899）又刻清徐乾学等《资治通鉴后编》184 卷。

渐西村舍：桐庐袁昶的书室。袁昶字爽秋，光绪二年（1876）进士，官至太常寺卿，因谏义和团事被杀。渐西村舍刻书不少，光绪十六年（1890）刻清张行孚撰《说文审音》16 卷，光绪二十一年（1895）刻元耶律楚材所撰《湛然居士文集》14 卷，光绪二十二年（1896）刻后魏贾思勰撰《齐民要术》10 卷，光绪二十四年（1898）刻明姚夔《姚文敏公遗稿》。光绪年间刻有《渐西村舍汇刻》44 种 262 卷，其中收自撰、自辑的著作即有 10 种。

浙江翰墨斋：地址不详。同治六年（1867）刊虞庠辑、王廷俊增注《类经纂要》32 卷。

这一时期，西方铅印技术已传入，但浙江的传统雕版印刷技术仍占据着主要地位，到光绪后期也只有少量图书铅印。石版印刷机于光绪十八年（1892）已进入杭州，并成立了石印局，光绪后期石印书占相当大的比例，比如竹简斋所刻史书，多用石版印刷机印刷。这一时期用木活字、铜活字排印书也较多。这时现代化的出版事业尚在酝酿阶段。

二、宁波地区

先看宁波市区及鄞县的刻书情况。宁波自古以来，就是我国对外贸易的重要港口，也是对外文化交流的重要窗口。自五口通商以后，美国长老会在这里开办了华花圣经书房，传入现代的铅印技术，成为我国现代出版业的发源地。宁波又是浙东史学派的发祥地，学术的发展无疑也对出版业起到促进作用。咸同年间，出版业仍以雕版印刷为主。光绪年间，铅印与石印书日益增多，但仍未占主导地位，处于由旧到新由量变到质变的过程之中。咸丰—光绪年间，宁波地区的出版者及刻书情况约如下述：

徐氏城西草堂：鄞县徐时栋的室名。其家有烟屿楼藏书室，有时刻书亦用烟屿楼的名义。咸丰四年（1854）辑刻有《宋元四明六志》，同年又刻自撰、陈子相补《四明六志校勘记》31 卷；同治十一年至光绪六年

（1872—1880）又刻自撰《烟屿楼集》4 种 71 卷。

文则楼：四明（今宁波）陈鼎书室。光绪十一年（1885）刻陈仅撰《群经质》2 卷、《诗诵》5 卷及《陈余山先生所著书》（聚珍版木活字排印）。

汲绠斋：书坊名。咸丰六年（1856）刻晋杜预注《春秋左传》50 卷，光绪二年（1876）又刻雷琳撰《经余必读》8 卷、"续编" 8 卷、"三集" 4 卷，宣统三年（1911）刻宋骆龙吉撰《三朝名医方论》23 卷。

四明茹古斋：主人不详。光绪八年（1882）刻《五经文鹄》，卷数不详；光绪二十三年（1897）刻清李藩撰《中西历算溯源》8 卷。

竺氏毓秀草堂：光绪十五年（1889）刻清竺静甫、竺子寿增订《五经旁训增订精义》。

补不足斋：鄞县黄氏书斋。光绪四年（1878）刻清吴善述撰《二十三母土音表》1 卷。光绪十七年（1891）刻黄家鼎辑《黄氏家集初编》4 种 18 卷，附 2 卷。光绪六年（1880）又以鄞县黄氏名义刻黄家鼎自撰《补不足斋杂著》4 种 4 卷。

四明存存轩：主人不详。光绪十一年（1885）刻皇甫谧辑集《（针灸）甲乙经》。皇甫谧字士安，少游荡无度，20 余岁始就学，博览典籍百家。此书为我国最早的针灸学专著。

观稼楼：四明陈氏书室。光绪十一年（1885）刻清顾炎武撰《音学五书》5 种 38 卷。

继雅堂：鄞县陈氏的书室。道光二十年（1840）刻陈仅《文英书屋詹詹言》2 卷；光绪年间刻陈仅撰《扪烛脞存》，卷数不详，木活字本。

崇文书屋：四明孙氏书室。光绪十七年（1891）刻孙能传《益智编》41 卷。孙能傅字一之，明万历间鄞县人，此书是他与张萱编内阁书目时所撰。

四明是亦轩：主人不详。光绪十年（1884）刻清孙星衍撰《问字堂集》6 卷。孙星衍字渊如，江苏阳湖人，历官至山东督粮道。深究文字音训之学，著作宏富。

明州天籁轩：主人不详。光绪十一年（1885）刻悟痴生撰、陈旭旦评《奇言可笑录》2 卷。

四明三乐轩：轩主自称三乐轩主人。光绪十六年（1890）辑刊《新增全图文武香球》36 卷 72 回。

群玉山房：主人不详。光绪八年（1882）刻清邵齐焘《玉芝堂文集》6 卷。邵齐焘字荀慈，号叔山，江苏常熟人。乾隆进士，官编修。曾主讲于常州龙山书院，黄景仁、洪亮吉皆从受学。工骈文，与刘星炜、袁枚等并称。

甬上铁耕斋：主人不详。同治九年（1870）刻曹寿铭《曼知堂遗稿》2 卷。曹寿铭字文孺，会稽人。工诗。

甬上陈氏得古欢堂：光绪二年（1876）刻陈允升撰《纫斋画剩》。陈允升字仲升，一字纫斋，号壶洲、壶舟，又号金娥山樵，宁波人。善山水，曾寓上海卖画。

鄞县勾东译社：光绪二十九年（1903）刻清黄骏孙辑《四明酬唱集》2 卷，铅印本。

宁波崇实书院：光绪二十一年（1895）刻清陆廷黻编《崇实书院课艺》。

积善堂：主人四明王氏。光绪十四年（1888）刻陈励编《寿世良方》4 卷。

鄞县童华：同治八年（1869）刻其父童槐撰《今日华堂诗录》8 卷。

四明陈氏：光绪二年（1876）刻孙玉田撰《铸史骈言》12 卷。

鄞西陈氏：同治十三年（1874）刻清陈励撰《玉堂楷则》（一作《释字百韵》）。

鄞县史家：光绪十二年（1886）刻史大成撰《八行堂集约抄》2 卷。

甬上吕家：光绪二年（1876）刻吕熊飞撰《眼科易秘》4 卷。吕熊飞字樵翁，宁波人。善医术，以金醯术（金针拨白内障）得名，求治者盈门。自言为医得益于《易》，所以能审阴阳，达变化，书名即含有这意思。

四明水氏：光绪十八年（1892）刻水嘉穀辑《四明水氏留硕稿》前后编，共 11 卷。

宁波所属各县刻书也不少：

金娥山馆：宁波镇海郭传璞的书室。光绪中刻自辑《金娥山馆丛书》（一作《望三益斋丛书》），收书 11 种 47 卷。

花雨楼：镇海张寿荣的书室。光绪九年（1883）以张氏秋树根斋名义刻自撰《舫庐文存》，其中"内集"4 卷、"外集"1 卷、"余集"1 卷。光绪八年至九年（1882—1883）以蛟川张氏花雨楼名义，刻《花雨楼丛钞》11 种、续钞 11 种、附 1 种。光绪十一年（1885）又刻曾燠辑《国朝骈体正宗》12 卷。光绪九年（1883）以张寿荣名义，刻日本佚名辑《八史经籍志》10 种 30 卷。其中收：《前汉书艺文志》1 卷，汉班固撰、唐颜师古注；《隋书经籍志》4 卷，唐魏徵、长孙无忌等撰；《旧唐书经籍志》2 卷，后晋刘昫等撰；《唐书艺文志》4 卷，宋欧阳修、宋祁等撰；《宋史艺文志》8 卷，元脱脱等撰；《宋史艺文志补》1 卷，清黄虞稷、倪灿撰，卢文弨录；《补辽金元艺文志》1 卷，清倪灿撰，卢文弨录；《补三史艺文志》1 卷，清金门诏撰；《元史艺文志》4 卷，清钱大昕撰；《元史艺文志》4 卷，清张廷玉等撰。光绪十三年（1887）又刻《戴段合刻》24 卷。

大梅山馆：镇海姚氏书室。咸丰四至六年（1854—1856）刻清姚燮撰《复庄骈体文榷》8 卷、"二编"8 卷。与道光年间所刻的《复庄诗问》、《疏影楼问》合为《大梅山馆集》。咸丰间又刻所著《琴谱雅音九奏》1 卷，《今乐考证》1 卷。姚燮字梅伯，号复庄，又号大梅山民，宁波镇海人。一生博览群书，诗、词、曲、骈文都负盛名。又善画，人物、花卉均工，尤工墨梅。

镇海陈继聪：光绪八年（1882）刻自撰《忠义纪闻录》30 卷。

大鄞山馆：慈溪童氏书室。光绪十五年（1889）刻元戴表元撰、清黄宗羲辑、何焯评《剡源文钞》4 卷、"佚文"1 卷。戴表元字帅初、曾伯，人称剡源先生，奉化人。元初，卖文授徒自给，其文清新雅洁，为当时文章大家。光绪间，又刻有全祖望撰《鲒埼亭诗集》10 卷。全祖望字绍衣、谢山，鄞县人。乾隆元年（1736）进士，不求仕进，主讲于蕺山、端溪诸书院，成就人才甚众。平生潜心研究宋末及南明史事，著述甚丰。

慈溪叶学潮：光绪九年（1883）刻厉志撰《白华山人诗集》16 卷、"诗说"2 卷。厉志字骇谷，号白华山人，定海人。工诗，善书法，画擅山水兰竹。

遗经楼：在慈溪，主人不详。光宣间刻有清严粲撰《诗辑》36 卷。

西河别墅：慈溪叶岱年家。光绪四年（1878）刻清徐时栋撰《山中学诗记》5 卷。

虎胛山房：慈溪叶鸿年书室。同治六年（1867）刻清徐时栋撰《烟屿楼诗集》158 卷，同治六年至光绪六年（1867—1880）又刻《烟屿楼文集》40 卷、"诗集"18 卷、附"旅杭合集"。徐时栋字定宇，一字同叔，学者称柳泉先生，鄞县人。尝官内阁中书。治经以先秦遗说为主。工诗古文。家有烟屿楼，藏书万卷，校勘殆遍。

慈溪童氏：光绪二十二年（1896）刻有清赵之谦撰《张忠烈公年谱》1 卷。张忠烈公即张煌言，字玄箸，号苍水，鄞县人。清军南下，与钱肃乐等起兵抗清。兵败后，解散余部，隐居于南田悬岙岛，为叛徒出卖，被捕，在杭州就义。

慈溪严氏：光绪十九年（1893）刻严作霖撰《陕卫治略》10卷，木活字本。

慈溪赵氏翰香居：光绪十年（1884）刻明万泰《续骚堂集》1卷。万泰字履安，晚号梅庵，鄞县人。官户部主事。与黄宗羲等从学于刘宗周，以激扬名节自任。明亡后，隐居不仕。子八人，皆受业于黄宗羲，各有成就，被誉为"万氏八龙"。

余姚五桂楼：原为嘉庆年间黄澄量所建的藏书楼。黄澄量字式筌，号石泉。喜藏书，积书5万余卷，为世所重。光绪年间刻有同邑黄宗羲撰《思旧录》1卷，木活字本。

留书种阁：余姚黄氏书室。同治六年至光绪二十五年（1867—1899）刻黄炳垕撰《留书种阁集》28卷。炳垕亦作炳厚，字尉廷，号蔚亭。宗羲孙，精历算之学，曾就宁波辨志精舍之聘，授天算课达十年之久。光绪十四年（1888）被荐赐内阁中书衔。

姚江正气堂：余姚黄氏堂名。光绪十三年（1887）刻清黄尊素撰《黄忠端公集》6卷。

姚江借树山房：主人不详。同治十一年（1872）刻清全祖望《全谢山先生经史问答》10卷。

余姚朱氏：光绪十四年（1888）重刻清梁玉绳撰《史记志疑》36卷。梁玉绳字曜北，号清白士，仁和人。一生笃学力行，弃举子业，专心著述，尤长于考订。此书积二十年之功完成，人称精审。

定海清时归宁波管辖。定海黄家为刻书大户，黄式三、黄以周父子为当代名宿，两人著述宏富。黄式三字薇香，号儆居，别号知非子。博览群经，尤长于"三礼"，著有《复礼说》、《崇礼说》、《约礼说》。其子黄以周在同光年间曾被聘任为浙江书局编校，两人所撰《儆居集》、《论语后集》、《礼书通故》、《经训比义》等由浙江书局刊行。在定海以黄氏试馆名义刻的有：光绪十八年刻（1892）黄以周撰《军礼司马法考证》2卷，光绪十九年（1893）刻黄以周撰《礼书通故》100卷。光绪十四年（1888）以黄氏家塾名义刻黄式三撰《春秋释》2卷。

三、绍兴地区

绍兴地区历史悠久，人文荟萃，其出版活动，从唐开始至宋、元、明，一直十分昌盛。入清以后，与其他地区一样，也停顿了很长一段时间，直到乾隆以后才渐次复苏，同光年间步入正轨。咸丰、同治、光绪年间，其私人刻书情况约如下述：

会稽徐氏铸学斋：一名八杉斋，原为徐友兰的藏书处。咸丰—光绪年间刻有徐友兰辑《述史楼丛书》（一作《会稽徐氏述史楼丛书》）5 种；光绪十八年（1892）刻清陶方琦撰《汉孳室文抄》4 卷、"补遗" 1 卷；光绪十九年（1893）刻徐惟则辑《铸学斋丛书》（一作《会稽徐氏铸学斋丛书》）13 种 34 卷；光绪中又刻徐友兰辑《融经馆丛书》（一作《融经堂丛书》）11 种 99 卷；光绪十九年（1893）还刻有《绍兴先正遗书》4 集 15 种，余姚邵廷采撰《思复堂文集》19 卷、"附录" 1 卷、末 1 卷。

述史楼：会稽徐惟则的书室。徐惟则为徐友兰之子，与铸学斋其实一而二。光绪十七年（1891）刻清王士禛撰、惠栋纂之《渔洋山人精华录训纂》10 卷、"训纂补" 10 卷、"目录" 2 卷、"年谱" 2 卷、"附录" 2 卷。王士禛字子真，一字贻上，号阮亭，晚号渔洋山人，山东新城人。其诗有一代正宗之说，倡神韵说，领袖诗坛近半个世纪。

忏花庵：山阴宋泽元的书室。光绪十三年（1887）刻宋泽元自辑《忏花庵丛书》37 种 226 卷。光绪六年（1880）刻清宫梦仁纂《读书记数略》54 卷。光绪九年（1883）刻清吴弥光辑《胜朝遗事初编》6 卷、"二编" 8 卷。光绪间又尝刻清陈奕禧辑《绿荫亭题跋》2 卷。陈奕禧字子文，号香泉，海宁人。官至江西南安知府。家藏金石，此书即为他所藏秦、汉、唐、宋诸品所作的题跋。

式训堂：会稽章氏书室。光绪中叶刻《式训堂丛书》3 集 41 种，收入不少稀见书。光绪六年（1880）又刻清董增龄撰《国语正义》21 卷。

安越堂：山阴平氏书室。同治十年（1871）刻清平畴撰《耕烟草堂诗钞》2 卷。同光年间刻平步青辑《募园丛书》11 种 39 卷。

取斯堂：会稽董氏家塾。光绪四年（1878）刻明陈洪绶撰《宝纶堂集》10 卷、"拾遗" 1 卷，木活字本。光绪三十年（1904）刻葛元煦辑《学古斋金石丛书》4 集 12 种；光绪三十二年（1906）又刻董金鉴辑《董氏丛书》16 种，收董氏家族自撰自辑的著作。

越岷山馆：会稽宗氏书室。咸丰元年（1851）刻清宗稷辰撰《躬耻斋文抄》20 卷、"后编" 6 卷。宗稷辰，字绠甫，号越岷山人。道光元年（1821）举人，官至山东运河道。为学宗王守仁、刘宗周。著《四书体味录》20 卷，光绪十四年（1888）以宗氏躬耻斋名义刊行。

许郑学庐：会稽施氏书室。光绪二十三年（1897）刻清施世杰辑《许郑学庐地理丛刻》4 种 15 卷。

汉孳室：会稽陶方琦书室。光绪七年（1881）刻自撰《淮南许注异同诂》4 卷、"补遗" 1 卷、"续补" 1 卷。

谷应山房：山阴王思龄书室。光绪八年（1882）刻会稽范寅撰《越谚》3 卷、《越谚剩语》（一作《剩语》）2 卷。范寅字啸风，一字虎臣，别号扁舟子。致力于搜集民间谚语、地方歌谣，此两书于光绪四年（1888）编成，4 年后付刻。

寒梅馆：会稽陶氏书室。光绪十五年（1889）刻清朱彝尊撰《曝书亭集》18 卷、"附录" 1 卷。

墨润堂：会稽范氏书室。光绪十三年（1887）刻范家相辑《范氏三种》34 卷。此书在乾隆三十九年至嘉庆十五年（1774—1810）曾以范氏古越亭名义刊行，此重修后刻本，收范家相撰《诗瀋》20 卷、《三家诗拾遗》10 卷、《夏小正辑注》3 卷。光绪二十七年（1901）又刊胡豫、沈光烈撰《元代合参》三编。范家相字左南，号蘅州，会稽人。乾隆十九年（1754）进士，曾任广西柳州知府。

二金蝶庵（一作"二金蝶堂"）：会稽赵之谦的书室。赵之谦为清代著名的画家，清末写意花卉之开山，字㧑叔、益甫，号梅庵、无闷，又号悲庵，会稽人。咸丰九年（1859）中举，同治十一年（1872）分发江西，历任鄱阳、奉新、南城等知县。其书画篆刻独步一时，其文章也造诣甚深，著有《六朝别字记》、《悲庵居士文存》等。热衷于出版事业，同治刻自撰《补寰宇访碑录》5 卷、"失编" 1 卷；光绪元年（1875）刻清戴望撰《谪麐堂遗集》文 2 卷、诗 2 卷，光绪七年（1881）刻张增撰《读史举正》8 卷，光绪中叶刻自辑《仰视千七百二十九鹤斋丛书》（简称《鹤斋丛书》）6 集 40 种。

鸣野山房：山阴沈复粲书室。道光三十年（1850）刻自辑刘宗周撰《刘子全书遗编》24 卷、首 1 卷，光绪十八年（1892）又有重修本。

红叶山房：山阴唐氏书室。咸丰元年至三年（1851—1853）刊唐与崑纂辑《泉币汇考》16 卷、首 1 卷，《制钱通考》4 卷。

橘荫轩：山阴陈氏书室。光绪中叶刻清陈锦撰《橘荫轩全集》38 卷、附 14 卷。

绍兴会堂：光绪二十七年（1901）刻清何琪撰《上古三代史论略》2 卷。

绍兴奎照馆：主人不详。光绪十一年（1885）刻清车宗辂、胡宪丰撰《伤寒第一书》4 卷、"附余" 2 卷。

绍兴古越三余堂：主人不详。光绪四年（1878）刻《绣像十美图传》40 卷 40 回。

图2-14　《绿雪堂遗集》会稽王衍梅自刊本

越州徐氏：光绪十一年（1885）刻清王士雄辑《肘后备急方》，又刻王士雄撰《四科简效方》4卷。王士雄字孟英，号梦隐，又号潜斋，海宁人。世业医，居杭州，后移家上海。一生致力于温热、霍乱等病症之研究，著作甚丰，其《温热经纬》、《王氏医案》等尤为人所称道。

会稽章氏：光绪四年（1878）刻梁玉绳撰《吕子校补》2卷，光绪六年（1880）刻清施国祁撰《金史详校》10卷、首1卷，《史论五答》1卷。施国祁字非熊，号北研，归安（今湖州）人。曾就学于杭州诂经精舍，精研《金史》。

会稽沈氏：光绪十二年（1886）刻沈申祐辑《沈氏三代家言》5种15卷。

会稽王氏：道光二十年（1840）刊王衍梅撰《绿雪堂遗集》20卷。

会稽陶闾：光绪十六年（1890）刻清周大桓《存吾春轩集》10卷、"附录"1卷。

上虞观海楼：主人不详。光绪八年（1882）刻清王煦撰《说文五翼》8卷。

嵊县世寿堂：咸丰七年（1857）刻清施燮《南荣诗稿》，木活字本。

四、嘉兴地区

嘉兴地区是鱼米之乡，丝绸之府，自古以来，经济繁荣；而且户口繁滋，名人辈出，文化一直很发达，出版事业从宋以来就欣欣向荣。入清以后，文字狱中的两大重案——"吕留良文选案"、"查嗣庭试题案"，都出在这里。因而也有很长一段时间"万马齐喑"。到了咸丰、同治、光

绪年间，一些士大夫家，又钟情于名山事业（指著作），把藏书、刻书当
作自己的分内事，因而在这一段时期内，刻书甚为可观：

信芳阁：嘉兴王相的书斋。王相字惜庵，
约乾隆—咸丰时人。他刻书多采用木活字刻
本，如道光九年（1829）以木活字刻朱纯嘏撰
《痘症定论》4卷；道光十年（1830）刻蒋本
撰《周易遵述》，成僎撰《诗说考略》与《乡
党会考》，自辑《国初十家诗钞》；道光十一年
（1831）又刻宋王溥撰《五代会要》；咸丰八
年（1858）辑刻《友声集》24种40卷，"续
集"6种10卷、"附"5卷。

图2-15 《檇李谱》
王氏竹里槐花吟馆刊本

嘉兴王氏竹里槐花吟馆（一作"嘉兴竹里
王氏七桥草堂"）：咸丰二年（1852）刻王福
田所辑《竹里秦汉瓦当文存》；咸丰七年
（1857）刻王逢辰撰《檇李谱》（又作《檇李
谱三种》）。后者有同治九年（1870）重刻本。

养树山房：嘉兴陶保廉书室。光绪二十三年（1897）刻自撰《辛卯
侍行记》6卷。

钟秀山房：秀水叶氏书室。同治十年（1871）刻叶维庚撰《纪元通
考》2卷。

泉寿山房：嘉兴高氏书室。光绪三十四年（1908）刻高焕文撰《癖
泉臆说》6卷。

寒松阁：嘉兴张鸣珂的书室。光绪中刻自撰《寒松阁集》20卷（或
说寓居苏州时刻）。

小匏庵：嘉兴吴仰贤的书室。光绪四年（1878）刻自撰《小匏庵诗
存》7卷、附1卷，又刻吴萃思撰《南湖百泳》1卷。

铁如意室：嘉兴郭容光的书室。光绪十八年（1892）刻自撰《艺林
悼友录》初二集。

始言堂：秀水沈濂的书室。道光二十八年至咸丰四年（1848—1854）
刻自辑《沈莲溪全集》6种。

秀水曼陀罗华阁：杜文澜的书室。咸丰间刻自撰《采香词》4卷，
咸丰十一年至同治六年（1861—1867）刻自辑《曼陀罗华阁丛书》16种
148卷。

嘉兴金氏：光绪六年（1880）刻金吴澜辑《归顾朱三先生年谱合刻》

8卷、附1卷，收《归震川先生（有光）年谱》1卷、"世系"1卷，《顾亭林先生（炎武）年谱》1卷、附1卷，《朱柏庐先生编年毋欺录》3卷、"补遗"1卷、"附"1卷。另附明朱集璜撰《观复堂稿略》1卷。光绪十三年（1887）又刻有《李申耆（兆洛）年谱》，活字本。

图2-16　《春秋左氏传贾服注辑述》

嘉兴李氏：康熙间曾刻李维钧辑《梅会诗人选集》13种。同治五年（1866）刻李贻德撰《春秋左氏传贾服注辑述》20卷。

嘉兴钱氏读旧书室：咸丰四年（1854）刻钱泰吉撰《甘泉乡人稿》24卷，附《可读书斋校书谱》1卷。同治七年（1868）重刻。钱泰吉字辅宜，号警石，学者称深庐先生，嘉兴人。平生以著述、校书为务，自经史百氏以下到唐宋以来的诗文集，靡不精心校勘。与从兄仪吉齐名，人称"嘉兴钱氏二石"。

嘉兴钱彝甫：钱仪吉子。光绪六年（1880）刻其父《衍石斋纪事稿》10卷、"续稿"10卷，《刻楮集》4卷，《旅逸小稿》2卷。钱仪吉字蔼人，号衍石，嘉兴人。嘉庆十三年（1808）进士，官至工科给事中。尝主讲于广东学海堂、河南大梁书院。博通群籍，尤精于史学，长于历算。

秀水王裘之：咸丰五年（1855）刻王相辑《绣水王氏家藏集》12种28卷，附刻6种29卷。

嘉兴朱氏：光绪九年（1883）刻朱福清辑《最乐亭三种》10卷。

嘉兴吴受福：宣统二年（1910）刻嘉兴张鸣珂撰《寒松阁谈艺录》6卷。

嘉兴沈人伟：同治十一年（1872）刻嘉兴沈爱莲辑《梅里诗辑续编》12卷。

秀水周闲：光绪十九年（1893）以木活字刻自撰《范湖草堂遗稿》6卷，附《武功将军遗诗》1卷。

秀水王宝莹：光绪二十年（1894）刻海宁许槤撰《古韵阁宝刻录》，据咸丰八年（1858）许槤刻本重刻。

嘉兴吴昌言：咸丰七年（1857）刻陈徽言撰《陈炯斋著述》4卷。

槜李沈氏：咸丰七年（1857）刻秀水沈涛撰《铜熨斗随笔》8卷，后编入《铜熨斗斋丛书》。

清风室：海宁钱保塘书室。光绪十九年（1893）刻自辑《光绪舆地韵编》1卷。光绪二十一年（1895）刻自撰《春秋疑年录》1卷、"辨名十记"1卷，陆汝衔撰《医学总论》1卷、附1卷；钱馥撰《小学庵遗稿》4卷。光绪间又刻晋傅玄撰、钱保塘辑《傅子》2卷、"传"1卷、"附录"1卷、"物理论"1卷。同治十年至民国25年（1871—1936）刻自辑《清风室丛刻》20种93卷。

别下斋：海宁蒋光煦的书室。蒋光煦字日甫，号生沐、雅山，为著名藏书家，积古籍十余万卷。他不但是藏书家，而且是有名的出版家。道光中叶以宜年堂名义辑刻《别下斋丛书》27种71卷，以编校精当为学人所重。咸丰六年（1856）又重刻一次。当年还刻有自撰《东湖丛记》6卷。咸丰元年（1851）刻《涉闻梓旧》，收书25种118卷，其中多罕秘之本，亦以宜年堂名义刊行。

衍芬草堂：海宁蒋光焴的书室。蒋光焴为蒋光煦的堂弟，字寅昉，号吟舫，一号敬斋，原住海盐，乾隆中叶迁居海宁硖石镇。他藏书也刻书，咸丰五年至七年（1855—1857）刻宋朱熹撰、元许谦音释、罗复纂辑的《诗集传音释》20卷、"诗序辨说"1卷、"札记"1卷、"纲领"1卷。咸同间，又刻许光清撰《诗札记》，宋李曾伯撰《班马字类补编》，咸丰四年（1854）刻钱仪吉撰《衍石斋纪事续编》10卷。后两书署"海昌蒋光焴刻本"。

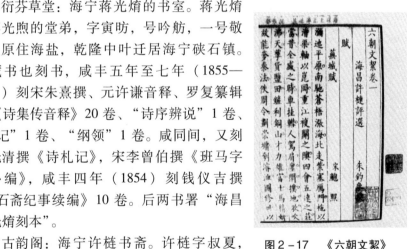

图 2 – 17　《六朝文絜》

古韵阁：海宁许梿书斋。许梿字叔夏，别号珊林。道光十三年（1833）进士，累官至江苏督粮道。他吏事精敏，谳疑狱多起，卓有政声。平生好金石文字之学，兼通医术。嘉道间辑选《六朝文絜》，"易稿者数四，凡雠句比字，捃理务核"（《六朝文絜序》），出版后，颇为人称许。又根据自己办案经验，参酌宋慈《洗冤集录》等书，编著而成《洗冤录详文》一书，成为清末法医学中的代表作。他以古均阁名义所刻书，均极精美。著名学者、版本目录学家黄裳认为许梿"这是一位极为严谨的刻书家，不但书写工丽，校对细密，对版式、用纸、装订无一不注意精益求精"。[1] 咸丰四年

---

[1]　黄裳：《榆下杂说》，上海古籍出版社1992年版，第74页。

（1854）刻吴宗爱《绛雪诗钞》2 卷、"回文诗" 1 卷、"附录" 1 卷；咸丰六年（1856）刻自撰《洗冤录详义》8 卷，咸丰八年（1858）刻自撰《古韵阁宝刻录》。光绪十三年（1887）刻许颂鼎、许湘祥辑的《许学丛刻》2 集，第 1 集收书 5 卷，第 2 集 4 卷。《六朝文絜》"有墨印与套朱两种印本。套朱或可一见，墨印则绝少见。套朱本卷中圈点及评语套印朱色，卷中征文则是墨色。书写工丽，刻字工整，墨色沉实饱满，极为精致。初印本于道光五年（1825）用开化纸，洁白坚韧，殊属精品，私家绝少用，价值不菲"。①

清远堂：清初海宁马思赞的书室，其子孙仍沿用。清初刻有《戴刿源全集》等，同治十一年（1872）刻戴璐辑《吴兴科第表》。

海昌羊氏传卷楼：光绪十三年（1887）刻明许令瑜撰《容庵遗文钞》2 卷。

海昌羊氏：光绪八年（1882）刻罗以智撰《七十二侯表》1 卷。

海昌羊复礼：光绪年间刻陈鳣撰《简庄文钞》4 卷、续 2 卷。

以上海昌羊氏三者可能是一家。

海昌许氏：光绪二十一年（1895）刻许克勤撰《经谊杂识》1 卷。

海宁许颂鼎：光绪十四年（1888）刻许棁撰《古韵阁遗著》2 种 3 卷。

海宁俞承德：咸丰六年（1856）刻其父俞兴瑞撰《翏莫子杂识》1 卷。

海昌许仁杰：光绪十六年（1890）刻陆陇其撰《三鱼堂日记》10 卷。

海昌陈氏庸闲斋：光绪二年（1876）刻明王志坚辑《表异录》20 卷。

小云庐：平湖朱云林的书室。咸丰七年（1857）刻自撰《小云庐晚学文稿》8 卷，光绪二十六年（1900）重刻。光绪十五年（1889）刻自辑《当湖文系初编》28 卷。

平湖文萃斋：主人不详。光绪二年（1876）刻汪立名撰《钟鼎字源》5 卷。汪立名，号西亭，江西婺源人，尝官工部主事，通六书。

平湖朱之臻：光绪八年（1882）刻高心夔撰《高陶堂遗集》4 种。光绪十二年（1886）刻龚自珍撰《定庵文集补编》4 卷。

平湖顾鸿升：光绪三年（1877）刻顾广誉撰《学诗详说》30 卷、

---

① 沈炳忠：《影响中国的海宁人》，浙江人民出版社 2008 年版，第 140 页。

"正诂" 5 卷。又刻顾广誉撰《平湖顾氏遗书》4 种 49 卷、"札记" 1 卷、"补遗" 1 卷。顾广誉字维康，号访溪，平湖人。同治间，尝主讲于上海龙门书院。经术深湛，尤精《诗》《礼》。

平湖沈炜：光绪十三年（1887）刻其父沈筠辑《壬寅乍浦殉难录》1 卷，"补遗" 1 卷，《乍浦人物备忘录》1 卷，《水乳流芳录》1 卷，《瑶池冰雪编》1 卷。壬寅为道光二十二年（1842）。这一年三月下旬英军占领乍浦，烧杀掳掠，此书记录了当年英军的侵略暴行。

平湖葛氏传朴堂：光绪宣统年间刻吴熙载、赵之谦篆刻、葛昌楹辑《吴赵印存》2 卷，钤印本。

嘉善钟氏信美堂：光绪二年（1876）刻钟文丞撰《春秋穀梁经传补注》24 卷。

嘉善孙氏望云仙馆：光绪四年（1878）刻孙福清辑《国朝五家史诗钞》10 卷。

嘉善吴氏：光绪十五年（1889）刻吴修祜撰《十三经旧学加商》2 卷。

海盐黄氏拙宜园：咸丰同治间刻黄燮清撰《倚晴楼诗集》2 卷、"续集" 4 卷；咸丰至光绪间又刻《倚晴楼集》22 卷。同治间又以黄氏名义刻《国朝词综续编》24 卷。黄燮清字韵甫，号吟香舫主人，海盐人。所作诗词乐府，流布人口。

海盐陆氏恒吉祥斋：同治六年（1867）刻陆尔发撰《清夜钟》1 卷。

海盐李氏虎溪山房：咸丰年间刻李聿求撰《鲁之春秋》24 卷。

海盐朱氏：咸丰元年（1851）刻朱美镠撰《文字辨正》1 卷。

石门（今桐乡）敦厚堂：主人不详。同治十二年（1873）刻梅自馨撰、蒋锡瑞续编《奇耦典会》36 卷。

桐乡沈氏豫恕堂：光绪二十八年（1902）刻沈善登撰《沈谷城易学》4 种 18 卷。

桐乡陆氏履厚堂：咸丰同治间刻桐乡陆费琼撰《真息斋诗钞》4 卷、"续钞" 1 卷。

桐乡严锡康：光绪七年（1881）刻高廷瑶撰《宦游纪略》2 卷。

石门吴家：光绪四年（1878）刻吴之振撰《黄叶村庄诗集》8 卷、"续集"、"后集" 各 1 卷，附 "种药诗"、"赠行诗" 各 1 卷。吴之振字孟举，号橙斋，石门人。家有黄叶村庄，因自号黄叶村农。富藏书，多秘本。尝与吕留良、吴自收选编《宋诗钞》。

桐乡周桂：光绪元年（1875）重刻周拱辰《公羊墨史》2 卷。

五、湖州地区

湖州地区也与嘉兴一样，经济发达，文风昌盛，"江山代有才人出"，其出版业源远流长。明代末期，凌、闵二家的彩色套印本，独领风骚数十年，更令人刮目相看。咸丰—光绪年间也出了不少好书，略述如下：

归安吴氏二百兰亭斋：咸丰六年（1856）刻归安吴云撰《二百兰亭斋收藏金石记》4卷；咸丰九年（1859）刻吴云撰《虢季子白盘铭考》1卷，皆署"自刻本"。同治五年（1866）两书重刻，署"吴氏二百兰亭斋刻本"。

湖州吴氏醉六堂：同治七年（1868）刻胡林翼撰《胡文忠公遗集》（一作《胡文忠公全集》）10卷，首1卷；同治九年（1870）刻毛祥麟撰《对山书屋墨余录》16卷。胡林翼字贶生，号润芝，湖南益阳人。道光进士，累官至湖北巡抚。太平军起，固守武昌，太平军不得进。尝说："才者无求于天下，天下当自求之"，世以为知言，后卒于军。毛祥麟字瑞文，号对山，上海人。曾官浙江候补盐大使。工诗画，精医术，著述甚富。

十万卷楼：归安陆心源的书室。陆心源字刚甫，一字潜园，号存斋。为清代后期全国四大藏书家之一，有宋版书200部，故自称所居为"皕宋楼"。光绪五年至八年（1879—1882）以潜园名义刻《十万卷楼丛书》初、二三编，共收书52种，汇编流传较少的唐、宋、元代人著作，多属宋、元等善本或旧抄本。光绪十七年（1891）又刻自辑《千甓砖录》6卷、"续录"4卷；光绪十七年（1891）刻自撰《千甓亭古砖图释》20卷，光绪间再刻自撰《宋史翼》40卷。光绪十六年（1890）又以陆氏潜园名义刻自撰《吴兴金石记》16卷、《仪顾堂集》20卷。光绪九年（1883）刻杨凤苞撰、李文田校的《秋室集》（一作《秋室诗文集》），署"湖州陆氏自刻本"。光绪十七年（1891）刻自撰《穰梨馆过眼录》40卷、"续录"16卷，署"陆氏家塾刻本"。宣统三年（1911）以归安陆氏名义刻姚谌撰《景詹阁遗文》。

归安陆树声：宣统三年（1911）重刻戴望撰《谪麐堂遗集》"文"2卷、"诗"2卷。据光绪元年（1875）会稽赵之谦刻本重刻。

嘉业堂：吴兴刘承幹室名。刻书甚多，有影宋版"四史"415卷，《嘉业堂丛书》57种299卷，《吴兴丛书》66种854卷等，另文介绍，此不赘。

吴兴钱恂：光绪十四年（1888）刻自撰《中外交涉要表》1卷、《光绪通商综核表》1 卷。钱恂字念劬，别号受兹室主人，吴兴人。光绪末年曾随宁绍道台薛福成出使英、法、意、比诸国。民国初任参政院参政。

吴兴凌氏：光绪十九年（1893）刻凌奂撰《医学薪传》1 卷，《饲鹤亭集方》1 卷，总称《吴兴凌氏二种》。

吴兴沈寿嵩：咸丰八年（1858）刻孙三锡撰《昭陵碑考》12 卷。

乌程汪曰桢又次斋：汪曰桢字刚木，号谢城，又号薪甫。精史学、音韵学，兼通数学、天文、历法。又熟谙乡土历史地理，曾参与编纂《乌程县志》。咸丰同治间刻有汪日杼撰《雕青馆诗钞》，自辑《湖蚕述》4 卷，光绪六年（1880）重刻。同治间又刻自辑《荔墙丛刻》（一作《汪氏丛书》）13 种。同光间又刻自撰《玉鉴堂诗集》6 卷、《湖雅》9 卷、《莲猗文钞》8 卷。

湖州赵氏敬义堂：同治二年（1863）刻周思诚《下学指南》1 卷；光绪二年（1876）刻费熙撰《十要字集解》1 卷。

乌程李氏红余籍室：光绪十一年（1885）刻程炎撰、傅云龙补正的《说文古语考补正》2 卷。傅云龙字懋元，号醒夫，德清人。官至直隶候补道。工文辞，通小篆，善治印。

归安朱祖谋无著庵：朱祖谋原名孝臧，字藿生，又字古微，别号上彊山民、彊村老人。光绪九年（1883）进士，历官编修、礼部侍郎、广东学政。初以诗名，后致力于词，辑校唐、宋、金、元人词籍编为《彊村丛书》。光绪三十四年（1908）刻宋吴文英《梦窗甲乙丙丁稿》4 卷、"补遗"1 卷。宣统间刻《彊村新刻词甲编》7 种 15 卷。

湖州王文光斋：咸丰五年（1855）刻牟庭《雪泥书屋杂志》4 卷。

归安杨氏春及轩：光绪十年（1884）刻杨凤苞撰、杨知新注《西湖秋柳词》1 卷。杨凤苞字傅九，号秋室，归安人。曾就读于诂经精舍，因赋《西湖秋柳词》而名噪一时，被人称为"杨秋柳"。

图 2-18 《比竹余音》

吴兴会馆：光绪三年（1877）刻归安戴璐撰《藤阴杂记》12 卷。

吴兴沈氏：光绪二十八年（1902）刻郑文焯撰《比竹余音》4 卷。郑文焯字俊臣，号小坡，奉天（今沈阳）铁岭汉军正白旗人。晚清著名词人，精通音律，兼擅长书画、金石、医学。

归安章震福：光绪三十四年（1908）刻《水云楼词》2 卷、续 1 卷。铅字排印本。

归安姚氏旧月轩：咸丰九年（1859）刻姚文田撰《古音谐》8 卷。姚文田字秋农，嘉庆四年（1799）进士第一，官至礼部尚书。究心汉学，著有《说文声学》、《说文考异》等。

图 2-19　《月河精舍丛钞》
之一《读书杂志》

归安姚觐元：同治十三年（1874）刻严可均、姚文田撰《说文校议》30 卷。严可均字景文，号铁桥，乌程人。精考据之学，家藏书 2 万余卷，校勘不遗余力。辑有《全上古三代秦汉三国六朝文》。

归安钱氏：光绪七年（1881）刻钱学嘉撰《韵目表》1 卷。

归安崔氏觯庐：宣统二年（1910）刻崔适撰《史记探源》8 卷。

苕溪（今湖州）丁氏：光绪六年（1880）刻丁宝书辑《月河精舍丛钞》5 种 46 卷。

德清戴氏：同治十年（1871）刻戴望撰的《论语注》（一作《戴氏论语注》）20 卷。戴望字子高，与丁宝书、施补华诸人为友，治性理之学。尤致力于考据、训诂。同治四年（1865）两江总督曾国藩曾聘为金陵书局编校，校勘周秦诸子。

德清傅氏味腴山馆：同治十三年（1874）刻傅云龙辑《字学三种》3 卷。

德清俞樾春在堂：同治十年（1871）刻、光绪二十五年（1899）重刻自撰《春在堂全书》。

六、其他各府州县

温州除瑞安孙氏外，有：

温州戴氏：宣统三年（1911）刻戴礼所撰《大戴礼记集注》13 卷、"叙录" 1 卷。

瑞安项傅梅：同治三年（1864）刻同县鲍作雨撰《周易择言》6 卷。

乐清陈虬：光绪间刻自撰《治平通议》8 卷。陈虬字志三，号蛰庐，原籍乐清，后迁居瑞安。与山阴汤寿潜（号蛰仙）齐名，时有"天下名士，浙江二蛰"之称。曾列名报国会，参与康有为等公车上书，此书即为宣传变法自强而作。

乐清息来园：主人不详。光绪四年（1878）刻宋永嘉徐照、徐玑、翁卷、赵师秀四人诗，称《永嘉四灵诗》，共4卷。

金华在宋时刻书较多，其属县东阳、义乌、永康、浦江刻书也不少。清代出版业已渐趋衰落，咸丰—光绪年间刻书有：

东阳葛沛棠：光绪六年（1880）以木活字刻宋葛洪《蟠室老人文集》22卷、"奏议"1卷，《涉史随笔》1卷。葛洪字容父，号蟠室，东阳人。宋淳熙十一年（1184）进士，历官工部尚书兼侍读、端明殿学士同签书枢密院事、参知政事，封东阳郡公。

义乌陈氏务本堂：光绪二十七年（1901）刻宋陈亮《龙川文集》30卷、首1卷、附录1卷。

义乌朱氏葆真堂：光绪间刻朱一新撰《汉书管见》4卷。朱一新字蓉生，号质庵，义乌人。光绪二年（1876）进士，官至陕西道监察御史。博通经史，尤潜心于程朱理学，对舆地、经济之学亦有心得。

永康胡凤丹退补斋：胡凤丹字枫江、月樵，号桃溪渔隐，官至湖北督粮道。筑十万卷楼，搜求本郡古今散佚遗书，精心校订，撰《金华文萃书目提要》8卷。又设退补斋书局于杭州，编刻《金华丛书》。同治九年（1870）刻自辑《六朝四家全集》17卷，同年又刻《唐四家诗集》20卷，附5卷。光绪二年（1876）刻应琴堂撰《诗旨周官汇序》2卷。其子胡宗懋于光宣间辑刻《金华经籍志》27卷。

永康应氏秀芷堂：同治八年（1869）刻张应昌辑《国朝诗铎》26卷，首1卷。

浦江纷欣阁：周心如书斋，刻书不少，道光中曾刻《纷欣阁丛书》13种78卷，咸丰十年（1860）重刻。同年又刻王庆麟、许乃济撰《左氏蒙求注》1卷。

衢州地区刻书有：

张文锦斋：刻吴善述撰《说文广义校订》3卷。

三衢雷氏慎修堂养鹤山房：光绪十年至十三年（1884—1887）刻雷丰辑《雷氏慎修堂医书》3种13卷，附4卷。

江山刘履芳：同治十一年（1872）刻周邓析撰、清谭仪校《邓析子》2卷、"校文"1卷。

台州刻书有：

台州管作鼎：光绪二年（1876）刻沈望桥撰、天台赵廷海辑《沈氏麻科》1卷。

黄岩柯树德堂：光绪二十五年（1899）刻黄岩夏子俊撰《医理信述》6卷、"补遗"1卷。

黄岩王氏双砚斋：同治八年（1869）刻王维翰辑《彤敖双璧》2卷，收戚桂裳撰《东辇集》1卷，赵韵花撰《酝香楼集》1卷。木活字本。

丽水有：

遂昌丹泉书塾：光绪二年（1876）刻元郑元祐撰《遂昌山人杂录》2卷。郑元祐字明德，遂昌人，徙家钱塘。于书无所不读，于元朝至正十七年（1357）除平江路儒学教授，擢浙江儒学提举，卒于官。

七、对这一时期刊书的分析

综上所述，可见到了咸丰—光绪年间，浙江的出版事业已日趋兴旺，各地的学人已不再把著书、刻书视为畏途，撰著日多，刻了不少好书，经史子集都有。

先看经部：如黄式三的代表作《礼书通故》100卷，考释中国古代礼制、学制、国封、职官、田赋、乐律、刑法、名物、占卜等，纠正旧注中不少谬误，具有较高的学术价值。

在这一时期，由于今古文之争，《春秋》经颇受关注。同治五年（1866）嘉兴李贻德刊自撰《春秋左氏传贾服注辑述》20卷；光绪元年（1875）桐乡刊有周拱辰撰《公羊墨史》2卷；光绪二年（1876）嘉善钟氏信美堂刊《春秋穀梁经传补注》24卷；光绪十四年（1888）定海黄氏家塾刊黄式三撰《春秋释》4卷，光绪二十一年（1895）海宁钱氏清风室刊钱保塘撰《春秋疑年录》1卷。

此时上承乾嘉学者余烈，小学类书也刊行不少。如同治年间由杭州三余堂刊印的《说文解字》15卷，同治十三年（1874）归安姚觐元重刊严可均与姚文田同撰的《说文校议》30卷，光绪七年（1881）会稽陶氏汉孳室刊陶方琦所撰《淮南许注异同诂》4卷，光绪八年（1882）上虞观海楼刊王煦撰《说文五翼》8卷，光绪十年（1884）杭州鲍氏知不足斋刊张行孚撰《说文揭原》2卷，光绪十一年（1885）乌程李氏红余籥室刊程炎所撰《说文古语考补正》2卷，光绪十四年（1888）萧山胡燏棻刊王绍兰撰《说文段注订补》14卷，光绪十六年（1890）海宁许氏古韵阁刊许溎祥新辑《说文徐氏未详说》1卷，以及光绪十三年（1887）古韵阁所刊的许溎祥与许颂鼎同辑的《许学丛刻》等。这些作者皆学有渊源。譬如《说文校议》的作者严可均，精考据之学，家藏书2万余卷，均经过其校勘辑佚。姚文田（1758—1827）字秋农，归安人。嘉庆四年

（1799）进士第一，历官至礼部尚书。推崇宋儒，尤究心汉学。《淮南许注异同诂》作者陶方琦，笃学好古，一生著述不辍。《说文揭原》的作者张行孚，字子中，号乳伯，安吉人。光绪间曾任两淮盐运大使，遂家扬州。毕生精研文字音韵训诂之学。《说文段注订补》作者王绍兰（1760—1835）字畹馨，号南陔，晚号思惟居士。乾隆五十八年（1793）进士，历官福建巡抚。平生究心经史大义，去官后一意著述。光绪十一年（1885）四明（今宁波）陈氏观稼楼还刊有顾炎武《音学五书》，收《音论》3卷、《诗本音》10卷、《易音》3卷、《唐韵正》20卷、《古音表》2卷。

史部所刊书，以武林竹简斋为最多，"二十四史"除《史记》、《汉书》、新旧《唐书》外，均刊印了，其中《唐书》、《旧五代史》、《元史》、《明史》为石印本，其余雕版印刷。光绪二十二年（1896）萧山陈光淞遗经楼刊王绍兰所撰《汉书地理志校注》2卷，光绪六年（1880）会稽章氏所刊施国祁撰《金史详校》10卷，也是史部的重要著作。王绍兰所撰与钱塘汪远孙撰《汉书地理志校本》（汪氏振绮堂道光刊本），可相互补益。《金史详校》作者施国祁（1750—1824）字非熊，号北研，归安人。精研《金史》，另有《金源札记》2卷，嘉庆十七年至二十一年（1812—1816）刊于施氏吉贝居。

外贸日兴，外事日繁，这时期有吴兴钱氏刊印的钱恂所撰《中外交涉类要表》1卷、《光绪通商综合表》1卷，海昌官廨刊杨楷等辑《通商表》4卷以及光绪二十八年（1902）由杭州史学斋刊张相翻译的日本平田久所撰《十九世纪外交史》17章。

子部这一时期镌刻了大批医学类图书。同治六年（1867）浙江翰墨斋刊虞庠辑、王廷俊增注《类经纂要》。《类经》是明代名医山阴张介宾所编，他将《素问》、《灵枢》的内容析为摄生、阴阳、藏象、脉色、经络、标本、气味、论治、疾病、针刺、运气、会通12类，共390条，订成17卷，另加"图翼"11卷、"附翼"4卷，共32卷，分门别类，甚易检索；其中所加注释，亦颇有发明。《类经》一向为医家所重视，此书撮其要，便于查考。光绪十一年（1885）绍兴奎照楼刊有车宗辂、胡宪丰撰《伤寒第一书》4卷，"附余"2卷。车宗辂字质中，会稽人。乾隆年间名医。他得到张仲景（汉代名医，《伤寒论》的作者）真传遗书，与同里的胡宪丰一起，增补"八卦图说"一篇，"伤寒凡例"76条，成此《伤寒第一书》。后又以历次问难答疑，可发明伤寒诸条及医经集说者，刊为"附余"2卷。光绪十年至十三年（1884—1887）三衢（今衢州柯城区）雷氏填修堂养鹤山房刊《医学三书》，也十分重要。雷丰（1837—1888）字松存，号少逸、侣菊，浙江西安（今衢州市）人。家学渊源，精通医理。光绪间刊行医书，且收授门徒，多所造就。晚清名医江城、程曦为其高足。光绪十九年（1893）吴兴凌氏刊凌奂撰《医学薪传》1卷、《饲鹤亭集方》1卷。凌奂（1822—1893）原名维正，字晓五，号折肱老人，归安人。医学世家，曾广搜汉唐以来名医书方，穷究其理，医术日趋精湛，名闻遐迩，求医者日众。光绪二十一年（1895）海宁钱氏清风室刊陆汝衔撰《医学总论》1卷，附1卷。陆汝衔（？—1886）字芥山，海盐人。曾任四川蒲江知县。工医，治病不拘经方，疑难病症，着手成春。光绪二十五年（1899）黄岩柯树德堂刊夏子俊撰《医理信述》6卷。夏子俊字云颖，黄岩人。精究岐黄之术，在台郡悬壶数十年。光绪九年（1883）钱塘万卷楼刊李用粹撰《证治汇补》8卷。李用粹字修之，号惺庵，原籍鄞县，徙居上海。幼得家传；精研《素问》、《灵枢》，并博览诸家医书，诊脉、处方皆精，为康熙年间上海四大名医之一。尤善内、妇科。光绪十一年（1885）越州（今绍兴）徐氏校刊王士雄撰《肘后备急方》4卷；同年又刊王士雄撰《四科简效方》4卷。

在这时期，有不少人或书坊刊印小说以射利。同治九年（1870）武林务本堂刊朱镜江、章惟善所撰《绣像六美图》；光绪四年（1878）绍兴古越三余堂刊《绣像十美图传》，光绪十一年（1885）武林陈氏刊《玉狮堂传奇》，杭州顾氏务本堂刊《绣像九龙阵》，光绪十六年（1890）四明三乐轩刊《新增全图文武香球》等。

集部刊书更多，其中家族选刊的先人著作或自刊本比重较大。所刊先贤前修的著作也不少，如：同治五年（1866）由杭州聚文堂所刊杨继盛撰《杨椒山先生集》4卷，"自著年谱"1卷。同治七年（1868）湖州吴氏醉六堂刊胡林翼撰《胡文忠公遗集》10卷，首1卷。光绪元年（1875），会稽赵之谦刊戴望撰《谪麐堂遗集》文2卷、诗2卷。光绪四年（1878）会稽取斯堂以木活字刊明陈洪绶《宝纶堂集》10卷，"拾遗"1卷，光绪五年（1879）仁和许增榆园刊郭麐撰《灵芬馆全集》77卷，光绪十年（1884）钱塘汪氏振绮堂刊厉鹗所撰《樊榭山房全集》42卷、"集外文"1卷，同年，四明亦是轩刊孙星衍撰《问字堂集》6卷，慈溪赵氏翰香居刊鄞县万泰撰《续骚堂集》1卷，光绪十二年（1886）平湖朱之臻刊龚自珍撰《定庵文集补编》，光绪十四年（1888）钱塘汪氏振绮堂刊杭世骏撰《道古堂全集》，光绪十五年（1889）会稽陶氏寒梅馆刊朱彝尊撰《曝书亭集》，光绪十七年（1891）会稽徐氏述史楼刊清王士祯撰、惠栋纂《渔洋山人精华录训纂》，会稽铸学斋刊邵廷采《思复堂文集》，以及光绪年间慈溪童氏大酉山馆重刊全祖望撰《鲒埼亭诗集》等。

所刊总集也不少。如同治八年（1869）永康应氏秀芷堂刊张应昌辑《国朝诗铎》，同治九年（1870）永康胡氏退补斋辑刊《六朝四家全集》、《唐四家诗集》，光绪四年（1878）乐清来息园刊《永嘉四灵诗》，嘉善孙氏望云仙馆刊孙福清辑《国朝五家咏史诗钞》，光绪十一年（1885）镇海张寿荣花雨楼刊曾燠编《国朝骈体正宗》，光绪十五年（1889）平湖朱氏小云庐刊朱壬林辑《当湖文字初编》，光绪十六年（1890）仁和许增榆园刊宋姚铉辑《唐文粹》，以及郭麐补辑的《唐文粹补遗》等。其中词集不少，如光绪十一年至十三年（1885—1887）钱塘丁氏嘉惠堂刊丁丙辑《西泠词萃》，光绪十四年（1888）钱塘汪氏据明毛晋本刊《宋名家词》，光绪十六年（1890）仁和许氏榆园刊许增辑《古今名家词刻》等。

第三节　各地刊行的丛书各有千秋

丛书是汇集多种重要著作，依一定的原则、按一定的体例编辑而成的，也称作丛刊或丛刻。人们考证丛书的源流，一般均指宋代左圭所辑的《百川学海》、元代陶宗仪所辑刊的《说郛》为丛书之祖。左圭字禹锡，号古鄮山人，今宁波人；陶宗仪字九成，台州黄岩人。这两位先贤为出版事业开出了一条新路。自宋元以后，浙江辑刊的丛书可谓汗牛充栋，蔚为大观。清代，浙江所刊的丛书，不仅数量可观，质量称得上优秀的也不在少数，如乾嘉年间钱塘卢文弨所辑的《抱经堂丛书》、乾隆至道光年间杭州鲍廷博辑刊的《知不足斋丛书》，即以校勘精审而享誉海内外。其他如钱塘王晫辑刊的《檀几丛书》、石门顾修辑刊的《读画斋丛书》、马俊良辑刊的《龙威秘书》、仁和胡珽辑刊的《琳琅秘室丛书》、海宁蒋光煦辑刊的《别下斋丛书》、吴骞辑刊的《拜经楼丛书》、萧山陈春辑刊的《湖海楼丛书》、金华兰溪金履祥的《率祖堂丛书》等，均各具特色，为人所称道。

一、道光至宣统年间浙江出版丛书一览表

名　称	辑者或撰者	版　本	备　注
纷欣阁丛书	浦江周心如辑	道光中浦江周氏刊本	杂纂类
范白舫所刊书	湖州范锴辑	道光中乌程范氏刊本	杂纂类
别下斋丛书	海昌蒋光煦辑	道光中蒋氏刊　咸丰续刊	杂纂类
漱六编		道光二十年（1840）仁和王氏刊本	杂纂类
凌氏传经堂丛书	吴兴凌镐辑	道光中吴兴凌氏刊本	杂纂类
敏果斋7种	钱塘许乃钊辑	道光中钱塘许氏刊本	杂纂类
涉闻梓旧	海昌蒋光煦辑	咸丰元年（1851）蒋氏宜年堂刊　咸丰六年（1856）重编本	杂纂类
琳琅秘室丛书	仁和胡珽辑	咸丰三年（1853）仁和胡氏木活字排印本	杂纂类
玉雨楼丛书第一集	韩泰华辑	咸丰中仁和韩氏刊本	杂纂类
曼陀罗华阁丛书	秀水杜文澜辑	咸同间杜氏刊本，又有光绪十三年（1887）会稽董氏云瑞楼木活字排印本	杂纂类
铸学斋丛书（也称会稽徐氏铸学斋丛书）	会稽徐维则辑	光绪中会稽徐氏刊本	杂纂类
当归草堂丛书	钱塘丁丙辑	同治中钱塘丁氏刊本	杂纂类
荔墙丛刻（也称汪氏丛书）	乌程汪曰桢辑	同治间乌程汪氏刊本	杂纂类
蒙园丛书	山阴平步青辑	同光间平氏安越堂刊本	杂纂类
榆园丛刻	仁和许增辑	同光间许氏榆园刊本	杂纂类
清风室丛刊	海宁钱宝塘辑	同治至民国时期海宁钱氏清风室刊本	杂纂类
式训堂丛书	会稽章寿康辑	光绪中会稽章氏刊本	杂纂类
十万卷楼丛书	归安陆心源辑	光绪中归安陆氏刊本	杂纂类
仰视千七百二十九鹤斋丛书	会稽赵之谦辑	光绪中会稽赵氏刊本	杂纂类

名　　称	辑者或撰者	版　　本	备　注
月河精舍丛钞	苕溪丁宝书辑	光绪六年（1880）长兴丁氏刊本	杂纂类
融经馆丛书（也称融经堂丛书）	会稽徐友兰辑	光绪中会稽徐氏八杉斋刊本	杂纂类
半厂丛书初编	仁和谭献辑	光绪中仁和谭氏刊本	杂纂类
金峨山馆丛书（也称望三益斋丛书）	镇海郭传璞辑	光绪中镇海郭氏刊本	杂纂类
咫进斋丛书	归安姚觐元辑	光绪九年（1883）归安姚氏刊本	杂纂类
花雨楼丛钞	蛟川张寿荣辑	光绪中鄞县张氏花雨楼刊本	杂纂类
啸园丛书	仁和葛元煦辑	光绪九年（1883）序仁和葛氏刊本	杂纂类
忏花庵丛书	山阴宋泽元辑	光绪中山阴宋氏刊光绪十三年（1887）汇印本	杂纂类
渐西村舍汇刻	桐庐袁昶辑	光绪中桐庐袁氏刊本	杂纂类
结一庐朱氏剩余丛书	仁和朱澂辑	光绪三十一年（1905）仁和朱氏刊本	杂纂类
荫玉阁5种	临海叶书辑	光绪中临海叶氏木活字本	杂纂类
振绮堂丛书	（泉即钱）唐汪康年辑	光宣间钱塘汪氏排印本	杂纂类
玉简斋丛书	上虞罗振玉辑	宣统二年（1910）上虞罗氏刊本	杂纂类
宸翰楼丛书	上虞罗振玉辑	宣统三年（1911）上虞罗氏刊五种本	杂纂类
金华丛书	金华胡凤丹辑	同光间永康胡氏退补斋刊本	郡邑类
永嘉丛书	瑞安孙衣言辑	同光间瑞安孙氏诒善祠塾刊本	郡邑类
榗李遗书	秀水孙福清辑	光绪四年（1878）孙氏望云仙馆刊本	郡邑类

名　称	辑者或撰者	版　本	备　注
湖墅丛书	王麟辑	光绪五年（1879）钱塘王氏刊本	郡邑类
武林掌故丛编	钱塘丁丙辑	光绪中钱塘丁氏嘉惠堂刊本	郡邑类
武林先哲遗书	钱塘丁丙辑	光绪中钱塘丁氏嘉惠堂刊本	郡邑类
湖州丛书	归安陆心源辑	光绪中湖城头塾刊本	郡邑类
绍兴先正遗书	会稽徐友兰辑	光绪中会稽徐氏铸学斋刊本	郡邑类
越中文献辑存书5种	绍兴公报社辑	宣统三年（1911）绍兴公报社排印本	郡邑类
金华唐氏遗书	宋唐仲友撰	道光十一年（1831）金华翠薇山房刊本	撰著类
章氏遗书	章学诚撰	道光十二年至十三年（1832—1833）章华绂刊本	撰著类
振绮堂遗书	汪远孙撰	道光中钱塘汪氏刊本	撰著类
沈濂溪全集	沈濂撰	道咸间秀水沈氏始言堂刊本	撰著类
大梅山馆集	姚燮撰	道咸间镇海姚氏刊本	撰著类
绣水王氏家藏集	王相辑	咸丰五年（1855）王秀水褧之刊本	撰著类
吴氏一家稿	吴清鹏辑	咸丰五年（1855）钱塘吴氏刊本	撰著类
陈炯斋著述	陈徽言撰	咸丰七年（1857）檇李吴昌言章门刊本	撰著类
倚晴楼集	黄燮清撰	咸同间海盐黄氏拙宜园刊本	撰著类
儆居遗书	黄式三撰	同光间定海黄氏家塾刊本	撰著类
留书种阁集	黄炳垕撰	同光间余姚黄氏留书种阁刊本	撰著类
补不足斋杂著	黄家鼎撰	光绪六年（1880）鄞县黄氏刊本	撰著类
宝韦斋类稿	李恒撰	光绪六年（1880）武林赵宝墨斋刊本（部分刊于长沙）	撰著类

续表

名　称	辑者或撰者	版　本	备　注
率祖堂丛书	宋金履祥撰	光绪十三年（1887）镇海谢骏德补刊本	撰著类
古均阁遗著	许楗撰	光绪十四年（1888）许颂鼎刊本	撰著类
黄氏家集初编	黄家鼎辑	光绪十七年（1891）四明黄氏补不足斋刊本	撰著类
香海庵丛书	徐琪辑	光绪二十年（1894）仁和徐氏汇印本	撰著类
春在堂全书	俞樾撰	同治十年（1874）年、光绪二十五年（1899）重刻余杭俞氏春在堂刊本	撰著类
潜园总集	陆心源撰	光绪中吴兴陆氏潜园刊本	撰著类
寒松阁集	张鸣珂撰	光绪中嘉兴张氏刊本	撰著类
富阳夏氏丛刻	夏震武、夏鼎武撰	光绪中富阳夏氏刊本	撰著类
海盐张氏涉园丛刻	张元济辑	宣统三年（1911）海盐张氏排印本	撰著类
十三经札记	朱亦栋撰	光绪四年（1878）武林竹简斋刊本	经义类
郑氏佚书	汉郑玄撰	光绪十年（1884）四明观稼楼刊本 又有光绪十四年（1888）浙江书局刊本	经义类
五经旁训增订精义	徐立纲撰，竺静甫、竺子寿增订	光绪十四年（1888）四明竺氏毓秀草堂刊本	经义类
字学三种	傅云龙辑	同治十三年（1874）德清傅氏味腴山馆刊本	经类·小学

名　称	辑者或撰者	版　本	备　注
音学五书	顾炎武撰	光绪十一年（1885）四明观稼楼刊本	经类·小学
许学丛刻	许颂鼎、许洭祥辑	光绪十三年（1887）海宁许氏古韵阁刊本	经类·小学
归顾朱三先生年谱合刻	金吴澜辑	光绪六年（1880）嘉兴金氏刊本	史地类
宋元明六志	徐时栋辑	咸丰四年（1854）鄞县徐氏烟屿楼刊本	史地类
西湖集览	丁丙辑	光绪九年（1883）钱塘丁氏嘉惠堂刊本	史地类
许郑学庐地理丛刻	施世杰辑	光绪二十三年（1897）会稽施氏刊本	史地类
九通		光绪中浙江书局刊本	政书类
二十二子	浙江书局辑	光绪中浙江书局刊本	诸子类
兵书7种	聚奎主人辑	光绪二十四年（1898）杭城卫樽石印本	兵书类
当归草堂医学丛书初编	丁丙辑	光绪四年（1878）钱塘丁氏当归草堂刊本	医学类
医学三书	雷丰辑	光绪中三衢雷慎修堂养鹤山房刊本	医学类
张氏医书7种	张璐、张登撰	光绪二十五年（1899）浙江书局重印日本思得堂本	医学类
六朝四家全集	胡凤丹辑	同治九年（1870）永康胡氏退补斋刊本	诗文集
唐四家诗集	胡凤丹辑	同治九年（1870）永康胡氏退补斋刊本	诗文集
国朝五家史诗钞	孙福清辑	光绪四年（1878）嘉善孙氏望云仙馆刊本	诗文集

续表

名　　称	辑者或撰者	版　　本	备　注
西泠词萃	丁丙辑	光绪中钱塘丁氏刊本	词集
宋名家词	毛晋辑	光绪十四年（1888）钱塘王氏据毛氏本重刊	词集
景刊宋金元明本词40种	吴昌绶辑	宣统至民国6年（1917）仁和吴氏双照楼刊本	词集
瓶笙馆修箫谱	舒位撰	道光十三年（1833）钱塘汪氏振绮堂刊本	戏曲类
碧声吟馆丛书	许善长辑	光绪中仁和许氏刊本	戏曲类

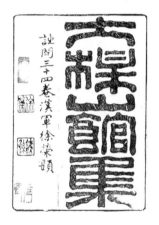

图2-20　大梅山馆集

图2-21　富阳夏氏丛刻

二、几种重要丛书概述

这一时期浙江所刊丛书共有100多种，可说是洋洋大观。其中属于汇编的、杂纂类占多数，郡邑类也不少，属于类编的，即按经史子集辑刊的也有一些。今择其重要的、影响较大的分别介绍于后。

《仰视千七百二十九鹤斋丛书》（简称《鹤斋丛书》）6集40种，清会稽赵之谦辑，光绪中期会稽徐氏八杉斋刊本，国图、南图、上图、浙图有藏。

此书所收经论、杂史、金石、笔记等都是篇幅较短小的罕见之书。

其中如《英吉利广州入城始末》，收录当时历史的最新资料，有重要的历史价值。还收有朝鲜人金正喜撰《东篱耦谈》4卷、柳得恭《二十一都怀古诗》1卷。

《清风室丛刊》20种93卷，清钱保塘辑，同治十年（1871）至民国二十五年（1936）海宁钱氏清风室刊本，北大、辽图藏。

此丛书刊刻时间长达60余年，最早刊《女英传》，在同治十年（1871），最迟刊《历代名人生卒录》8卷，在民国二十五年（1936）。绝大部分刊于清光绪年间。所刊《江月松风集》12卷，为钱惟善代表作。钱惟善（？—1369）字思复，号心白道人，钱塘人，寓居江苏华亭。应省试题曰：《罗刹江赋》，他根据枚乘《七发》，辨钱塘江就是曲江，为主司所称赏，遂自号曲江居士。元至正元年（1341）官儒学副提举。张士诚据吴，遂不仕。《李西涯拟古乐府》1卷，明李东阳撰。李东阳（1447—1516）字宾之，号西涯。明天顺八年（1464）进士。弘治八年（1495）以礼部侍郎兼文澜阁大学士衔直内阁，预机务。立朝50年，柄国18年，对时弊多所匡正，清节不渝。其文章典雅流丽，罢政家居，请诗文书篆者填塞户限。

《荔墙丛刻》（一名《汪氏丛书》）13种40卷，清乌程汪曰桢辑，同治年间汪氏自刊本；又有光绪四年（1878）会稽学署刊本。其中收《四声切韵表》3卷，首1卷，末1卷，清江永撰，汪曰桢补正；《历代长术辑要》10卷，附《古今推步诸术考》2卷等。

汪曰桢（1813—1881）字仲雍，一字刚木，号刚文，别署荔墙、荔墙蹇士，乌程人。咸丰四年（1854）举人。精史学，尤精算学，习古今天文历法。此书所收《历代长术辑要》为其自撰之作。"长术"是推断岁时月日之法；"推步"则指古人推算天象历法。江永所作《四声切韵表》，为文字学的重要著作。江永（1681—1762）字慎修，江西婺源人，博古通今，尤长于考据之学，于音韵、乐律、天文、地理均有研究，著述甚多。四声为汉语字音的四种声调，原以平、上、去、入为四声。所收《温热经纬》，为道光年间浙江名医王士雄的代表作之一，医家必读。

《花雨楼丛钞》11种，"续钞"11种，附1种，清镇海张寿荣辑，光绪八至九年（1882—1883）蛟川张氏花雨楼刊本，国图、上图、南图、浙图有藏。

此丛书收经说较多，其中张惠言所著又占较大分量，有《虞氏易礼》2卷，《茗柯文初编》及二、三、四编，《茗柯词》等。张惠言（1761—1802）字皋文，江苏武进人。嘉庆四年（1799）进士，官编修。工词，为常州词派创始人。后潜心经学，尤深于《易》、《礼》，礼主郑康成，易主虞翻。著有《周易虞氏义》、《虞氏消息》、《虞氏易礼》、《易事》、《易言》等，卓然为一代经师。　"续钞"中之《考工记图》，作者戴震（1724—1777）字东原，一字慎修，安徽休宁人。乾隆二十七年（1762）举人，乾隆三十八年（1773）被召为《四库全书》纂修官。乾隆四十年（1775）赐同进士出身。他于音韵、文字、历算、地理无不精通。尝阐明义理，抨击理学家"去人欲，存天理"之说。著作宏富，多编入《戴氏遗书》。《戴东原先生年谱》作者段玉裁（1735—1815）字若膺，一字懋堂，江苏金坛人。乾隆二十五年（1760）举人，曾任贵州、四川知县，引疾归，闭门读书。尝从戴震学，尤精于小学，积数十年之功，撰《说文解字注》。

《忏花庵丛书》37 种 226 卷，清山阴宋泽元辑，光绪十三年（1887）宋氏忏花庵刊本，国图、北大、上图、南图、浙大藏。

宋泽元字瀛士，号华庭，山阴（今绍兴）人。《忏花庵丛书》所收多属经说、杂史、笔记之类。其中马国翰所辑书两种；晋孙毓撰《毛诗异同评》、晋陈统撰《难孙氏毛诗评》，后世已无传本。马国翰（1794—1857）字竹吾，号词溪，山东历城人。又辑有《玉函山房辑佚书》629种，皆宋以前古书（但有人说，此书实山阴章宗源辑，国翰据为己有耳）。光绪年间，宋泽元又刊有吴弥光辑《胜朝遗事》初编 5 卷、"二编"8 卷。

仁和许增于同治光绪间以许氏榆园名义刊《榆园丛刻》31 种 85 卷，国图、上图、南图有藏。

许增（1824—1903）字迈孙，号益斋。曾入马新贻幕，由保举历阶至道员。收藏书画甚富，喜勘订书籍。此丛书所收多词集。后面部分属文人雅兴、清玩之类。词集作者多知名之士，如宋之姜夔、张炎，清之纳兰性德、郭麐等。《忆云词》作者项鸿祚（1768—1835），亦清词名家。名廷纪，字莲生，钱塘人。道光十二年（1832）举人。《微波词》作者钱枚（1761—1803）字枚叔，一字实庭，号谢庵，仁和人。嘉庆四年（1799）进士，官吏部文选司主事。诗词清丽。后面所刊记述笔墨笔砚之作，亦多精品，如宋荦所撰《漫堂墨品》。宋荦（1635—1714）字牧仲，号漫堂，又字西坡，河南商丘人，历官至吏部尚书。精鉴藏，也善画，淹通典籍，练习掌故。与侯方域为友，诗与王士祯齐名。《笔史》作者梁同书（1723—1815）字元颖，晚号山舟，自署新吾长翁，钱塘人，乾隆十二年（1747）举人，乾隆十七年（1752）特赐进士，授编修。累迁侍讲，以忧归。工书法，少学颜、柳，中年用米法，七十后纯任自然，为当世独绝。《金粟笺说》作者张燕昌字芑堂，号文渔，海盐人。嗜金石，善画兰竹、花卉。"金粟笺"指金粟山藏经纸。张燕昌说："吴槎客赠余藏经套合纸，四层为之，纸色与金粟笺同，面题'《大方广佛华严经》卷十八'，凡十字，是墨印……又有金粟山藏经纸印。"

《式训堂丛书》初集15种、二集13种、三集13种、共41种146卷，清会稽章寿康辑，光绪中会稽章氏式训堂刊本，国图、浙图、北大藏。

图2-22　《式训堂丛书》

章寿康字顾卿，会稽（今绍兴）人。家有藏书数十万卷，其中一些经史典籍铅黄殆遍。此丛书所刊多据精椠旧抄翻刻，初集所收书，如毕沅撰《晋书地理志新补正》、徐松撰《汉书西域传补注》、梁玉绳撰《吕子校补》等，作者均为乾嘉时期著名学者。毕沅（1730—1797）字秋帆，号灵岩山人，江苏镇洋人。乾隆二十五年（1760）一甲一名进士，授修撰，官至湖广总督。经史、小学、金石、地理之学无所不通。徐松（1781—1848）字星伯，河北大兴人。嘉庆十年（1805）进士，官至陕西榆林知府。精于史地之学。梁玉绳（1716—1792）字曜北，号清白士，仁和人，一说钱塘人。笃学力行，与弟德履互相攻错，有"二难"之目。他积二十年之功，著《史记志疑》一书，人称精审。二集所收胡天游撰《春秋夏正》、卢文弨撰《钟山札记》、《龙城札记》，孙星衍撰《平津馆藏书记》、《廉石居藏书记》，三集所收邵晋涵撰《南江札记》等，都属于经说类图书中之精品，作者均声名卓著。

三、陆心源所刊《十万卷楼丛书》之特色

《十万卷楼丛书》三编52种384卷，清归安陆心源辑，光绪五年至八年（1879—1882）陆氏潜园刊本，国图、南图、上图、浙图藏。

此丛书诸子百家、九流三教，色色俱全。陆心源一向潜心版本目录之学，对一些比较重要的书或罕见之作，均有序，记述其版本源流，或考证作者生平及其作意，兼及自己刊印或重刊的缘由。言简而意赅，对读者颇有帮助。如：

初编所收宋郎晔撰《注陆宣公奏议》，陆氏作《重刊注陆宣公奏议

序》先考证作注者："余管蹉闽中，从故家得先宣公奏议注十五卷，乃至正甲午（元顺帝至正十四年——1354）翠岩精舍刊本。前有进书表，题曰：'迪功郎绍兴府嵊县主簿臣晔'，而不著其姓。证以周辉《清波杂志》，刘岳《申申斋集》，知为郎晔作。"接着说："晔，里贯仕履不显，以《临安志》人物传、《清波杂志》及结衔考之，知其字晦之，杭州盐官人。事张九成，编撰《横浦日新》（张九成著作），从特奏得官。以文学知名，尝注三苏文及此书，履官嵊县主簿。此外则无可考矣。"① "二编"所收《新编张仲景注解伤寒发微论》、《新

图2-23　《十万卷楼丛书总目》

编张仲景注解伤寒百证歌》，作《重雕元刊伤寒百证歌发微论序》。医书，关乎人的生命，出版时不可不慎之又慎。张仲景是汉代名医，他所著作的《伤寒论》，是医学经典，新编的"发微论"与"百证歌"又如何呢？这就需查证一下作者。陆心源在序中说："《新编张仲景注解伤寒百证歌》5卷，《发微论》2卷，题曰：白沙许叔微知可述。《直斋书录解题》云：'许叔微《伤寒歌》3卷，凡百篇，皆本仲景法。'……《四库提要》云，'叔微字知可，真州人。绍兴二年（1132）进士，医家谓之许学士，不知所历何官也。'……叔微，扬州仪征人。少孤力学，于书无所不读，而尤邃于医。建炎初，剧贼张遇破真州，已而疾疫大作。知可遍历里门，视病与药，十活八九。仕至徽州、杭州教官。"这就是说，许叔微也是位医家，学有渊源。陆心源又说："《百证歌》七字韵言，意赅言简；《发微论》探微索赜，妙悟通神，于以叹知可之学之深且邃，非薄技偏长执一是之见者所可及也。明万历辛亥（万历三十九年——1611）有乔山堂坊刻，合为4卷，证以元刊，不但面目全非，窜改亦复不少……余虑其误俗医而害人命也，重摹元刊以广其传，后之治医家言者由是以求仲景之

---

① 〔清〕陆心源：《仪顾堂集》，原光绪二十四年（1898）刊本，今湖州博物馆重刊本（卷五），第10页。

书，庶几免废人之诮乎！"① 可见他重刊《发微论》与《百证歌》，用意至深。

"二编"中所收唐段公路撰《北户录》，经过陆心源认真勘校，面貌一新。他在《重刊北户录序》中说："唐人著述传世不多，可籍以见古籍崖略者，《（北堂）书钞》、《（艺文）类聚》、《初学记》而后，此其一也。惟徐（坚）欧（阳询）两书，元明以来，屡有精刊，此书自南宋尹氏而后，刊本罕传。其刊入《古今说海》者，或篇删其章，或章删其句。凡今本伪夺多者，所删亦多，伪夺少者，所删亦少，注则一字不录。又误以公路为东牟人（实为山东临淄人）。《学海类编》沿其陋而益甚。原本之传，希如星凤，藏书家辗转传抄，愈久愈伪，几与《北堂书钞》原本无异。余所藏为汲古毛氏影宋写本，目录后有'临安府太庙前尹家书铺刊行'一行，首尾虽完，文字亦烂。思以曾慥《类说》所录正之，而今本待校之文，正《类说》节去之句。岂鲁鱼亥豕，宋刊已然乎？因以群书旁参互校，改正数千字而付之梓。"《北户录》记录岭南的物产和风土，有宋尹氏书铺刊本，已不见，陆心源所藏的这本影宋本，因为"文字亦烂"，他在付印前找了几本收有此书的丛书或类书来校勘。然而如明陆楫所辑的《古今说海》，宋曾慥的《类说》，都经过删节、校勘，并未能获得满意的结果。所以，他在序的最后不得不加上一句："仍有不可通者，拾遗纠谬，是所望于后之君子。"②

"三编"所收《靖康要录》16 卷，没有撰人姓氏。此书记宋钦宗做太子时及靖康一年内的事，据《钦宗实录》"撮其大纲以成"，他认为"宋时当有刻本，近古藏家惟传抄帙……辗转传抄，伪夺几不可读"。在付梓前，他"取所藏三本互相雠校，又证以徐梦莘《北盟会编》、杨仲良《长编纪事本末》、陈均《九朝编年备要》、李德《十朝纲要》、无名氏《宋史》全文、赵汝愚《诸臣奏议》诸书，增补凡数百字，改正凡数千字，付之梓人。明知其误，而无可校正者仍之，别为校勘记附于后。"③由此可见，陆心源对待出版工作严肃认真，付梓前把能找到的史书都找来校勘，一丝不苟。《北盟会编》即《三朝北盟会编》，共有 250 卷。记述宋徽宗、钦宗、高宗三朝史事，从政和七年（1117）海上之盟起到绍

① 〔清〕陆心源：《仪顾堂集》，原光绪二十四年（1898）刊本，今湖州博物馆重刊本（卷五），第 19 页。
② 〔清〕陆心源：《仪顾堂集》，湖州博物馆重刊本（卷六），第 20 页。
③ 〔清〕陆心源：《仪顾堂集》，湖州博物馆重刊本（卷五），第 21—22 页。

兴三十一年（1161）为止45年间，所有涉及宋和金双方和与战的史实，都一一记录在卷。说明他据以校勘的史书是可以证信的。

陆心源在湖州城东莲花庄有小园，名"潜园"，以清旷雅致闻名，后来他又把自己所撰、所辑的著作汇编在一起刊行，取名为《潜园总集》。

其中《穰梨馆过眼录》40卷，续录16卷，是陆心源鉴赏书画的心得之作，自序曰："同治甲戌（同治十三年——1874），由闽醒内召乞养陈情，栖息家巷，日与文人逸士游。而章紫伯明经为尤习。明经收藏书画极富，朝夕过从，时时出以相赏……摩抄日久，颇得乐趣……惟时方尚四王（清初山水画家王时敏、王鉴、王翚、王原祁，风格相近，合称四王）、吴（历）、恽（寿平）、戴（熙）、汤（贻汾）诸家，余性与时异，好收明以前物，而明季忠臣、国初高人畸士之作，所得尤多。其始颇受市侩欺，二十年来辨别渐精……就所过目，择尤记录，积日累时，袤然成帙。发凡起例，命儿子树藩、树屏，门下士李延达编为四十卷，付之梓人，虽无当于古人作画造书之义，而嗣响朱郁、接武张汪，余亦未敢让焉。"① 毫无疑问，这本书对于研究明清之际的书画史具有一定的参考价值。

---

① 〔清〕陆心源：《仪顾堂集》，湖州博物馆重刊本（卷六），第21—23页。

第三章 保存国粹传承文明

——光绪年间各地辑刊的地方文献

我国方志学家章学诚在《文史通义·方志立三书议》中说:"凡欲经纪一方之文献,必立三家之学,而始可以通古人之遗意也。仿纪传正史之体而作志,仿律令通例之体而作掌故,仿《文选》、《文苑》之体而作文征。三书相辅而行,缺一不可。"① 我国编纂地方志由来已久,方志学已成为我国历史科学中一个重要分支。当代研究方志学的专家洪焕椿在《浙江方志考》中说:"我国历代所编纂的地方志,是中华民族优秀文化遗产的重要组成部分。地方志为我们研究各个地区的自然面貌、自然资源以及政治、社会、经济、文化、科学、技术、军事各个方面的历史变化及其规律,探讨历史上各族人民在生产领域、阶级斗争和科学实验中所取得的经验和教训,提供了资料。这对于建设社会主义精神文明和物质文明都是不可缺少的历史文献。"②

第一节 各地修志蔚然成风

浙江自古以来就十分重视地方志的纂修工作,如果从东汉的《越绝书》算起,到光绪年间已经有1700多年的历史。据中国科学院北京天文台主编的《中国地方志联合目录》来看,全国现存方志有8200余种,其中浙江占到600余种。浙江修纂的方志,不但数量多,品类全,其体例也日臻完备。在魏晋时期就出现了《会稽记》、《吴兴记》、《会稽郡十城地志》这样的著作。到宋元时期,浙江方志的著作更盛,如宋的临安三志、四明六志等名作,向为世人所瞩目。而如宋高似孙所撰《剡录》,陈耆卿

---

① 章学诚:《文史通义》(卷六·外篇1),岳麓书社1993年10月版,第193页。
② 洪焕椿:《浙江方志考》(卷首题记),浙江人民出版社1984年6月版,第1页。

《赤城志》，元邓牧撰《洞霄图志》等，也是搜集各种文献，精心编撰而成的。明清以来，浙江方志的编纂工作更形成热潮，不但有通志和府州县志，还有乡镇志、山水志、名胜古迹志、寺院志、游览志等等，其范围之广、门类之众，臻于极致。不仅此也，在方志中还配以各种插图，甚至还出现各种专门的图志，如《两浙路图经》、《秀州图经》、《四明图经》、《越州图经》等等。据《古杭杂记》记载："驿路有白塔桥印卖《朝京里程图》，士大夫往临安，必买以搜阅。有无名氏《题壁》诗道：'白塔桥边卖地经，长亭短驿最分明。如何只说临安路，不较中原有几程。'"可见在南宋时期的临安（今杭州），方志类的图经已成为图书市场中的热销品种。

清初康熙年间，时局稳定，是所谓盛世，各地曾掀起一个修纂地方志的高潮，各府县几乎都修纂、出版了地方志。康熙、雍正年间，清廷大兴文字狱，乾隆又开展禁书活动，各地的修志工作基本上都停下来了。道光年间鸦片战争之后，只有《分水县志》（二十五年刊本）、《缙云县志》（二十九年刊本）、《南浔镇志》（二十一年刊本）、《澉水新志》（三十年刊本）。咸丰年间，编出《鄞县志》、《黄岩县志》（光绪三年刊本）和《南浔镇志》（咸丰九年刊本）；同治年间稍多几本，也只有《鄞县志》、《湖州府志》、《长兴县志》、《安吉县志》、《嵊县志》、《江山县志》、《丽水县志》、《景宁县志》、《云和县志》等。到光绪年间，各地修志蔚然成风，在编纂体例、编写方法及内容结构等方面均有所创新。

一、清代修志精益求精

浙江现存方志，十之八九编印于明清时代。清代修志曾出现两个高潮：一是在前期所谓康乾盛世，一是在光绪时期。浙江从唐宋以后，经济有较快发展，带动了文化的兴旺昌盛，从而出现了修志的热潮。在明清时期，浙江修志在内容上对经济和文化的发展情况记载特别详细，包括人口、田亩、物产、贡赋、农田水利、自然灾害、人文状况等，特别是收录了对壮丽河山、文化胜迹、文人著述、金石碑刻的记述。方志的编纂工作各府县一般均要组建一个临时的编辑机构，由各该府县的行政长官挂帅，督察其事；并聘请一些由博学之士、而且是对地方文化特别关爱的人士来编撰。如雍正年间纂修的《浙江通志》。据《郑堂读书记补逸》引周中孚的话说："浙江之有通志，始于明嘉靖中提学副使薛应旂……至康熙二十二年，总督赵士麟等尝因其书而重新之。顾以数月蒇事，其简略犹是也。雍正九年春，总督（李卫）乃开局，选名俊编纂，以原任侍读学士沈翼机、编修傅王露、检讨陆奎勋总其事，历数载而始告竣。兼综博搜，考证得失，参互同异。其引证原文，悉标列书目。至记载时事，仅依《大清会典》，采录科条章奏，以存实据。"《四库总目提要》亦说："所引诸书，皆具列其原文，标列出典。其他所未有记载者，亦具列其案牍，视他志体例特善。其有见闻异词者，则附加考证于下方。"当时参与编纂的三人，均一代名儒：沈翼机字西园，号淡初，海宁人。康熙四十五年（1706）进士。尝典试四川，督学贵州、江右。官至翰林院侍读学士。傅王露字良木，号玉笥，会稽人。康熙五十四年（1715）进士，官编修。后退居乡里，以书画自娱。晚年筑信天书屋，因自号为信天翁。陆奎勋（1663—1738）字聚侯，号星坡，又号陆堂，平湖人。康熙六十一年（1722）成进士，选庶吉士，授检讨，充《明史》纂修官。不久因病回乡，开馆讲学。晚年醉心于经学。这部《浙江通志》，全书分54门，共有280卷（首2卷），刊于乾隆元年（1736）；嘉庆十七年（1812）又有修补重刊本；光绪二十五年（1899）有浙江书局重刊本；民国25年（1936）上海商务印书馆又有据浙江书局影印本。可见其历史价值，历久而未衰。

二、光绪年间各州县所修方志简目

方志名称	纂修者	刊刻年日	备　考
仁和县志	孙峻纂	编成于光绪二十九年（1903）	未刊
湖墅小志4卷	高鹏年纂	光绪二十三年（1897）仁和黄氏石印本	
唐西志20卷	王同撰	光绪十六年（1890）武林丁氏刊本	唐西今塘栖
余杭县志稿	褚成博纂	光绪三十三年（1907）钱塘丁氏刊本	
富阳县志24卷、首1卷	汪文炳修，蒋敬时等纂	光绪二十八年（1902）	
富阳县新旧志校记2卷	朱寿保校	宣统三年（1911）	温州翰墨林石印本

续表

方志名称	纂修者	刊刻年日	备　考
富阳县舆地小志	陈承澍修，董运昌纂	光绪三十年（1904）	石印本
富阳县新志补正2卷	朱寿保纂	宣统三年（1911）	温州石印本
临安县志8卷、首、末各1卷	彭循尧修，董运昌纂	宣统二年（1910）	木活字本
重修于潜县志20卷、首1卷	程潜善纂	光绪二十四年（1898）编成，民国2年（1913）刊本	今属临安
严州府志38卷、首1卷	吴世荣修，邹伯森纂	光绪九年（1883）初刊，光绪二十六年（1900）补编本	严州即今建德
建德县志21卷、首1卷	谢仁澍、俞观旭等修	光绪十八年（1892）刊本	
严州图经3卷		光绪二十二年（1896）桐庐渐西村舍刊本	
续纂淳安县志16卷、首1卷	李诗修，陈中元纂	光绪十年（1884）后刊本	
寿昌县志11卷	贝蕴章修，黄标纂	光绪间修成	今属建德，未刊
分水县志10卷、首、末各1卷	陈常铧修，臧承宣纂	光绪间修成三十二年（1906）刊本	今属桐庐
慈溪县志56卷	杨泰亨等纂修	光绪二十五年（1899）刊本	
奉化县志40卷、首1卷	李前泮修，张美翊纂	光绪三十四年（1908）刊本	
剡源乡志24卷、首1卷	赵沛涛纂	光绪二十八年（1902）奉化赵氏剡曲草堂本	在奉化县西，木活字本

续表

方志名称	纂修者	刊刻年日	备　考
忠义乡志 20 卷、首 1 卷	吴文江等辑	光绪二十七年（1901）刊本	属奉化
镇海县志 40 卷	于万川修，刘凤章纂	光绪五年（1879）刊本	俞樾审定
象山县志 22 卷	童立成、吴锡畴修，冯登府纂	光绪十四年（1888）刊本，又有民国 4 年（1915）铅印本	
余姚县志 40 卷		光绪十九年（1893）	书未成
余姚县志 27 卷、首、末各 1 卷	余炳麟修，邵友濂、孙德祖纂	光绪二十五年（1899）后刊，又有民国 24 年（1935）铅印本	
宁海县志 24 卷、首 1 卷	王瑞成修，张浚等纂	光绪二十八年（1902）刊本	
永嘉郡记 1 卷	郭缉之撰，孙诒让辑	光绪四年（1878）刊本，又有民国 4 年（1915）瑞安玉海楼石印本	
永嘉县志 38 卷、首 1 卷	张宝琳修，王棻、孙诒让等纂	光绪八年（1882）刊本	
乐清县志 16 卷、首 1 卷	李登云等修，陈坤等纂	光绪二十八年（1902）刊本	
泰顺分疆录 20 卷、首 1 卷	林鹗等纂修	光绪五年（1879）林氏望山堂刊本	
嘉禾旧志合刻 34 卷	沈曾植校	清末嘉兴沈氏海日楼刊本	
嘉兴府志 88 卷、首 2 卷	许瑶光修，吴仰贤纂	光绪四年（1878）鸳湖书院刊本	

续表

方志名称	纂修者	刊刻年日	备 考
嘉兴县志 37 卷、首 2 卷、末 1 卷	赵惟于峮修，石中玉、吴受福纂	光绪三十四年（1908）刊本	
梅里志 18 卷	余懋续补辑	光绪三年（1877）刊本	在今嘉兴市南
闻湖志稿 20 卷	唐佩金纂	宣统三年（1911）刊本	在嘉兴市北，铅印本
重修嘉善县志 36 卷、首 1 卷	江峰青修，顾福仁纂	光绪二十年（1894）刊本	
枫泾小志 10 卷	曹相骏辑，陈宗溥、许光墉等补	光绪十七年（1891）刊本	属嘉善
续修枫泾小志 10 卷、首、末各 1 卷	彭润章修，叶廉锷纂	光绪十二年（1886）刊本	
海盐县志 22 卷、首、末各 1 卷	王彬修，徐用仪纂	光绪三年（1877）蔚文书院刊本	
海宁县志 9 卷	蔡宪修，董穀纂	光绪二十四年（1898）许仁沐刊本	
海宁州志稿 41 卷、首、末各 1 卷	李圭修，许传沛纂；刘蔚仁续修，朱锡恩续纂	光绪二十二年（1896）修，民国 11 年（1922）印	铅印本
平湖县志 25 卷、首、末各 1 卷	彭润章修，叶廉锷等纂	光绪十二年（1886）刊本	
续当湖外志 8 卷	马承昭纂	光绪元年（1875）后刊本	当湖即平湖
石门县志 11 卷、首 1 卷	余丽元修，谭逢仕纂	光绪五年（1879）刊本	今桐乡
桐乡县志 24 卷、首 4 卷	严辰纂	光绪十三年（1887）青镇立志书院刊本	

方志名称	纂修者	刊刻年日	备　考
乌程县志 36 卷	汪曰桢纂	光绪六年（1880）刊本	今湖州
金盖志略	闵召夒纂	光绪二十二年（1896）古书隐楼刊本	金盖在湖州市西
归安县志 52 卷、首 1 卷	李昱修，陆心源、丁宝书纂	光绪八年（1882）刊本	今湖州
菱湖镇志 44 卷、首 1 卷	孙志熊纂	光绪十九年（1893）刊本	属湖州市
长兴县志拾遗 2 卷	朱镇纂	光绪二十三年（1897）刊本	
孝丰县志 10 卷、首 1 卷	刘睿修，潘宅仁等纂	光绪五年（1879）刊本	今属安吉
新市镇再续志 4 卷	费格等编	光绪二十八年（1902）编	属德清，未刊
德清县 21 卷、首 1 卷	谢仁澍修，俞观旭纂	光绪十八年（1892）刊本	
诸暨县志 60 卷、首 1 卷	陈遹声修，蒋鸿藻纂	宣统二年（1910）刊本	
上虞县志 48 卷、首、末各 1 卷	唐熙春修，朱士黻纂	光绪十六年（1890）刊本	
上虞县志校续 50 卷、首、末各 1 卷	储家藻修，徐致靖纂	光绪二十四年（1898）刊本	
新昌县志稿 16 卷	陈福辑	光绪七年（1881）编	未刊
金华县志 16 卷、首 1 卷	邓钟玉修，刘缓等纂	光绪二十年（1894）修，民国 4 年（1915）刊本，又有民国 23 年（1934）铅印本	
金华县志稿 1 卷	谢骏德纂	光绪十七年（1891）刊本	

方志名称	纂修者	刊刻年日	备　考
兰溪县志 8 卷、首 1 卷，补遗 1 卷	秦簧等修，唐壬森等纂	光绪十七年（1891）刊本	
永康县志 16 卷、首 1 卷	李汝为、郭文翘修，清汝棠等纂	光绪十八年（1892）刊本，又有民国 21 年（1932）刊本	
武义县志 12 卷	张营候修，周家驹等纂	嘉庆九年（1804）修，宣统二年（1910）刊本	石印本
浦江县志 15 卷、首 1 卷	善广修，张景青等纂	光绪二十五年（1899）刊本又有光绪三十一年（1905）续增本，民国 5 年（1916）铅印本	
西安县新志正误 3 卷	陈埙撰	道光二十五年（1845）修，光绪九年（1883）刊本	西安今衢州市
龙游县志	张炤修，冯一梅纂	光绪二十二年（1896）创修	未完成
常山县志 68 卷、首、末各 1 卷	李瑞钟修，朱昌泰等纂	光绪十二年（1886）后刊本，有民国 18 年（1929）重印本	
开化县志 14 卷、首 1 卷	徐立名等修，潘树棠纂	光绪二十四年（1898）后刊本	
定海厅志 30 卷、首 1 卷	史致驯修，陈重、黄以周等纂	光绪十一年（1885）刊本	
台州府志 100 卷	赵亮熙修，王舟瑶纂，王佩瑶校	光绪二十五年（1899）修、民国 15 年（1926）刊本	

方志名称	纂修者	刊刻年日	备　考
临海县志 32 卷	吴鸿宾修，叶书等纂	光绪二十九年（1903）修	未刊
黄岩县志 40 卷、首 1 卷	郑锡滜修，王棻纂	光绪三年（1877）光绪六年（1880）刊本	今属椒江市
仙居县志 24 卷、首 1 卷	王寿颐修，王棻等纂	光绪二十年（1894）刊本	木活字本
太平县续志 18 卷、首 1 卷	陈汝霖等修，王棻等纂	光绪二十二年（1896）刊本	今温岭
丹崖山志 8 卷	方来纂、王棻刊定	光绪二十一年（1895）刊本	属温岭
玉环厅志 14 卷、首 1 卷、增 2 卷	杜冠英修，吕鸿寿纂	光绪六年（1880）刊本	
处州府志 30 卷、首、末各 1 卷	潘绍洽修，周荣椿纂	光绪三年（1877）刊本	今丽水
青田县志 18 卷、首 1 卷	雷铣等修，王棻等纂	光绪二年（1876）刊本，又有民国 24 年（1935）铅印本	
缙云县志 16 卷、首、末各 1 卷	何乃容等修，潘树棠纂	光绪七年（1881）修	
松阳县志 12 卷	支恒椿修，丁凤章等纂	光绪二十二年（1896）刊本	
遂昌县志 12 卷、首 1 卷、外 4 卷	胡寿海等修，褚成允等纂	光绪二十二年（1896）刊本	
庆元县志 12 卷、首 1 卷	林步瀛、史恩祎等修，史恩绪等纂	光绪三年（1877）刊本	
宣平县志 20 卷、首 1 卷	皮善棠修，祝凤梧等纂	光绪四年（1878）后刊本	1958 年撤销，其地划归丽水、武义二县

续表

方志名称	纂修者	刊刻年日	备　考
清波小志 2 卷	徐逢吉撰	光绪七年（1881）丁氏刊本 光绪九年（1883）葛元煦刊本	清钱塘西门
东城杂记 2 卷	厉鹗撰	光绪七年（1881）汪氏振绮堂刊本	
钱塘遗事 10 卷	刘一清撰	光绪年间钱塘丁氏刊本	
武林游记 1 卷、附 1 卷	高攀龙撰	光绪十七年（1891）刊本	
定乡小识 16 卷	张道撰	光绪八年（1882）武林丁氏刊本	属杭州市，以定山名
湖山便览 12 卷	翟灏、翟瀚同纂，王维翰重订	光绪元年（1875）王氏槐荫堂重订本	
理安寺志 2 卷	释实月纂	光绪三年（1877）武林丁氏刊本	在杭州九溪
紫阳庵集 1 卷	丁午辑	光绪八年（1882）丁氏刊本	在杭州瑞石山
孝慈庵集	周芷筠辑	光绪七年（1881）丁氏刊本	
上天竺志 12 卷	管庭芬纂，曹籀订	光绪元年（1875）刊本，光绪三十三年（1897）丁氏重刊	
吴山伍公庙志 6 卷、首 1 卷	金志章等辑	光绪二年（1876）刊本	
谢皋羽墓录 1 卷	丁立本	光绪间排印本	
吴山城隍庙志 8 卷	卢崧、朱文藻等辑	光绪四年（1878）丁氏刊本	

续表

方志名称	纂修者	刊刻年日	备　考
岳庙志略 10 卷、首 1 卷	冯培撰	光绪五年（1879）浙江书局重刊本	
广福庙志 1 卷	唐垣九辑	光绪三年（1877）丁氏刊本	在杭州盐桥
灵隐寺志 8 卷	孙治纂，徐增重编	光绪十四年（1888）丁氏嘉惠堂重刊本	
增修云林寺志 8 卷	厉鹗撰	光绪十四年（1888）丁氏嘉惠堂重刊本	
西天目祖山志 8 卷、首、末各 1 卷	释广宾辑，请释际界增订	光绪二年（1876）刊本	
郡城浚河征信录 5 卷	宗源瀚辑	光绪七年（1881）河工局刊本	在宁波
宁郡城河丈尺图志 9 卷		光绪十四年（1888）河工局刊本	
明州系年录 7 卷	董沛编	同治五年（1866）编成，光绪四年（1878）刊本	
余姚乡土地理历史合编	谢葆濂辑	光绪三十二年（1906）刊本	石印本
永嘉见闻录 2 卷	孙永同辑	光绪四年（1878）刊本	
瓯江小志 1 卷	郭忠岳撰	光绪四年（1878）刊本	
瓯海逸闻 44 卷	孙衣言撰	光绪年间刊本	
东瓯金石志 12 卷	戴咸弼纂辑，孙诒让校补	光绪八年（1882）刊本	
白石山志 6 卷、首、末各 1 卷	施元孚、陈肆辑	光绪九年（1883）刊本	在乐清
瑞安集云山志	金兆珍、金兆奎编	光绪二十七年（1901）修	油印本

续表

方志名称	纂修者	刊刻年日	备 考
泰顺分疆录12卷、首1卷	林鹗纂修	光绪五年（1879）刊本	
三雁东瓯纪游合钞	戴启文撰	光绪二十五年（1899）刊本	
鸳湖求旧录4卷、续4卷	朱福清撰	光绪年间刊本	鸳湖即嘉兴南湖
嘉兴典故纂要8卷	王惟梅纂	光绪元年（1875）麟石书屋重刊本	
东畬杂记1卷	沈廷瑞撰	光绪十三年（1887）红叶山房刊本	在嘉兴
横桥堰水利记	徐用福撰	光绪二十四年（1898）刊本	在平湖
浙西泖浦水利记1卷	徐用福撰	光绪间刊本	嘉兴图书馆藏
东山志10卷	谢起龙纂	宣统二年（1910）谢氏刊本	在上虞县西南
曹江孝女庙志8卷、首、末各1卷	金廷栋辑	光绪八年（1882）刊本	在绍兴城东
上虞塘公纪略4卷	连仲愚撰	光绪四年（1878）敬睦堂刊本	
婺书8卷	吴之器撰	光绪二十六年（1900）刊本	
烂柯山志	郑永禧纂	光绪三十二年（1906）不其山馆刊本	在衢州市柯城区
衢州乡土厄言	不详	光绪三十二年（1906）刊本	
国朝天台耆旧传8卷	金文田辑	光绪二十八年（1902）齐品亨堂木活字本	
台南洞林志2卷、校补1卷、续1卷	冯赓雪纂，叶书校补并续	光绪二十五年（1899）冯氏兰竹居刊本	在临海

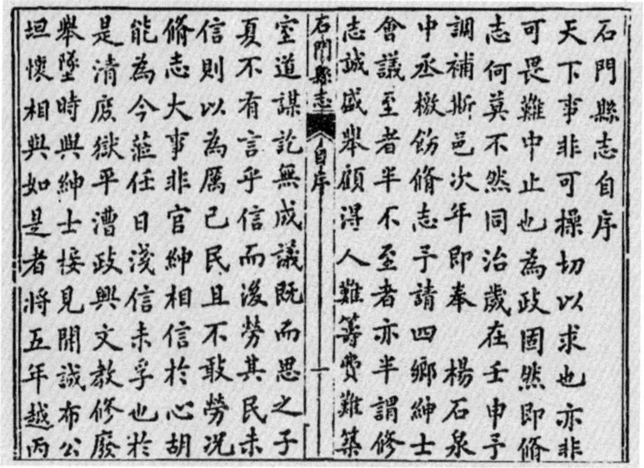
石門縣志自序
天下事非可操切以求也亦非可畏難中止也為政固然即修志何莫不然同治歲在壬申予調補斯邑次年即奉楊石泉中丞檄飭修志予請四鄉紳士會議至者半不至者亦半謂修志誠盛舉顧得人難籌費難築室道謀訖無成議既而思之子夏不有言乎信而後勞其民未信則以為厲己民且不敢勞況修志大事非官紳相信於心胡能為今蒞任日淺信未孚也於是清庶獄平漕政興文教修廢舉墜時與紳士接見開誠布公坦懷相與如是者將五年越丙
石門縣志 自序 一

图 3－1 《石门县志》

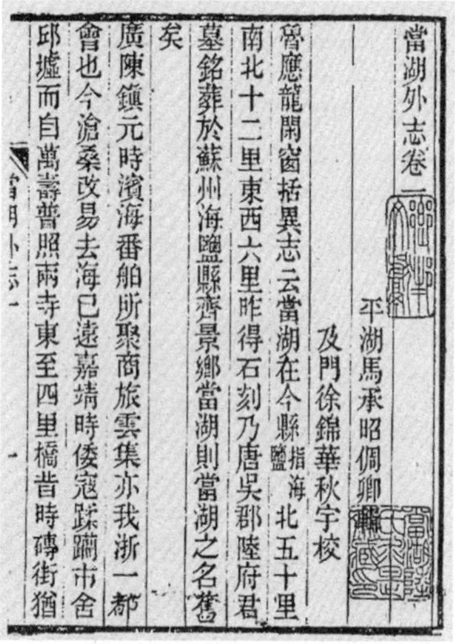
當湖外志卷一
平湖馬承昭偶卿輯
及門徐錦華秋宇校
胥應龍開窗括異志云當湖在今縣指海鹽北五十里南北十二里東西六里昨得石刻乃唐吳郡陸府君墓銘葬於蘇州海鹽縣齊景鄉當湖則當湖之名舊矣
廣陳鎮元時濱海番舶所聚商旅雲集亦我浙一都會也今滄桑改易去海已遠嘉靖時倭寇蹂躪市舍邱墟而自萬壽普照兩寺東至四里橋昔時磚街猶

图 3－2 《当湖外志》

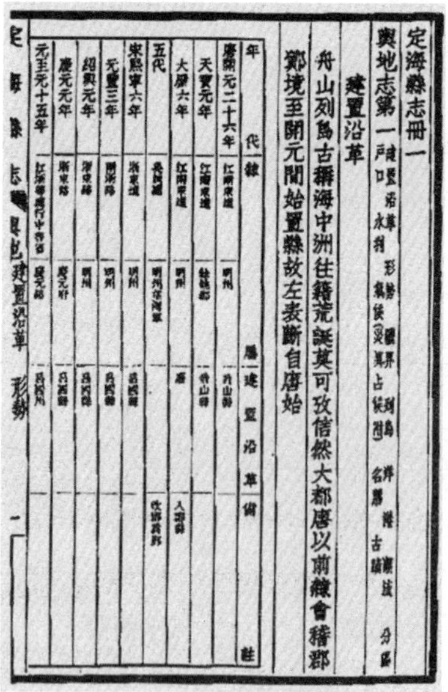
定海縣志冊一
輿地志第一
建置沿革
舟山列島古稱海中洲往籍荒誕莫可致信然大都唐以前皆會稽郡鄮境至開元間始置縣故左表斷自唐始
年 代 | 隸 | 屬 建 置 沿 革 | 備 註
唐開元二十六年
天寶元年
大曆六年
五代
宋熙寧六年
元豐三年
紹興元年
慶元元年
元至元十五年

图 3－3 《定海县志》

以上所列志书，录自浙江人民出版社于 1984 年出版的洪焕椿编著的《浙江方志考》一书。其中已收入《武林掌故丛编》的不再收录；而个别府县志或山水名胜志已编辑成书，因故未能刊行，但留有稿本者，或已印成油印本的，也酌予收入。

三、编纂志书的几位知名学者

府县志多属官印本，即由官府出钱、出力修纂而成。修者一般指当地的行政长官，如知府、知县之类，很少参与具体的编校工作；而纂者才是真正的操作者。编纂者一般均由熟谙当地历史文献，且热衷于当地文化事业者担任，其中不乏佼佼者，如曾参与《杭州府志》编务的王棻，在当时曾参加编纂好几本志书。王棻（1828—1900）字子庄，号耘轩、海东散儒，黄岩人。同治六年（1867）举人。历任黄岩九峰、处州连城等书院山长。家中藏书3万余卷，于训诂、辞章、经济之学等均有研究。又多方搜集乡邦文献，发掘经史典籍。著有《柔桥全集》58卷，先后参与编纂黄岩、青田、永嘉等县志。编纂《嘉兴府志》的吴仰贤（1821—1887）字牧驺，号萃思，嘉兴人。咸丰二年（1852）进士，官至云南迤东道。著有《南湖百咏》、《山匏庵诗存》等。编纂《海盐县志》的徐用仪（1826—1900），更名声显赫。他字吉甫，号筱云，海盐人。咸丰九年（1859）举人，累官至总理各国事务衙门大臣、兵部尚书。义和团兴，他与许景澄、袁昶力主"剿拳和洋"，结果被慈禧太后所杀。《海盐县志》是他与王彬合作编成的。《余姚县志》的编者邵友濂（1840—1901）原名维埏，字小村，攸枝，余姚人。同治四年（1865）举人。光绪五年（1879）曾署理驻俄钦差大臣。累官至湖南巡抚、台湾巡抚。因病免职，卒于家。《象山县志》编者冯登府（1783—1842）字柳东，号云伯，勺园，嘉兴人。嘉庆二十五年（1820）进士。历官至宁波府教授。广闻博见，精研经学、训诂学，谙熟金石掌故。尝应聘修撰《福建通志》。《兰溪县志》编者唐壬森（1805—1891）字学庭，号根石，兰溪人。道光二十七年（1847）进士。历官江南道监察御史，礼科给事中；累官至太仆寺卿、左副都御史。光绪三年（1877）辞官回家。著有《弗学斋诗文集》。乐清《白石山志》作者陈玤字璞生，晚号勿庵老人，乐清人。砥行力学，长于史学。家有芸香精舍藏书室，晚年与子侄辈寝馈于藏书室，见有乡先哲遗著，必加抄录。著有《闻妙香斋吟草》及文集。

第二节 丁氏兄弟编刊地方文献不遗余力

晚清钱塘的丁申、丁丙两昆仲，既是著名的藏书家，也是享有盛誉的出版家。丁申（？—1880）字竹舟，丁丙（1832—1899）字嘉鱼，号松生，两人均淡泊名利，不求仕进，而热心于家乡公益事业。他们的藏书楼在今杭州庆春路的头发巷内。其祖丁国典已开始藏书，并慕先世闻人丁顗藏书八千卷之雅事，请当时著名书法家梁同书为题"八千卷楼"的匾额。父丁英世其业。丁丙兄弟俩继承了祖、父的事业，凡有善本书，必设法购藏。其藏书楼仍沿用"八千卷楼"之名。由于藏书不断增加，遂又有了"后八千卷楼"、"小八千卷楼"、"善本书室"等名目。后来因为两兄弟在搜集、购求文澜阁在太平天国时散佚的《四库全书》中建有特殊功勋，光绪颁给他俩"嘉惠艺林"的谕旨，他俩就把藏书楼总名之为"嘉惠堂"。

丁氏两兄弟从事出版工作，确实是为了"嘉惠艺林"，很少个人功利方面的要求。浙江书局在开办的过程中，他俩也帮了很大的忙。据《浙江图书馆月刊》一卷七、八期合刊所载《丁公与浙江图书馆关系简表》说："浙江官书局创于马督新贻而先生实襄其事。"又说："浙局刻书多藉八千卷楼之珍本互校，故浙局本得以精好著闻于海内。"可见丁氏兄弟实乃浙江书局的大功臣。

一、辑刊《武林先哲遗著》与《武林掌故丛编》

丁氏兄弟在出版工作中的突出贡献是搜集、整理，并辑刊了一大批地方文献，为杭州地区及浙江地区的文化传承和发展发挥了重要的作用。丁丙从同治二年（1863）在上海刊行宋代吕本中的《童蒙训》开始，到光绪二十五年（1899）逝世为止，先后刊书200余种。他与丁申俩热心公益事业。文澜阁所收藏的《四库全书》，在太平军与清军的激烈战斗中，没有得到很好保护，大量流失，散落在民间。丁氏兄弟深感痛心，不避困难险阻，四处搜寻，出资收购，又雇人补抄，至光绪十四年（1888），文澜阁藏书始逐渐恢复旧貌。从光绪九年（1883）起，他俩又开始编刊《武林先哲遗著》与《武林掌故丛编》。

《武林先哲遗著》前后两编。前编收书56种314卷，自唐代的《褚良集》、《褚遂良集》始，收宋、元、明、清各代杭人的著作，如宋代陈起的《艺居乙稿》、汪元量的《湖山类稿》《水云集》、范晞文的《对床夜语》、邓牧的《伯牙琴》、元仇远的《白村遗集》、钱惟善的《江月松风集》、明田汝成《田叔禾小集》、邵经邦的《弘艺录》、丁养浩的《西轩效唐集录》、清顾若璞的《成月轩稿》等。后编收书10种135卷，有宋代周邦彦的《汴都赋》、道潜的《参寥集》、明于谦的《少保于公奏议》等。也收有虽原籍不在杭州，但与杭渊源甚深的元代吾丘衍的《学古编》、《竹素山房集》，徐一夔的《始丰稿》。

其中如汪元量的《湖山类稿》、《水云集》，宋代就有人称之为"诗史"，认为与唐代杜甫的诗相类似。赵文在《书汪水云诗后》说："读汪水云诗而不堕泪者，殆不名人矣。水云，杭人，善琴，尝以琴事谢后及王昭仪。暨国亡，亲见苍黄归附，又辗转北行，道途所历，痛心骇目，不可具道，留燕日久，尚能和王昭仪歌诗，访文丞相囹中。三宫幸得不死，没者为青冢，存者为浮屠，皆史记所未有。"① 邓牧的《伯牙琴》，是他自编的诗文集，其中如"君道"、"吏道"等篇，猛烈抨击君主统治是"四海之广，足一夫之用"，"夺人之所好，取人之所争"，"竭天下之财以自奉"，对封建专制主义之毒害已有深刻的认识，从而发出了反对君主统治的声音，比之黄宗羲的《明夷待访录》还要早三四百年。周邦彦字美成，号清真居士，是宋代的大词人，有《清真词》（或称《德玉集》）传世。他少年落拓不羁，于宋神宗元丰二年（1079）游学入京师，曾向神宗献《汴都赋》，深受赞赏，从而得到重用。道潜为宋代诗僧，与苏轼交好。苏轼因"乌台诗案"被贬居黄州，他不远千里相从。后苏轼再次被贬往海南，他也打算渡海相随，被苏轼以诗劝阻。因他与苏轼有如此密切的往来，在新旧党的斗争中，竟受到无辜牵连，被责令还俗，苏轼死后，才又出家为僧。他的诗句清绝，人称与林逋不相上下。如《临平道中》："风蒲猎猎弄轻柔，欲立蜻蜓不自由。五月临平山下路，藕花无数满汀洲。"丁丙把这些"武林先哲"的著作汇编而成《武林先哲遗著》，为杭州的文化人提供范例，对促进杭州地区的文化事业产生了重大影响。

他俩编刊的《武林掌故丛编》，于光绪中付刊，共 26 集，收书 191 种 641 卷，几乎囊括了从宋到清各个朝代所撰述的有关杭州与西湖掌故的图书。如宋吴自牧所撰写的《梦粱录》20 卷，"叙述整个南宋时代都城临安（杭州）的情况，举凡山川景物、节序风俗、公廨物产、市肆乐部、无不详载，可以补《宋史》之不足，与周密所著的《武林旧事》并称。"② 《武林旧事》10 卷，宋周密所撰。周密字公谨，号草窗，是宋代著名词人，著作甚多，有《草窗词》、《齐东野语》、《癸辛杂识》、《澄怀录》等。此书署名"四水潜夫"，他祖先为济南人，随宋室南迁，寓居湖州，遂成为湖州人。湖州有苕水、余不水、前溪水、北流水四水，因以

---

① 胡才甫：《汪元量集校注》，浙江古籍出版社 1999 年 12 月版，（前言）第 11 页。
② 吴自牧：《梦粱录》，浙江人民出版社 1980 年 3 月版，出版说明。

为号。此书《四库全书总目备要》誉之为"耳睹目闻，最为真切"。其内容甚丰富，"凡朝廷典礼、山川风俗，与夫市肆节物、教坊乐部，无不备载"。①其中对民间说唱艺人和乐工以及手工业和物产记载尤为详细。元刘一清所撰《钱塘遗事》10卷，记述南宋一代的政治、军事、田赋、文教乃至贤奸进退各个方面，《四库全书总目提要》认为它"条分缕析，多有正书所不及者。盖革代之际，目击偾败较传闻者为悉"。②明代有张岱撰《西湖梦寻》5卷，田汝成撰《西湖游览志》、《西湖游览志余》等。张岱字宗子，号陶庵，山阴（今绍兴）人。长期侨寓杭州。《西湖梦寻》以其清新的笔触描绘在西湖的所见所闻。田汝成字叔禾，钱塘人，历官南京刑部主事，广西右参政，福建提学副使等职。《西湖游览志》"志余"及《西湖游览》，是他罢官回乡后所作。《四库全书总目提要》认为："吴自牧作《梦粱录》，周密作《武林旧事》，于岁时风俗特详，而山川古迹又在所略。惟汝成此书，因名胜而附以事迹，鸿纤巨细，一一兼该，非惟可广见闻，并可以考文献，其体在地志杂史之间，与明人游记徒以觞咏登临流连光景者不侔。其志余二十六卷，则撫拾南宋轶闻，分门胪载，大都杭州之事居多，不尽有关于西湖。"③《武林掌故丛编》还收有各朝代重要的府县志、《文澜阁志》以及山水志、寺观志等。清代叶德辉对此颇有微词，在《书林清话》中批评说："《武林》卷帙浩繁，滥收山水寺观志书，未免不知鉴别。"

二、丁氏辑刊的其他地方文献丛书

丁丙最早辑刊的丛书，是同治二年（1863）到同治五年（1866）编辑的《当归草堂丛书》。当归草堂是他家的书室名，兄弟俩在此晨夕抄写，抄书数百种，其抄本均著称于世。同治年间编刊的这部丛书收书8种16卷，有宋吕本中的《童蒙训》、元程端礼的《程氏家塾读书分年日程》等，可谓牛刀初试。同治十三年（1874）又以丁氏嘉惠堂的名义刊吴颖辑、吴振棫重辑的《国朝杭郡诗辑》32卷。于是一发而不可收。光绪二年（1876）再刊《国朝杭郡诗续辑》46卷，光绪十九年（1893）又刊《国朝杭郡诗三辑》100卷。同治光绪间又辑刊《西泠五布衣遗书》31卷，收吴颖芳撰《临江乡人诗》，丁敬《砚林诗集》、《砚林印款》，金

---

① 四水潜夫：《武林旧事》，浙江人民出版社1984年2月版，出版说明。
② 刘一清：《钱塘遗事》，上海古籍出版社1985年10月版，出版说明。
③ 田汝成：《西湖游览志》，浙江人民出版社1980年7月版，第3页。

农《冬心先生集》，魏之琇《柳州遗稿》，奚冈《冬花庵烬余稿》。这五位作者都未做过官，故称为"五布衣"，但他们的艺术成就很高，名声在外，所以把他们的遗作汇编成书，以飨同好。

此书刊出后，意犹未尽，光绪二十三年（1897），又以钱塘丁氏的名义刊《西泠三闺秀诗》23卷。辑者署"西泠印社主人"。收宋朱淑真撰《新注朱淑真断肠诗集》10卷、"补遗"1卷、"后集"7卷，明杨文俪撰《孙夫人集》1卷，清顾若璞撰《卧月轩稿》3卷、"附录"1卷。

光绪四年至十年（1878—1884），丁丙又以当归草堂的名义刊自辑《当归草堂医学丛书初编》12种58卷。收：《颅囟经》2卷；《传信适用方》4卷，宋吴彦夔撰；《卫济宝书》2卷，宋东轩居士撰；《太医局诸科程文》9卷；《产育宝庆集方》2卷，宋郭稽中纂；《济生方》8卷，宋严用和撰；《产宝诸方》1卷，《急救仙方》6卷；《瑞竹堂经验方》5卷、"补遗"1卷，元沙图穆苏（萨理弥实）撰；《痎疟论疏》1卷，明卢之颐撰；附《铜人针灸经》7卷，附"校勘记"1卷，清冯一梅校；《西方子明堂灸经》8卷，附"校勘记"1卷，清冯一梅校。其中《济生方》作者严用和（约1206—1268）字子礼，宋庐山人。12岁从名医刘开（人称"刘三点"）学医，17岁就名闻遐迩。宝祐元年（1253），他根据自己30余年的临症经验，并采集不少有效古方，编成此书。后又撰《济生续方》。《痎疟论疏》作者卢之颐（1599—1664），一作子颐，字子繇，号晋公，钱塘人。自称芦中人。一生精研医理，著作除《痎疟论疏》外，尚有《本草乘雅》、《摩索金匮》、《伤寒金錍疏钞》等。所附《铜人针灸经》，一作《铜人针灸图经》，于天圣年间编成。铸有铜人模型，刻示经穴名称，按图考经，可以正确无误。丁丙兄弟刊此丛书，所收医书都切实可用，取名曰为《当归草堂医学丛书初编》，有继续编下去的意思。后来大概有更重要的事要做，无有续编。

三、编好未刊的方志巨作

丁丙还有一本编好未刊行的鸿篇巨制：《武林坊巷志》，洋洋500余万言，记述自南宋至清末的数百年间杭城的坊巷、官府、宫室、寺观、坊市、名人宅第以及有关文献，"都八百余条，稽之图籍，征之史传，下至稗官小说，古今文集，靡之罗载"①。此书于光绪二十二年（1896）完成，未及付梓而下世，直到1984年才由浙江人民出版社出版。

---

① 〔清〕丁丙：《武林坊巷志》（第一册），浙江人民出版社1987年6月版，丁序。

图3-4　《当归草堂医学丛书初编》

俞樾生前曾见过此书稿本，赞赏备至，在所作序中说："余从前奉使中州，年来寄寓吴下，于成周故址，汴宋旧墟，及六朝遗迹，皆有意寻求，而苦于无可谘访。及主西湖诂经讲席，垂三十年，岁必再至杭州。每念杭自唐以来即称最胜之区，南宋偏安于此，尤极湖山歌舞之盛，城中坊市，半犹其旧，而阛城溢郭，尘合云连，故蹊新衢，辄不可辨……丁君松生，博学多闻，家中藏书为吾浙冠，尤留心杭郡掌故，所著武林丛书，余已为之序矣。久知其有《武林坊巷志》之作……今年，余来湖上，康侯抱书来见，则裒然成编矣。其书以太平坊建首……次之自西壁坊以下，鳞罗布列，若网在纲。博采群书，参稽志乘，无一事不登，无一文、一诗不录，城郭、官府、宫室、寺观、坊市曲折及士大夫第宅，无不备载……然文献无征，付之盖阙，正其著书之慎也。"① 丁丙编纂此书，据其自序，始于同治九年（1870），至光绪二十二年（1896）完成，历时20余春秋；参考书目达2200余种，可见其用心之专，用力之勤。

第三节　各地编刊的郡邑类丛书异彩纷呈

浙江在明嘉靖、万历年间就印制了大批丛书，最初是各类兼收，包罗万象，如《汉魏丛书》、《格致丛书》等，后来渐渐分门别类，出现了专门性的丛书。到了清代中叶，丛书的辑印，不但种类更富，内容的选辑也更精。浙江学人一向关注地方文化的发展，重视搜集、整理各类地方文献，于是出现了一大批郡邑类丛书。

这类丛书的出版，对保存地方文化遗产、扩大文化交流起到了很大的作用。浙江的第一部，也是我国最早的一部郡邑类丛书《盐邑志林》，刊行于明天启三年（1623），至今已将近400年。《盐邑志林》共收书40种66卷，附1种6卷，是由海盐人吕元善与海盐知县樊维城共同纂辑，并在海盐刊版的。《盐邑志林》专收历代海盐人的著作，有三国吴陆绩撰

---

① 〔清〕丁丙：《武林坊巷志》（第一册），浙江人民出版社1987年6月版，第1—2页。

《易解》、《京氏易传注》，陆玑《草木虫鱼疏》，南朝梁顾野王《玉篇直音》，唐陆广微《吴地记》，南唐谭峭《化书》，宋许棐《樵谈》，常棠《海盐澉水志》，明张宁《奉使录》，许相卿《贻谋》，郑晓《今言》、《古言》，朱元弼《礼记通注》，郑心材《摘语》、吕兆禧《笔记》等。此即章学诚所说的"仿《文选》《文苑》之体而作文征"也。

　　清代叶德辉在《书林清话·卷九》中说道："荟萃乡邦郡邑之书，都为丛刻，自明人《梓吴》一书始，樊维城《盐邑志林》继之。国朝嘉庆间有赵绍祖刻《泾川丛书》，宋世荦刻《台州丛书》，祝昌泰刻《浦城遗书》，邵廷烈刻《娄东杂著》。道光朝有伍元薇刻《岭南遗书》，同治朝有胡凤丹刻《金华丛书》，孙衣言刻《永嘉丛书》。光绪朝此风尤盛，如孙福清刻《携李丛书》，丁丙刻《武林掌故丛编》，又刻《武林先哲遗书》，陆心源刻《湖州先哲遗书》，赵尚辅刻《湖北丛书》，王文灏刻《畿辅丛书》，盛宣怀刻《常州先哲遗书》。"① 清代浙江辑刊最早的郡邑类丛书是临海宋世荦所辑，嘉道间在临海刊行的《台州丛书》，分甲乙两集，甲集收书4种，乙集收书5种。此书刊行后颇受欢迎，于是又有杨晨续辑《续台州丛书》。于光绪二十四年（1898）由台州翁氏刊行，收书10种92卷。接着，又有《永嘉丛书》、《携李遗书》、《绍兴先正遗书》、《金华丛书》等刊行，均洋洋洒洒，规模宏大。

一、孙衣言辑刊《永嘉丛书》

　　同治光绪年间，瑞安孙衣言辑刊《永嘉丛书》，收书14种179卷，由孙氏诒善祠塾刊行。收宋、清两代永嘉派学人的著作，如宋薛季宣所撰《艮斋先生薛常州浪语集》35卷，宋陈傅良撰《止斋先生文集》52卷，宋叶适撰《水心文集》29卷、"补遗"1卷等。其作者多理学名家。如薛季宣（1134—1173）字士龙，号艮斋。永嘉人。绍兴末年，出知武昌，积极抗金。后除大理正，出知湖州。为学重事功，反对空谈义理，开永嘉学派之先声。叶适（1150—1223）字正则，世称水心先生，永嘉人。历太学正、博士，力主抗金。宁宗朝官宝文阁待制，兼江淮制置使。开禧北伐，累派兵袭击江北金军，韩侂胄败，被夺职。他也反对空谈性命，主张功利之学，后世推为永嘉学派之巨擘。陈傅良（1137—1203）字君举，号止斋，瑞安人。曾师事郑伯熊、薛季宣，与吕祖谦友善。为学重经世致用，自三代、秦汉以下靡不深究。

---

① 　叶德辉：《叶德辉书话》，浙江人民出版社1998年版，第242页。

孙衣言毕生致力于阐述、推广永嘉经世之学。在《永嘉丛书》辑刊以前，他即搜集乡先哲的遗佚文献，编成《永嘉集》74 卷出版。校刊《永嘉丛书》以后，他又辑刊《永嘉学案》及《瓯海轶闻》57 卷。这些书的问世，对弘扬永嘉地区的文化、促进浙江经世致用之学产生了重要影响。

二、嘉兴地区和湖州地区辑刊的地方丛书

嘉兴地区人士一向重视对乡邦文献的搜集与整理，所刊刻的郡邑类丛书、诗文集的汇刊等比其他地方为多。即以清代的诗文集汇编来说，有《槜李诗系》、《当湖文系初编》、《梅里诗辑》、《梅会诗选》、《梅会诗人遗集》、《桐溪诗述》等等。郡邑类丛书，除上面提到的《盐邑志林》外，光绪四年（1878）刊孙福清辑《槜李遗书》，孙氏望云仙馆刊本。嘉兴西南产佳李，故有槜李之称。此书收明清嘉兴籍人士著作 26 种 83 卷。如：明程本立的《巽隐文集》，李日华的《紫桃轩杂缀》，沈德符的《敝帚斋余说》，清张履祥的《杨园先生未刻稿》，陆陇其的《三鱼堂剩言》，朱彝尊的《曝书亭集》等。光绪中又刊海昌（今海宁）羊复礼所辑《海昌丛载》，羊氏传卷楼刊本。收明清海宁籍人士著作，共 32 种 48 卷。有明许令瑜《容庵遗文钞》“存稿钞”，朱一是撰《为可堂诗集钞》，葛徵奇撰《芜园诗集钞》，清陈鳣撰《简庄文钞》，《河庄诗钞》，羊复礼《蚕桑札要》，陈确《乾初先生文钞》、《遗诗钞》等。

湖州地区有陆心源辑刊的《湖州丛书》，收书 12 种 75 卷。至民国时期，刘承幹感到《湖州丛书》规模太小，许多重要典籍未收入，又辑刊《吴兴丛书》收书 60 余种 800 余卷。

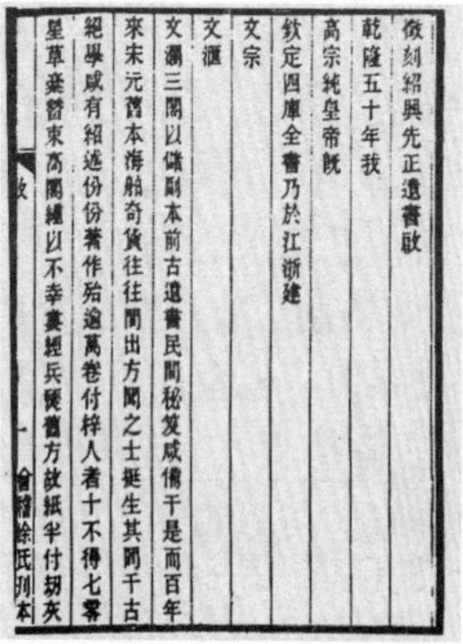
徵刻紹興先正遺書啟
乾隆五十年我
高宗純皇帝既
欽定四庫全書乃於江浙建
文宗
文滙
文瀾三閣以儲副本前古遺書民間秘笈咸備于是而百年
來宋元舊本海舶奇貨往往間出方聞之士挺生其間千古
絕學咸有紹述份份著作殆逾萬卷付梓人者十不得七零
星草棄翳東高閣縋以不幸囊經兵燹舊方故紙半付刼灰
敘　一　會稽徐氏刊本

图 3－5　《绍兴先正遗书》

三、绍兴于光绪中叶辑刊《绍兴先正遗书》

清光绪中叶，绍兴徐友兰的书室，称为铸学斋或八杉斋，在绍兴的出版业中具有较大影响。徐友兰颇热心于地方文献的整理与辑刊，曾先后刊有《融经馆丛书》（11 种 99 卷）、《铸学斋丛书》（13 种 34 卷）。

光绪十三年（1887）起，又辑刊《绍兴先正遗书》，收书 15 种 175 卷，编成 4 集刊行。其中第 2 集所收卢文弨《群书拾补初编》37 卷，《群书拾补补遗》3 卷，由于校

勘精审，有很高的学术价值。第1集所收邵晋涵《南江札记》4卷，第3集所收毛奇龄《蛮司合志》15卷，第4集所收黄宗羲的《行朝录》11卷。按现在的行政区划，这四个人都不是绍兴人，黄宗羲、卢文弨、邵晋涵为今余姚人，毛奇龄则是萧山人。但在当时，余姚、萧山归绍兴管辖，因此把他们的著作也作为绍兴地方文献，收进去了。

四、洋洋大观的《金华丛书》和《续金华丛书》

《金华丛书》于同治八年至光绪二十一年（1869—1895）由永康胡凤丹编辑成书，由开设于杭州的退补斋书局刊行。此丛书按经、史、子、集四部收书70种。

图3-6　《金华丛书》

图3-7　《金华丛书》

金华自宋以后，名人辈出，著作汗牛充栋，此书只选其中最具权威的几个人，最有代表性的几部著作。如经部《周易音训》、《东莱书说》诸书的作者吕祖谦（1137—1181）字伯恭，祖籍寿州（今安徽寿春），宋室南迁后，居于金华。他为学主明理躬行，反对空谈心性，开浙东学派之先声。经部《尚书表注》、《论语集注考证》诸书的作者金履祥（1232—1303）字吉父，号次农，兰溪人。传濂洛之学，穷究义理，为浙东学派的中坚人物。与何基、王柏、吕祖谦齐名，学者称仁山先生。《书疑》的作者王柏（1197—1274）字会之，号鲁斋，金华人。尝从何基学，精于《四书》，曾受聘讲学于丽泽、上蔡书院，平生著述不少。《读四书丛说》的作者许谦（1296—1377）字益之，号白云山人，金华人。从金履祥学。后在东阳八华山讲学，及门弟子见于著录的达千余人。宋濂（1310—1381）字景濂，号潜溪，浦江人。元末授徒讲学，后受朱元璋之聘，成为明开国文臣之首。为学重力行，学者称太史公。子部《日损斋笔记》作者黄溍（1277—1357）字晋卿，义乌人。曾任国史馆编修官。博览群书，为文严谨，援据该洽，与柳贯、虞集、揭傒斯被称为"元儒四杰"。集部《龙川文集》的作者陈亮（1143—1194）字同甫，学者称龙川先生，永康人。倡导经世济民的"事功之学"，与朱熹友善，论学观点却相左。《何北山先生遗集》的作者何基（1188—1268）字子恭，号北山，金华人。为学本于朱熹，却多自出新意。所编《大学发挥》、《中庸发挥》等，采辑精严，人称"朱学津梁"。《九灵山房集》的作者戴良（1317—1383）字叔能，号九灵山人，浦江人。通经史百家暨医卜释老之说。《王文忠公集》的作者王袆（1322—1373）字子充，义乌人。朱元璋召为江南儒学提举，又与宋濂同修《元史》，同为总裁。书成，推为翰林待制。

　　民国时期，胡凤丹之子宗楙继承其父遗志又刊行《续金华丛书》，由永康胡氏梦选楼刊行，收书 60 种，规制相近。版本目录学家傅增湘对《金华丛书》之刊行备极赞赏，在《胡氏续金华丛书序》中说："永康胡月樵先生观察鄂中，领官局，复以金华一郡撰述最多，征诸《四库总目》，自唐以来，凡百六十五种，辑为提要八卷就所藏弄，次第开雕。比解组还浙，刻书之志不懈，盖勒成《金华丛书》六十八种，又刻经史读本，校定精审，出江浙诸局刻上，退补斋之名，至今学子多能道之"，"比岁，公子季樵……续刻《金华丛书》，得六十种，凡前辑之缺卷逸文咸加斠补，或博访秘钞古刻，重付雕镌。搜罗之富，校雠之精，匪特继承先志，而于文事凋敝之余，补缀缺遗，网罗邦献，其诣力殆百倍前人……先生父子，于闳编秘籍，甄采靡遗，是不惟一郡之华，而上下千载，理道宗传，隐相系属。"①

---

① 傅增湘：《藏园群书题记》，上海古籍出版社 1989 年版，第 1068 页。

第四章　山雨欲来风满楼
——辛亥革命前夕的浙江出版业

鸦片战争以后，我国的封建君主专制政体的弊端暴露无遗，清政府官员的腐败无能也已臻于极点。他们对西方列强的侵略毫无应对之策；在战争中对其船坚炮利缺乏招架之功，在外事活动中事事委曲求全，无不以丧权辱国而告终。国人曾一度寄希望于变法维新，戊戌政变后，这一条路也被堵死了。于是一些志士仁人感到，我们已面临天崩地坼的时代，不进行彻底的变革，我们这个国家将可能被消灭。浙江地处东海之滨，是侵略的前沿，反应更加强烈。"夫越乃报仇雪耻之乡，非藏污纳垢之地。"（明末清初山阴王思任语）在这个时期，一些血气方刚的青年，纷纷拍案而起，投身于救亡图存的事业，革命报刊如雨后春笋般破土而出。

当时浙江的出版界已完全摆脱文字狱与禁书活动的影响，已步上正轨，各地均具备相当的出版条件——大部分还采用雕版印刷，石印与铅印已上马。而且除出版报刊以外，还出版了一大批具有学术价值和历史价值的大型丛书。这时候，浙江的革命气氛十分浓厚，人们不仅对帝国主义的侵略深恶痛绝，对腐败的清政府也必欲去之而后快。大家同仇敌忾，出版工作遂成为革命战线的一支重要方面军。

第一节　革命报刊勃然而兴

先讲一讲变法维新时期的情况。变法维新是民主主义革命的前奏曲。

西方列强的入侵以及西方文化的步步深入，使我国一些先进人士认识到，不仅我国的军力难敌外国人的"船坚炮利"，我们的传统文化也已受到严重的冲击，如果不赶快改弦更张，迎难而上，我们这个立国已5000年的泱泱大国将面临亡国灭种之灾。当时官方的一些人士提出了

"师夷长技以制夷"的办法，采用"中学为体、西学为用"的方针，开展了洋务运动。但这只是应急之举，而非长远之计，甲午一战，我国惨淡经营多年的北洋舰队全军覆没，说明这不是根本办法。有人认为，外敌之强并非无源之水，无本之木，根本原因在于其政治制度强似我。因而就有人提出了变法维新之议：在不改变现行政权的前提下，逐渐废除封建专制制度，实行"君主立宪"制度。于是就有了康有为、梁启超等在京的"公车上书"之举以及百日维新运动。

一、支持变法维新的代表人物

在这个时期，在浙江表现比较突出的有汤寿潜、汪康年、陈虬、宋恕、张元济、章太炎等。

汤寿潜（1856—1917）原名震，字蛰先，又作蛰仙，萧山人。"早岁颖异，以文学见称"，光绪十二年（1886）曾入山东巡抚张曜幕。他是浙江最早宣传改良思想的人。光绪十六年（1890）刊行自著《危言》一书，揭露清王朝行政、管理体制各方面的弊端，呼吁实行变法。主张在政治上实行开明的君主制，并主张改革考试制度和任官制度，改革司法、礼制，创办铁路、学堂，建设强大的海军等等。此书刊行后，被倾向改革的帝党人士翁同龢、孙家鼐看到，十分赞赏，翁认为它"于时事极有识"，并送呈光绪皇帝阅读。

陈虬（1851—1903）字志三，号蛰庐，瑞安人。光绪七年（1881）在家乡结求志社，和许启畴、金鸣昌、陈黻宸等说古论今，商榷学术。光绪九年（1883）撰《治平三议》，要求改革不合理的社会制度。光绪十六年（1890）进京会试，不第，归途中经济南，谒见山东巡抚张曜，向他建议"创设方院，以通下情"。光绪十九年（1893），在家刊出《治平通议》，全书8卷，在《经世博议》中提出必须变法的理由，说"变古未可非，循俗未足多"。在《救时要议》中提出了对政治、经济、军事、文化多方面的具体改革主张。湖广总督"见陈氏《通议》而大悦"，梁启超则把它列入《西学书目表》。光绪二十二年（1896）又在温州开设新学学堂，出版《利济学堂报》，向全国发行。这是中国最早办的医药类刊物之一。光绪二十三年（1897），被聘为杭州《经世报》主笔，先后发表《心战》、《分镇》等政论，宣传救国自强。戊戌政变后，被指为"康（有为）党"，被逼出走上海。

宋恕（1862—1910）原名存礼，字燕生，号谨斋，后改名恕，字平子，号六斋，又改名为衡，平阳人。光绪十七年（1891）曾在上海起草

《上李中堂书》，准备赴京谒见李鸿章，提出变法维新的政治纲领，同时出版了所撰《六斋卑议》。全书共 4 篇 64 章，主张设议院，办学校，开报馆，并提出民间可集股开矿、修筑铁路，振兴实业等；又提出男女平权的主张，反对包办婚姻；对统治者迫害、歧视少数民族的政策提出强烈批评。次年抵达天津，被任为水师学堂汉文教习。不久又回到上海。从光绪二十一年至二十四年（1895—1898），他积极为变法维新鼓与呼，成为上海维新派人士中的核心人物。曾担任《经世报》的临时主笔，又在崇正讲舍、安澜书院讲学，对封建专制主义的理论支柱——程朱理学大加挞伐。戊戌政变后，日渐消沉。

张元济（1867—1959）字筱斋，号菊生，海盐人。光绪二十三年（1897）任总理各国事务衙门章京时，曾向光绪上《痛陈本病统筹全局以救危亡》的奏折，主张变法维新，并具体建议改官制、废跪拜、废除科举、取消八股文等。变法维新运动失败，被革职，并批示"永不叙用"。他回到南方，于光绪二十七年（1901）在上海创办了《外交报》。次年受商务印书馆聘请，出任该馆编译所所长，编辑出版了不少新式教科书，在出版事业中作出了重大贡献。

章炳麟（1869—1936）字枚叔，号太炎，余杭人。其一生随着形势的变化，思想几经转变。从他对所作《訄书》的几次修订，即可见

图 4 - 1　张元济

端倪：初刻本宣扬改良主义思想，主张尊君改良、变法维新。其中《客帝》一篇，把光绪称为"圣明之客帝"，认为他如能"以百姓之不得职为己大耻，将登荐贤辅，变革故法，使卒越劲，使民果毅，使吏精廉强力，以御白人之侮"，如此，"逐满之论，殆可以息矣"。[①] 对光绪帝和清王朝充满幻想。然而，此书刊出后不久，残酷的现实，使他的思想发生了巨大的振荡。戊戌政变以后，光绪被幽禁了，维新志士杀的杀，逃的逃，他到台湾住了一段时间，于光绪二十五年（1899）来到日本，认识了孙中山先生，两人"相与谈论排满方略"，十分相得，从而认识到依靠改良，根本解决不了中国的问题。光绪二十六年（1900），他断然剪发易

---

① 章太炎：《章太炎全集》（第三卷）訄书，上海人民出版社1984年版，第65—68页。

图4-2　章太炎

服，撰写了《解辫发》一文，痛斥"满洲政府不道，戕虐朝士，横挑强邻，戮使略贾，四维交攻"，[①] 宣布与改良派决裂，走上了反清革命的道路。回国以后，他认真反省自己过去的思想和行动，开始修订《訄书》。首先写了《客帝匡谬》与《分镇匡谬》两文（《分镇》原为《訄书》初版本中另一篇文章）作为"訄书"前录，置于卷首，表示自己彻底放弃改良的梦想与坚决进行反清革命的决心。光绪二十九年（1903），康有为倡导"中国只可行立宪，不可行革命"，他撰写《驳康有为论革命书》，指出推翻清朝的腐败统治，建立近代的民主国家，乃时代发展的必然，并直斥光绪为"载湉小

图4-3　《訄书》初刻本封面、《訄书》重订本封面、《检论》封面

丑，不辨椒麦"。与此同时，他又为邹容的《革命军》作序，并与邹容、柳亚子等在《苏报》上撰文，猛烈抨击清政府。当年六月，与邹容一起被清政府逮捕入狱。这就是当时轰动全国的"苏报案"。出狱后，他被孙中山先生迎至日本，加入同盟会，并任同盟会机关报《民报》主编。他以犀利的笔，无情地揭露封建专制主义和帝国主义的种种罪行，为推翻清王朝大造舆论。他写的文章如鲁迅所说："所向披靡，令人神往。"辛亥革命的成功，他有不可磨灭的功劳。

---

① 章太炎：《章太炎全集》（第三卷）訄书，上海人民出版社1984年版，第347页。

二、倡导民主革命的报刊兴起

维新运动开始，颇令人振奋，但只经过103天，就被清王朝的顽固派镇压下去了。慈禧太后重新掌握了国家大权，不久即发生了义和团事件。义和团原为白莲教的一支，发生在冀、鲁、豫一带，反对洋教。后来他们又提出"扶清灭洋"的口号，取得清政府某些官员的信任，被请进北京。这些人自说有一套法术，念动咒语就刀枪不入，于是清廷让他们进攻各国使馆，妄图以此制服洋人。这一来，激化了矛盾，英、德、法、意、奥、美、俄、日八个国家联合起来，派了4万多军士进攻中国，从天津大沽口进入，很快就攻进北京。义和团一触即溃，北京城内一片慌乱。慈禧仓忙带领光绪逃往西安，威风扫地以尽。经过这一次灾难，人民对清政府大失所望。联军退出后，慈禧又回到北京。为了延续其统治，企图以推行"新政"来缓和社会矛盾，抵制革命，颁布上谕："世有万古不易之常经，无一成不变之常法……盖不易者三纲五常，昭然如日月之照世；而可变者令甲令乙，不妨如琴瑟之改弦。"宣布预备立宪，并简派亲信大臣到各国去考察。考察的大臣回国后，于光绪三十二年（1906）七月十三日再颁上谕，宣布限期仿行宪政，宗旨为"大权统于朝廷，庶政公于舆论"。光绪三十四年（1908）八月，诏告"预备立宪"，却又规定以四年为期；其所颁布的《钦定宪法大纲》，不得不承认国民应享有某些权利，同时又肯定朝廷有至高无上的地位。

毫无疑义，这些诏书仍然在保护他们的所谓"皇权"，对"立宪"实际上抱着敷衍、搪塞的态度。诏书颁发后，理所当然地引起人们的不满，一些立宪派人士掀起了国会请愿运动；民间一些爱国志士则开始创办报刊，既用来发表自己的政见，也反映广大民众的看法和态度。浙江得风气之先，在这一段时间内（咸丰八年至宣统三年——1858—1911）先后创办报刊80余种，对开发民智，为革命造势发挥了重要作用。

光绪二十年（1894）中日甲午之战，中国惨败，与日本订立了《马关条约》，向日本赔偿白银2亿两——相当于清政府三年的财政收入，又割让台湾及澎湖列岛，并把重庆、沙市等四座城市辟为商埠。从而使日本这个东方小国一跃而跻身于列强的行列，我国的国际地位则一落千丈。不久，西方列强又提出瓜分中国、划分势力范围之议，中国似乎成了俎上的鱼肉，可以任人宰割。在如此严峻的形势下，一批爱国志士为了挽救祖国的命运，拍案而起。孙中山在檀香山、香港组织了兴中会，提出"驱除鞑虏，恢复中华，创立合众政府"的革命纲领，深得全国爱国民众的欢迎。康有为、梁启超等则发起"公车上书",揭开了变法维新运动的序幕。当时在浙江,如宋恕所说:"士风一变,则争言舍旧,则争言自强,则争言西法,则纷纷谋学会,谋报馆",在"兴西学"、"开民智"的口号下,许多士大夫开始创办报纸、刊物,为振兴国运而呼号、而奋笔疾书。

图4-4　《经世报》

图4-5　《萃新报》

《经世报》,光绪二十三年(1897)年底由胡道南与章太炎等创办,是在浙江宣传变法维新影响较大的一个报刊。有皇言、庶政、学政、农政、工政、商政、兵政、交涉、近事、格致、通人著述、本馆论说等12个栏目,先后刊登了《变法箴言》、《平等论》、《论浙矿》、《论外交得失》、《读管子书后》等文章,为变法维新大造舆论。

《浙江五日报》,光绪二十八年(1902)在杭州创刊,由吴忠怀任主编,5日出一期。它的主要内容偏重于经济方面,设有谕旨恭亲、奏议、交涉近闻、京外新闻、本省新闻、各国新闻、农商工艺新闻、专件论说等栏目,主张办厂矿以收利权,兴办新学以培育人才。

《萃新报》,光绪三十年(1904)五月,由金华的维新派人士和革命党人张恭、刘琨、盛俊等所创办,半月刊。地址在金华城内的吕成公祠。其办刊宗旨是:"委海内外新报之学说、丛谈,为桑梓同胞作'警时钟',作'渡津筏',异日跳出黑暗界,步行红日中,或起点于是钦!"强调宣传科学文化、传播新知识,并提倡资产阶级的民主、自由等新思想,设有社

说、政法、教育、时论、纪事、小说、文苑等栏目。许多文章选自各种
新闻杂志，也有自撰的，革命色彩深厚，在社会各界引起强烈反响。光
绪三十二年（1906）地方当局以"出语狂悖"为由下令封禁。主办者事
先得到消息，在令未下达之前就停刊了。

一些革命志士还办起了白话报，以广大民众为读者对象，用浅显的
白话文，向他们宣传变法维新或革命，有《杭州白话报》、《宁波白话
报》、《绍兴白话报》、《湖州白话报》等等。

《杭州白话报》，是浙江士人
创办的最早也是最重要的一份白
话报。第一期刊载的《论看报好
处》一文，说报纸能帮助人"打
听外头的信息"，"晓得外头的许
多事情"，创办这"农工商三等的
人多能看报"的白话报，"因为是
旧风气不好，要想造成那一种新
学问；因为是旧知识不好，要想
造成那一种新知识。千句话并一
句话说：因为是旧中国不好，要
想造成那一种新中国"。而造成新

图4-6 《杭州白话报》

中国，要从"农工商贾、妇人儿童做起……从他们的智慧做起"。不但语
言通俗，内容也面向大众。其栏目有论说、中外新闻、益智录、紧要演
说、新童谣、新弹词等。先后刊登了"论中国人对付外国人的公理"、
"劝人识字说"、"大家想想歌"等宣传救国和政治改革的论文，还介绍天
文、地理、化学、医学等方面的科学知识。《杭州白话报》不但是浙江最
早的白话文报纸，也是全国最早创刊的白话报之一。它创刊于光绪二十
七年（1901）五月初五，由项藻馨创办并自任经理，主笔为林獬。项藻
馨（1873—1957）字子苾，号兰生，又号岚僧，钱塘人。曾任杭州求是
书院助教，浙江高等学校副理等，后转入银行界工作。《杭州白话报》创
办之初为旬刊，后改周刊、三日刊、日刊，以"开民智、民气、去恶俗"
为号召，在抨击外敌和封建专制的同时，提倡社会改良。光绪二十九年
（1903）孙翼中从日本回国，接办了这份报纸，任经理兼主笔，报纸增强
了革命的气氛，反清的内容增加了，报纸发行量也由700份增至2000份。
报馆代派处遍及全省各地，远及上海、北京、香港。

《绍兴白话报》于光绪二十九年（1903）农历闰五月十五日创刊，由同

盟会、光复会会员王子余、陈公侠、蔡同卿等创办,由王子余任主编。王子余(1874—1944)名世裕,笔名余子,晚号霅庐山人,绍兴人。他与徐锡麟、秋瑾等过从甚密。曾在绍兴开办万卷书楼,推销《扬州十日记》、《革命军》、《猛回头》、《警世钟》等新书报。他从上海采购铅字印刷机,开办了绍兴第一家印刷厂,取名为绍兴印刷局。《绍兴白话报》初为旬刊,后改为5日刊,由万卷书楼发行。此报旨在"唤起民众爱国,开通地方风气",一方面致力于宣传民主革命,同时又着力推广白话文。秋瑾被捕后,《绍兴白话报》发表述评,斥责清政府伪造罪证,警告他们切勿滥杀无辜。秋瑾就义后,王子余避住上海,此报也宣告停刊,共出了200期。

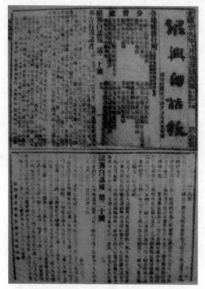

图4-7　《绍兴白话报》

《湖州日报》,由史唐身、汤济沧、杨莘耜、钱德潜(玄用)等留日学生发起创办,于光绪三十年(1904)正月创刊。初为半月刊,每逢朔望出刊,后改为月刊。其办刊宗旨明确提出反对清室,振兴中华。拒用清年号,以甲子纪年。该刊曾刊出一首诗,传诵一时。诗曰:

胡服章身耻自看,毅然断发改衣冠。

牺牲救世躯何惜,沧海横流梦未安。

抗志频思三岛外,论人不觉九州宽。

中原莫笑无豪杰,得势鹍鹏万里抟。

《宁波白话报》创办于上海,由宁波同乡会主办,由慈溪人陈屺怀任主编。旬刊,仅出9期即停刊。

三、传播科学与各种新知识的报刊

除了以上所说到的宣传革命的报刊外,在那个时期,浙江还创办了不少介绍新知识的学科类报刊。这些报刊在当时东西方文化交流与激烈碰撞的情况下,对于开发民智、提高人们的科学知识发挥了重要作用。如:

《利济学堂报》,光绪二十二年十二月(1897年1月)在温州创刊,由瑞安利济医院主办，该院院长陈虬主编，半月刊。这个刊物于"医学特详，兼课以古今中外一切学术"，分为十二门：一、利济讲义，二、近政备考，三、时事鉴要，四、洋务掇闻，五、学部新录，六、农学琐言，七、艺事稗乘，八、商务丛谈，九、格致卮言，十、见闻近录，十一、利济外乘，十二、经世齐传。着重阐述医学知识与西方的科学技术，也宣传维新变法，报道国内经济情况。共出版 16 期，于光绪二十三年（1897）下半年停刊。

图 4－8　《利济学堂报》
1897 年第一册封面

《算学报》，这是浙江最早的数学杂志，也是国内最早的由国人自办的数学杂志之一。创办人为黄庆澄，于光绪二十三年（1897）创办于温州。黄庆澄（1863—1904）字源初，一作虞初、愚初，平阳人。光绪二十年（1894）举人。光绪十五年（1889）在上海梅溪书院教授西学，光绪十九年（1894）赴日本考察，回国后撰《东游日记》。精于数学，著有《代数钥》、《代数指掌》、《开方提要》、《几何浅释》、《算学初阶》等书多种；还著有《中国四千年白话史》、《哲学新书》等。《算学报》由黄庆澄任主编，每月刊一期，初用石印，后改为雕版印刷，其文章均由黄庆澄自撰。如第 1 期论加减乘除，第 2 期论比例，第 3 期论开方，第 4 期至第 7 期论代数，第 8 期至 10 期论几何，第 11 期论九章，第 12 期论算理。后汇编成书。戊戌政变后停刊。

《史学报》（后称《瓯学报》），黄庆澄于光绪二十五年（1899）在温州创办，木刻本，也是月刊，由寿昌编书局出版。内容原为讲述中国史、西洋史以及日本史等，约请专家编写。从第三期起扩大内容，也刊登包括地理、哲学、算学等在内的各种科学知识，也刊中外政治家的言论，成为一本综合性刊物，故改名为《瓯学报》。木刻改为铅印。

《译林》月刊，光绪二十七年（1901）在杭州创办的浙江最早的翻译刊物。由林纾、魏易等任主编，日本人伊藤贤道任监译。共出了 12 期。主要译介西方各国的政治体制及有关理论、西方的文化教育、科技知识以及日本明治维新的历史等等。铅印，由上海商务印书馆代印，每期 30 页。出版后深受读者欢迎。

《著作林》，光绪三十二年（1906）杭州创办的另一个文学月刊，由陈蝶仙（天虚我生）任主编。光绪三十四年（1908）并入《国闻日报》。前后共出 22 期，前 16 期或木刻或石印，第 17 期后迁上海，改铅印。该刊所辑的"艺苑同光录"、"诗界同人录"、"诗家一览表"，是研究近代文学史重要参考资料。

《游戏世界》，光绪三十二年（1906）在杭州创办，也是文艺月刊，由钟骏文（寅半生）主编，杭州崇实斋书庄出版，木刻线装本。内容主要为诙谐杂文、戏曲、旧体诗词，有时也发表文学论文，共出版 18 期。

《绍兴医药学报》，光绪三十四年（1908）由神州医学会绍兴分会创办的医药类刊物，月刊，由中医裘吉生、何廉臣主办，绍兴医药研究社发行。其办刊宗旨为"于国医学之足以保存者则表彰之，于西医学之足以汇通者则进取之，于中西医之各有短长处则比勘绵力，力谋进步"。可见这是一份较早研究中西医结合的刊物。在上海、天津、潮州等地均设有代派处，并远销至日本及南洋各岛。

图 4 - 9　《著作林》

图 4 - 10　《游戏世界》

《浙江教育官报》，光绪三十四年（1908）七月在杭州创办，是浙江教育行政机关办的刊物，由浙江学务公所编辑发行。初为月刊，后改为 5 日刊。这个刊物"编印关于学务要件，为浙江全省教育行政发表机关，凡谕旨、部文、章程、规划、批行、准驳各件，悉行刊登，公布施行"。对浙江全省学校的分布情况、师资配备、学校规模等均有翔实的调查分析；浙江留日学生人数和所读学科，及对欧美各国留学生的规定、学费状况等也如实记载，保存了许多珍贵的历史资料。辛亥革命后，改为《教育周报》，后又改为《教育潮》。

《农工杂志》月刊，宣统元年（1909）正月，由浙江农工研究会会长杭辛斋提议创办，以"开通民智"和"研究农工实业改良进步"为宗旨，由杭辛斋任主编。设有上谕恭录、社说、奏议、公牍、专件、调查，以及浙江特别之物产、浙江特别之创造、农工之新发明、最宜输出国外之农产品、农工新政、农工纪事、译述、政要等栏目。这个刊物载有多篇经济调查报告，反映各地物产、制造业分布情况等，对研究当时浙江经济发展颇有参考价值。该刊还刊登清政府关于"农工新政"的各项政策。

图 4-11 《绍兴医药学报》

图 4-12 《浙江教育官报》

《杭州商业杂志》月刊，是宣统元年（1909）十二月杭州商业公会创办的浙江省最早的商业专业刊物。由周庆云主笔政。周庆云（1864—1934）字景星，一字逢吉，号梦坡，乌程（今湖州）人。光绪二十一年（1895）反对向英商借款，投资兴建苏杭铁路。在文澜阁《四库全书》散佚后，与张宗祥等主持补抄，是个爱国的企业家。他的办刊思想是："处此商战剧烈之时代，欧风美雨息息相通，其不可不与全国相见，且不可不与全球相见也明矣，是故编杂志者，必具有世界之观念，而后可以论一国之商业；读杂志者，亦必具有世界之观念，而后可以论一国之商业。不知全球，不能论一国，不知一国，不能论一处"，"商业杂志，宜于切实，不宜于虚浮，宜于精当，不宜于泛博"。设有社说、杂录、杂报、调查、谈丛、会务报告等栏目。每年出 10 期，每期 100 页左右，铅印。

　　《浙江官报》周刊，宣统元年（1909）六月创办，至宣统三年（1911）停刊。由浙江官报局主办，读者对象为官员。

图 4 - 13　《杭州商业杂志》封面　　　　图 4 - 14　《武风鼓吹》

　　《武风鼓吹》，在宁波创办，表面上看似乎是提倡武术的刊物，其公开的宗旨也是"阐明武德，激励武风，使合郡人士皆有同仇敌忾之心，以合于军国民之资格"，实际上是宣传资产阶级民主革命的刊物，是中国同盟会的外围组织——国民尚武会宁波分会的机关刊物。办公地点在宁波教育会（原崇实书院），主编章阆，于宣统三年（1911）八月创刊。武昌起义爆发后，同盟会宁波支部一面酝酿武装起义，以支援武昌起义；同时在《武风鼓吹》上连续刊登湖北革命军的消息，报道全国各地的革命动态。当时革命浪潮在全国风起云涌，它对鼓动革命、催生革命，发挥一定作用。

第二节 浙江志士办报刊支持革命

戊戌政变以后，全国人民进一步看清了清王朝的反动面目，深深感到，要改变我们中国被宰割、被屈辱的命运，振兴中华，非推翻这腐败的清王朝不可。为了唤起民众，浙江的革命志士，在本地革命报刊蠭起的同时，也在外地创办了不少支持革命的报纸、期刊。其中较著名的、影响也较大的有：在日本东京刊发的《浙江潮》、《白话》及同盟会的机关刊物《民报》等，在北京创办的《京报》、《刍言报》、《国闻报》，在上海创办的《昌言报》、《时务日报》、《亚泉杂志》、《普通学报》、《中国女报》、《外交报》等。

一、浙江留日学生创办《浙江潮》

日本东京在中日甲午战争之后，成为中国留学生的首选之地，各省学子接踵而至；它又是我国革命志士的集散地。光绪三十一年（1905）中国同盟会在此举行成立大会，选举孙中山为总理，同年，光复会又在此成立分会；戊戌政变后，流亡海外的维新派人士，也纷纷而至。这里的各方人士为了贯彻推行各自的政治见解，办起各种报纸和刊物。浙江人在这里创办的最著名、也最有影响的刊物，当数由浙江留日学生创办的《浙江潮》。这个刊物创办于光绪二十九年正月二十日（公历 1903 年 2 月 17 日），创办人和编辑人员为孙翼中、蒋智由、蒋方震、王嘉伟、许寿裳、马君武等，由孙翼中任主编，浙江同乡会杂志部出版。孙翼中于光绪二十八年（1902）东渡日本，先后加入青年会和兴中会。主持《浙江潮》不到一年即归国。蒋智由（1865—1929）字性遂，号观云，诸暨人。光绪二十七年（1901）在上海与蔡元培等发起成立中国教育会，留学日本后，又曾与梁启超等合办《新民丛报》，后又参与《浙江潮》的编辑活动。蒋方震（1882—1932）字百里，晚号澹宁，海宁人，蒋光煦孙。在杭州求是书院学习，于光绪二十七年（1901）被选送日本留学。在留学期间与蔡锷来往密切，受其影响，为了宣传革命，与孙翼中等一起创办了《浙江潮》，并由其撰《发刊词》。这篇"发刊词"，词采华丽，声情异茂："可爱哉！浙江潮。可爱哉！浙江潮。挟其万马奔腾、排山倒海之气力，以日日激刺于我国民之脑，以发其雄心，以养其体魄。二十世纪之大风潮中，或亦有起陆龙蛇，挟其气魄，以奔入世界者乎。西望葱茏，碧天万里，故乡风景，历历心头。我愿我青年之势力，如浙江潮，我青年之气魄，如浙江潮，我青年之声誉，如浙江潮。"① 在日本学习结业后，他回国后在东北主持新军沈阳陆军督练处，后又去德国留学，成为中国著名的军事理论家。王嘉伟不详。许寿裳（1882—1948）字季黻，亦作季茀，号上遂，绍兴人。他先在日本弘文学院学习，后转入东京高师，与鲁迅同学。两人一起办《新生》杂志。后任《浙江潮》主编。马君武（1882—1940）原名道凝，字厚同，后改名马同，字贵公，游学日本后，改名马和，字君武，广西桂林人。在日本参加同盟会。曾旅游日、德、法诸国前后十五载，研究农科、化工等。在日本期间也曾协助办《浙江潮》。

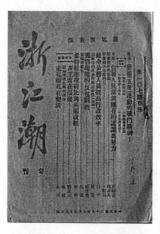

图4－15　《浙江潮》

《浙江潮》高举民族主义之大旗，揭露西方帝国主义对中国的种种侵略行径，尖锐批评清政府的腐败、无能，其发刊的目的，"非徒供阅者悦目怡魄"，而是为了"增长知识，激发志气"。高声疾呼："近顷以来，无论天之涯，海之角，有一事之起，则无不是帝国主义之根"，为了救国救民，必须以民族主义建国。它的门类有社说、论说、学术、大势、谈丛、记事、杂录、小说、文苑、日本闻见录、新浙江与旧浙江、图画。《浙江潮》站在革命派一边，而与保皇立宪派斗争。它发表了许多宣传民族革命的文章，如余一的《民族主义论》、匪石的《中国爱国者郑成功》、章太炎的《狱中赠邹容》、《狱中闻沈禹希见杀》等。同时也发表一些介绍科学新知识的文章，如鲁迅翻译的《中国地质略》、《地底旅行》等。《浙江潮》月出一册，每册约8万言。出版后，深受海内外读者欢迎，每期印数高达5000余份。

《民报》是中国同盟会的机关报，于光绪三十一年（1905）创刊，一开始即提出其宗旨为"颠覆现今之恶劣政府，建设共和体制；维持世界真正之和平；土地国有；主张中国日本两国之国民的联合；要求世界各国赞成中国之革新事业"。旗帜鲜明地提出要推翻清政府。从第六号起，《民报》把因"苏报案"在上海入狱3年后被释放的章炳麟请到东京来做

---

① 《浙江民国史料辑要》（上册），浙江省档案馆，第37页。

《民报》主编。章炳麟先任总编辑，后兼任社长，从 1907 年 1 月起至 1908 年 10 月止，一直主持笔政，并撰写了大批政论文章，成为《民报》中著述最丰富的反清革命斗士。他主张发扬民族主义的学理，曾说："兄弟少小的时候，因读蒋氏（蒋良骥）《东华录》，其中有戴名世、曾静、查嗣庭诸人的案件，便就胸中发愤，觉得异种乱华，是我们心里第一恨事。后来读郑所南、王船山两先生的书，全是那些保卫汉种的话，民族思想渐渐发达。但两先生的话，却没有什么学理。自从甲午以后，略看东西各国的书籍，才有学理收拾进来。"他在《民报》上发表的文章，文笔犀利，富有理性，如《俱分进化论》、《天神论》、《革命之道德》、《建立宗教论》、《箴新党论》、《国家论》、《中华民国解》、《排满平议》、《定复仇之是非》等，对帝国主义的侵略和清朝廷的腐败统治作了理性的分析，为同盟会的革命宣传作出重要贡献。

《白话》是由我国杰出的女革命家秋瑾主编的刊物，于光绪三十年（1904 年 9 月 24 日）创刊于日本东京。秋瑾任主编，以她所组织的革命社团演习会的名义出版。秋瑾（1875—1907）字璇卿，号竞雄，又自号鉴湖女侠，山阴人。少学经史，能骑马击剑。光绪三十年（1904）冲破家庭束缚，变卖家产，自费赴日留学。她积极参加留日学生的革命活动，并秘密组织共爱会，创办《白话》月刊。后来又加入光复会和同盟会，担任同盟会评议员、浙江省主盟人。光绪三十二年（1906）回到上海，又创办上海中国公学，安置归国留学生，并创办了《中国女报》，宣传妇女解放，推翻清王朝。

《白话》（月刊）用干支纪年，不用光绪年号，表示不承认清王朝的正统地位。报纸设有论说、教育、历史、地理、理科、时评、谈丛、歌谣、戏曲等专栏。《白话》积极宣传反清革命，对帝国主义的侵略深恶痛绝，劝诫国人同仇敌忾，共赴国难。秋瑾在《警告我同胞》一文中说：中国地图在渐渐变色，作为中国人，应该感到痛心。她有一次在横滨看见日本的男女老少欢送出征军人，日本人都以为荣耀，成群结队来送。最奇怪的就是我们中国的商人，不知羞耻，也随着他们放爆竹，喊口号。她心中实在难过。后来，她又写了《敬告中国二万万女同胞》等文章。她的文章慷慨激昂，绝无脂粉气。

二、秋瑾、张元济、汪康年在沪办报

秋瑾从日本回到上海，在虹口创立蕺城学社，作为革命的联络机关，

图 4-16　秋瑾像

同时创办了一份便于广大妇女阅读的白话《中国女报》。

《中国女报》的宗旨是，"以开通风气，提倡办学，联感情，结团体，并为他日创造中国妇人协会之基础"。这份报纸是她和陈伯平共同努力办起来的，于光绪三十二年十二月初一（公元 1907 年 1 月 14 日）创刊，地址在上海北四川路厚德里。其"发刊辞"铿锵有力，为秋瑾之手笔："吾今欲结二万万大团体于一致，通全国女界声息于朝夕，为女界之总机关，使我女子生机活泼，精神奋飞，绝尘而奔，以速进于大光明世界；为醒师之前驱，为文明之先导，为迷津筏，为暗室灯，使我中国女界中放一光明灿烂之异彩，使全球人种，惊心夺目，拍手而欢呼。无量愿力，请以此报创。吾愿与同胞共勉之。"① 她认为：女子要想与男子平等，固然须打破封建社会的枷锁，但最紧要的，仍然要靠女子本身的努力，女子本身没有自立的能力，呐喊也是徒然的。她在《敬告姐妹们》一文中说："但凡一个人，只怕自己没有志气，如有志气，何尝不可求一个自立的基础，自活的艺术呢？"②

刊物设论说、演坛、译编、传记、小说、新闻、调查等栏目。秋瑾为了唤醒女同胞，在刊物上无情地揭露和抨击封建纲常和家族宗法制度；同时揭露帝国主义欲瓜分我国，而清政府无能为力，对老百姓之压迫如故，号召进行反清革命。发表了《敬告姐妹们》、《勉女权歌》、《感愤》、《感时》、《精卫石》等文章。

当时，秋瑾与陈伯平等，一面办刊，同时还积极准备举行武装起义，筹集经费，联络会党等，工作十分紧张。可惜刊物只办了两期，陈伯平与秋瑾先后被捕就义，此刊就办不下去了。但它无疑为妇女解放发出了先声，为妇女解放运动做出了重要贡献。

《外交报》，光绪二十七年十一月二十五日（1902 年 1 月 4 日）张元济在上海创办，可说是我国最早一份议论国家外务工作的报刊。初称《开先报》："本报名曰'开先'，取英语前队、冲锋之义"，旬刊，每期二三十页，铅印线装。初由普通学书室发行，29 期后改由商务印书馆发

---

① 《秋瑾集》，上海古籍出版社 1995 年版，第 13 页。
② 《秋瑾集》，上海古籍出版社 1995 年版，第 15 页。

行。其内容分为八类："首'论说',选择
东西外交家所著,间由自撰,或登来稿。次
谕旨,即不涉外交者,亦恭录之。次'片
牍',凡奏章、条约、规则、报告之类皆隶
之。次'本国外交纪闻',次译'东西各
报',以各国对我国政策为第一类,各国互
相交涉者为第二类,各国内政为第三类。次
'要由汇录'。"这份刊物以大量事实揭露帝
国主义对我国的侵略罪行,批判清政府的媚
外政策,对唤起民众关心国事,共同抵制外
敌起到一定作用。共出刊 300 期,于宣统二
年十二月十五日（1911 年 1 月 15 日）
停刊。

图 4-17 《外交报》

　　论及辛亥革命前夕在上海所办报刊,不
能不说到汪康年。汪康年（1860—1911）字穰卿,晚号恢伯,钱塘（今
杭州）人。光绪十三年（1887）进士。中日甲午战后,力赞变法图强,
主张将教育、政治,一切经国家、治人民之大经大法,改弦易辙。光绪
二十一年（1895）参加上海强学会,第二年与黄遵宪一起创办《时务
报》。报馆设在四马路,由梁启超任主笔。《时务报》的宗旨,一是开民
智,二是求自强。特别关注中外时事,而域外报译几乎占一半的篇幅。
它反映民众呼声,敢于抨击时政。一时风靡全国,与天津《国闻报》齐
名,成为戊戌变法时期我国影响最大的两个报刊。梁启超曾说:"甲午挫
后,《时务报》起,一时风靡海内,数月之间销至万余份,为中国有报以
来所未有,举国趋之,如饮狂泉。"①《时务报》共出刊 69 期,后又改为
《昌言报》,未多久,停刊。光绪二十四年（1898）三月十五日,汪又在
上海创办《时务日报》。光绪三十三年（1907）为上海苏松太道蔡乃煌接
手,次年被改名为《中外日报》。光绪三十三年（1907）二月十五日又在
北京办《京报》。这时上海的《中外日报》虽几经行政干扰,但尚未停
刊,那么他为什么又要再去北京办《京报》呢?汪康年以为:"报馆与政
府距离既近,则见闻自较确实,不致有捕风捉影之弊,而遇有应自救、
应警告之事,报纸甫经刊登,一时即闻于政府,暨可收从谏如流之效,
不致有坐失时机之叹,较之设在外省之报纸,虽言之力竭声嘶,而政府

---

① 李喜所、元青:《梁启超传》,人民出版社 1995 年版,第 54 页。

仍不闻不见者，其效力实有大小之殊。"他在《京报发刊献言》中说："甲午大创，于日于时上下颇知自危……庚子联军入京，国家受奇辱……今日时局之危，灾患之繁，举国皆用为忧念。"因此他办《京报》的宗旨，就是为了"合同志，结团体，以解政府之过失，以弭目前之祸……若夫以昭昭白日之心，发慷慨激昂之气，言之急，无邻于诡，言之平，无近于阿，通上下之意，平彼此之情。理所与者，必以言助之，虽百訾不馁；理所否者，必以言阻之，虽强国不避；固将奉以始终，勿致失坠"。《京报》既有论述救亡图存之计，也时发抨击时政的言论，因而不免为权贵所侧目，于同年七月十八日被查禁，只办了 5 个月。汪康年于光绪三十四年（1908）十月，光绪、慈禧相继逝世后，再进北京，与王侃创办海外通讯社。第二年，即宣统二年（1910）十二月，又在北京创办了《刍言报》。其办报的宗旨虽仍称"匡救政府，警觉社会，纠正舆论"，但在创刊号的"例言"中却说："本报以评论及记载旧闻供人研究为主，不以登载新闻为职志。"其言论虽亦多评论时政，但言辞已不如《京报》时激烈，平和得多了。纵观汪康年所办的一系列报刊，未发现有推翻清政府、宣传革命的言论，当属于变法维新一类的刊物。

三、杭辛斋所办报刊

还有一人也在外地创办了不少报刊，也颇有影响，他就是海宁人杭辛斋。杭辛斋名慎修，字一苇，又名凤元，是著名社会活动家，又是新闻出版家。光绪二十一年（1895）康有为在京发起"公车上书"，第二年他就跑到天津，与北洋学堂总办王修植等筹办《国闻报》，宣传维新变法。《国闻报》的创办由严复发起，筹办时，除王修植与杭辛斋外，夏曾佑也参与了。

《国闻报》创办之初，由严复主笔政；王修植掌经营；夏曾佑主持编辑工作。严复撰《国闻报缘起》阐明办报宗旨："……《国闻报》何为而设也？曰将以求通焉耳……而通下情，尤以通外情为急……然则求吾民通知外情之道将奈何？曰欲通外情不能不详述外事，欲详述外事不能不广译各国之报。此'国闻报馆'之所为继诸家而起也。本馆取报之例，大要有二，一翻译；一采访。翻译之报，若俄，若英，若法，若德，若美，若日本，若欧亚其余诸国，萃取各国之报凡百余种，延聘通晓各国文字之士凡十余人。采访之报，如天津本地，如保定省会，如京师，如河南，如山东、山西，如陕、甘、新疆，如奉天、吉林、黑龙江三省，如前后藏，如内外蒙古，外国如伦敦，如巴黎，如柏灵（林），如圣彼得

堡，如纽约、华盛顿，说事之地大小凡百余
处，说事之人中外几数十位……阅兹报者，
观于一国之事，则足以通上下之情；观于各
国之事，则足以通中外之情。上下之情通，
则后人不自私其利；中外之情通，而后国不
自私其治。人不自私其利，则积一人之智力
以为一群之智力，而吾之群强；国不自私其
治，则取各国之政教以为一国之政教，而吾
之国强。此则本馆设报区区之心所默为祷祝
者也。"

图4-18　杭辛斋像

　　"通中外之情"，交流信息，是《国闻
报》的一大特色。它也重视"论说"，也刊
"泰西名论"。《国闻报》在宣传变法维新思想、推动变法新政有积极贡
献。戊戌政变后，它又以《视死如归》为题，不畏权势，报道了谭嗣同
等"六君子"被杀害的消息，对他们的牺牲表示哀悼并致以崇高的敬意。

　　戊戌变法只推行了103天，就被镇压下去。杭辛斋感到君主立宪已无
望，只有革命一条出路，于是加入了同盟会，与彭翼仲等一起，于光绪
三十年（1904），在北京办起了《京话日报》。由彭翼仲任社长，杭辛斋
任主笔。《京话日报》以"输进文明，改良风俗，以开通社会多数人之知
识为宗旨"。对外国侵略者的各种罪行，进行无情的揭露和抨击，同时也
大胆地揭发清廷的种种罪恶。积极主张"开民智"，其新闻和"论说"，
通篇概用京话，使文化程度不高的一般民众也能看得懂，因而广受读者
欢迎。初创时印1000份，一年后增至7000份，后竟突破1万份。光绪
三十二年（1906）八月十二日清政府以"妄议朝政，捏造谣言，附和匪
党，肆为论说"的罪名，把它和《中华报》同时查禁，彭翼仲被发配新
疆，杭辛斋则被递解回籍。

　　杭辛斋押解回浙江，被禁锢起来，后经王国维等人营救，才被释放
出狱。他是研究《易》学的大家。说"穷则变，变则通，通则久"，变化
乃社会发展的正理，因此，他仍积极创办各种报刊，不遗余力地倡导民
主，宣传改革。出狱后被选为浙江农会会长，主办了《农工杂志》。光绪
三十四年（1908），又在杭州创办了《白话新报》——宣统二年（1910）
与《浙江白话报》合并，称为《浙江白话新报》，宣传民主，为革命造舆
论。杭州光复后，他又与邵飘萍等一起筹办《汉民日报》。

四、杜亚泉创办《普通学报》

还有一人也不能不说，即绍兴府山阴县的杜亚泉（1873—1933）。他原名炜孙，字秋帆，又署伧义、仲逸、高劳，亚泉是他的号（据当代著名学者王元化解释：亚泉二字为氩、线二字的省笔。氩是一种惰性化学元素，线在几何学上无体无面，也是少不了的）。他少年时刻苦自修，精于历算，又通日语，并长于理化、矿物及动植诸科。光绪二十四年（1898）应蔡元培之聘，任绍兴中西学堂算学教员。过了两年，为了提倡科学，培养人才，创办亚泉学馆，同时出版《亚泉杂志》。这是中国人自办的最早的自然科学杂志。杜亚泉在《亚泉杂志》序中称：政治与科技之关系，"自其内部言之，则政治之发达，全根于理想，而理想之真际，非艺术（即科技）不能发现。自其外部观之，则艺术者固握政治之枢纽也"。他认为"我国之士皆热心于政治之为"，"终老而成一不生产之人物"，"在朝则冲突竞争，至不可终日"，"吾恐吾国之人，嚣嚣然争竞于一国之中，而忽存于万国之实也……亚泉学馆辑《亚泉杂志》，揭载格致算化农商工艺诸科学，其目的盖如此"。这个杂志初为半月刊，自第 5 期改为月刊，由上海商务印书馆印刷发行。该刊涉及数学、物理、化学、生物、地学等各种领域，而以化学为多。共出版 10 期，次年六月停刊。过了几个月，当年十月，他又创设了普通学书室，发刊《普通学报》。《普通学报》设有八个栏目：经学科（包括心理、伦理、政法、家教、哲学等）、史学科、文学科、算学科、格物学科（包括矿物、动物、生理、卫生等）、外国语学科、学务杂志（包括学校教科章程、新闻评论、海外留学生通讯等）。月刊，仍由杜亚泉任主编。它以介绍西方的自然科学知识为主，与《亚泉杂志》可说一脉相承，可惜存世时间不长，出至第 5 期，于光绪二十八年（1902）五月停刊。

光绪三十年（1904）杜亚泉应商务印书馆夏粹芳、张元济之邀到了上海，普通学书室被并入商务，他被任为商务编辑所博物理化部主任，从宣统三年（1911）开始，又被任为《东方杂志》主编，前后达 10 年之久。

第三节　各地出版的图书斐然可观

从浙江在辛亥革命前一下子涌现出八九十份报刊，以及浙江文化人在外地踊跃办报、办刊的情况来看，浙江士大夫在国难当头的日子里，的确有一种"先天下之忧而忧"、敢于担当的精神。他们蒿目时艰，在抑塞忧愤之余，即利用当时稍现宽松的环境，大办报刊，以唤起民众，共赴国难，齐心协力地要把我们国家贫穷落后的面貌彻底改变过来。有些人开始时还抱着变法维新的主张，戊戌政变和甲午战争后，就不再对清廷抱有幻想，而积极投身反清革命。与此同时，一批藏书之家、书香之家，在我国的固有文化受到西方文化大力冲击的情况下，为了保存文化遗产，也对自家的藏书进行整理、校勘，辑刊了一批又一批丛书，另有一些人则开始运用西方的观点来研究中国文化，著作一批新书。所以，在这一段时间内，浙江出版的图书也斐然可观。

一、汪康年所辑的《振绮堂丛书》

汪康年在办《时务报》、《京报》的同时辑刊《振绮堂丛书》，共2集，收书22种43卷，附1种1卷。

初集所收书多记述清代史事，搜集了不少罕见史料。如《克复谅山大略》，是记光绪九年（1883）中法战争中老将冯子材打败法军，攻克谅山（在今越南）的事；《拳匪闻见录》，"拳匪"是对义和团的诬称，记在义和团运动中的所见所闻；《韩南溪四种》，韩超撰。韩超（1800—1878）字寓仲，号南溪，河北昌黎人。道光十四年（1834）副贡，署贵州三脚屯州同。因为训练民团，镇压苗民、回民，抗拒太平军有功，被擢升为贵州巡抚。书中称起义者为"匪"、为"变"，乃其丑表功之作，反映了黔桂等地区尖锐的民族矛盾。二集所收亦多罕见史料。其中黎庶昌《奉使英伦记》，可说是我国最早的外交史料。黎庶昌（1837—1897）字莼斋，号麓农山人，贵州遵义人。我国最早的外交官之一，曾任驻英、法、德、日四国参赞。在日期间，搜集我国已佚古书，辑成《古逸丛书》。

二、俞樾撰《春在堂全书》

这一时期，浙江所刊丛书中，应大书一笔的是光绪二十五年（1899）由经学大师俞樾所辑刊自撰的《春在堂全书》。共收书490余卷，内容涉及经、史、子、训诂、诗词、佛学、小说、戏曲、杂文等各个方面。何以名为《春在堂全书》（一作《春在堂全集》）呢？原来他30岁赴京会试时，中了进士，复试时又以"花落春常在"句得到主试官曾国藩的赏识，名列第一，进入了翰林院为庶吉士，散馆被授予编修之职。光绪五年（1879）简放河南学政。光绪七年（1881）御史曹登庸奏劾他试题割裂，被罢官，归后，侨居于苏州曲园，遂把主厅命名为"春在堂"。这部丛书所收的著作，都是他在春在堂研究学问的成果。其中有：

《群经平议》35 卷，《诸子平议》35 卷，《第一楼丛书》30 卷，《曲园杂纂》50 卷，《俞楼杂纂》50 卷，以及《宾萌集》、《春在堂杂文》、《春在堂诗编》、《春在堂随笔》等。

其中《群经平议》、《诸子平议》，几乎把我国传统文化中一些重要典籍均囊括进去，且一一加以评骘，其学问之渊博，对国学造诣之深湛，可以概见。故人们称俞樾为经学大师。

三、桐庐袁昶刻《渐西村舍丛刻》

在义和团运动中，为了避免引发一场国际争端、制止动乱而犯颜直谏、蒙冤被杀的袁昶，对出版工作也有杰出贡献。袁昶（1816—1900）字爽秋，号重黎，桐庐人。光绪二年（1876）进士，历官陕西按察使、太常寺卿。光绪二十六年（1900）义和团进入北京，慈禧太后及端王载漪唆使他们攻打各国使馆，并召甘督董福祥助攻。北京城内大火延烧4000 余家，三日不熄。袁昶力言"拳术不可恃，外衅不可开"，认为"杀公使，悖公法"，局面将不可收拾。在御前会议上又力争。兵部尚书徐用仪、吏部侍郎许景澄等附议。但慈禧一意孤行，对他们的正确意见塞耳不听。不久，八国联军进犯北京，袁昶等又伏阙上书，请杀祸首，以挽大局。结果因忠获罪，反而与徐、许等一起被杀害。袁昶重视经世致用之学，光绪中叶，汇辑农、桑、兵、医、舆论、治术、掌故诸书而成《渐西村舍丛刻》，收书44 种262 卷。最早的刊于光绪十六年（1890）为自撰的《安般簃集》及袁炯所辑的《桐溪耆隐集》，最迟的刊于光绪二十四年（1898）：明姚夔撰《姚文敏公遗稿》、清张之洞撰《劝学篇》，以及张行孚撰《说文审音》。在光绪二十一年至二十三年（1895—1897）这三年中，他又集中刊印了几部农桑方面的书：后魏贾思勰所撰《齐民要术》、元司农司所撰《农桑辑要》、元俞宗本撰《种树书》、清张敬如撰《蚕桑说》，张行孚撰《蚕事要略》、沈练撰《广蚕桑说辑补》。《齐民要术》是我国最古的一本农业科学专著。共 10 卷92 篇，对农艺、园艺、土壤、选种、畜牧、蚕桑等，记载十分详细。虽多凭经验，但重在实用，且附有各种图说，对当时农业生产有一定参考价值。《农桑辑要》是在元年至元十年（1273）由蒙古朝司农司负责纂修的一本指导农业的书，共 7 卷，分典训、耕垦、播种、栽桑、养蚕、瓜菜、果实、竹木、药草、孳畜等十门，以《齐民要术》为蓝本，删除其中古今异宜以及琐屑繁重迷信荒诞之部分，并杂采其他书中的有用部分以增益之。光绪二十年（1894）在中日甲午战争期间，又刊印了由汪宗沂所辑的《汪氏兵学三书》，包括《太公兵法逸文》、《武侯八阵兵法辑略》、《卫公兵法辑本》；光绪二十三年（1897）刊印了隋杨上善注《黄帝内经》的太素篇与明堂篇。可见他刊书均有一定目的。袁昶又关心地方文献，光绪二十一年至光绪二十二年（1895—1896）出资重刊宋陈公亮所撰《严州图经》，郑瑶、方仁荣所纂《景定严州续志》以及董弅所辑《严陵集》。

四、张元济辑刊《海盐张氏涉园丛刻》

张元济在戊戌政变后回到上海，于光绪二十七年（1901）创办了《外交报》。次年，应夏瑞芳之邀，加入上海商务印书馆，并出任编译所所长。在这段时间，他的主要活动在上海。但是他对家乡的文化事业一直十分关心和支持。先后搜集、保存海盐县的先哲遗著355部，共计1115册。宣统三年（1911）他搜集张惟赤、张宗松、张宗橚等人的撰著，编成《海盐张氏涉园丛刻》，以海盐张氏的名义排印出来，民国17年（1928）又辑刊"续编"，共收书13种附1种，30卷。他在给北京大学朱希祖的信中说："乡贤遗著断不可交臂失之也。"

五、其他学人的刊书活动

除了出版各种丛书外，浙江其他各类书也刊行不少。

光绪二十七年（1901）仁和鹊斋刊印谭献所撰《复堂文续》5卷。谭献（1830—1901）原名廷献，字仲修，号复堂，仁和人。同治六年（1867）举人，曾知安徽全椒、合肥诸县，后归隐，闭门著述。熟谙国家政制典礼，工诗古文辞。所选清人词为《箧中词》，学者奉为圭臬。

同年义乌陈氏崇本堂刊有宋陈亮撰《龙川集》30卷。

光绪二十八年（1902）桐乡沈氏豫恕堂刊沈善登撰《沈谷城易学》4种18卷（收《需时眇言》10卷，《报恩论》3卷、"附录"2卷，《经正民兴论》1卷，《论余适济篇》2卷、"附录"1卷）。沈善登（1830—1902）字谷城，同治七年（1868）进士，选庶吉士。不久归里，杜门著述。潜心《易经》，又涉猎西学与释学，以为中国富强之本在尊崇儒释。

同年，吴兴沈氏刊郑文焯词《比竹余音》4卷。

光绪三十年（1904）会稽董氏取斯堂刊葛元煦所辑《学古斋金石丛书》4集12种。

光绪三十四年（1908）吴兴朱祖谋以无著庵名义刊宋吴文英撰《梦

窗甲乙丙丁稿》4 卷，"补遗" 1 卷。朱祖谋（1857—1932）原名孝臧，字藿生，一字古薇，号彊村，归安人。光绪九年（1883）进士，历官至广东学政。辛亥革命后隐居于上海，致力于词籍的辑校。钱仲联《点将录》把拟为天魁星呼保义宋江，许为当时词坛头领。

宣统二年（1910）归安崔适以觯庐名义，刊自撰《史记探源》8 卷。崔适（1852—1924）字怀瑾，亦字觯甫，吴兴人。初受业于俞樾，也是经学家，曾应蔡元培之聘，任北京大学文科教授，专讲今文经学。

同年，桐乡劳乃宣刊自辑《新刑律修后案江录》，嘉兴吴寿福刊张鸣珂撰《寒松阁谈艺琐录》等。劳乃宣（1848—1921）字季瑄，又字玉初，号矩斋，桐乡人。同治十年（1871）进士，历官至学部副大臣、代理大臣。辛亥革命后，与张勋一起谋复辟，失败后隐居于上海。张鸣珂（1828—1909）原名国检，字玉珊、玉山，号公束，晚号寒松志人。工词，亦嗜书画。

宣统三年（1911）绍兴公报社排印何寿章所撰《苏甘室读说文小识》1 卷。

宣统年间仁和吴氏双煦楼还刊有郑文焯《樵风乐府》9 卷，朱祖谋刊自辑《彊村新刻词甲编》7 种 12 卷。

第四节　孙氏父子研经铸史以经世致用

偏处浙南一隅之瑞安，时有孙家父子异军突起，在学术上卓有建树，在出版业中也建有特殊功勋。平阳宋衡在《孙征君籀庼居士六十寿序》中说："自楼船下益，青盖入洛，武烈支裔，尽多留江表……其居吾州者，明以前未有闻。至皇代，始有著《礼记集解》之敬轩先生（孙希旦）及表章永嘉先哲遗书之逊学先生（孙衣言）、止庵先生（孙锵鸣）兄弟。籀庼居士（孙诒让）则逊学先生之子而止庵先生之犹子也。明百氏，精儒墨，所著《周礼正义》、《墨子间诂》，盖集斯二学最后之大成者。于是温州孙氏，乃以文学闻海内外矣。"[①] 原来瑞安孙氏是三国时代东吴大帝孙权的嫡系子孙，江南望族，至清孙希旦、衣言、诒让等辈，又在学术研究上崭露头角。

---

① 中国人民政治协商会议温州市委文史资料委员会：《孙诒让遗文辑存》，浙江人民出版社 1990 年版，第 480 页。

一、孙诒让著作等身

在前面第三章第三节中，我们已经简单地介绍了孙衣言与俞樾等在同光年间主持浙江官书局的简单情况。孙衣言曾任道光年间翰林院编修、侍讲，官至太仆寺卿。他在世时，曾大张永嘉经制之学，于同光年间辑刊《永嘉丛书》14 种 179 卷，又辑录乡贤先哲遗闻轶事成《永嘉学案》以及《瓯海轶闻》等书行世，对传承温州地区文化，弘扬永嘉学派的经世致用精神发挥了重要作用。

孙诒让（1848—1908）字仲容，号籀顾，学者称籀公，既是经学家，又是文字学家。穷经著书凡 40 年，其著作涉及经学、史学、诸子学、文字学、考据学、校勘学诸多方面，为清代最后一位朴学大师。其研经铸史，均有明确目的，我国著名学者、一代国学大师章太炎说：孙诒让"以为典莫备于六官，故疏《周礼》；行莫贤于墨翟，故次《墨子间诂》；文莫正于宗彝，故作《古籀拾遗》。其他有《名原》、《古籀余论》、《契文举例》、《九旗古义述》、《周书斠补》、《尚书骈枝》、《大戴礼记

图 4-19 孙诒让

斠补》、《六历甄微》、《广韵姓氏刊误》、《经迻》、《札迻》、《述林》。又述方志为《永嘉郡记》。"[1] 孙家的玉海楼为晚清浙江四大藏书楼之一，其中附设有雕版印刷设备，他的许多著作大部分在此镂版印行。

二、出版《周礼正义》为变法维新张目

孙诒让在光绪二十五年（1899）撰成《周礼正义》一书，共 86 卷。《清史稿·孙诒让传》说："有清经术昌明，于诸经均有新疏。《周礼》以周公致太平之书，而秦汉以来，诸儒不能融会贯通……诒让乃于《尔雅》、《说文》正其训诂，以《礼经》、《大小戴记》证其制度。研覃廿载，稿草屡易，遂博采汉唐以来迄乾嘉诸经儒旧说，参互译证，以发郑《注》之玄奥，裨贾《疏》之遗阙。其于古制，疏通证明，较之旧疏实为淹贯。而注有牾违，辄以匡纠。凡所发正数十百事，非敢坏

---

① 章太炎：《章太炎全集》（第四卷），上海人民出版社 1985 年版，第 212—213 页。

疏不破注家法，于康成不曲从杜、郑之意，实亦无悖。而以国家之富强，从政教入，则无论新旧学均可折衷于是书。"① 他所撰《周礼政要》2 卷，于光绪二十八年（1902），以瑞安普通学堂名义刊行。光绪三十一年（1905），再刊《周礼正义》60 卷。《周礼政要》也是他精研周礼 30 多年的集周礼学研究的大成之作，被梁启超誉为"清儒群经新疏之冠"，章太炎则说："古今言《周礼》者莫能先也。"为后来的治《周礼》者的必读书。《周礼政要》有"序"，说："中国开化四千年，而文明之盛，莫尚于周。故《周礼》一经，政法之精详，与今泰东西诸国所以致富强者，若合符契。然则华盛顿、拿破仑、卢梭、斯密亚丹之伦所经营而讲贯、今人所指为西政之最新者，吾二千年前之旧政已发其端……辛丑（指光绪二十七年——1901）夏，天子眷念时艰，重议更法。友人以余尝治《周礼》，属捃摭其与西政合者，甄缉之以备裁择。此非欲标揭古经以自张其虚矫而饰其窳败也，夫亦明中西新故之无异轨，俾迁固之士，废然自反，无所腾其喙焉尔。"② 也就是说，他写作此书是在说明，今日要求变法，实行西方的某些制度，实际上我国在 2000 多年前的周代已经开了头。所以此书又名《变法平议》。当代著名学者王季思说："他的《周礼政要》四十篇，引述了大量英、俄、法、德、美、日各国的历史、地理和科学技术的资料，包括声、光、化、电等自然科学知识和政治、经济、军事、文化等有效措施，企图引进资本主义各国的文明，达到变法自强的目的……在他引述东西洋各国文化措施来比附《周礼》经文、汉儒注疏时，不免有扞格难通之处。那是他尊经思想的表现，同时还有藉以'塞守旧者之口'的用意。我们是不能以此苛求前人的。"③

三、刊行《墨子间诂》

光绪三十三年（1907）以瑞安孙家名义刊《墨子间诂》15 卷，"目录" 1 卷、"附录" 1 卷、"后语" 1 卷。孙诒让以为"墨子强本节用，劳身苦志，该综道艺，应变持危，其学术足以裨今日之时局"。他写作此书，"覃思十年，集诸家说，多所发明"，俞樾赞它"自有《墨子》以

① 《二十五史》（清史稿下），浙江古籍出版社 1998 年 5 月版，第 1527 页。

② 中国人民政治协商会议温州市委文史资料委员会：《孙诒让遗文辑存》，浙江人民出版社 1990 年版，第 363 页。

③ 中国人民政治协商会议温州市委文史资料委员会：《孙诒让遗文辑存》，浙江人民出版社 1990 年版，第 1—2 页。

来，未有此书"。书后有跋，说："此书最难读者，莫如《经》、《经说》四篇，余前以未见皋文先生（指张惠言，字皋文，江苏武进人）《经说解》为憾。一日，得如皋冒鹤亭孝廉广生（冒广生字鹤亭，明末四公子之一冒辟疆的后人，曾任瓯海关监督兼温州交涉员，抗战前任中山大学教授，对《易经》、诸子有研究）书，云武进金湉生运判武祥藏有先生手稿本，急属鹤亭驰书求假录。金君得书，则自校写一本寄赠，得之惊喜累日。余前补定《经下篇》句读，颇自矜为创获，不意张先生已先我得之。其解善谈名理，虽校雠未审，不免望文生义之失，然固有精论，足补正余书之阙误者。金冒两君，惠我为不浅矣。既又从姻戚张文伯孝廉之纲许，假得阳湖杨君葆彝《经学校注》，亦间有可取，因与张解并删简补录入册。凡余旧说，与两家有暗合者，皆改从之。盖深喜一得之愚，与前贤冥符遥契，固不敢攘善也。"①

这是孙诒让的又一部训诂名著，章太炎认为它引墨入儒，借以补弊扶偏，在学术史上是一大贡献。

四、文字学名著《古籀拾遗》

孙诒让对文字学也深有研究，著作多种，均在家乡刊行。主要有光绪十六年（1890）刊《古籀拾遗》3卷，附《宋政和礼器文字考》1卷，家刻本；光绪二十九年（1903）由孙氏籀经楼刊《古籀余论》1卷；光绪三十一年（1905）由孙氏玉海楼刊《名原》2卷；又于光绪间刊行《籀庼述林》10卷。《古籀拾遗》刊成，他作"补记"称："此书成于同治壬申（同治十一年——1872），时在金陵（今南京市）。光绪戊子（光绪十四年——1888）重校定，刊于温州。同里周孝廉璪亦嗜篆籀之学，为手书以上版，并是正其文字。中牵于他事，

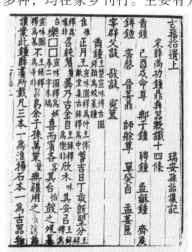

图4-20　《古籀拾遗》
清光绪十六年（1890）
瑞安孙氏家刻本

①　中国人民政治协商会议温州市委文史资料委员会：《孙诒让遗文辑存》，浙江人民出版社1990年版，第430—431页。

三载始毕工。昔亭林顾先生刊《音学五书》，山阳张力臣为之校写，世珍为善本。亭林古音，旷代绝学，非疏陋所敢仰希万一。而周君之修学好古，则固今之力臣也。"①

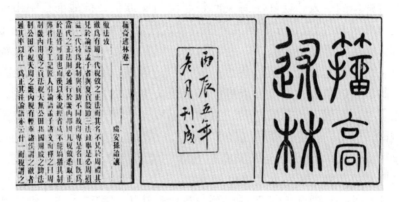

图 4 - 21　孙诒让辑《籀庼述林》十卷

孙诒让的其他著作，还有刊于光绪年间的《尚书骈枝》1 卷，题孙氏家刊本；光绪二十年（1894）刊《札迻》12 卷，孙氏籀顾刊本；光绪二十六年（1900）刊《周书斠补》（一作《逸周书斠补》）4 卷，孙氏籀顾刊本；光绪二十八年（1902）刊《九旗古义述》1 卷，孙氏玉海楼刊本；等等。从以上所述可知，瑞安孙诒让不仅其学术成就闻名海内外，对浙江的出版事业也做出了重大贡献。

① 　中国人民政治协商会议温州市委文史资料委员会：《孙诒让遗文辑存》，浙江人民出版社 1990 年版，第 417 页。

第五章　稳步前进

——民国初浙江的出版事业

1911年10月10日武昌起义，各地纷纷响应，湖南、陕西、江西、山西、云南、贵州、浙江、江苏、安徽、福建、广西、广东等省先后宣布光复或独立，清朝政府迅即土崩瓦解。1912年元旦，以孙中山为首的革命党人，在南京建立了临时政府，宣告"中华民国"成立，孙中山被推举为临时大总统。2月2日，清帝溥仪被迫退位，统治中国达2000年之久的封建帝制终于被推翻了。3月11日，临时大总统孙中山颁布了经参议院通过的《中华民国临时约法》，规定"中华民国之主权，属于国民全体。"其中第六条还规定："人民有言论著作刊行及集体结社之自由。"在广大人民面前呈现出一片曙光，社会风气为之一变。

武昌起义，浙江革命党人首起响应，11月5日杭州光复，接着宁波、温州、金华、绍兴、湖州等地也先后宣告独立。浙江军政府成立，浙江临时省议会颁布了《浙江军政府临时约法》，许给人民以身体、住宅、财产、言论、结社等自由权利。在这样的形势下，一些知识分子豪气满怀，热情奔放，积极追随革命，开基创业，办报或办刊为革命鼓与呼。据当时人统计，民国元年，全国报纸陡增至500家，总销数达4200万份。而浙江"从1912年至1927年南京国民政府上台后，省会城市杭州至少办过《道路杂志》、《实业丛报》等近60种杂志（其中学生刊物有24种），和《之江日报》、《浙江日报》、《杭州日报》等30多种综合性报纸。其中仅1912年，杭州城内就出了12种报纸、4种杂志……杭州以外的地区也有百多家报纸先后创刊，如嘉兴的《禾报》和《善报》；绍兴的《禹域新闻》、《越铎日报》、《越州报》、《诸暨民报》；台州的《赤霞报》、《时事日报》、《椒江日报》等"。①

但好景不长。北洋大军阀袁世凯窃取了国家政权，情况就变了，浙

---

① 金普森等：《浙江通史》（民国卷上），浙江人民出版社2005年版，第323—324页。

江的政局逐渐为军阀所掌控。从中央到地方颁布了查禁书报的命令，出版、言论自由的权利又受到了压制。这时，浙江一些新办起来的报刊和出版机构，迫于强大的政治压力，在艰难中行进，时起时伏，但是，另一方面由于浙江在宁波开埠以后，西方先进的铅印和石印技术较早传入，印刷条件比过去好得多，而传统的雕版印刷在一些地方还盛行不衰。因此，从总体上来看，民国初期浙江出版的图书和报刊，数量仍不少，质量也不低。

第一节　期刊图书齐头并进

浙江人文荟萃，文化积淀深厚；同时地处东海之滨，既是西方列强侵略的前沿，又是西方文化最先进入的地方，得风气之先。辛亥革命以后，"随着经济的发展，浙江的社会阶级和阶层都发生了变动，不但资产阶级队伍壮大，浙江的产业工人队伍也迅速壮大，对社会的影响大大加强。知识分子这个阶层脱颖而出，他们宣传新思潮，传播科学文化，加速了浙江社会的变动，且在全国产生了巨大影响"。①

一、民国初报刊风起云涌

在这一时期，浙江的知识分子背负着历史的希望，革命热情高涨，办了不少报纸和刊物。据《浙江省出版志》调查统计，从清朝的咸丰四年（1854）算起到1949年4月为止，浙江共出刊杂志1700多种。

实际上，从民国元年（1912）到民国8年五四运动前浙江所办的刊物就有66种，其中杭州占29种。以下几种是当时影响较大的刊物：

《教育周报》。民国2年（1913）4月由浙江省教育会一批年轻人所创办。至民国8年（1919）二三月间改组为《教育潮》。在改刊后的创刊号《发刊辞》中称："潮之为物，有迁流递嬗之时间性，变化密移之空间性者也……潮惟具此二性，故能刷新改进，永久持续其生命于不替……而教育事业亦乌能外是，皆随时间之迁流而不得不有所改革，依空间之变化，而不得不有所禀受也。"显然，该刊的宗旨是在提倡新思想，改革旧制度。接着它分析了世界形势，说："其中：二十世纪之新潮流，人的潮流也。可即基于以人为本位之思想，成为以人为本位之世界大势，排

① 金普森等：《浙江通史》（民国卷上），浙江人民出版社2005年版，第3页。

去一切不以人为本位之社会旧现状，而改造以人为本位之社会现状之新潮流。"其内容在"阐发教育之真义"，分言论、译丛、纪闻、法令、调查、报告、杂纂诸门。与过去比较，面目一新。编辑主要有沈仲九、余寄、胡祖同、袁易、秦炳汉等人。民国9年（1920）1月，出至第6期，被迫停刊。10月后又复刊，但已非本来面目。至次年10月，因"经济困难"，终于办不下去了。

《越社丛刊》。为南社绍兴分社——越社的刊物。民国元年（1912）2月创刊于绍兴。刊期不定，由越铎日报社发行。稿件由宋紫佩、周树人编。体例大致仿照《南社》，分文录、诗录和词录三部分，以刊发浙江籍知名人士和进步知识分子的诗文著述为主，格调高雅。该刊第一集刊载了鲁迅分别以周建人、周作人名义发表的《辛亥游录》和《〈古小说钩沉〉序》等文。3年后停刊。

图5-1 《叕社》

《叕社》（《叕社丛刊》）。民国初进步文艺社团叕社社刊。民国2年（1913）12月，由绍兴第五中学的进步学生发起创办。当时为了反对袁世凯篡权窃位，发扬黄花岗七十二烈士的爱国精神，将原有的"同志研究会"改名为"叕社"。"叕"意为同心同德、相爱相助。施宗昱为叕社社长，由陈诵洛、屠钦樾、王殿元等任编辑。社址在绍兴府山后强民学校（葛公祠旧址）。一年出1期，共出5期。第1期名为《叕社》，由沈桐生题；第2期易名为《叕社丛刊》，第3期、第4期又称《叕社》，至第5期改为《叕社丛刊》。系综合性刊物，设有社说、学术、文艺、杂俎、译丛、小说、时录等栏目。叕社规约："凡名人硕儒匡助本社进行或愿助洋五元以上者，本社承认为名誉社员。"周作人、周建人都是该社的名誉社员。此刊约于民国7年停刊。

《浙江兵事杂志》。民国3年（1914）4月创刊于杭州。初由浙江兵事杂志社编辑发行，后由浙江军事编辑处主办。主持人林之夏、厉家福等。月刊。内容涉及中外战史、应用战术研究、军事武器介绍、军事训练等。该刊虽名为《兵事杂志》，但也刊登大量文艺作品。终刊时间不详。

《妇女旬刊》。浙江妇女界最早的刊物。由杭州妇女学会何慨秋、陈兰言、张俪娟、徐云波、张陶阶等发起，于民国6年（1917）6月在杭州创刊。何慨秋任总务部主任，楼尹庚任主编。旬刊，16 开本，每期约 20 页。该刊旨在"改良妇女的地位，创造妇女的新环境和生命"。并说："我们极期望妇女问题由女性自己来讲，让《妇女旬刊》的地盘属于妇女们，就是：妇女解放，是要靠妇女自身的势力。"有论说、杂俎、通信、诗话、小说、戏剧评介、文艺杂谈、社会呼声、长篇连载等内容，多与女性相关。第 124 期刊有经济学家马寅初专论，题为《中国女子经济问题》。

《回浦潮》。其前身为回浦中学校刊《回浦杂志》，民国 6 年（1917）2 月由临海县回浦学会创办，主编项士元。民国 9 年 4 月改名《回浦潮》，周刊，石印，32 开本。民国 19 年（1930）10 月 15 日改半月刊，铅印，期号另起，突出"学术研究"、"艺术创作"和"社会生活的印象"等，出刊 100 多期，约于民国 30 年（1941）终刊。

《赤城旬刊》。最早为《救国旬刊》。民国 8 年（1919）6 月，由台州救国协会创办。同年 8 月 15 日更名为《赤城丛刊》，次年夏又改名《赤城旬刊》。主编孙一影。宣传科学知识，反对封建迷信，主张社会变革，提倡白话文。同年 10 月 30 日出至第 31 期后终刊。

《救国讲演周刊》。民国 8 年（1919）6 月由郑振铎、陈仲陶、王希逸共同在温州创办。石印。内容有言论、时评、调查、讲演稿、别录、艺文、杂俎等，对五四运动后期的爱国行动做了大量报道。同年 8 月因揭露瓯海道尹包庇奸商事，被查封。共出 6 期。

这些期刊大部分用铅印或石印。这时期出版的图书，极大部分还是采用雕版印刷技术，如浙江图书馆、吴兴嘉业堂、仁和吴氏双照楼等等，少数铅印。

二、张钧衡、鲁迅等辑刊的丛书

民国 2 年（1913）归安沈家本辑刊《枕碧楼丛书》12 种，附 1 种。沈家本（1840—1913）字子惇，号寄簃，又号碧楼。光绪九年（1883）进士，官至法部左侍郎。他一生专治法学，曾参照西方和日本的刑律，为清制订《大清新刑律》，自著有《历代刑法考》、《刑制总考》等。他编的《枕碧楼丛书》其中也收有法学类图书，于宣统年间开始辑刊，民国 2 年（1913）完成，以归安沈氏名义刊行。

乌程张钧衡从民国 2 年（1913）起辑刊《适园丛书》12 集，至民国 6 年（1917）完成。其规模宏大，收书达 72 种 192 册。张钧衡（1872—1927）字石铭，别号适园。光绪二十年（1894）举人，是著名藏书家。

他曾请缪荃孙、叶昌炽为其编《适园藏书志》16卷，著录善本960多部。其中有不少被收入《适园丛书》。民国15年（1926）他又辑刊《择是居丛书》13种41卷。

图5-2 《枕碧楼丛书》

民国4年（1915）周树人（鲁迅）在绍兴辑刊《会稽郡故书杂集》8种10卷，收：《会稽先贤传》1卷，三国吴谢承撰。《会稽典录》2卷，附"存疑"1卷，晋虞预撰。《会稽后贤传记》1卷，汉钟离岫撰。《会稽先贤像赞》1卷，贺氏撰。《会稽土地记》1卷，三国吴朱育撰。《会稽记》1卷，晋贺循撰。《会稽记》1卷，刘宋孔灵符撰。《会稽地志》1卷，夏侯曾先撰。

前4种为古人记述会稽的人物事迹，后4种为古人所记会稽的山川地理、名胜传说。所录佚文大都辑自唐宋类书及其他古籍，并经相互校勘补充。这是鲁迅早期辑录的古代逸书集，前有序曰："《会稽郡故书杂集》

图5-3 《枕碧楼丛书》
第一册封面

者，取史传地记之逸文，编而成集，以存旧书大略也。会稽古称沃衍，珍宝所聚，海岳精液，善生俊异，而远于京夏，厥美弗彰。吴谢承始传先贤，朱育又作《土地记》。载笔之士，相继有述。于是人物山川，咸有记录……而会稽故籍，零落至今，未闻后贤为之纲纪。乃翔就所见书传，刺取遗篇，累为一帙。中经游涉，又闻明哲之论，以为夸饰乡土，非大雅所尚。谢承虞预且以是为讥于世。俯仰之间，遂辍其业。十年以后，归于会稽（指1909年自日本归国，次年回到绍兴）。禹句践之遗迹故在。士女敖嬉，睥睨而过，殆将无所眷恋，曾何夸饰之云，而土风不加美。是故叙述名德，著其贤能，记注陵泉，传其典实，使后人穆然有思古之情，古作者之用心至矣！其所造述虽多散亡，而逸文尚可考见一二。存而录之，或差胜于泯绝云尔。因复撰次写定，计有八种。诸书众说，时足参证本文，亦各最录，以资省览。书中贤俊之名，言行之迹，风土之美，多有方志所遗，舍此更不可见。用遗邦人，庶几供其景行，不忘于故。第以寡闻，不能博引。如有未备，览者详焉。"①

图5-4　《适园丛书》　　　　图5-5　《适园丛书》

民国4年（1915）四明（宁波）文献馆刊全祖望辑《续甬上耆旧诗》120卷，也卷帙浩繁。

民国4年（1915），黄岩杨晨又辑刊《台州丛书后集》，这是继清宋世荦《台州丛书》及其自辑于清光绪二十四年（1898）由翁氏刊行的《续台州丛书》后又一郡邑类丛书。收书17种。木活字排印本。

作者从三国吴至清，均台州籍人士。其中《项子迁诗》作者项斯，字子迁，仙居人，唐诗人。会昌三年尝谒祭酒杨敬之，杨赠以诗曰："平生不解藏人善，到处逢人说项斯。"由此名闻京师。《丹丘生稿》作者柯九思（1290—1343），元仙居人。善绘画，亦工诗文。《南村诗集》作者陶宗仪（1316—?）字九成，元黄岩人。所辑《说郛》120卷，被推为丛书之祖。《陈寒山子文》作者陈函辉（1589—1645），字木叔，临海人。明末抗清失败，自投海死。《临海记》作者洪颐煊（1765—1837）字旌贤，临海人。精研经训，熟习天算，贯串子史，曾助阮元编纂《经籍纂诂》，著述甚丰。

---

① 《鲁迅全集》（第10卷），人民文学出版社1981年版，第32—33页。

民国 8 年（1919）黄岩杨晨又辑刊《台州丛书己集》，收书 15 种 51 卷，石印本。

民国 4 年（1915），太平（今温岭）金嗣献以木活字排印《赤城遗书汇刊》，收书 16 种，都是台州籍人士所撰子部、集部图书。

民国 5—10 年（1916—1921）绍兴裘庆元辑刊《医药丛书》11 种 23 卷。其中收《徐批叶天士晚年方案真本》2 卷，清叶桂撰，清徐大椿评。叶天士名桂，号香嵒，以字行。江苏吴县人，医术精湛，有名于时，其门人尝取其验方，集为《临证指南医案》。徐大椿也是一代名医，吴江人。著有《伤寒类方》、《医学源流论》等。

民国 6 年（1917）诸暨冯振音辑有《诸暨冯氏丛刻》，收书 5 种 44 卷，铅字排印本。

三、仁和双照楼《景刊宋金元明本词四十种》、　《松邻丛书》及其他

仁和吴氏双照楼刊《景刊宋金元明本词四十种》，洋洋大观。此丛书首辑于宣统三年（1911）至民国 6 年（1917）由仁和吴昌绶辑刊，民国 6 年至 12 年（1917—1923）又由武进陶湘续刊，共收词 40 种 250 卷，附 3 种 9 卷。其中据宋本景刊的有欧阳修的《欧阳文忠公集近体乐府》，贺铸《东山词》，黄庭坚《山谷琴趣外篇》，周美成《详注周美成词片玉集》，辛弃疾《稼轩词》等。

据元本景刊的有：金元好问辑《中州乐府》、元凤林书院辑《精选名儒草堂诗余》，宋方岳撰《邱崖先生小稿词》、元赵孟頫《松雪斋文集乐府》、刘因《静修先生文集乐府》、虞集《道园遗稿乐府》、王恽《秋简先生大全文集乐府》等。据明本景刊的有：后蜀赵崇祚所辑《花间集》（仿宋本）、《增修笺注妙选群英草堂诗余》前后集、附录明刘基撰《写情集》等。还有宋蒋捷撰《竹山词》，据元钞本景刊，金丘处机撰《栖霞长春子丘神仙磻溪集》，据金本景刊，元好问《遗山乐府》，据明高丽晋州本景刊等。

民国 7 年（1918）吴氏双照楼又辑刊《松邻丛书》甲乙编。甲编收书 14 种 20 卷，乙编收书 6 种 15 卷，均吴昌绶所辑。吴昌绶字伯宛，号甘遁，晚号松邻，仁和人。光绪二十三年（1897）举人。家缥缃万卷。所刻书，以刻印精良为世人所推重。

除上述其他人所刊书，已知还有如下几种：

民国元年（1912）归安张氏刊张鉴撰《冬青馆古宫词》3 卷；

民国 2 年（1913）萧山汤寿潜辑刊明代朱之瑜撰《舜水遗书》，收《舜水文集》25 卷，《改定释奠仪注》1 卷，《阳九述略》1 卷，《安南供役纪事》1 卷、"附录"1 卷；

民国 3 年（1914）乌程周庆云梦坡室刊自撰《琴书存目》6 卷、"别录"5 卷；

民国 4 年（1915）杭州朱遂翔抱经楼翻刻《说文韵校补》；

民国 5 年（1916）湖州南林求恕斋刊曹元忠撰《礼仪》2 卷；

民国 6 年（1917）仁和邵懿辰刊自撰《李氏孝经注辑本》1 卷，附曾大孝"编注"1 卷；嘉兴朱福清刊自撰《最乐亭三种》；

民国 8 年（1919）乌程周庆云梦坡室再刊自撰《琴史补》2 卷、续 8 卷；余杭褚德彝刊自撰《金石学录续补》2 卷、"附录"1 卷、"拾遗"1 卷；

民国 9 年（1920）平湖朱之榛在东湖草堂刊自撰《常慊慊斋文集》2 卷；等等。

第二节　浙江省图书馆藏书刊书并行不悖

浙江省图书馆原为公共藏书楼。浙江的藏书楼向有刊书的传统，浙江省图书馆继承了这个优良传统；而从它的建馆历史来看，其刊书也渊源有自。光绪二十九年（1903），浙江清政府根据邵伯炯、胡藻青的建议，在杭州大方伯里建立了浙江藏书楼，当时有藏书 7 万余卷。宣统二年（1910），浙江书局并入浙江藏书楼，扩展为浙江省图书馆。民国以后，又把原藏于西湖文澜阁的《四库全书》划归图书馆，于是浙江省图书馆不仅拥有藏书 20 余万卷，并拥有木刻书版 18 万片。这样浙江省图书馆遂一身而二任，除承担公共图书馆的正业外，又有印售官书局图书及编刊图书的任务。

浙江省图书馆成立后，即开始编刊《浙江公立图书馆年报》，每年一期（自 1916 年至 1926 年止，共出了 11 期），以及《浙江图书馆报》、《浙江省立图书馆月刊》、《文澜学报》、《图书展望》等专业刊物。民国 4 年（1915）刊《蓬莱轩地理学丛书》（又称《浙江图书馆丛书》），民国 6 年（1917），刊《台州经籍志》，民国 6 年至 8 年（1917—1919）刊《章氏丛书》，以及《温州经籍志》、《半厂丛书》等。馆内设有木印部，20 世纪 20 年代末，又购进一部新式印刷机，成立了铅印部，合称附设印行所。30 年代，印行所职工共有70余人，其出版能力已不亚于一般专业出版社。

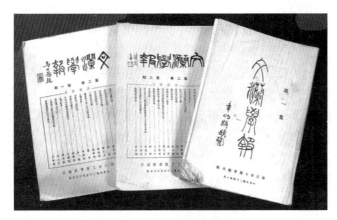

图5-6　　《文澜学报》

一、辑刊《蓬莱轩地理学丛书》

《蓬莱轩地理学丛书》是历史地理学研究丛书，丁谦辑，共两集。"第1集"收书17种，有：《汉书匈奴传地理考证》、《后汉书东夷列传地理考证》、《三国志乌丸鲜卑东夷传附鱼豢魏略西域传地理考证》、《晋书四夷传地理考证》等。

"第2集"收书13种，有：《穆天子传地理考证》6卷，《中国人种所从来考》1卷，《穆天子传纪日干支表》1卷；《晋释法显佛国记地理考证》1卷；《后魏宋云西域求经记地理考证》1卷；《大唐西域记地理考证》1卷，"附录"1卷，《印度风俗总记》1卷；《唐杜环经行记地理考证》1卷；《元耶律楚材西游录地理考证》1卷；《元秘史地理考证》15卷，《元秘史作者人名考证》1卷，《元太祖成吉思汗编年大事记》1卷，《元初漠北大势论》1卷，《元史特薛禅葛思麦里速不台郭宝玉等传地理考证》1卷，《郭侃传辨》1卷；《元圣武亲征录地理考证》1卷；《元经世大典图地理考证》3卷，附《元史地理志西北地》1

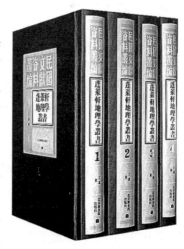

图5-7　　《蓬莱轩地理学丛书》

卷；《元张参议耀卿纪行地理考证》1 卷；《元长春真人西游记地理考证》1 卷；《元刘郁西使记地理考证》1 卷；《图理琛异域录地理考证》1 卷。

　　"第 1 集"中的 17 种书，对《二十四史》中所述的外国地理进行考证与研究。"第 2 集"所收则属于杂史类的书，如《穆天子传》，是《汲冢书》之一，是晋代从战国时魏王墓中发现的一部先秦故书。作者已无考，旧题晋代郭璞注，共 6 卷，前 5 卷记周穆王驾八骏西游的故事，后 1 卷记盛姬之死及其丧仪。此书有不少神话成分，其涉及的地理范围在中国西部昆仑山一带。《佛国记》是东晋时的和尚法显所撰。他俗姓龚，平阳武阳（今山西襄垣）人。自幼出家，矢志赴天竺（印度）求经。晋安帝隆安三年（399）与慧景、道整等四僧从西安出发，经西域，逾葱岭，历经艰险，抵达北、中天竺，得到《摩诃僧祇众律》、《方等泥洹经》等佛家经典。又留 3 年，学会了梵语梵书，转至狮子国（今斯里兰卡）搜求佛经，从海道归国。前后凡 15 年。归国后到达建康（今南京），译出佛经 100 余万言，并把亲历 30 余国的所见所闻，撰成《佛国记》（又名《法显传》、《佛游天竺记》）。这是一部研究古代中亚、南亚诸国历史和中外交通的重要资料。《大唐西域记》简称《西域记》，由唐玄奘口述，辨机撰。记述玄奘从贞观元年（627）西行求经，周游中亚及印度各地，到贞观十九年（645）回国的经历。其中亲历 110 个国家，得之传闻的有 38 个国家，对这些国家的山川、城邑、物产、习俗及宗教等多有记载。是研究印度、尼泊尔、巴基斯坦、孟加拉国、斯里兰卡及中亚等地古代历史地理的重要文献。《元秘史》也称《元朝秘史》，作者不详。大约在 13 世纪中叶成书，是我国最早用蒙古文写成的历史文献。其内容记蒙古族的起源和成吉思汗、窝阔台汗时期的史事，为研究蒙古族早期的历史、社会、文学、语言等提供了重要资料。《圣武亲征录》，圣武，指成吉思汗，即元太祖，记述成吉思汗立国时东征西讨的史事。《长春真人西游记》，长春真人为全真教道士丘处机的号，他 19 岁出家，为重阳真人王喆的弟子。成吉思汗十四年（1219），应召率弟子李志常等西行，到西域雪山见到成吉思汗。成吉思汗令掌管天下道教，赐爵为大宗师。成吉思汗十八年（1223）东还，由弟子李志常撰成《长春真人西游记》。《西使记》为元代刘郁所撰，记载宪宗九年（1259）常德奉使西域旭烈兀军中，往返途中所见。《图理琛异域录》为清人著作。图理琛为满洲正黄旗人，阿颜觉罗氏，由内阁中书迁侍读。康熙五十一年（1712）五月出使俄国土尔扈特部，康熙五十四年（1715）三月还京，往返近 3 年。回国后，即撰写了这部书。

二、辑刊《章氏丛书》及《台州经籍志》

民国 6 年至 8 年（1917—1919）浙江省图书馆又刊《章氏丛书》，收章太炎著作 12 种，即《春秋左传读叙录》、《镏子政左氏说》、《文始》、《新方言》、《小学答问》、《说文部首韵语》、《庄子解故》、《管子余义》、《齐物论释》、《国故论衡》、《检论》、《太炎文录初编》，还有 1 种是其弟子吴承仕所记的《菿汉微言》。这套丛书是经过章太炎亲自校勘后付印的，为研究中国近代的思想史、哲学史与经学史提供了宝贵的资料。

章太炎在儒家诸经中，用力最多的是《春秋左氏传》。早年，他从先秦、西汉的典籍中，遍寻吴起、虞卿、荀况、张苍、贾谊、司马迁、刘向、刘歆、贾逵等人《左氏》古义，论难辨析，写成札记 900 条，成《春秋左传读》，约 50 万字。光绪末年，又撰写了《春秋左传读叙录》、《砭〈左氏春秋考证〉》、《驳〈箴膏肓评〉》、《镏（刘）子政左氏说》等，驳斥康有为关于《左传》为刘歆伪造的论点。他认为，儒家经典应当以先秦古文书写的古本为准，而不应以口耳相传、到汉代方才用今文著之竹帛的今本为准。

图 5-8　《章氏丛书》

章太炎对我国语言文字的研究，也卓有成就。他结合历史发展过程考察语言文字的演变。所著《文始》一书，根据《说文》中象形独体字和准象形独体字 500 多字，"讨其物类，比其声韵"，寻求它们变易、孳乳的来龙去脉，指出《说文》的 9353 字中大部分演变的源流。汉字、汉语的构成，有形体、音韵、意义三个方面，他认为这三个方面必须统一起来加以考察，而且特别要求在审音方面下功夫，说："凡治小学，非传辨形体，要于推寻故言，得其经脉。不明音韵，不知一字数意所由生。"他在审定古音和现代方言方面，付出了大量劳动。他所著的《新方言》，则据今之方言俗语上推其根源，如其自序中所说："考方言者，在求其难通之语，笔札常文所不能悉，因以察其声音条贯，上稽《尔雅》、《方言》、《说文》诸书。敳然如析符之复合，斯为贵也。"① 它不仅是记录方言之书，而且是就今语依据声韵转变的条理以

① 《章太炎全集》（第七卷），上海人民出版社 1999 年版，第 3 页。

图5-9　《太炎文录初编》

考察语源的语源学著作。

章太炎对《庄子》一书早有接触，但是他自认为直到经历许多事变、流亡于日本东京时才真正有所领悟。这时他又读了许多国外哲学家的著作，如费希特、叔本华、康德等的书，对佛学也早有研究。东西方的哲学思想在他脑子里交锋，引起他不断地探索与思考。宣统元年（1909），他开始在《国粹学报》上发表《庄子解诂》，连续刊载了好几期。宣统二年（1910）又作《国故论衡》、《齐物论释》等。章太炎在哲学上广泛而深入的探求，使他对那个时代、环境和他所投身的革命一系列还相当隐秘却异常重要的矛盾，感觉敏锐，首次从世界观的高度来认识和说明这些矛盾，觅取解决矛盾的办法。他的研究，可以称作是那个时代精神的精华。《检论》，则是他对《訄书》重订本的再次修订。章太炎在《自定年谱》的"中华民国三年（1914）四十七岁"目下说："余感事既多，复取《訄书》增删，更名《检论》。"《检论》共有文章63篇，分为9卷。第1卷的4篇文章讨论中国民族的起源和形成的历史；第2卷10篇文章，讨论"六经"的起源和历史内容，实即为古代统治观念的形成史；卷3、卷4共17篇，为古代中国的思想学说史；卷5、卷6的9篇，从社会学角度考察中国的人口、语言、文字、心理、宗教、风俗等社会的一般问题；卷7的12篇，提出了从政治到经济制度改革的设想及其历史依据；卷8的4篇为人物评论，除扬雄外，所评的人物都是少数民族王朝统治时期汉族的不同类型的知识分子，如钱谦益，曾国藩等；卷9的7篇，则借对历史和时事的讨论，总结辛亥革命失败的经验教训，抨击袁世凯的黑暗统治；末篇《近思》，进一步指出，袁世凯复活帝制只能把中国引向帝国主义侵凌的殖民地的绝路。《太炎文录初编》共5卷，内《文录》2卷，为章太炎早年诗文的结集，收有诗文127篇。其考辨经史、疏释疑义，有许多精辟的见解；所作的传记诗文，影响也很大。章太炎由主张改良到革命以后，他的文章的战斗性更强，能起到震撼人心、石破天惊的作用。如其中的《驳康有为论革命书》就如一篇战斗檄文，在当时社会上引起极大的反响。《别录》3卷，收政论文和学术论文39篇。这些论文大部分是他在主编《民报》时所撰写的，从中可窥见他在辛亥革命时期的革命思想和学术观点。如他对大乘教所阐述的论点，对人们就有很大的启发意义。《补篇》收文 8 篇。

这套丛书较之民国 4 年（1915）上海右文社铅印本，内容更丰富，刊印也更精，其中《文始》9 卷，系影印手写本。

民国 6 年（1917）浙江省图书馆刊项元勋编著《台州经籍志》40 卷；民国 12 年（1923）又刊孙诒让编著的《温州经籍志》36 卷，首 1 卷。对于《温州经籍志》，《浙江著述考》说："此书有自定叙例大致以温州自唐至清，代有魁儒，著述斐然，而图经所载，仅具书名，不详崖略……爰据史志及各家文集，为知人论世之助；兼采晁陈'书录'、'书志'、《四库提要》、《千顷书目》等书，仿朱竹垞《经义考》，注其存、佚、未见三项……计著录一千三百余家，所目见者十之一。然浙江全省旧府属以经籍成专书惟金华、台州、平湖有之，略者或载目录，详者亦惟录序跋，而考证殊鲜。此书不仅序跋而已，目见者多繁征博引，举其得失，甚则于《四库提要》漏略者亦是援据故书雅记详加考证。"①

三、辑刊《快阁师石山房丛书》

民国 11 年（1922），浙江省图书馆刊《通鉴辑览》。民国 20 年（1931），刊清姚振宗辑《快阁师石山房丛书》（一作《珍本丛刊》）7 种，附 1 种。其目如下：

《七略别录佚文》1 卷，汉刘向撰；

《七略佚文》1 卷，汉刘歆撰；

《汉书艺文志条理》8 卷，"首"1 卷；

《汉书艺文志拾补》6 卷；

《隋书经籍志考证》52 卷，"首"1 卷；

《后汉艺文志》4 卷；

《三国艺文志》4 卷，附《姚海槎先生（振宇）年谱》1 卷，陶存煦撰。

姚振宗（1842—1906）字海槎，山阴人。尝官两淮运判。回乡后专攻目录学，曾编《汲古阁刊书目》2 卷，《百宋一廛书目》1 卷，《师石山房书录》若干卷。《七略》属目录学重要著作，可说是目录学之祖，由汉刘歆撰，是我国最早的图书目录分类著作，在我国目录学史上有重要

---

① 宋慈抱：《两浙著述考》，浙江人民出版社 1985 年版，第 1201 页。

地位。《两浙著作考》说到姚振宗辑刊《快阁师石山房丛书》的缘起说："邑人陶方琦（字子珍，号湘湄，会稽人）督学湖北，鄂督彭祖贤以修《湖北通志》相属，振宗为分纂艺文志。蹑迹刘略、兰台石室之储，故府录藏之籍，博士章句之书，士子传习之本，挂漏犹多，辑其所未著录者，综三百四十种，二百八十五家，成《汉书艺文志拾补》6卷。范晔《后汉书》艺文阙如，钱氏（钱沉，晋山阴人，官著作郎，撰《后汉书》）补志漫无制裁。侯康（字君谟，广东番禺人。作有《后汉书补注续》）所辑，未竟全功，作为《后汉艺文志》4卷。三国六十年间，干戈日寻，文教不衰，陈（寿）书、裴（松之）注，并阙艺文。以书类人，严断世次，成《三国艺文志》4卷。复以《班志》（指《汉书》）伦类井然，而渔仲（指郑樵，字渔仲，学者称为夹漈先生，著有《通志》）弱侯（指焦竑，字弱侯，号澹园，江苏江宁人，著有《国史经籍志》）犹未尽解，王氏考证（宋王应麟有《汉书艺文志考证》），亦乖体例，分别部居，成《汉书艺文志条理》8卷。益进而发愤于《隋志》，簿录之籍，存于今者，惟此为古，章氏（章宗源，字逢之，山阴人。撰有《隋书经籍志考证》）尝事理董，杂佚文于目录，缺撰人之爵里，乃钩稽源委，作为《隋书艺文志考证》52卷。振宗复以目录之学，昉自刘氏父子，辑《七略别录佚文》一卷，《七略佚文》一卷，总为《师石山房丛书》。"①

从民国18年至20年（1929—1931），浙江省图书馆陆续编印了陆祖谷编的《善本书目题识》，张釜编《重编文渊阁目》，金步瀛编《丛书子目索引》、《别集索引》、程长源编《图书集成索引》、金天游等编《汉译西文书目索引》以及清徐秉义编的《培林堂书目》，徐乾学编的《传是楼书目》等目录学著作。在这期间，又编发了宋王应麟所撰《四明文献集》，清钱谦益的《钱注杜工部集》，以及当代陈训慈等所辑《丁松生百年纪念集》等。出版了刘澡编的《图书之选购》、许振东编的《图书之流通》、曹功济编《国学用书举要》，陈豪楚编《工具参考用书提要》以及《浙江全省图书馆概览》等。以上这些书都是铅印本。

由浙江图书馆工作人员自己撰写的图书馆学著作，则有民国18年（1929）的杨立诚、金步瀛合著的《中国藏书家考略》，民国33年（1944）洪焕椿编著的《图书馆学论文备检》等。

民国5年（1916）浙江省图书馆创刊的《浙江公立图书馆年报》，可以说是我国图书馆学中最早编刊的专业刊物。它先后出版的专业刊物还

---

① 宋慈抱：《两浙著述考》，浙江人民出版社1985年版，第1206页。

有《浙江图书馆报》（1927 年 12 月—1931 年 12 月），《浙江省立图书馆月刊》（1932 年 3 月—1933 年 1 月）；《浙江省立图书馆馆刊》（月刊，1933 年 2 月—1935 年 12 月），《文澜学报》（年刊，1935 年 1 月—1937 年 6 月），《图书展望》（月刊，1935 年 10 月—1937 年 8 月），民国 35 年复刊（1946 年 10 月—1949 年 1 月），《浙江图书馆通讯》（1941 年 12 月—1943 年 6 月）等。

浙江省图书馆出书不多，但所出版的图书如《蓬莱轩地理丛书》、《台州经籍志》、《章氏丛书》、《温州经籍志》、《半厂丛书》、《小学答问》、《二十二子》等，都具有很高的学术价值，为读者所欢迎，影响深远。

第三节　罗振玉醉心古籍丛残

罗振玉（1866—1940）在辛亥革命后，为复辟清王朝尽心竭力，后来帮助日本人在东北建立了伪满洲国，在政治上趋于保守，甚至走向反动。这自是历史事实，无须回避。但是他在抢救、保护文化遗产，整理、刊刻古籍丛残方面却有突出的贡献，功不可没。罗振玉，字式如，又字叔言，号雪堂；又别署仇亭老人、东海愚民、永丰乡人等，浙江上虞人，侨居江苏淮安。他是我国著名的甲骨学家，与王国维（号观堂）、董作宾（号彦堂）、郭沫若（号鼎堂）并称"甲骨四堂"；又是文物收藏家、出版家。

罗振玉于光绪二十二年（1896）开始出版活动。先与蒋伯斧在上海创办农学社，次年即创刊《农学报》，成为我国最早介绍农业科学的报刊之一。接着他又创办了东文学社，教授日文。光绪二十七年（1901），在上海创办了

图 5 - 10　罗振玉

《教育世界》杂志。光绪三十年（1904）在南京创办江苏师范学堂。

光绪三十二年（1906）罗振玉被调入京，任学部二等咨询官；宣统元年（1909）又补参事官。一度受命经理内阁大库档案。其中部分明清档案已装入 8000 麻袋，拟付之一炬，他及时加以制止，从而抢救下一批宝贵文物。民国 8 年（1919），他从日本回国，寓居天津。民国 11 年

（1922）春，因事去京，发现大批明清档案被当作废纸出售，他乃以高出原价 3 倍的价格把它们买下，后分门别类编辑而成《史料丛刊》、《明季史料拾零》、《国朝史料拾零》出版，深受欢迎，并纠正了《皇朝文献通考》一书中之某些错误，从而在学术界引起很大反响。

以上所说罗振玉在上海的出版活动，对他来说只是牛刀初试。后来他与王国维一起，研究甲骨学、敦煌古简佚书等，将他们的研究成果付之出版。这些出版物具有划时代意义，其学术价值之高、影响之大，出乎人们之意料。

一、王国维对罗振玉刻书的评价

对于罗振玉的出版活动，王国维有极高的评价。他在《雪堂校刊群书叙录》中说："近世学术之盛，不得不归诸刊书者之功。刊书之家，约分二等：一曰'好事'，二曰'笃古'。若近世吴县之黄（丕烈）、长塘之鲍（廷博）、虞山之张（海鹏）、金山之钱（熙祚），可谓好事者矣。若阳湖孙氏（星衍）、钱塘卢氏（文弨），可谓笃古者矣。然此诸氏者，皆生国家全盛之日，物力饶裕，士大夫又崇尚学术，诸氏或席丰厚，或居官师之位，有所凭借，其事业未可云卓绝也。若夫生无妄之世，小雅

图 5–11　王国维

尽废之后，而以学术之存亡为己责，搜集之，考订之，流通之，举天下之物，不足以易其尚，极天下之至艰，而卒有以达其志，此于古之刊书者，未之前闻，始于吾雪堂先生……先生校刊之书，多至数百种，于其殊尤者，皆有叙录。戊午（当为民国 7 年——1918）夏日，集为 2 卷，别行于世。案先生之书，其有功学术之最大者，曰《殷墟书契前后编》、曰《流沙坠简》、曰《鸣沙石室古佚书》及《鸣沙石室古籍丛残》，此四者之一，已足敌孔壁、汲冢之所出。其余所集之古器、古籍，亦皆间世之神物，而大都出于先生之世……而此间世而出之神物，或有时而毁，是虽出犹不出也。先生独以学术为性命，以此古器、古籍，为性命所寄之躯体，思所以寿此躯体者，与常人之视养其口腹无以异。辛亥以后，流寓海外，鬻长物以自给，而殷墟甲骨与敦煌古简佚书，先后印行。国家与群力所不能为者，竟以一流人之力成之……自编次、校写、选工、监役，下至装潢之款式，

纸墨之料量，诸凌杂烦辱之事，为古学人所不屑为者，而先生亲之。举力之所及，而惟传古之是务。知天生神物，复生先生于是时，固有非偶然者。"① 这一段话不免有溢美之词，但离事实也不远。谢国桢先生也在《雪堂所编丛书解题》中说："先生学术之博，见闻之广，高出群伦，非陋儒可及。而综其生平撰述，辑为丛书，为类尤繁。"

二、罗振玉的甲骨学专著

罗振玉是"甲骨四堂"之首。他见到刻有文字的甲骨，是在清光绪二十七年（1901），也即甲骨文发现两年之后。当年他在《老残游记》的作者刘鹗家中作西宾，见到这 3000 年前之古物，又惊又喜，感叹道："此汉以来小学家若张、杜、杨、许诸儒所不得见者也。今山川效灵，三千年而一泄其秘，且适吾之生，所以谋流传而悠远之，我之责也。"在发下这一宏愿之后，随即帮助刘鹗编成了我国第一部甲骨著录书——《铁云藏龟》（铁云，刘鹗字）。自己则于光绪三十二年（1906）开始收藏甲骨。到宣统三年（1911），他已拥有甲骨 1.2 万片。利用公余，将这些甲骨一一捡出，选出其中"尤异者三千片"，拓墨成片，分类编次，成《殷墟书契》20 卷，陆续在当时的《国学丛刊》上发表。在此前后，经过 3 个月的精心构撰，他又完成《殷商贞卜文字考》一书，考释单字 433 个。此书为甲骨文的奠基之作，于宣统二年（1910）以其书室玉简斋的名义刊行。"四堂之一"的董作宾说："《铁云藏龟》问世后，孙仲容（即浙江瑞安孙诒让）作《契文举例》，首为考释。而考定小屯为武乙之墟、审释卜辞帝王名号者为先生（指罗振玉）。至若文字之考释，其所著《殷商贞卜文字考》一事，实上承孙氏未竟之绪，下启文字考释之端。其于殷契材料之流布，则有《殷墟书契前编》、'后编'、'续编'及《殷墟书契菁华》等书之印行。"

1911 年，辛亥革命爆发，作为清朝遗臣之罗振玉东渡日本，虽然满怀故国之思，却仍未忘情于甲骨，和王国维一起把携去的甲骨精心拣选，耗去约一年多时间，编成《殷墟书契前编》8 卷，著录甲骨 2221 片，于民国 2 年（1913）以珂罗版影印出版。此书印制精美，只印 100 部，投放市场后供不应求，一再重印。民国 3 年（1914），又编辑出版了《殷墟书契菁华》，收录大骨四版共 68 片，内容涉及商初之战争、天象等，出版后也迅即售罄，曾多次翻印。民国 4 年（1915），刘鹗已归道山，为了

① 徐洪兴：《王国维文选》，上海远东出版社 1997 年版，第 350 页。

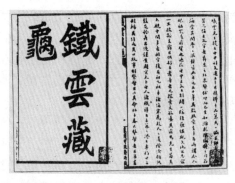

图 5–12 《铁云藏龟》封面及序

纪念这位生前好友，也是儿女亲家，罗振玉选取刘鹗送给他而在《铁云藏龟》中未收入的甲骨共 40 片，编成《铁云藏龟之余》，于当年 6 月影印出版。接着又遴选甲骨千余品，编成《殷墟书契后编》出版。其中收录甲骨共 1104 片，内容涉及商代之农业、天象、商业经济等多方面史料，弥足珍贵。

罗振玉一生共收藏甲骨 3 万余片，出版甲骨学专著 6 部，对我国甲骨学之建立与发展，作出了重要贡献。郭沫若说："甲骨自出土后，其搜集、保存、传播之功，罗氏当居第一；而考释之功也深赖罗氏。"此话是中肯的。

三、罗氏所刊丛书景印本

罗振玉一生致力于考古学的研究，对敦煌文献之整理，贡献颇巨。敦煌在甘肃省，有我国著名的石窟，称敦煌石窟或莫高窟，俗称千佛洞。窟内现存壁画和雕塑作品共 492 窟，并有一藏经洞，其中保存着大量历史文物和各种艺术品。罗振玉倾心于研究敦煌文物，却由一名盗窃敦煌文物的外国人所引起。据董彦堂说："清光绪三十年（1904），英人斯坦因，不顾法令，盗窃敦煌'千佛洞'大量古物返国，计写本廿四箱，重要器物五箱。法人伯希和，亦取得写本十余篋，计六七千卷。宣统初，伯希和贸宅于京师'苏州胡同'，将启程返国。其所得敦煌'鸣沙石室'古卷，已先运归，而以尚存于行篋者求教于先生（指罗振玉）。伯氏出示唐人写本及石刻，先生诧为奇宝。伯氏告以石室尚存卷轴约八千，以佛经为多，宜早购置京师。"（后来"终购得八千卷"）斯坦因原籍匈牙利，从光绪二十六年（1900）到民国 5 年（1916）曾三次进入我国新疆、甘肃一带活动，从敦煌石窟窃去大量珍藏达千年之久的写经、写本、佛经绘图以及版画等。伯希和则是法国人。他从光绪三十二年到三十四年（1906—1908）在我国敦煌石窟窃走的珍贵古物也为数不少。回国后他撰成《敦煌千佛洞》一书，遂成为一名汉学家。此二事对罗振玉与王国维二人震动甚大，从此潜心搜罗、研究敦煌文物，并编撰出版了大批古籍丛书，成果累累。

罗振玉所刊丛书，大多以上虞罗氏或其书室的名义刊行，刊址不详，有在东瀛的，也有在辽东的，真正在上虞刊行的并不多。为了表明其所刊丛书之多，种类之广，从宣统二年（1910）起至民国36年（1947）包括其子福颐所刊书在内，均列于其名下，以见其对抢救文化用心之良苦。

先介绍其所刊丛书中之景印本。景印就是影印，也就是用照相或化学的方法制版印刷图书，一般用于翻印图表或者比较珍贵的古籍与某些应保存原样的图书。

清宣统三年（1911）景刊《宸翰楼丛书》5种本，收唐郭京《周易举正》等书，可谓初试锋芒。

民国2年（1913）刊《鸣沙石室佚书》"初编"，民国6年（1917）又刊"续编"。"初编"18种，多据唐写本影印。收经部《隶古定尚书》残3卷（卷三、卷五、卷十一存），汉孔安国传。《春秋穀梁传解释》残1卷（存卷五），魏糜信撰。《论语郑氏注》残1卷（卷二），汉郑玄撰。史部《春秋后国语》残4卷（存卷五至八），晋孔衍撰；《晋纪》残1卷；《阃外春秋》残2卷（存卷四至五），唐李筌撰；《张延绶别传》残1卷，附《张义潮传》1卷，罗振玉撰，排印本；《春秋后语卷背记》1卷；《水部式》残1卷；《诸道山河地名要略》残1卷（存卷二），唐韦澳撰；《残地志》（一名《贞元十道录》）1卷，唐贾耽撰；《沙州图经》残1卷；《西州图经》残1卷。子部《太公家教》残1卷；《星占》残1卷；《阴阳书》残1卷（存卷十三），据六朝写本景印。集部有《修文殿御览》残1卷，（北齐）祖珽等撰；《兔园策府》残1卷（存序），唐杜嗣先撰；《唐人选唐诗》残1卷。"续编"4种4卷：《大云无想经》残1卷（存卷九），据姚秦写本景印；《老子化胡经》残2卷（存卷一、卷十），晋王浮撰；《摩尼教规》残1卷；《景教三威蒙度赞》1卷。

"鸣沙石室"在甘肃敦煌县南。《鸣沙石室佚书》据董作宾说："伯氏归国时，先生据其所得敦煌书目，择其尤者摄影，先后编成《鸣沙石室佚书》、《古籍丛残》。"[1] "初编"所收第一本书《隶古定尚书》，据说是在孔子住宅的墙壁中发现的，所以也叫作'孔壁本'。孔子的11世孙孔安国对它进行了研究，发现45篇中有29篇和"伏生本"（也即所谓今文《尚书》）基本相同，把它用隶古字写定，送到官府，又作了传，此即所谓古文《尚书》。《春秋后语》为东晋史家孔衍所著，宋元之际亡佚，罗振玉藏有敦煌所出的该书唐写本。王国维对其背记所载文学方面专门

_____

① 〔台〕高拜石：《新编古春风楼琐》（七），作家出版社2004年版，第54—55页。

写了跋文，即《唐写本〈春秋后语〉背记跋》，其中说道："背记凡八条，中有西番书一行，余汉字，七条皆以木笔书之。内有咸通皇帝判官王文瑀语，盖唐咸通间人所书。末有词三阕，前二阕不著调名，观其句法，知为《望江南》，后一阕，则《菩萨蛮》也。"《太公家教》则汇集唐以前民间谚语，用以教育儿童的童蒙读本。这本书也出自敦煌莫高窟，是斯坦因、伯希和劫后所遗。这些书虽都是残卷，却是世间罕见之本，具有重要的文献价值和历史价值。

图 5－13　《鸣沙石室古籍丛残》

图 5－14　《吉石庵丛书》

民国 3 年（1914）至 6 年（1917）又刊《吉石庵丛书》，景印本，一集 10 种 12 卷，二集 3 种 21 卷，三集 6 种，四集 8 种。或据敦煌写本景印，或据古写本景印，或据拓本景印，或据旧刊本景印，都是传世极少的残卷及残石拓本等。这些书是罗氏侨寓日本时所辑，多为东瀛诸家藏书，亦有巴黎、伦敦所藏敦煌古写本，还有北宋本，或据拓本、钞本景印，十分珍贵。

民国 4 年（1915），罗振玉又刊《永慕园丛书》6 种 18 卷：《流沙坠简》1 卷、罗与王国维撰"考释"3 卷、"补遗考释"1 卷；罗振玉撰《秦金石刻辞》3 卷；罗辑《秦汉瓦当文字》5 卷；吴大澂撰《权衡度量实验考》1 卷；罗撰《蒿里遗珍》1 卷、"考释"1 卷；又辑《四朝钞币录》1 卷、"考释"1 卷。

其中《流沙坠简》，如王国维所说为"间世之神物"。据董作宾说："光绪戊申（光绪三十四年——1908）西陲出汉晋古简千余，为斯坦因所得，斯氏请法儒沙畹教授为之考证，书成寄先生（指罗振玉）。先生乃分为三类：与王静安（国维）任考证，先生撰《小学术数方技》书、《简牍遗文》各 1 卷，王氏成《屯戍丛残考释》，合而成《流沙坠简》三卷（尚有'考释'3 卷）。是书行世，影响于学术界甚大。"《流沙坠简》是据法国人沙畹教授书中的照片，选录英人斯坦因从我国盗去的简牍、纸片、帛书等共588枚编辑而成的。其中王国维所作《屯戍丛残考释》最为重要，分量也最多，对汉代的屯戍、烽燧等制度，都有详尽的考证与反映。据考定，汉代烽用火，燧用烟，夜用火，昼用烟；烽之多少，表明敌之远近；燧则表明入侵者之数量，如敌不满五百，放燧一炬；敌五百骑以上，放三炬；千人放四炬，万人亦四炬，等等。第一部分收有残历、医方、占卜书等，其“补遗”部分则选录斯坦因盗去的晋初木简以及日本人橘瑞超在罗布泊盗去的简牍与纸片。王国维作有《流沙坠简序》及“后序”。

民国2—5年间（1913—1916），罗振玉又景刊金石类丛书《雪古丛编》，收书10种11卷。有《铁云藏龟之余》，《殷墟书契待问编》，《齐鲁封泥集存》、“续存”、《汉晋石刻墨影》以及翁大年撰《古兵符考略残稿》、吴大澂撰《续百姓印谱》等。民国3—5年（1914—1916）又刊《楚雨楼丛书初集》，收有《殷文存》、《石鼓文考释》、《秦金石刻辞》、《金泥石屑》、《古器物范围录》、《隋唐以来官印集存》、《万里遗珍》等。

民国3年（1914）景刊《宸翰楼丛书》8种本，收：《周易举正》3卷，唐郭京撰，据独山莫氏宋钞本景印。《东汉书刊误》4卷，宋刘攽撰，据宋本景刊。《宋季三朝政要》6卷，据元皇庆本景刊。《昭陵碑录》3卷、“校录札记”1卷、“补”1卷，罗振玉辑并撰札记。《三辅黄图》6卷，据元余氏勤有堂本景刊。《一切如来尊胜陀罗尼经》1卷，据敦煌唐刊本景刊。《肇论中吴集解》3卷，宋释净源撰，据宋本景刊。《图绘宝鉴》5卷、“补遗”1卷，元夏文彦撰，据元至正本景刊。

这部丛书是他取家中“藏书中宋元椠本之难得者”影写付湖北雕版的。宣统三年（1911）先刊5种。辛亥革命后于民国3年（1914）重编，又补3种，而成8种本。

民国6年（1917），罗振玉再景刊《鸣沙石室古籍丛残》，据晋唐写本、经史旧籍景刊。分“群经丛残”与“群书丛残”两部分。收《周易》、《尚书》、《毛诗》、《礼记》、《春秋》、《论语》等残卷，又有《汉书》残本、《庄子》残本、《文选》残本等。这些书虽是残本，世不经见，也难能可贵。

另外刊年不详的有《贞松堂藏西陲秘籍丛残》一、二、三集，也是景印本。

罗振玉还刊有不少非景刊的丛书、专集：

宣统二年（1910）刊《玉简斋丛书》一、二集。一集收书14种51卷，多边疆史乘；二集收书8种24卷，为各家藏书目录。

民国 4 年（1915）刊《雪堂丛刻》，收书 52 种类 117 卷，铅印本。此丛刊收辑散佚的敦煌卷子，如《二十五等人国》、《无上秘要》等以及王国维的重要考证著作，如《鬼方昆夷獫狁考》、《生霸死霸考》、《秦汉郡考》等共 13 种，罗振玉自撰的《高昌鞠氏年表》、《海外贞珉录》等12 种。其历史价值与学术价值非同一般。《高昌鞠氏年表》又作《高昌氏系谱》，是据日人大谷伯在我国窃去的西陲古物，再据高昌墓砖考证编撰而成的。

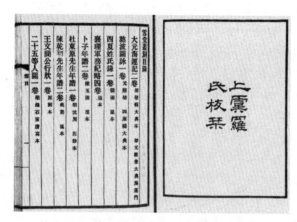

图 5-15　雪堂丛刻目录

民国 11 年（1922）刊《永丰乡人杂著》8 种 11 卷，次年刊"续编"6 种 70 卷，附 1 种 2 卷。又以上虞罗氏贻安堂凝室名义，刊自撰《甲、乙、丙、丁稿》。

罗振玉在日本期间，也刻了不少书，其中有排印本，有石印本，也有景印本。最早的是民国 3 年（1914）由日本京都东山侨舍所刊《云窗丛刻》，景印本。民国 7 年（1918）刊《嘉草轩丛书》，也是景印本。民国 13 年（1924）有罗振玉辑，由日本东方学会排印的《东方学会丛书初集》，还有刊年不详的东方学会排印本《六经堪丛书》、民国 17 年（1928）的《殷礼在斯堂丛书》等。

晚年，罗振玉迁居辽宁。在那里也刊了不少书：民国 18 年（1929）刊自撰《松翁居辽后所著书》，民国 22 年（1933）刊《辽居杂著乙稿》，次年刊"丙稿"，又刊所辑《百爵斋丛刊》，民国 26 年（1937）刊《七经堪丛刊》。以上都为石印本。他一生著作达 189 种，校刊书籍 642 种。罗振玉死后，其子罗福颐又先后刊有《贞松老人遗稿》甲、乙、丙集，铅字排印本。

第六章 开民智启新猷

——新文化运动中的浙江出版业

1919 年 5 月 4 日，北京爆发了一场反对帝国主义、反对卖国政府的爱国学生运动。全国各地纷起响应，迅即形成一场全国性的声势浩大的全民爱国运动。这个运动迫使北京政府拒绝在巴黎和约上签字，并下令解除了曹汝霖、章宗祥、陆宗舆三个卖国贼的职务，取得了初步胜利。以后运动逐步向纵深发展，由政治运动逐步演变而成为席卷全国的新文化运动。

这场新文化运动其实酝酿已久，可追溯到 1915 年 9 月陈独秀在上海创办《青年杂志》。在这份杂志的创刊号上，陈独秀发表了《敬告青年》一文，向广大青年"谨陈六义"：第一，自主的而非奴隶的；第二，进步的而非保守的；第三，进取的而非退隐的；第四，世界的而非锁国的；第五，实利的而非虚文的；第六，科学的而非想象的。说："国人而欲脱蒙昧时代，羞为浅化之民也，则急起直追，当以科学与人权并重。"[1] 提出科学与人权。不久，《青年杂志》迁往北京出版，改名为《新青年》，李大钊、鲁迅以及一批进步青年也加入其行列，于是影响愈来愈大，成为广大青年反对专制、提倡民主，反对迷信、提倡科学，反对旧文学、提倡新文学的一面旗帜。1917 年 11 月 7 日，俄国的十月革命取得了胜利，建立了新的苏维埃共和国，工农大众成了国家的主人。有了榜样，于是大家底气更足，勇气更大。李大钊在《新青年》上发表了《庶民的胜利》、《布尔什维主义的胜利》等文章，增加了宣传社会主义的新内容。陈独秀在《新青年》第 6 卷第 1 号发表文章指出，五四运动是以民主和科学为武器去破坏封建主义的旧道德、旧思想、旧文化的。说："要拥护那德先生，便不得不反对孔教、礼法、贞节、旧伦理、旧政治；要拥护那赛先生，便不得不反对国粹和旧文学。"在一二年内，全国各地的革命

---

① 陈独秀：《独秀文存》，安徽人民出版社 1996 年版，第 3—9 页。

报刊风起云涌，一些先进知识分子并成立了各种文学团体和各种出版机构，把我国的文化运动推向高潮，出版工作出现了欣欣向荣的局面。

第一节　"一师风潮"爆发　革命报刊蜂起

　　五四运动对浙江的影响至深且钜。北京爆发爱国学生运动的消息传到浙江以后，广大学生立即起来响应。他们走上街头，发表演讲，散布传单，号召"同胞速醒"。"一师"师生一直走在斗争的最前列。"一师"是浙江省立第一师范学校的简称，其前身是两级师范学堂。在 1919 年，因为反对学堂监督夏震武对教师的无理要求而发动"木瓜之役"，有革命的传统。而今日的"一师"校长经亨颐（1877—1938）又是时代的先驱。经亨颐，字子渊，号石禅，上虞人。早年加入同盟会和南社，留学日本，毕业于日本东京高等师范物理科，1912 年被任命为"一师"校长。他进入"一师"后，进行了四项改革：职员专任，学生自治，改授国语并改组学科制；同时聘请陈望道、夏丏尊、刘大白、李次九等学有专长又思想进步的教师来校任教。他的教育方针是"养成健全人格，发展共和精神"。

图 6 - 1　"一师"
校长经亨颐

他的思想与改革措施受到广大师生的欢迎；在五四运动以后，全省革命报刊蜂起，"一师"学生不仅争相阅读各种进步报刊，还发起组织了"全国书报贩卖部"、"书报贩卖团"等，在校内积极推销《新青年》、《星期评论》、《湘江评论》等进步刊物。

一、"一师"创办《浙江新潮》引发"一师风潮"

　　1919 年 10 月 10 日，以"一师"学校校友会的名义与陈望道、夏丏尊等老师一起创办了《浙江省立第一师范学校校友会十日刊》，介绍各种新思想，新学说，并宣传教育改革。有些学生对此仍不满足，又联络"省立一中"、甲种工业学校的学生包括施存统（即施复亮）、俞秀松、沈乃熙（即夏衍）等 20 余人，于当年 11 月 11 日创刊了《浙江新潮》。他们壮志凌云，豪兴满怀，在《发刊词》中鲜明地提出"改造社会"的主张，说"改造的责任，在于农工劳动的；改造的方法，在于'自觉'和'联合'"。他们要求"第一步当以学生的自觉和联合，促进劳动界的自觉和联合。第二步当使学生界和劳动界联合。第三步当使学生都成为劳动者，谋劳动界的大联合"。可见，在他们的思想中已经把"劳动界"放在重要地位，认识到"劳动界"在改造社会中的重要作用，也认识到知识分子必须与工农群众相结合才能有所作为。夏衍说："从《浙江新潮》的内容看，这份刊物已经接受了十月革命的影响，却是很明白的。举例来说，在第一期上我们转载了日本《赤》杂志的一幅社会新路线图，指出了新社会改造的方向，终将走向'布尔塞维克'。"这份刊物在社会上一出现，即令广大民众刮目相看，也让一些旧营垒中的人物痛恨和嫉视。

《浙江新潮》第二期发表了施存统撰写的《非孝》一文，文章认为在家庭中应该用平等的"爱"来代替不平等的"孝道"。这一下触怒了封建卫道士们脆弱的神经，认为这是离经叛道，是大逆不道，非加以镇压不可。于是立即向一师发起了疯狂的反扑，在浙江的教育文化界引发了一场进步与倒退、改革与反改革的尖锐斗争，掀起了轩然大波。

1919 年 12 月，浙江的军政当局与教育界的旧势力联合在一起，以《浙江新潮》"主张社会改造、家庭革命，以劳动为神圣，以忠孝为罪恶"的罪名，宣布查封《浙江新潮》；他们心犹不甘，又进一步攻击主张改革旧教育、支持学生正义行动的一师校长经亨颐，联络省议会议员黄尚博等共 65 人联名上书指控经亨颐，"提倡非孝、废孔、公妻、共产主义；于校内发行《浙江新潮》、《校友会十日刊》等报刊，贻害青年，灭伦伤化"，要求对他"严令法办"。一时气焰十分嚣张。

1920 年 2 月 9 日，省长齐耀珊、教育厅长夏敬观趁学校放寒假的时机，下令免去经亨颐一师校长的职务，并宣布改组"一师"。"一师"学生自治会留校同学，立即通知寒假回家的学生提前返校，部分教员也参加到斗争行列中来，于是，在"一师"掀起了一场"挽经护校"运动。他们发表了"留经宣言"，指出"留经是和社会恶势力的一种斗争"。大有"不达目的，决不罢休"的态势。"一师"师生的正义行动，得到全国各地，甚至是留日、留美浙籍学生的支持，纷纷来信、来电表示声援。齐耀珊、夏敬观恼羞成怒，凭借他们掌握的权利，于 3 月 29 日深夜派遣千余名军警包围"一师"，企图用武力来驱散学生，解散"一师"。"一师"学生奋起反抗，杭州各校学生闻讯，纷纷赶来救应，结果终于迫使军警后退。反动当局这一阴谋未能得逞，在学生不屈不挠的斗争和社会

图6-2　《浙江新潮》

各界的压力下，不得不坐下来和学生重开谈判。最后同意学生提出的三点要求：第一，立即撤退在校军警；第二，立即收回"解散一师"的成命；第三，定期开学，原有教职员复职。校长经亨颐不肯回校复任，在北大教授蒋梦麟的协调下，乃改聘暨南大学教务长姜琦为新任校长。这一场震惊全国的"一师风潮"总算解决了，学校于4月17日复课。

二、革命报刊蜂起

"一师风潮"因《浙江风潮》而起，因此这可以说是新旧思想、新旧文化的一次交锋。这一场交锋，学生似乎是胜利了，但并不表明新思想、新文化已占了上风，相反地倒说明，旧的思想在一些人的脑子里根深蒂固，旧文化的营垒还十分坚固，在思想战线上，青年知识分子任重而道远。可喜的是这种交锋已有一个好的开端，据不完全统计，在五四期间及以后的一二年内，一些先进分子及共产党人创办的期刊如雨后春笋般生长，浙江新办的报刊有数十余种。"同胞速醒"、"改造社会"，成为这些刊物的总目标，办刊的主要宗旨。下面介绍几种主要刊物：

《教育潮》，是浙江教育行政机关所办的刊物。最早为清光绪三十四年（1908）七月创刊的《浙江教育官报》，刊登谕旨、部文、章程、规则、批行、准驳各件，保存了许多历史资料。该报对国内外有关教育方面的信息如实记载，又发表了有关教育的翔实的调查、统计资料，如浙江全省学校的分布情况、浙江留日学生的人数、名单和学科，以及欧美各国对外国留学生的规定、学费等等。辛亥革命以后，改名为《教育周报》。《教育周报》共刊出200余期。民国8年（1919）又改名为《教育潮》，由浙江省教育会主办，不仅充实了内容，也扩大了篇幅。

《教育潮》讨论如何建设新的教育制度，同时也从学习教育的角度，积极传播新思潮、新文化。它在发刊词中阐释了取名"潮"的含义：第一，"迁流递嬗之时间性，变化密移之空间性……故能刷新改进，永久续其生命于不替。"第二，有"扫腐摧坚之势力，除旧布新之功用"。它认为新思潮，就是 20 世纪世界的新潮流，是"人的潮流"，是"德莫克拉西"。汪馥泉在刊于第 3 期的文章《什么是现代的时代精神》一文中说："德莫克拉西"就是排斥"一切有害于增进社会上全体的人，做真正的人"，同"有害于增进社会上全体的人

图 6 - 3　《教育潮》

的幸福"的组织与行为。具体说，就是在经济上消灭资本主义，使社会上全体的人"各尽所能，各取所需"；在政治上消灭阶级差别，以"一个阶级——没有贫富贵贱——的社会上全体的人来治理政治"，在文化上消灭不平等，使社会上全体的人都受"真正的人"的教育和"增进社会上全体的人的幸福"的教育。反映了当时教育界先进人士的理想。

《教育潮》于民国 10 年（1921）出至第 6 期时，由于文教界的进步力量与反动势力的较量处于白热化阶段，各不相让，曾一度停刊。10 月份复出的第 7 期，面目全非，大力提倡"国粹"而反对各种新思潮。这理所当然地引起文化界进步人士的反对，撰文予以反击，不久，该刊以"经济困难"为由而宣布停刊。

《浙江青年团月刊》，这是浙江青年团筹备会主办的刊物，是在民国 8 年（1919）5 月在《浙江青年团五日刊》的基础上扩充而创办起来的。该刊以"灌输青年团思想，确定青年团宗旨，研究团的筹备手续、组织方法、设施程序，并报告国内外青年团状况为责任"，是一个既有思想性又具业务性的刊物，它曾发表"青年团和世界"、"青年团的性质"等文章。在论及创立青年团的必要和意义时，强调指出：教育是人类完全发达的根本，青年具有容易接受教育的特点，对青年施行教育顶要紧，也收效最大。创办青年团的目的就是为了"增进群治，裨补教育"。该刊认为现时的世界政治潮流趋向解放个性各种束缚，消除群性隔离，教育应该适应这种潮流。青年团从事社会教育，可充分发展个性，增进群性。

《杭州学生联合会会报》，这是杭州学生联合会的机关报，于民国 8 年（1919）6 月 25 日创刊。该刊以"唤起国民的爱国心"为宗旨，积极宣传反帝爱国思想。随着学生运动和工人运动的发展，该刊提出应该"根据世界潮流，促进知识阶级和劳动阶级彻底的觉悟，进而谋知识阶级和劳动阶级的联合。然后共同破坏现在世界黑暗、非理的强权，建设光明、合理的社会"。它不但指导各校的罢课、游行示威等爱国行动，对官厅对学生运动镇压也作了全面报道，进行谴责。如在第 31 期详细报告了"一师风潮"，32 期又报道了同年 4 月杭州学界为鲁闽案件和军事协约等问题，在湖滨公众运动场集会演讲，遭到反动军警袭击的情况。

该刊针对五四运动曾发表好几篇文章，对它的重大意义作了充分的评价。在第 31 期所刊《对于五四运动的周年观》中说："从前的学生差不多是被治的、束缚的、他律的，到了现在，高压不足为对学生的武器"，"学生懂得了'社会服务'，提高了自治的精神"。在同期的《庆祝五四纪念的真意义》一文中又说，"五四运动标志着社会从黑暗转到光明，人类从互竞转到互助，世界从强权主义转到人道主义"，认为五四运动的普遍精神就是"奋斗"与"牺牲"，因此纪念五四，必须继承发扬这些精神，联合被掠夺的阶级，驱除掠夺阶级，以求政治组织之根本改造。

《浙江省立第一师范学校校友会十日刊》，民国 8 年（1919）在杭州第一师范学校创刊，由李次九、陈望道、经亨颐、夏丏尊任编辑。该刊的内容大致可分为评论、学术研究、讲演、随感录、文艺、本校消息和通讯等几项，撰稿人多为一师的师生和校友。他们宣传新思想，主张教育改革，公开提出："教育是教人研求真理的，不是教人做古人的奴隶的；教育是教人高尚的人格的，不是教人干禄蠹的；教育是改良社会的，不是迎合旧社会的……我们要改造社会、转移人心，打破数千年来的偶像和权威，赶紧改革现行学制，使我们学校里的学生的创造力都得到充分自由的发展，才有希望。"这实际上也是经亨颐的主张。次年 11 月被迫停刊，共出 13 期。

《浙江新潮》周刊，也是五四运动以后，浙江的进步学生自发创办的刊物。它的前身是民国 8 年（1919）10 月 10 日在杭州创办的《双十》。当年 11 月 1 日，浙江第一师范、第一中学、甲科工业学校的学生施存统（即施复亮）、俞秀松、沈乃熙（即夏衍）等 20 多人发起，建立浙江新潮社，将《双十》改为《浙江新潮》出版。

《浙江新潮》面目一新，篇幅未扩大，但内容更新潮，文笔犀利。在创刊号中，即提出了一个完整的社会改造纲领，认为理想的新社会应是

"自由、互助、劳动"的社会，而现在的社会却存在着不少竞争、掠夺、束缚人身自由的东西，要"把人类从黑暗变为光明，从伪道变为真理，从兽性变为人道"，就必须破坏这些东西。为了达到这个目标，就要打破知识阶级与劳动阶级的界限，实行"劳动界的大联合"。第二期发表了施存统撰写的《非孝》一文，认为我们旧家庭中仅要求子女对父母尽孝道，这是不平等的，应该用平等的爱来代替"孝"。这一言论竟引起轩然大波，赞成者誉之为"雷霆风雨"，反对者则指责为"大逆不道"。浙江省督军卢永祥、省长齐耀珊对"一师"教育改革的种种做法本来就极度不满意，就抓住这篇文章向北京政府密告，要求立刻禁止出版。同年12月，北京政府即下令查禁，已编好的第三期，乃不得不转移到上海去印刷。《浙江新潮》虽只出版了三期，但在全国却产生了巨大影响，并远发到日本神户等地，在全国各地设有30多个发行处。

《钱江评论》周刊，于民国9年（1920）1月1日在杭州创刊。在第一期的"发刊旨趣"上，就明确宣称它是为了继承《浙江新潮》的精神而创办的。公开宣布，要迎接"世界新潮流"，适应"中国时势的趋向"，要"自由发表新思想"。指出："现在世界上'人道主义'的新潮流，已经是奔腾澎湃、席卷而来了！""无论是旧社会的现状，或者是新思想的内容，只要合乎'人道'的，就承认他的存在，欢迎他的传播"。它同样主张社会改造，认为："革命是革故鼎新的意思，不是朝代革新，'换汤不换药'的改良。"说："无论哪一种制度都不是永久无弊的，都不能永远不变的。一是旧制度和时势不适了……现在的社会制度，好像旧式的破房子一样，已经和现在的时势不适了，它的自身，实际上也已经崩坏了，正是应该改造的时候。"《钱江评论》对社会主义的苏联废除沙皇俄国掠夺我国所签订的不平等条约表示由衷的欢迎。在第九期上面发表了《浙江学生联合会答俄国劳动政府书》，热情歌颂十月革命的胜利，欢迎苏俄废除俄罗斯帝国主义对华不平等条约的外交政策。该刊还发表了讨论社会主义、农民问题和教育问题的文章。在《钱江评论》上发表的文章均不署名。该刊于当年6月20日停刊，共出版了13期。

《浙江第一中学学校学生自治会半月刊》，这是民国9年（1920）1月17日由浙江第一中学学生自治会创办的刊物，由翁廷栋等担任编辑。一中和一师是当时杭州两个具有进步倾向的学校，相互之间关系也十分密切，互有影响。一中校长吴文开，赞同经亨颐的教育改革主张，在经亨颐被调离一师时，他也被撤换了，一中学生也曾罢课抗争，但结果无济于事。从这个刊物发表文章的内容来看，除了谈自治的重要意义外，也用各种体裁的文章对黑暗的腐朽的统治表示不满。刊物特别注意平民教育问题，提出："要做根本的、普及的、永久的文化运动，就要从平民这方面着手，要开通平民的智识，普及平民的教育。"停刊时间不详。

《进修团团刊》，这是杭州一部分进步女青年所创办的刊物，于民国9年（1920）1月18日在杭州创刊。由浙江女子师范学校进修团负责编印。刊物内容偏重于研究妇女问题，曾发表讨论妇女解放、社交公开、普及女子教育等问题的文章。同年4月后停刊，共出3期。

《浙江实业丛报》，民国8年（1919）9月创刊。由浙江省实业厅主办。总经理胡耀章，总主编鄂慕寅。社址设在杭州保安桥南首。办刊宗旨为"振兴实业、推行国货、普及农工商贾知识"。每月出一册，每册40多页。该刊发行面广，在杭州及省内外其他城市设有代售点。

《浙人》旬刊，民国9年（1920）3月15日在杭州创刊。由浙江省立第一师范学校编印，查猛济、俞大同任主编。这时《浙江新潮》被封禁了，一师校长被调换了，不少进步学生被开除了，它是在杭州新文化运动遭到打击的逆流中诞生的。《浙人》的任务，是传播人的思想，提倡人的生活，建设人的社会。它说："做专制的官吏、做财产私有的资本家，做知识阶级的学阀，做醉生梦死的奴隶，做无职业的流氓，都不算是人，不能做人。惟具有奋斗精神、独立精神、互助精神的平民，才算是个人，能够做人。"认为现在所干的生活不是人的生活，所处的环境不是人的环境，要做一个人得先"脱离非人的生活"，而要脱离非人的生活，必先要改造人的环境。《浙人》的宗旨，就是要"改造现在所处的环境"，求得自由、平等、博爱、互助的生活。

《浙江第一师范十日刊》，创刊于民国9年（1920）11月10日，是省立第一师范学校师生共办的刊物，由刘延陵、姜琦等任编辑。经亨颐调走以后，一师仍维持原来的改革精神，又实行了学科制，设立各科的研究室，颁布了行政规程和学生自治会章程，并把为挽留经校长时提出的口号："维持本校改革精神，巩固浙江文化基础"，改成"扩张本校改革精神，推广浙江文化范围"。这刊物是原来的《一师校友会十日刊》的兄弟刊物，因此也用了不少篇幅谈论学生自治的问题。《校友会十日刊》第7、8期《自治主义的训练》一文中说："'学校是雏形的社会，并且是模范的社会'（杜威语），中国社会紊乱不堪，腐败不堪，要改造社会，先要给社会一个模范，要给社会一个模范，非从学校下手不可。"该刊的发刊词，就明确提出他们的主要目的是："第一，赤条条地发表我们校内的实况；第二，切切实实地说出我们的理想。"当时一些思想进步的教育工作者，抱着办好教育就能改造社会、拯救国家的观点，要求把每个学校都办好，而办好学校的主要手段，就是实行学生自治。"一师"除出版《校友会十日刊》与此十日刊外，还出版未公开发行的"学生自治会会刊"。

图6-4　浙江印刷公司工作互助会出版的《曲江工潮》

《曲江工潮》半月刊，浙江省第一份工人刊物，也是全国最早出现的工人刊物之一。由浙江印刷公司工作互助会（即工会）于民国9年（1920）12月在杭州创刊，共出13期。每期20页左右，印100多份，与各新闻单位、学校交换。主要领导人是工人倪忧天、徐梅坤等。聘请省立第一师范学生钱耕莘为主编；次年继聘魏金枝、陈乐我主持编务。该刊宗旨是"革新旧工业，研究新技术，图谋工界福利，增进工人知识"。作者多为工人和学生，内容多反映工人情况；又用通俗浅显的文字具体生动地向工人群众宣传：资本家不是工人的"恩人"而是"仇人"；号召工人们团结斗争，争取工人阶级的彻底解放。它发表了《工人解放的先决条件》、《工人教育的目的》等文章，指出在社会上广大劳动者被看成最卑贱的人，他们为了摆脱饥寒交迫的困境，为资本家当牛作马，忍受其残酷的剥削，有的甚至把资本家看成"救命之神"和"恩人"。文章向工人大声疾呼："资本家不是你们的恩人，而是你们最大的'仇人'。"指出世界上的文明和物质财富是劳动者创造的，而许多"文明"的蛀虫，却使劳动者过着非人的生活，劳动者应赶快设法摆脱这种处境。在《工人解放的先决条件》一文中还指出，要谋得工人的解放，首先要打倒工头，因工头是资本家的凶恶奴才，他们百般奉承资本家，残酷地欺压工人。这些文章虽然偏重于唤起工人和资本家做经济上的斗争，对阶级斗争的理解还比较肤浅，但由于文字通俗易懂，讲的道理浅近，对提高工人阶级的觉悟还是起到很大作用。民国 10 年（1921）11 月，浙江印刷公司工作互助会组织工人罢工，失败了，一些骨干分子相继离散，工人夜校也停办了，已经编好的第 14 期未及付印，即宣告终刊。今存《曲江工潮》是研究浙江早期工人运动的重要参考资料。

《责任》周刊，由进步社团"任社"于民国 11 年（1922）11 月 27 日创刊。由沈定一、宣中华等发起组织，宣中华、唐公宪、王贯三等任编辑，徐白民任主编。主要撰稿人有刘大白、宣中华、沈定一、义璋、唐公宪、魏金枝、杨之华等。编辑部设在萧山坎山，发行部设在杭州皮市巷 8 号。刊物所以取名"责任"，是因为"人各依自己的能力，负担人己间的责任……有工作才得生存，要生存必须劳动，劳动是责任，生存也是责任，这两重责任，为'人人都应该负担，不是那个人该负担劳动责任，那个人该负担生存责任'"。明确指出："责任就是生活的代价。"《责任》的社会理想，也就是刊物的宗旨："各尽所能，各取所需"，反对"不劳而获"，反对以私有制为基础的社会制度，提倡社会革命。认为现在社会的不平，就是因为有"许多人陷在现社会制度（私有经济制度）里而安坐着享受别人的工作，而不尽做人的责任的缘故"。所以，"非先革除私有经济制度不可"，"其他的一切制度现在存在的，都非革除不可"。怎样革除呢？作者回答："所有无产者，大家要团结起来，去做社会改革的实际运动，必能达到必胜的目的，决不会忧虑失败的危险。看呀，那距离中国最近的俄国，现在已经完全实行马克思主义了。"对俄国革命充满向往之情。

《责任》对于农民问题特别关注，发表了《劳动运动和农民运动》、《地主和资本主义》、《农民和革命》、《佃户和地主的关系》等文章，讨论土地问题和农民与革命的关系等问题。

《责任》对工人运动更加关切，对京汉铁路工人大罢工给予很高的评价，说"是中国劳动运动的先驱"。并指出中国工人运动的发展，震撼了帝国主义统治的基础，不能不引起帝国主义及其走狗莫大的恐惧和敌视。在第 6 期的《怎样救国》一文中说："帝国主义者，他们帮助袁世凯，帮助安福尔，帮助张作霖，帮助吴佩孚，帮助陈炯明，挑拨中国的内乱，造成中国现在的危状……""我们只有一条路，就是团结无产阶级的劳动群众来革命。"

《责任》的内容广泛，讨论农民问题、教育问题等等，也宣传共产主义思想。第 9 期发表宣中华"杀宣统"一文，认为不除宣统，养痈遗患，必为国家留下祸根。此文传至北京，北洋政府急函浙江省政府，取缔《责任》，并拘捕主编徐白民，刊物被迫停刊。

《兰友》旬刊，文学社团兰社于民国 12 年（1923）1 月 1 日在杭州创刊。出至第 17 期后停刊。社址初在清吟巷 7 号，后迁往大塔儿巷 10 号。主编戴梦鸥（戴望舒）。该刊受当时五四运动的影响，刊出了不少进步作品。第 12 期正逢 5 月 9 日国耻纪念日（袁世凯接受丧权辱国的"二十一条"），特出《国耻特刊》，发表了兰社主要成员张无净（张天翼）的《亡国奴之死》、戴梦鸥的《国破后》、孙弋红的《两个纪念日》等作品，抒发了爱国青年对祖国被宰割的沉痛心情。各期所刊戴梦鸥的《债》、李伊凉的《战场上的牺牲者》、戴涤源的《破晓》、张无净的《博士》等文章，揭示了当时人民的悲苦生活，引起人们的注意，设法疗救。

《宁波评论》，民国 13 年（1924）5 月 15 日创刊。开始由中国社会主义青年团宁波支部委托周天僇（共产党员）、谢传茂（团员）以个人名义出版，同年 7 月改为团地委机关报。初为半月刊，后刊期不定，铅印。该刊传播新思想、新文化，反对帝国主义，反对封建势力，宣传新三民主义。由明星书局发售，并在镇海、奉化、杭州、上海、南京等地设代售处。同年 11 月停刊，共出 10 期。

图 6-5　《火曜》

《火曜》周刊，民国 14 年（1925）3 月 24 日在宁波创刊。由共青团宁波地委主办。"火曜日"——周二出版。由宁波共青团地委书记潘念之（共产党员）任主编，华岗（团地委宣传部长）、汪子望任编辑。该刊在创刊号上声明：政治方面"提倡国民革命，反对帝国主义和军阀"，社会方面"提倡科学思想与民治精神，反对迷信与专制"。既维护孙中山先生国民革命思想，又传播马克思列宁主义。该刊除在宁属各县及杭州、绍兴、衢州发行外，又在上海、汉口、广州、成都等地书店寄售，发行量为 1000 份。当年 8 月 18 日被地方当局查封，共出 15 期。

《爱国青年》半月刊，民国 14 年（1925）5 月在宁波创办。系国家主义派刊物，主办李瑄卿。以宁波爱国青年社名义出版。发往上海、南京、汉口、武昌、杭州等地。次年 1 月停刊，共出版 18 期。

《宁波学生》，宁波学生联合会会刊。民国 14 年（1925）7 月 16 日在宁波创刊。发表作品以学生论文为主，也刊登报告、文学艺术作品等。初为周刊，民国 16 年 3 月起改为半月刊。

《甬江潮》周刊，中国国民党宁波市党部机关刊物。于民国 15 年（1926）7 月 15 日创刊。铅印。主编为蒋本菁（中国国民党宁波市党部委员、中共宁波地委国民运动委员会书记），编辑部设在中共宁波地委机关秘密驻地宁波启明女子中学内。创刊号刊载了宁波地委委员杨胥山以"陌生"的笔名发表的《本党援助工潮之意义及其经过》一文，揭露宁波军阀政府镇压工人群众和革命者的罪行，号召工人阶级起来反对压迫，进行正义的斗争。又发表了裘古怀寄自广州的报告国民革命军出师北伐的消息的一封信。7 月 30 日军阀政府逮捕了蒋本菁，查封刊物，并封闭了启明女中。

图 6-6　《新学报》

《新学报》半年刊。民国 9 年（1920）1 月创刊。由永嘉新学会主办，郑振铎参加编辑。该刊"发刊词"称："收集世界各种知识，集思广益，使新旧学术熔于一炉，铸成一种适用于实际生活的学说。"刊物内容涉及政治、经济、文化、教育、历史、哲学、医药卫生、妇女解放等多方面。郑振铎先后发表多篇文章，宣传爱国民主思想。次年停刊，共出 3 期。

《新乡人》（《新桐乡》），民国 8 年（1919）暑假期间，沈雁冰、孔德沚夫妇及其弟沈泽民等桐乡籍青年回乡，创建桐乡青年社，并创办了《新乡人》油印刊物。刊址设在乌镇植村小学内，由沈雁冰任主编。刊期不定，旨在"宣传新思想、新思潮，抨击旧道德、地方恶势力"。至民国 11 年（1922）初，沈雁冰提议易名为《新桐乡》，并改为铅印。它是浙江省所办的较早的一份宣传新文化运动的刊物，沈雁冰、沈泽民等在该刊发表的革命文艺作品和文艺理论文章，深受读者欢迎。民国 13 年（1924）春停刊。

《少年新塍》，民国 12 年（1923）10 月 10 日，由朱亮人、竺饮冰等进步青年在嘉兴新塍镇筹资创办，同时成立"少年新塍社"负责出版发行工作。该刊宗旨为揭露社会上黑暗、政府腐败的情况，推动社会进步。始为旬刊，翌年 3 月因经费困难改为月刊。非卖品，无偿赠阅。

《新塍半月刊》，民国 10 年（1921）2 月 16 日创刊，由嘉兴新塍镇

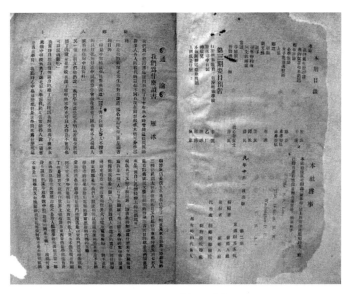

图6-7　《新乡人》

读书会主办。主编为朱亮人，办刊宗旨是："响应革命的民主运动，进行反帝、反封建、反军阀的宣传，开展新文化运动。"铅印，印500份。同年8月，改社名为"新社"，刊物内容和形式也作了较大的改进。发行范围扩大，除送往上海、江苏等地外，还邮寄北京、长沙及日本东京的留日同乡。民国12年上半年停办，共出版10期。

《微光报》，宣传新思想的进步刊物。民国11年（1922）10月20日创刊。由共读社主办。发行人始为金赞人，后为李祥伯。社址设在嘉善魏塘镇北门街。周二刊，每期4开4版。旨在"揭重重之黑幕，吐露一线之光"。先石印，后铅印，共发行117期。

《越声》，由绍兴旅杭学生同乡会主办的报刊，创刊于民国9年（1920）11月底，办刊目的是"联络乡谊，交换知识"。第1号刊登了"说中国学术思想不发达之原因"一文，认为原因有三：一受专制之毒和束缚，我国人民长期在专制制度下生活，当奴隶，学术思想无从发达。有人想提倡学术，就难免会遭受到焚书坑儒的待遇。二是受科举和八股文的影响。一般人只知熟读四书五经，死守八股套、平仄声。至于所学是否符合实际，是否合用，是否符合世界发展的趋势，都不去管它。三是尚古奥和秘密。这是我国学术思想不发达的主要原因。近年来专制和束缚，形式上虽然革除了，但是精神上还是照样受束缚。又刊登了

《美育运动》等几篇短文。其稿件主要由同乡会会员提供，也接受部分外稿。《越声》共出版几期不详。

《上虞声》，民国10年（1921）由旅沪的胡愈之、胡仲持、吴觉农等共同创办，地址在上海宝山路华兴里155号。宗旨为"开发民智，评衡邑政"。编印后寄上虞发行。开始月出两小册，两期后因经费困难停刊。民国13年（1924）10月复刊，月出单张。除在上虞发行外，还在杭州第一师范、南京青年会设代售处。民国15年（1926）4月，由夏丏尊、范寿康等50余人发起，改《上虞声》月刊为《上虞声三日刊》，社址在上虞百官镇旌教寺。由朱云楼任主编，胡愈之、吴觉农、叶作舟等任理事。设社论、特载、新闻、杂缀等版面。

《春晖》半月刊。民国11年（1922）10月创刊。由上虞春晖中学主办并发行。编务先后由夏丏尊、倪文庙、朱自清、丰子恺等负责。设有仰山楼、五夜讲话、曲院文艺、白马湖读书录、课余、他山之石、科学常识、校闻、童话等栏目。民国13年（1924）11月停刊，后又复刊；至民国19年（1930）终刊。

《石榴报》，民国16年（1927）5月，中共上虞独立支部在中国国民党左派掩护下，在丰惠镇义务小学内成立"石榴社"，共产党员叶天底与徐懋庸共同创办《石榴报》周刊。由徐懋庸任编辑，徐镜渠负责印刷，钱念先和葛继昌负责发行。第5期出刊后被查封。

《浦江》，浦江旅杭学生创办的进步刊物。民国14年（1925）在杭州创刊。期以"揭破奸愚，当前棒喝，故凡一切新闻、教育、论说之作品，只求有登载之价值，而予浦江以光明之路者，无任欢迎"。初设在杭州大方伯第一中学，从第3期起移至杭州贡院1号和省公立法政专门学校。初为报纸，从第6期起改为16开杂志。

《省委通讯》，中共浙江省委的内部刊物。约于民国16年（1927）9月在杭州创刊。创刊目的是为了"作党的种种问题讨论研究的材料"，刊载党的文件、指示、通告等。民国18年（1929）4月出至第8期，因四一二政变起，被迫转入地下，停刊时间不详。

除以上所说的影响较大的刊物外，各县市所办的刊物也不少，大多以宣传新思想、新文化为主。

浙江期刊在辛亥革命前夕，曾掀起一个高潮，在五四运动以后的新文化运动期间又形成了一个高潮。期刊作为舆论的工具，信息的载体，历史的纪录，浙江文化人已经运用得越来越熟练了，对打击敌人，团结人民，促进社会文明进步发挥了重要的作用。

第二节　陈望道翻译的《共产党宣言》出版

毛泽东同志说："十月革命一声炮响，给我们送来了马克思列宁主义。"苏联革命的胜利，在我们中国引起了强烈的反响，"走俄国人的路"，成为当时一些先进分子的理想。五四运动以后，传播马克思主义成为新文化运动的主要内容。浙江的先进分子和青年学生一方面如饥似渴地阅读各地的进步报刊，如《新青年》、《星期评论》、《湘江评论》等，以充实自己，一方面也大办报刊，宣传新思想、新学说，特别是马克思主义的学说。如上面所说到的《浙江新潮》，就是一师等进步学生向浙江广大青年宣传马克思主义的一个重要阵地。《曲江工潮》由浙江印刷工会创刊和经办，更是直接以广大工人为读者对象的刊物。

一、马克思主义的早期传播和实践

对马克思主义的传播，最早是从介绍俄国的十月革命开始的。而介绍十月革命最早的人，莫如绍兴籍的邵力子。1917 年 11 月 10 日，他在上海自己主编的《民国日报》上，以"突如其来之俄国政变"为题，报道了十月革命的消息。第二天，他又在《民国日报》上刊登了："'俄国大政变之情形'，'新政府似已得到海陆军多数赞助'等更加详细的消息。以后又在《民国日报》的'觉悟'副刊上译载了《劳动法典》、《婚姻律》、《文化政策》、《经济组织》等文章，介绍苏俄的各种制度。"[①] 邵力子（1882—1967）初名景奎，字仲辉，入学时改名闻泰，绍兴陶堰乡人。清末举人。光绪三十一年（1905）在上海震旦公学求学时，结识了于右任。第二年两人同赴日本考察。回国后，邵协助于右任在上海创办了《神州日报》。不久他又到日本，并加入了中国同盟会。民国成立后，1912 年又在上海与于右任创办了《民立报》。1914 年加入中国革命党，两年后又加入了中国国民党；并与叶楚伧一起在上海创办了《民国日报》，任主编。1919 年五四运动爆发，他在《民国日报》上特辟"觉悟"副刊，积极宣传新思想、新文化，支持五四爱国学生运动。1920 年 5 月，与陈独秀等人在上海发起建立了马克思主义研究会，8 月转为上海共产主义小组。1926 年 11 月以国民党代表身份出席共产国际执委会第七次扩大

---

① 金普森等：《浙江通史》（民国卷），浙江人民出版社 2005 年版。

会议，会后入莫斯科东方大学学习。1927 年 5 月回国。1940 年 6 月，出任中国驻苏联大使，对巩固中苏友好关系做出了一定的努力。1949 年 4 月，参加张治中为首的南京政府代表团在北平与中共和谈，失败后宣布脱离国民党。6 月参加中国人民政府协商会议，9 月被选为全国政协委员。

图 6 - 8　衙前农民协会旧址——衙前东岳庙

这一时期，沈雁冰（茅盾）、邵飘萍、郑振铎等也不断地撰写文章，介绍俄国革命和苏维埃政府的各种政策。萧山的沈定一，则在家乡领导开展我国最早的农民运动。沈定一（1892—1928）字剑侯，号玄庐，萧山衙前人。民国元年（1912），曾出任浙江省第一届议会议长。1919 年，与李汉俊等在上海创办《星期评论》，次年与陈独秀等一起组建上海共产主义小组。1921 年年初去广州，又与陈独秀一起创办《劳动与妇女》杂志，任主编。4 月返回浙江，在家乡创办衙前农村小学，请宣中华、徐白民、刘大白等任教，以提高农民的文化，同时发动农民，筹建农民协会。9 月 27 日，召开农民大会，正式成立了农民协会，并通过由他起草的《衙前农民协会宣言》和《衙前农民会章程》。一时，在萧绍平原相继建立起 80 多个农会。到年底，农民协会遭到军阀政府镇压，纷纷解散，共产主义的初步实践以失败而告终。沈定一的思想也发生了巨大变化，在 1925 年 5 月召开的国民党一届三中全会上，与戴季陶联合反共，被中共中央开除出党。以后成了国民党西山会议派的骨干。1928 年 8 月，在衙前车站被刺身亡。

二、陈望道与《共产党宣言》

浙江的先进分子一直重视马列主义著作的翻译工作。在这项工作中陈望道有突出贡献。陈望道（1891—1977），原名明融，号参一，笔名陈佛突、陈雪帆、南山、张华等，义乌夏演乡人。早年毕业于金华府中学堂。1915 年赴日本留学，先后在早稻田大学、东洋大学、中央大学攻读文学、哲学、法律等。他在日本结识了河上肇、山大均等著名进步学者，

开始钻研马克思主义的著作。1919 年回国，在
一师执教。他与夏丏尊、刘大白、李次九等在
经亨颐"养成健全人格、发展共和精神"的教
育思想指引下，向学生讲授新知识，介绍新思
潮，积极地参加新文化运动，被学生誉为"四
大金刚"。年底，学校放假，陈望道回到义乌
自己的家乡开始翻译《共产党宣言》。《共产党
宣言》是科学社会主义的纲领性文件，列宁
说："这本书篇幅不多，价值却相当于多部巨
著：它的精神至今还鼓舞着、推动着文明世界
全体有组织的正在进行斗争的无产阶级。"李
大钊、陈独秀这两位中国共产党创始人读了英

图 6－9　陈望道

文译本以后，认为应该赶快把它翻译成中文，
使许多人都能读。戴季陶主编《星期评论》
时，就想找一个人把它翻译出来在刊物上发表。邵力子向戴季陶推荐了
陈望道。从 1920 年 2 月起，陈望道在家乡一字不苟地埋头翻译。他所据
以翻译的本子，是由戴季陶提供的日文版的《共产党宣言》，以及由陈独
秀与李大钊向北京图书馆借来的英文版的《共产党宣言》。经过 5 个多月
的努力，陈望道把全书翻译完，交由陈独秀与李汉俊校阅一过，于当年 8
月作为"社会主义小丛书"第一种，由上海社会主义研究社公开出版。
这是我国出版《共产党宣言》的第一个中文全译本。先印了 1000 余册，
很快送完，9 月再重印一次。这部共产主义经典的出版与发行，在我国所
产生的影响无与伦比。据周作人回忆，鲁迅当时就说："望道在杭州大闹
了一阵之后，这次埋头苦干，把这本书翻译出来，对中国做了一件好
事。"毛泽东后来说，有三本书使他建立起对马克思主义的信仰，其中最
早的一本书就是《共产党宣言》。周恩来甚至当着陈望道的面说："我们
都是你教育出来的。"

　　陈望道译完《共产党宣言》以后，来到上海，又将日本河上肇所作
的《近世经济思想史论》中的部分内容译为《马克思的唯物史观》，在
《民国日报》的"觉悟"副刊上发表。以后又翻译了《空想和科学社会
主义》、《劳动运动通论》等文章。沈雁冰翻译了"共产主义是什么意
思"、"美国共产党党纲"，列宁著《国家与革命》第一章等在《共产党》
月刊发表；郑振铎翻译了列宁《俄罗斯政党》等在《新中国》杂志上发
表。这一时期发表的这些论著和文章无疑在广大工农群众和知识分子中

图6-10　《共产党宣言》第一个中译本封面

产生了重大影响，为以后中国共产党的建立制造了舆论。从而使中国工农大众的革命斗争找到了正确的方向，各地先后建立起共产主义小组，理论与实践结合起来，中国革命进入新时期。

　　1921年6月，上海的共产主义小组在共产国际的帮助下，与北京的李大钊、广州的陈独秀联系后，决定在上海召开中国共产党第一次全国代表大会。大会定于7月23日召开，邀请各地代表共12人参加。开会地点在原法租界的贝勒路树德里3号李汉俊的住宅内。大会进行中，7月30日晚上，忽有一人闯入会场。众人感到他形迹可疑，立即疏散。十几分钟后，法国巡捕突如其来地包围了会场。会议开不下去了，8月1日，代表们按照李达夫人王会悟的建议，转移到嘉兴，在南湖租了一条单夹弄丝网船，在船上继续未了的议程。经过一日的讨论，确定了党的纲领，选举产生了党的中央领导机构，至下午6点钟结束，完成了大会的全部议程，从而正式宣告中国共产党成立。这一次从上海开始到嘉兴南湖船上结束的中国共产党第一次全国代表大会，把中国的历史推进到一个全新的时代。

第三节　创建西泠印社促进金石篆刻艺术

　　清代末叶，浙江的篆刻艺术在全国占有独特的地位，"浙派"从乾隆时期的丁敬开始，风靡印坛达100余年。丁敬（1695—1765），字敬身，号钝丁，别号龙泓山人，钱塘（今杭州市）人。他的篆刻吸取秦印、汉印及前人的长处，擅长以切刀法刻印，苍劲质朴，别具面目。丁敬以后，蒋仁、黄易、奚冈、陈豫钟、陈鸿寿、赵之琛、钱松等人继起，他们追随丁敬，也宗秦汉，兼取众人之长，讲究刀法，在艺术上也取得较高的成就，遂形成了"浙派"。他们与丁敬共是8人，都是杭州人，故人们遂称之为"西泠八家"。他们是"浙派"的创始者，也是浙派的中坚力量。

一、在杭州创建西泠印社

"浙派"兴起以后，杭州在一段时间内篆刻家荟萃，西湖之滨成为研究篆刻金石的中心。光绪三十年（1904），篆刻家丁仁、叶铭、王禔、吴隐等人酝酿成立印社。他们的提议得到众多篆刻家的响应，于是选择在孤山的西泠桥畔建立起西泠印社。西泠印社宣告成立后，迅即成为全国金石篆刻艺术的中心。经大家讨论决定，推举吴昌硕为首任社长。

吴昌硕（1844—1927）原名俊，又作俊卿，初字香朴，中年改字昌硕，仓石，以字行。他的别号很多，有缶庐、缶道人、缶主人、缶记、缶翁、缶老等，又号苦铁、五湖印匄（丐）、大聋、大聋人等，孝丰（今属安吉）人。他14岁即开始学刻印，从此，"与印不一日离"，篆刻与绘画成为他生活的主要内容，一生的追求、从事的事业。他在艺术上有独特的见解，认为既要习古，又要"古人为宾我为主"，不对古人亦步亦趋。他作画注重神似和气势；篆刻则融合皖、浙诸家，并以秦玺、汉印、封泥及陶瓦文字入印，独创一派。他的书法朴茂雄健，尤擅石鼓文。绘画兼以篆

图6-11　吴昌硕

刻、狂草的笔意入画，溶诗、书、画、印四种艺术于一炉，成为任颐以后"海上画派"的代表人物，也是当时诗、书、画、印四绝的艺术大师，不仅誉满神州，也享誉海外，为外国艺人所服膺。

创建西泠印社，原以"保存金石、研究印学兼及书画"为宗旨，是一个学术团体。为了保存和研究的需要，成立之初，即开始编印印谱及碑帖等，并出售部分以供开销，后来就逐渐变成为金石篆刻类图书的出版机构。在清末及民国时期西泠印社编印的金石、篆刻、书法、绘画等图书，总共达100余种，其中手拓精钤的真迹印谱和金石碑帖等，更受读者的欢迎，饮誉海内外。

西泠印社创始人丁仁（1879—1949），在印社创立之初，为了筹措资金，把家中珍藏的"西泠八家"所刻的印，于光绪三十年（1904）汇编而成《西泠八家印选》，由名拓手王秀仁钤拓出售，深受读者欢迎。书前有罗榘序，说：

"古无以刻印名者，有之自吾乡吾氏始（吾氏指元代吾丘衍，又作吾

图 6—12　西泠印社

衍，字子行，号竹房、贞白，本西安——今衢州人，随父徙居钱塘）。自子行著《学古编》，而刻印之秘始宣……丁龙泓出，集秦汉之精华，变文何之蹊径，雄健高古，上掩古人。其后蒋山堂以古秀胜，奚铁生以淡雅胜，黄小松以遒劲胜，均以龙泓为师资之导，即世所称为武林四大家者也。山堂、铁生，人品绝高，自秘其技，不肯轻为人作，故流传绝少。龙泓性虽绝俗，惟求则必应，故两经兵燹，而传世多于蒋、奚二家。惟小松官于齐鲁，搜罗金石文字最富，故其刻印也，每以汉魏、六朝碑为师，雄深浑朴，时或出龙泓之外。余若秋堂以工致为宗，曼生以雄健自喜，次闲继出，虽为秋堂入室弟子，而转益多师，于里中四家无不摹仿，即无一不绝肖，晚年神与古化，锋锷所至，无不如志，实为四家后一大家。叔盖以忠义之气，寄之于腕，其刻石也，苍茫浑灏，如其为人，与次闲可称二劲，后人合之秋堂、曼生为武林八家。”①

　　西泠印社的创始者之一吴隐（1867—1922），曾与其妻共同研制成一种印泥，颇获篆刻界同仁的赞赏，被称为潜泉印泥。吴昌硕鼓励他开办印泥企业，批量生产，以应篆刻艺术发展的需要。西泠印社成立的当年，吴隐就在上海成立了西泠分社，初设于福建路归仁里，后迁至广东路，既编印各种印谱出售，又经营书画篆刻用品，潜泉印泥成为热销品种之一。吴隐编辑和出版印谱行世，颇有赖于潜泉印泥。吴昌硕先生曾把自己的用印和闲章给吴隐用潜泉印泥钤印拓成《缶庐印存》初一二集，并把自己的书法、绘画作品，交吴隐编辑成《苦铁碎金》一函，共 4 册，在上海西泠印社出版。吴隐在西泠印社创立时期共编辑出版了约 30 余种印谱，如《遯庵秦汉印选》、《遯庵秦汉古铜印谱》、《遯庵集古印存》、《龙泓山人印谱》、《秋景庵印谱》、《吉罗居士印谱》、《蒙泉外史印谱》、《求是斋印谱》、《种榆仙馆印谱》、《补罗迦室印谱》、《铁庐印谱》、《吴让之印谱》、《二金蝶堂印谱》、《金垒山人印谱》等，造福后学，促进印学的发展，起了巨大的作用。

　　西泠印社精钤的印谱，投入市场即令人刮目相看。由丁仁精选、名

　　①　韩天衡：《历代印学论文选》（下），西泠印社 1999 年版，第 639—640 页。

手王秀仁钤拓的《西泠八家印选》，不必说了，后来辑刊的《吴让之印存》等优秀印谱，均迅速售罄。让之为吴熙载字。吴熙载（1799—1870）原名廷飏，字让之，自称让翁，50岁后以字行，江苏仪征人。篆刻学邓石如，并参汉印，遒劲凝练中见流畅。他在《印存》自序中说："让之弱龄好弄，喜刻印章。十五岁乃见汉人作，悉心模仿十年。凡拟近代名工，亦务求肖乃已。又五年，始见完白山人（邓石如）作，尽弃其学而学之。今年秋，稼孙（魏锡曾，仁和人）自闽中来，问余存稿，遂告以六十年刻以万计，从未留一谱，自知不足存尔。就奁中自用者印以求证，不值一笑。"

光绪三十一年（1905）西泠印社辑刊《钱胡两家印辑》4册。钱指钱松（1807—1860），为"西泠八家"之一。初名松如，字叔盖，号耐青，别号未道士、西郭外史等，钱塘人。曾摹汉印2000方，雄厚纯朴，于浙派中别具面目。胡为胡震（1917—1862），字不恐、富春大岭长，后更字鼻山，别署胡鼻山人，富阳人。对钱松执弟子礼，所作亦近乃师。同治三年（1864）严荄集拓编成《钱胡印存》3册，吴云为作序曰："国朝昌明金石之学，摹印一门，亦力追古法。乾嘉间我浙金冬心、丁敬身、黄小松诸君，皆专宗汉魏，而又胸饶卷轴，精通六书，用能一洗唐以后积习。钱君叔盖、胡君鼻山，其继起者也……余观其繁简相参，位置合度，疏者不嫌其空，密者不嫌其实，清轻者不伤于巧，厚重者不同于板，一气鼓铸，无体不工，洵称一时瑜亮也。"[1]

西泠印社于光绪三十四年（1908）辑刊、《赵次闲印存》4册，宣统二年（1910）辑刊《补罗迦室印谱》20册，均为赵之琛的作品。赵之琛（1781—1860）字次闲，号献父，别署静观、宝月山人等，钱塘人。在"西泠八家"中，以精熟多能见长，书画篆刻皆能。篆刻得陈豫钟传授，其作风又近似陈曼生。郭麐为《补罗迦室印谱》作序曰："赵君次闲，秋堂之高弟。乃喜用曼生法，两人闻之，亦交相得也。大抵秋堂贵绵密，谨于法度；曼生跌荡自喜，然未尝度越矩矱……秋堂早逝，曼生、犀泉相继物故，今之言篆刻者，不次闲之归，而归谁乎？次闲既服食师说，而笔意于曼生为近。天机所到，逸趣横生，故能通两家之驿，而兼有其美。"[2]

宣统二年（1910）辑刊的《龙泓山人印谱》，更被"浙派"篆刻家

---

① 韩天衡：《历代印学论文选》（下），西泠印社1999年版，第603页。
② 韩天衡：《历代印学论文选》（下），西泠印社1999年版，第574页。

奉为圭臬。丁敬所刻印多姿多式，一洗以往妖媚甜俗之态，而得生涩苍浑之趣。人们奉之为"浙派"篆刻之祖师。

宣统三年（1911）辑刊奚冈的《蒙泉外史印谱》、蒋仁的《吉罗居士印谱》、黄易的《秋景庵印谱》，也是印谱中的精品。蒙泉外史为奚冈号，字纯章，又号铁生，钱塘人。篆刻师法丁敬而有所发展，风格清隽。蒋仁（1743—1795）号吉罗居士，仁和人，原名泰，字阶平，后更名为仁，改字山堂，又号女床山民。他的篆刻师法丁敬，以沉着冷隽胜。黄易（1744—1802）字大易，号小松、秋庵，仁和人。篆刻醇厚渊雅，发展了秦汉的优良传统，与丁敬并称"丁黄"。

二、晚清辑刊的印谱略计

西泠印社在晚清时期辑刊不少印谱和碑帖。从光绪三十年（1904）至宣统三年（1911）所出版的印谱、碑帖如下：

光绪三十年（1904）辑刊《西泠八家印选》、《吴让之印存》。

光绪三十一年（1905）据严荄所辑《钱胡印存》辑刊的《钱胡两家印辑》，由叶铭辑的《铁花庵印集》，丁仁辑《杭郡印辑》（8册），重辑《周秦古玺》（2册）。

光绪三十三年（1907）王禔辑《福庵藏印》16卷。

光绪三十四年（1908）吴隐辑《遯庵集古印存》16卷及《遯庵秦汉古铜印谱》，又刊有《求是斋印谱》、《赵次闲印存》等。

宣统元年（1909）辑刊《杨啸林印集》（杨大受刻印），《铁庐印谱》（钱松刻印），以及叶铭所辑的《逸园印辑》，及据吴方征所辑的《十六金符斋印存》。

宣统二年（1910）辑刊的印谱尤多，有《养自然斋印谱》（陈雷刻印），《补罗迦室印谱》（赵之琛刻印），《龙泓山人印谱》（丁敬刻印），以及丁仁辑的《鹤庐印存》，吴隐辑的《鸳湖四山印谱》、《浙西四家印谱》、《遯庵秦汉印选》。还编辑出版了《印汇》等印学类图书。

宣统三年（1911）辑刊《蒙泉外史印谱》（奚冈刻印），《吉罗居士印谱》（蒋仁刻印）及《秋景庵印谱》（黄易刻印）等。

三、民国时期辑刊的印谱

西泠印社在晚清时期出版的图书以印谱为主，进入民国时期，继续重视对印谱的辑刊，同时也重视对印学类图书及书画类图书的编辑出版，成就可观。所辑刊印谱约如下述：

民国元年（1912）辑刊《西泠五家印谱》5卷，收丁敬、钱松、奚冈、黄易、赵之琛5人之作。又辑有《咏西泠印社同人诗》，对社内诸大家，如吴昌硕、钟以敬、叶铭、王褆、河井仙郎、马衡、唐源邺等均作小传，并题诗，绘以画像。

民国2年（1913）刊丁仁所辑《杭郡印辑》。

民国5年（1916）辑刊邓石如《完白山人印谱》。完白山人为安徽怀宁人邓石如号，字顽伯，是皖派篆刻家的代表人物。他尝客居南京8年，尽摹梅镠家所藏秦汉以来的金石善本，遂工四体书。其篆刻以秦李斯、唐李阳冰为宗，稍参以隶意，人目为神品。

民国6年（1917）刊丁仁所辑《悲庵印存》（赵之谦）、《秦汉丁氏印谱》。

民国8年（1919）西泠印社以珂罗版刊吴昌硕所作之《缶庐精拓》。珂罗版为印刷上所用照相版的一种，把要复制的字或画的底片，晒制在涂过感光胶层的玻璃片上而成。吴昌硕治印初习浙派，继法吴熙载，出入秦玺汉印，借鉴封泥陶甓，融入写意绘画情趣，形成了斑驳高古、沉雄壮遒的新面目。就是作小印，也有寻丈之势。所辑《缶庐印存》，共有16册。自序云："余少好篆刻，师心自用，都不中程度。近十数年来，于家退楼老人（吴云）许，见所藏秦汉印，浑古朴茂，心窃仪之，每一奏刀，若与神会，自谓进于道矣。然以赠人，或不免訾议，则艺之不易工也如此。昔有眣眇倡者，觉世上人皆多却一目，宁但昌歜之与羊枣乎？欲尽弃所学而不忍，因择存旧作数册，姑以自娱。《淮南子》曰：'不爱江汉之珠，而爱己之钩。'高诱注曰：'江汉虽有美珠，不为己有，故不爱；钩可以得鱼，故爱之。'大雅宏达，庶几谅余。"[①]

民国16年（1927）刊方岩自辑《介堪印谱》、罗福颐自辑《待时轩印存》正集。

民国17年（1928）刊马衡自辑《凡将斋印存》。

民国20年（1931）刊葛昌楹所辑《吴赵印存》（吴熙载、赵之琛）。

民国21年（1932）罗福颐《待时轩印存》续集出版。

民国24年（1935）刊张鲁庵所辑《钟矞申印存》。

民国25年（1936）刊王褆自辑《糜研斋印存》。

民国28年（1939）丁仁与高时敷、葛昌楹、俞人萃各出藏印，编成《丁丑劫余印存》20卷出版。

---

① 韩天衡：《历代印学论文选》（下），西泠印社1999年版，第625—626页。

民国 32 年（1943）韩登安自辑《登安印稿初集》出版。

民国 33 年（1944）刊由葛昌楹、胡淦合辑《明清名人刻印汇存》。钱君匋自辑《钱君匋印存》，也于是年出版。

民国 35 年（1946）刊朱屺瞻辑《梅花草堂白石印存》（金尔珍）。

民国 37 年（1948）方去疾自辑《去疾印稿》出版。

这些印谱均经编辑精选，又由名手钤拓而成，因而多属精品。西泠印社成立后，硕果累累，为社会做出了卓越的贡献。

四、辑刊印学丛书

西泠印社既以贯彻"保存金石、研究印学"为宗旨，因而也编辑出版了大量有关印学以及书画类图书。宣统年间已辑刊了《印人传》、《印汇》等，进入民国时期，其辑刊图书范围进一步扩大。民国 2 年（1913）叶铭在《印人传》之后，又博采众书，收自元明至清同治间印人千百余人，编成《广印人传》一书付刊。后又编成《后续印人小传》与《金石家传略》、《金石书目》、《说文目》、《印谱目》、《铁花庵印集》等合为《叶氏丛书》，先后由西泠印社出版。同年又有吴隐所辑刊《遯庵古匋存》、《遯庵古砖存》、《遯庵瓦当存》及《遯庵丛编》甲、乙集，吴昌硕撰《隐闲楼记》。民国 6 年（1917）编刊了董洵撰《多野斋印说》，民国 7 年（1918）出版朱象贤撰《印典》8 卷。朱象贤以行世的印谱不过备列篆文纽式，因而博采广搜，自秦汉至清朝有关的印章的渊源故实、用印制度、作家题咏、印章的刻制等材料，均予以收录。虽然体例较杂，但征引丰富，颇便于检阅。

民国 9 年（1920）吴隐又辑刊《六朝志铭丛录》。"六朝"当指自三国至隋统一前后 300 余年的历史时期。民国 10 年（1921）西泠印社又以木活字排印由吴隐所辑《遯庵金石丛书》15 种，洋洋大观，收有：清翁方纲撰《苏斋金石题跋》1 卷，《汉石经残字考》1 卷，丁敬辑《武林金石记》10 卷，黄易撰《岱岩访古日记》1 卷，刘喜海撰《海东金石存考》1 卷，《淳化阁帖释文》10 卷，朱士端撰《宜禄堂收藏金石记》6 卷，李遇孙撰《金石学录》4 卷，何绍基撰《东洲草堂金石跋》5 卷，《东洲草堂金石诗》1 卷，陈庆镛撰《籀经堂钟鼎文释题跋尾》1 卷，张开福撰《山樵书外纪》1 卷，方朔撰《枕经堂金石跋》3 卷，傅以礼撰《有万憙斋石刻跋》1 卷，民国方若撰《校碑随笔》（不分卷）等。

同年又刊吴隐所辑《遯庵印学丛书》17 种，收：《印史》1 卷，明文彭撰；《印说》1 卷，清万寿祺撰；《印谈》1 卷，明沈野撰；《摹印秘论》1卷，清汪维堂辑；《印典》1卷，清朱象贤撰；《篆刻针度》10卷，清陈忠恕撰；《印学集成》1卷，清马泌撰；《云庄印话》1卷，清阮充辑；《历朝印识》4卷，清冯承辉撰；《宝印集》6卷，清王之佐辑；《摹印述》1卷，清陈沣撰；《摹印传灯》2卷，清叶尔宽撰；《多野斋印说》1卷，清董洵撰；《绩语堂论印汇录》1卷，清魏锡曾撰；《三十五举校勘记》1卷，清姚觐元撰；《叶氏印谱存目》2卷，民国叶为铭撰；《治印杂说》1卷，民国王世撰。木活字排印本，装订成25册。

图6-13 《遹庵金石丛书》木活字本

民国17年（1928）出版了沙孟海撰《印学概论》，民国18年（1929）又编刊罗福颐编撰的《汉印文字征》、《古玺文字征》，民国20年（1931）又刊吴熊辑《封泥汇编》，民国29年（1940）刊沙孟海撰《沙村印话》等。

陈振濂在《印学话西泠》一文中说：西泠印社出版的著述"一般以印学著述为多，也有兼及文字学、地方金石志著述……王菊昆有《治印杂说》、叶为铭有《广印人传》、《金石家传略》、《歙县金石志》，汪厚昌有《说文引经汇考》、《中华民国史料稿》，黄宾虹有《印说》，王福庵有《说文部首检异》、《麋研斋作篆通假》，沙孟海有《印学史》。其中以叶为铭《广印人传》、沙孟海《印学史》、王福庵《说文部属检异》等最为著名，在学术界有很大影响"。

五、其他类图书

民国5年（1916）西泠印社以木活字排印明嘉兴项元汴撰《蕉窗九录》9卷。项元汴（1525—1590）字子京，号香岩居士，博物好古，尤精鉴赏。家有天籁阁，不惜重价购书画、碑帖及各种鼎彝器珍藏于家，人称项墨林家。其所著《蕉窗九录》，有纸录、笔录、砚录、书录、帖录、画录（附"画诀十则"）、琴录（附"琴声十六法"）、香录各1卷（《香录》为武陵道士冷谦所撰）。同年又以古字排印丁敬所撰的《武林金石录》（一作《武林金石记》）10卷。清代著名学者杭世骏说丁敬"顾好金石之文，穷岩绝壁，披荆棘，剥苔藓，手自摹拓，证以志传，著《武林金石录》"。可见这本书得来非易。

民国12年（1923）刊有商承祚所辑《殷墟文字类编》15卷、《殷墟文字待问编》13卷、《契斋古印存》10册。商承祚（1902—1991）字锡永，号契斋，广东番禺人。自幼随父衍鎏学习，1921年到天津拜罗振玉为师，治甲骨、金文。其《殷墟文字类编》就是将罗振玉所考释的甲骨文字按《说文》的次序重加编排而成。

西泠印社辑刊多属金石篆刻类图书，画册少见，画学研究之作出版不多。民国时期刊有陈衡恪所撰著《中国绘画史》与《中国文人画之研究》两书。陈衡恪（1876—1923）乳名师曾，号槐堂，江西义宁（今修水）人。历任北京师院、美专教授。善诗文、书法，亦擅长绘画、篆刻。

第七章　曾惊秋肃临天下

——国民党严密控制下的出版业

第一节　国民党政府的出版管理

民国初期（1912—1926 年），在北洋军阀控制时期，浙江没有设立专职的新闻出版行政管理机构。创设报馆、通讯社，创办期刊，须向当地警察官署申报立案。民国 3 年（1914）4 月 2 日，袁世凯政府颁布《报纸条例》35 条，规定报纸需由该管警察官署认可，给予执照，并呈内务部备案。还规定了 8 项不得登载的内容。《报纸条例》没有提及新闻检查的实施办法。袁世凯政府内务部警政司专门设立一科（第四科），负责检查报刊言论。袁世凯于民国 5 年（1916）6 月死后，《报纸条例》于同年 7 月 16 日废止。袁世凯政府颁布的《出版法》23 条，直到民国 15 年（1926 年）1 月 29 日才明令废止。

一、国民党的出版行政管理机构及其颁布的条例、法规

民国 16 年（1927）2 月 18 日，国民革命军进入杭州。同年 4 月 18 日，蒋介石的国民政府在南京建立。此后，国民政府对新闻出版不仅制定法律，还颁布了不少条例、办法、标准、手令，进行严格检查，控制先进思想传播。

民国 17 年（1928），国民政府颁布《中华民国著作权法》和《著作权法实施细则》。民国 18 年（1929），国民党中央宣传部制定《宣传品审查条例》。民国 19 年（1930），国民政府颁布《出版法》。民国 20 年（1931），国民政府内务部与国民党中央宣传部制定《出版法施行细则》。民国 21 年（1932），国民党中央宣传部公布《宣传品审查标准》。民国 22 年（1933），国民党当局公布《新闻检查标准》，并修正公布《重要都

市新闻检查办法》。民国 23 年（1934），国民党中央宣传部又制定了《图书杂志审查办法》，同年，又制定了《检查新闻办法大纲》。民国 26 年（1937），国民政府颁布《修正出版法》和《检查书店发售违禁出版品办法》等。在此期间，国民党浙江省党部已于民国 19 年（1930）8 月 1 日通过了《中国国民党浙江省执行委员会宣传部指导本省报馆通讯社办法》（简称"指导办法"），规定报馆、通讯社必须服从党部的指导及监督；按期送检全部出版物；必须遵照党部的宣传方针作为言论取材的标准。"指导办法"还给各报馆、通讯社规定了 10 项纪律，违反者视不同情况分别处理。

民国 27 年（1938），国民政府又颁布了《抗战期间图书杂志审查标准》和《战时图书杂志原稿审查办法》。民国 28 年（1929），国民政府发布《调整出版品查禁手续令》。

当年 7 月，浙江省政府规定书刊出版管理归属于省民政厅。不久又改成：书刊出版管理归浙江省政府教育厅，新闻检查归浙江省新闻检查所。浙江省新闻检查处隶属于国民党中央军事委员会。

民国 29 年（1940）后，出版行政管理实行多头管理。设立浙江省图书杂志审查委员会（民国 30 年——1941 年 10 月又改为浙江省图书杂志审查处），负责管理全省图书和杂志的出版工作。学校出版刊物或图书，则归省教育厅管理。又设立浙江省战时新闻检查处，负责管理报馆、通讯社，书店、印刷厂归省政府建设厅负责管理。

民国 30 年（1941），国民政府颁布《杂志送审须知》；民国 31 年（1942），又颁布《图书送审须知》，还颁布《剧本出版及演出审查监督办法》。民国 32 年（1943），国民党当局又颁布《新闻记者法》和《书店印刷店管理规则》。民国 33 年（1944），国民政府颁布《修正图书杂志剧本送审须知》和《出版品审查法规卷和禁载标准》。

抗战胜利后，内战全面爆发。民国 36 年（1947），国民政府颁发《戡平共匪叛乱总动员法》和《动员戡乱完成宪政实施纲要》。民国 37 年（1948），国民党浙江省政府发布《浙江省各县市办理新闻纸杂志申请登记案件注意事项》，同年，国民党内政部又以代电形式发布控制舆论的 6 条办法。

国民党统治时期的新闻出版管理，从中央到地方都归属于国民党各级宣传部门，而由政府行政系统配合进行具体管理事务。

二、查封进步报刊

从民国元年到15年（1912—1926年），北洋军阀政府控制着浙江，对新闻出版单位任意查封，对从业人员任意逮捕监禁。被查封的报刊遍及各县市，有《平民报》、《浙报》、《天钟报》、《浙江民报》、《浙声》、《衢民日报》、《汉民日报》、《诸暨民报》、《平湖日报》、《浙江新潮》、《救国演讲周刊》、《责任》、《午办》、《杭州晚报》、《新浙江报》、《余姚评论》、《火曜》、《浙江日报》、《之江日报》、《杭州报》、《浙江民报》、《甬江潮》等共有22种，被逮捕或被通缉的人员有案可查的有邵振青（邵飘萍）、何赤华、徐尚彼、林一梅、徐白民、楼兆鑫、周鉴殷、项慈园、许祖谦、朱厚存、石立中、李乾荪、蒋本菁等13人。

《汉民日报》是清宣统三年九月二十八日（1911年11月18日）在杭州创办的。杭辛斋为创办人，邵振青（飘萍）为主笔。邵为该报写了不少尖锐泼辣、针砭时弊的评论。民国元年（1912年）袁世凯篡夺辛亥革命的果实，浙江政权被北洋军阀所窃取。《汉民日报》拥护孙中山，反对袁世凯。民国2年（1913）8月10日，浙江民政长屈映光以"言论悖谬，扰害治安"的罪名，将《汉民日报》查封，将主笔邵振青逮捕。

民国8年（1919）9月10日，诸暨民间进步团体"砺社"，创办了《诸暨民报》，社长为金月如，主编先后为蔡冠洛、徐白民、何赤华、杨则民。民国9年（1920），报纸以"强盗坐大堂警察敲竹杠"为题，揭露地方警佐敲诈勒索的恶行，结果报社被捣毁，主编徐白民被驱逐出境。民国11年（1922），主编何赤华开辟《笔枪墨花》专栏，继续揭露官场黑幕，并热情介绍俄国十月革命的情况，发表《反对共产主义者谁乎？》等文章。报社再次被查封，何赤华被非法拘捕。杨则民继任主编，刊登了《青年自由之路》等文章，当局视为有"赤化"嫌疑；又于民国14年（1925年）12月，揭露县知事金乃光办事不公、贪污公款等不法行为，终于被查封。

民国11年（1922）11月27日，由在萧山坎山一带农村小学任教的社会主义青年团和进步教师组织的"任社"，创办《责任》周刊，在第9期发表了宣中华的《杀宣统》一文，北洋军阀政府急函浙江省长取缔《责任》，并传讯拘押主编徐白民。

创刊于民国8年（1919）9月24日的《平湖日报》，在民国14年（1925）7月26日转载《中国共产主义青年团对于最近时局的宣言》，于同年8月2日被县知事饬警查封，主编徐尚彼和负责印刷的林一梅被捕入狱。

民国 10 年（1921 年）创刊的《杭州报》，民国 15 年（1926）3 月，被时任浙军总司令的军阀卢香亭以"捏造黑白，挑拨是非"的罪名查封，经理许祖谦、编辑朱厚存和石立中被逮捕。后来许祖谦被判处 14 年又 6 个月的徒刑，经各方营救，才被保释出狱。

民国 15 年（1926）7 月 15 日，在宁波创办的《甬江潮》，系中国国民党宁波市党部主办的刊物，主编蒋本菁。编辑部设在中国宁波地委机关驻地宁波启明女子中学内。创刊号登载了中共宁波地委委员杨眚山以"陌生"笔名写的《本党援助和丰工潮之意义及其经过》的文章，揭露宁波军阀镇压工人群众和革命者的罪行，声援工人阶级的正义斗争。7 月 30 日，宁波军阀逮捕了蒋本菁，查封刊物，并封闭启明女中。

三、白色恐怖笼罩浙江

民国 16 年（1927 年）4 月 12 日，蒋介石在上海发动反革命政变后，浙江的中国国民党右派和军政人员积极参与所谓"清党"运动，白色恐怖迅即笼罩着浙江大地。他们对中国共产党的和中国国民党左派所办报刊和进步书店，或查封，或勒令停办，对中共党员和革命群众，通缉、逮捕，甚至屠杀。据史料记载，从民国 16 年到 26 年（1927 年 4 月到 1937 年 6 月）的 10 年时间内，浙江被查封或勒令停办的刊物和书店有《杭州日报》、《江山日报》、《民国日报》、《衢州日报》、《嵊新民报》、《照胆报》、《石榴报》、《新塍评论》、《指南针》、《搏斗》、《光明》、《列宁青年》、《长江旬刊》、《冲上前去》、《冬天的故事》、《创造月刊》、《新评论半月刊》、《突击》、《改造》、《战线》、《新路》、《再造》、《语丝》、《海燕》、《大众生活》、《生活知识》、《野烽》等报刊以及光华书局、民智书局、我等书店、生活书店、蚂蚁书屋等书店 33 种（处），被逮捕或被通缉的人员有杨贤江、郑炳庚、唐公宪、陈士鼎、龙作、许翰之、李公凡、宋云彬、查猛济、查人伟、萧从云、庄禹梅、王锐中、谢夏、陆瘦鹿、胡健中、张寄仙、蔡雄、崔晓立、江闻道、梁佐厚等 21 人，其中唐公宪、龙作、陈士鼎、蔡雄惨遭杀害。

民国 16 年（1927）3 月 1 日在宁波创刊的《民国日报》，是国民党宁波市党部主办的机关报纸。当年 4 月 9 日，该报刊登了《蒋介石欲效军阀故智耶》和《王俊十大罪状》等文章，宁、绍、台、温警备司令兼宁波防守司令王俊即以"诋毁总司令"的罪名，当天即查封了报社，并传讯并扣押了该报社长庄禹梅，同时被捕的还有 5 名记者。

民国 16 年（1927）5 月 9 日，中国共产党党员蔡雄在温州创办的《照胆报》，也被查封，蔡雄被逮捕，惨遭杀害。

民国 16 年（1927）8 月 26 日，王锐中等在平湖创办《平民日报》，以提倡平民革命为宗旨。同年 10 月，该报因刊文揭露地方污吏受贿丑闻，主笔王锐中及编辑谢夏、陆瘦鹿等被关押。

经营进步书刊的书店也不放过。民国 16 年（1927 年）9 月，由中共地下党员崔晓立（邵书林）、陈庆亨（陈申请）、江闻道 3 人创办的我等书店，除经营进步书刊外，还秘密出版刊物，举办读书会等。同年 12 月，即被国民党省党部查封，崔被逮捕，江受到侦缉。

民国 17 年（1928 年）国民党浙江省党部伙同公安局派员检查了杭州各书店，在光华、民智等书店，搜出进步书刊 90 余种。民智书局经理梁佐厚被通缉；生活书店和蚂蚁书店经销进步刊物《突击》、《改造》等，也被查封。

民国 18 年（1929 年）8 月，中共党员朱亮人、张寄仙等在嘉兴出版《新塍评论》，以委婉的笔调，揭露地方反动势力的种种劣迹。同年 11 月，张寄仙被逮捕，朱亮人被迫逃亡。

民国 26 年（1937 年）七七卢沟桥事变后，实现了第二次国共合作。浙江各种文化团体应运而生，出版工作有很大的发展，以宣传抗日为主要内容的出版物猛增。然而，这只是暂时的。至抗战中期，国民党反动派掀起反共高潮，又开始查封革命的进步的书报刊社及书店，逮捕、屠杀共产党人和进步人士。据现存资料统计，从民国 26 年到 34 年（1937 年 7 月—1945 年 8 月），浙江被查封或被迫停办的报刊社有《战时大众》、《西塘晨报》、《战报》（后改为《平报》）、《浙西导报》、《野战》、《吼声》、《东南战线》、《文化战士》、《游击》、《抗敌》、《力行》、《刀与笔》、《东南儿童》、《暴风雨诗刊》、《最前线》、《老百姓》等 16 种，被查封或被迫停办的书店和出书单位有江山新知书店、宁波抗战书店、海门椒江书店、嵊县群力书店、鄞县新生书社、余姚禹风书店、兰溪战时书报社、生活书店金华分店、生活书店温州特约发行所、新知书店金华分店、生活书店浙江天目山临时营业处、新知书店的丽水分店、丽水会文图书社等 13 家，被逮捕的人员有千季芳、陈其德、吴曼华、高流、陈才庸、计惜英，谷斯钦（季宵）、李鸿年、林秋若（林琼）、李士俊（王九夫）、项牲、章西崖、王闻识、沈达儒、谢狱、贺友瑢、鲍曙林、沈光明等 18 人。据浙江省图书杂志审查委员会和浙江省政府教育厅不完全统计，从民国 18 年至 32 年（1929—1943 年），全国被查禁的书刊共计有

2781 种之多。

民国 26 年（1937）8 月 14 日，平阳县一批回乡学生在鳌江镇创办《战报》，同年 10 月改为《平阳日报》，次年 12 月又改为《平报》，社长由陈棣生担任，副社长黄藻如（均为中共党员）兼编辑主任。该报既报道国民党部队的战讯，也报道八路军、新四军和中共领导的游击队的战斗消息，宣传中共抗日民族统一战线政策，同时揭露国民党的腐败和黑暗。民国 29 年（1940）3 月 14 日，被国民党当局以"该报言论反对政府，侮辱领袖"为由予以查封。

民国 27 年（1938）5 月，奉化创办《战时大众》，主要报道重大的抗日战讯和本地的抗日救亡运动消息，用奉化方言宣传抗日救亡，深受广大民众的欢迎。主编胡华按期寄赠延安毛泽东。同年 8 月，国民党奉化县党部横加干涉，被迫停刊。

嘉善《西塘晨报》创刊于抗日战争以前，后停刊，于民国 28 年（1939 年）1 月复刊。该报积极宣传抗日，也时有指责弊政的文章刊出。地方反动官吏恨之入骨，必欲去之而后快，将主办人千季芳迫害致死，复刊仅 2 月余的《西塘晨报》被迫停刊。

《浙西导报》的前身系民国 27 年（1938）9 月 18 日海宁创办的《啸报》，民国 29 年（1940）3 月改组为《浙西导报》，发表了一系列富有战斗性的文章。如《反汪运动之新阶段》、《开展群众性反汪运动》以及报道延安讨汪大会实况和毛泽东以"团结一切抗日力量，反对反共顽固派"为题的演说词等，还发表《反对反共》的社论，揭露国民党顽固派破坏团结抗战的罪行。报纸日发行量与日俱增，其政治影响日益扩大，引起国民党顽固派的惊恐和不安。10 月，记者高流、总编辑吴曼华分别被崇德县政府与浙西行署扣押，11 月 1 日，浙江省政府密令崇德县查封。主持报社工作的特支书记陈才庸遭逮捕，受尽严刑拷打，坚贞不屈，于民国 31 年（1942）秋壮烈牺牲。

丽水文会图书社历史较久，于清光绪二十八年（1902）即已创建。民国 27 年（1938）在中共党员、经理董乐辅的主持下，开始出版、翻印、经售抗日救亡书刊；并翻印、销售毛泽东的《论抗日民族统一战线》等书籍。朱绛编的《抗战歌声》和木刻家野夫的《长征》、《突击》、《点缀集》等，更受到读者欢迎。《抗战歌声》先后出版了 5 集，发行量达 10 万多册。民国 29 年（1940）以后，国民党政府竟毫无理由地将该社查封。

民国 28 年（1939）1 月 20 日在金华刊出《东南战线》，由中共浙江省委文委负责人骆耕漠任主编，邵荃麟任副主编，由生活书店金华分店总经销。先后刊发过何香凝的《痛斥汪精卫并告国人》、千家驹的《国民动员的两种态度和两种方式》、陶行知的《新华侨的出现》等文章。同年6月12日，国民党当局竟下令"不给印刷"，被迫停刊。当年7月，中共浙江省委书记刘英在中共浙江省第一次代表大会上的政治报告中指出："生活、新知等书店被封，《东南战线》等先进杂志的被禁及进步救亡团体的被解散，这样摧残抗战文化事业，实在是极为痛心的事，在浙江抗战史上更是一个很大的损失。"

民国28年（1939）9月，《东南儿童》在金华创刊。该刊物根据中共浙江省委文委邵荃麟建议，由中共党员杭苇、陈怀白以个人名义编辑出版，由杭苇任编辑，陈怀白为发行人。其内容主要宣传抗日救亡，报道前线军事形势及各地救亡运动的消息，介绍各地儿童抗日救亡活动的情况，指导儿童做"小先生"等。它在东南各省颇有影响，发行量达1万份。民国29年（1940）11月国民党当局也予以查禁。

民国30年（1941）国民党反动派发动了第二次反共高潮，1月25日，金华的国际新闻社金华分社主任计惜英、谷斯钦（季宵），《前线日报》驻金华记者李鸿年，《浙江妇女》月刊主编林若秋（林琼），《浙江潮》编辑李士俊（王九夫）、项牲，画家章西崖与隐蔽在金华的新四军干部陈国忠被逮捕。随即被送往上饶集中营关押。

民国28年（1939年）12月国民党又成立了浙江省新闻检查处，负责审查各地报刊，而对《东南日报》、《正报》、《天行报》和《浙江日报》等审查特严。民国31年（1942）8月又在於潜成立战时新闻室，专门审查在浙西的《民族日报》、《浙西导报》和《扫荡报》。抗日战争结束后，战时新闻检查制度受到《新华日报》为首的进步报纸抵制，拒不送审。民国34年（1945年）10月，国民党当局不得不宣布废除，战时新闻检查机构也宣布撤销。

四、抗战胜利后白色恐怖升级

抗日战争胜利后，国内的政治形势和阶级关系发生了重大的变化，中国人民同美英帝国主义及其所支持的蒋介石反动派的矛盾，上升为主要矛盾，集中表现为人民与反动派的斗争。这时的蒋介石从峨眉山上下来，妄图独吞抗战胜利果实，消灭共产党。这就是全面内战的根本原因。随着国民党反动派发动的全面内战，钳制言论达到无以复加的程度。其控制办法，前期主要是由国民党中宣部向各地党政机关发布宣传通报，控制舆论；后期从民国 36 年（1948）开始，国民政府的新闻局及各省新闻处，与宪兵、特务等联成一体，形成党、政、军、宪（兵）、特（务），共管图书报刊的局面，报刊动辄被查封，捕人、杀人，时有所闻，各地陷于白色恐怖之中。据不完全统计，从民国 34 年到 38 年（1945 年 9 月—1949 年 9 月），浙江被查封或被强令停刊的报刊有《求是周刊》、《联谊报》、《行报》、《永康评论》、《新原》、《宁波晨报》、《时事公报》、《乡报》、《今日晚报》等 12 种，被逮捕或被杀害的工作人员有杨潮（羊枣）、胡铠、汪祖欲、石云子、王延之、赵烈阳、朱聚生、沈其如等 8 人。

民国 36 年（1947）4 月，英士大学民主学社主办的《群声报》在金华创刊，编辑有黄垂庆等。该报报道学运动态、鼓励学生参加爱国民主运动。同年 9 月 15 日，黄垂庆等 9 人被校方指控"煽动学潮"而开除，报纸遭查禁。

民国 36 年（1947）11 月 17 日在海盐沈荡创办《行报》，初为周刊，后改为 5 日刊。它是中共地下党组织的舆论工具，由杨竹泉任社长，朱聚生任总编辑。报纸揭露国民党的独裁统治，报道解放区战场上的情况，宣传中国共产党新民主主义革命时期的政策。于民国 37 年（1948）11 月 22 日，被国民党当局查封。

民国 36 年（1947）11 月，由浙江大学学生创办的《求是周刊》，浙江警保以"内容荒谬，显系代替共匪宣传之反动报刊"的罪名查禁，并追查承印该刊的民生印刷厂责任。

民国 37 年（1948）7 月，湖州进步刊物《新原》出版。该刊由湖州米业小学教师凌宁安会同杭州回乡大学生王延之等创刊。《新原》寓意向往解放区新的原野，刊载解放区消息，发行至上海、南京、杭州等大中城市的大学及本地。由于内容进步，被国民党浙江省第一专员公署查禁，王延之被逮捕。

民国 38 年（1949）1 月 25 日《批判》在杭州创刊。该刊是中共地下组织支持创办的刊物，主编赵烈阳。除在杭州发行外，还发往上海、南京等地。刊物揭发时弊一针见血，在社会上影响甚大。第一期印 1000 份，第二期印 2000 份，几天内售完。不久，赵烈阳被逮捕，刊物被迫停刊。

民国 38 年（1949）2 月 18 日《乡报》在海盐沈荡创刊，主办人许国权，主编朱聚生（中共党员）。报纸文风泼辣，如特写《工役跋扈，盐民受难》、《从鲁迅的遗言说起》等文章，对反动派毫不留情。同年 3 月

18 日，朱聚生被国民党淞沪警备司令部逮捕，报纸被迫停办。

民国 38 年（1949）三四月间，《今日晚报》在嘉兴创办。社长沈其如，总编辑叶晕。该报创办不久，即被国民党嘉兴县城防指挥部指控为"共嫌"而被查封，社长沈其如被逮捕。

第二节 出版工作由百家争鸣到一家独鸣

1927 年四一二政变以后，蒋介石在捕杀共产党人和革命群众的同时，为加强对广大人民群众的思想控制，以国民政府的名义公布了《著作权法》、《出版法》和《图书杂志审查办法》等，限制人民的言论自由和出版自由。浙江是国民党的策源地之一，其控制的严密程度，比之其他省有过之而无不及。除了国民党各级组织和政府办的报纸、杂志以及传统的教育、文化、学术、农业、医药等读物以外，进步人士办的报刊，写作的图书等受到很大限制，出版很困难。原来共产党人办的报刊，这时或被查封，或被迫转入地下。所以出版业陷入低谷。杂志因为五四时期已打下基础，而且操办也比较容易，仍办得不少，不过其中业务性质的居多；各地出版的古籍和地方文献类丛书也有一些。

一、四一二政变后的浙江报刊

屠刀吓不倒革命群众，哪里有压迫，哪里就有反抗，就有斗争。四一二政变以后，6 月间中共嘉兴独支共青团支部就排印出版了郭沫若所著《试看今日之蒋介石》一书；中共浙江省委办的内部刊物《省委通讯》，也坚持办到了第二年的 4 月份，同年 3 月 24 日又在杭州创刊了《每周通讯》。可见反动派的镇压只能逞凶于一时，终究邪不胜正。这时其他各类报刊也是层出不穷。

这个时期浙江现代化的各种出版机构日趋兴旺发达，印刷的技术条件也有了长足的进步，各县市都建起了铅印与石印工厂，图书发行机构遍布各县市，形成网络。传统的出版业逐渐衰微，现代化的出版业日趋兴盛。

下面看一看这个时期浙江的报刊出版情况：

《每周通讯》，中共浙江省委办的内部刊物。民国 17 年（1928）3 月 24 日在杭州创刊。办刊的目的是："搜集每周政治消息及本省斗争消息，出版每周通讯，寄发各地团部，作为宣传材料。"第 1 期刊登了 2 篇评述性消息，一篇题为《浙江西山黄埔两派的斗争——调兵遣将黄埔派大示威，假名阅兵蒋介石赴杭州》；另一篇题为《关税会议与南京政府——一幕鬼鬼祟祟的媚外戏剧、变相的南北关税代表会议》，把矛头直指国民党最高当局。共出 12 期，何时停刊不详。

《浙江大学教育周刊》，民国 17 年（1928）4 月在浙江大学创刊，其前身为《国立第三中山大学教育周刊》。该刊设有论著、法规、政闻、杂讯等栏目，发表与教育有关的论著、法规、计划、评述及国内外教育动态。次年 7 月停刊。

《农学丛刊》，农业科技专业刊物。民国 18 年（1929）3 月创刊于杭州，由浙江大学农学院主办。主要介绍农业生产知识，探讨农业生产的理论和方法，并呼吁推广农村教育，使农业生产科学化，农业科学社会化。

《浙江大学校刊》，民国 19 年（1930）2 月创刊于杭州。主要刊登教育部、校部的规章、公告，报道学校要闻，以及与学校相关的时事新闻。共刊出 272 期。民国 26 年（1937）浙江大学内迁，停刊，次年又在遵义复刊。抗日战争胜利后，迁回杭州出版。

《土木工程》，民国 19 年（1930）3 月由浙江大学土木工程学会创办的半月刊。主要发表土木工程学科基础理论和学术论文，及学会会员有关规划和设计书，报告浙江大学土木工程系的教学情况。民国 24 年（1935）12 月起改为季刊，改名为《浙江大学工程季刊》。

《文理》，综合性文学和理论刊物，年刊。民国 19 年（1930）7 月在杭州创刊。由浙江大学文理学院自治会编辑出版。主要刊登文学、哲学、教育学、政治学、社会学以及文学理论等，并译介国外新学说、新思想及有关名著。也发表诗、词、戏剧、小说等文学作品。共出 4 期。民国 22 年（1933）3 月停刊。

《紫光》，民国 19 年（1930）10 月由台州所属公立女子中学紫光社创办。初为周刊，由《椒江民报》代发行。第 36 期起改为月刊，32 开本，旋又改为 16 开本。民国 27 年（1938）3 月起改名《复兴》。停刊时间不详。

《新民半月刊》，通俗刊物。民国 19 年（1930）11 月由浙江民众教育实验学校创办。该刊以平民大众为读者对象，以传播新知识为目的，所刊文章力求通俗易懂，趣味浓厚，以短文为主。共出 92 期，民国 25 年（1936）5 月停刊。

《凝紫》，文学刊物。民国 20 年（1931）1 月在杭州创刊，原为半月刊，从第 3 期起改为月刊。该刊由凝紫刊社编辑、出版，自办发行，主任柳承先，主编范大钧。社址在杭州上板儿巷 40 号。声称："凡译作之文艺，及有趣味、有价值之生活文字，不违背正义者，本刊无任欢迎。"刊出作品以诗歌、小说、散文为主。还报道杭州文坛动态。

《留云》，文学刊物。民国 20 年（1931）4 月 15 日创刊于杭州，社址设在杭州清泰路 72 号。由留云社编辑出版。刊登小说、诗歌、游记、笔记、随笔、小品和翻译作品，要求用语体文写作，加新式标点。所发表的文学青年的作品，内容多描写青年男女的爱情故事和学习生活，感伤气息比较浓郁。停刊时间不详。

《两周评论》，综合性刊物。民国 20 年（1931）6 月 24 日在杭州创刊。由王耕庄任编辑兼发行人。主要刊登有关人生、教育、青年诸问题的论著，倡导积极活泼的人生观。九一八事变后，吁请国民党悔过自新，各党派团结一致，共纾国难。共出 20 期，民国 22 年（1933）3 月停刊。

《民间月刊》，是杭州中国民俗学会主办的刊物。民国 20 年（1931）6 月由绍兴陶茂康等创办，至次年 8 月共出 12 集。杭州民俗学会拥有一批研究民俗学的作者，遂与陶合作，以中国民俗学会名义编辑出版，于是改名为《民间月刊》，由陶茂康、钟敬文、娄子匡任主编，内容以刊载民间文学为主。当时的民俗学专家、民间文学作者顾颉刚、周作人、钟敬文等也曾为该刊撰稿，颇受读者欢迎。至民国 23 年（1934）4 月出至第 2 卷第 10 号、第 11 号合刊后停刊。

《之江学报》，之江文理学院于民国 21 年（1932）6 月在杭州创刊。主要发表学术论文和译著。当时日本帝国主义亡我之心已暴露无遗，该刊积极主张抗日救国，反对外国干涉中国内政，发表了不少有关内政外交方面的文章。民国 25 年（1936）9 月停刊，共出 5 期。

《读书周刊》，由浙江省立民众教育馆民众学会主编，民国 21 年（1932）7 月在杭州创刊，由民众教育馆总务处发行。出至第 68 期停刊。该刊主要发表研究外国文学和中国古典文学的文章，也对中国当代文学如鲁迅《三闲集》和郁达夫、茅盾、巴金所作小说等作评介。

《铁甲车》，文学刊物，约于民国 21 年（1932）7 月在杭州创刊，由杭州中等以上学校学生抗日救国联合会编辑出版。在第 3 期《编后的话》中说："本刊乃大众的读物……如铁甲车瞄准我们的敌人一样，开足马力冲上前去；更想在这高贵光荣的学生运动中尽一点最大的责任。"因而大量刊登揭露日本侵华罪行以及我国人民奋起抗战方面的文艺作品。讨论学生运动的文章也占有一定的篇幅。

《黄钟》，文学刊物。民国 21 年（1932）10 月 3 日创刊于杭州，刊址在开元路杭州民国日报社内。该刊由黄钟文学社编辑出版，实际主持编务的是陈大慈。胡蘅子在创刊号上发表《献纳之辞》，宣称"在当前的时代下，只有全民族的利益值得夺取，只有全民族的搏战值得参与，此外个人和阶级间的一切得失，都是细微渺小的争持。宏伟磅礴的民族意识和民族精神应该能够扫荡一切，消除一切，配合一切——这是这个时代下一切从事文学者所应明白体认的一个原则"。为了贯彻这一宗旨，该刊发表了大量理论文章，证明"民族主义文艺运动"的"合理必要"。为扩大影响，该刊特约不少名人撰稿，先后刊登过郭沫若、郁达夫、许钦文、钟敬文等人的文章。初为周刊，第 21 期后改为半月刊。至民国 26 年（1937）8 月终刊，共出 112 期。

《中国出版月刊》，由浙江流通图书馆主办的综合性刊物，民国 21 年（1932）10 月在杭州创刊。以发表图书馆学和教育学的学术论文为主，自第 2 卷第 2 期起，陆续发行专号，系统地介绍全国各地出版的图书。也发表一些中外文艺作品。民国 25 年（1936）9 月停刊，共出 6 卷。

《小说月报》，文艺刊物。民国 21 年（1932）10 月 15 日在杭州创刊。由沈从文、高植、程一戎等人负责编辑，以刊载小说为主，也刊登诗歌、散文、文学评论等。由杭州苍山书店发行。次年 1 月停刊，共出 4 期。

《空军》，由中国国民党中央航空学校主办的刊物，民国 21 年（1932）11 月在杭州创刊。总编辑为蒋竹屏。刊有党务政治评论，国际政治经济评论，航空学术研究与译述等。也刊登一些探讨社会现实问题的文章及小品文等。但不轻言抗日，认为只有国家统一，力量巩固，才能对日作战。民国 26 年（1937）8 月停刊，共出 241 期。

《西湖文苑》，文学刊物，民国 22 年（1933）1 月在杭州创刊。刊址在杭州西浣沙路知足里 5 号。主编为程一戎，由西湖文苑社发行。杭州民国日报社社长胡健中为其撰发刊词，明确表示该刊发表的文学作品坚持"民族主义"的立场。当时一些名家如储安平、曹葆华、臧克家、何其芳、钟敬文等，也曾在该刊发表作品。

《艺风》，文艺刊物。民国 22 年（1933）春在杭州创刊，由孙福熙主编。编辑部设在杭州法院路仁德里孙福熙家中，由嘤嘤书屋发行。该刊发表的作品多属民间文学范畴，也发表些讨论民俗的文章。约至民国 25 年（1936）停刊。

《我存杂志》，是杭州天主教会办的刊物。民国 22 年（1933）3 月创刊，由杭州仓桥天主教堂编发，负责人为曾唯遵。该刊宣扬天主教的历史、天主教教理、教义，也介绍一些科学知识。初为季刊，民国 24 年（1935）起改为月刊。于民国 26 年（1937）9 月停刊。

《新农村》，是为宣传开创新农村而办的刊物，民国 22 年（1933）4 月在杭州创刊，由浙江省农业改良场编辑发行。该刊主要研讨农业生产的理论和方法，宣传新的农业生产技术，介绍该场的试验成果。原为季刊，自民国 25 年（1936）起改为月刊，至民国 26 年（1937）停刊。

《之江期刊》，是之江文理学院主办的综合性理论刊物。民国 22 年（1933）6 月在杭州创刊，由学院学生自治会编辑发行。该刊研讨各门学科的理论和方法，介绍国外的理论动向，译载国外优秀论文，同时密切注意国际国内政治动向，探讨中国的出路。民国 25 年（1936）一度停刊，次年复刊，出至第 7 期正式停刊。

《劳动季报》，民国 23 年（1934）4 月 10 日在杭州创刊，由谌小岑任主编。该刊主要研究劳动问题的基本理论，探讨劳工斗争的历史，并介绍国内外劳工情况。其中"中国经济问题资料集珍"及"国内劳动界大事日记"两栏，对中国重大经济问题及劳工斗争情况做了详尽的报道，是研究我国 20 世纪 30 年代经济及劳工状况的重要参考资料，民国 26 年（1937）5 月停刊。

《浙江青年》，是浙江省教育厅主办的青年刊物，于民国 23 年（1934）11 月在杭州创刊，月刊。该刊向青年介绍自然科学与社会科学的知识与研究方法，评介国际国内特别是浙江省的重大时事，是研究三四十年代浙江省政府教育政策与教育方法的参考资料。民国 29 年（1940）1 月迁至金华出版，改名为《浙江青年旬刊》，次年 9 月又改为月刊，至民国 34 年（1945）3 月停刊。

《文澜学报》，浙江省立图书馆于民国 24 年（1935）1 月在杭州创刊的学术刊物。民国 25 年后与《浙江图书馆刊》合并，改为季刊，每期 66 万字。至民国 26 年（1937）6 月停刊，共出 3 卷 7 期 6 册。该刊以研究中国学术，阐扬浙江文献为宗旨。撰稿人多为国内外著名学者或目录学家、版本学家，如顾颉刚、傅增湘、夏承焘、陈训慈、孙延钊等。其中所发表的许多重要著述，如《晚清浙江文献概述》、《温州文献概述》、《文澜阁四库全书史稿》、《浙江历代藏书家考略》等，在全国学术界有相当大的影响。

《越风》，文史类刊物，民国 24 年（1935）10 月 16 日在杭州创刊。初为半月刊，民国 26 年（1937）从第 2 卷第 1 期起改为月刊。该刊得到时任国民参政会参政员胡健中的支持，经国民党中央宣传部部长邵力子的批示，由中国国民党浙江省党部在半年内"按月拨款三百元"申办，以刊登"宋末、明终、清初的史料掌故"为主。撰稿人中既有清末遗老、北洋军政要人以及中国国民党党国要人，也有如郁达夫、茅盾、叶圣陶、俞平伯以及柳亚子、经亨颐、许寿裳、李叔同等当代文学大师和著名学者。

《工余园地》，浙江省图书馆所附设的印行所职工办的刊物，于民国25年（1936）1月在杭州创刊，由刘文诵任主编。撰稿人多印行所职工，内容有时事讨论、科学常识和职工文艺习作等。次年出版第2卷第1期后停刊。

《浙江商务》，商业专业刊物，民国25年（1936）1月在杭州创刊。初由浙江省商业管理局编辑出版，从第6期起改由浙江省商业厅工商管理处编印。办刊宗旨为谋求发展浙江商业之道，主要发表有关浙江经济发展的论著，各地商务调查、各类商业经济统计、商业管理法令等。同年6月停刊。

《鸿爪》，文学月刊。民国25年（1936）4月1日，由杭州私立两浙盐务初级中学创办。该校二年级学生杜和銮、陈佩骥等在教师吕漠野的帮助下，发起建立了鸿爪月刊社，编辑出版此刊。在《创刊词》中申言："本刊所负使命，以研究文学的真义及增进写作的趣味为宗旨。"但只出版了一期，即告停刊。

《浙江自治》，政治类刊物，主要研讨地方自治问题。于民国25年（1936）7月在宁波创刊，由经贯之主编。其出刊宗旨为"扶植地方自治，复兴中华民族"。初为周刊，第2期起迁往杭州出版，改为半月刊。次年8月停刊。民国28年（1939）1月又在丽水复刊，同年12月终刊。

《浙江经济情报》旬刊，民国25年（1936）10月在杭州创刊。由浙江经济调查协会主办，由向兆瑞、吴元良等任编辑。该刊摘登国内各大报刊以及省内50余种报刊中有关浙江经济的资料，分类编排，对浙江经济的发展状况，可一目了然。其中，尤其重视各地经济情况的调查材料与统计数字。次年7月宣告停刊。

《孟姜女》，是民俗学刊物。由杭州中国民俗学会主办。其前身为《妇女与儿童》，其中多刊民俗学著作，因名实不符，自民国26年（1937）1月1日起改今名。由民俗学者娄子匡任主编，该刊第一卷第一号即标示为"民俗学、民族学、文化史、社会史期刊"。共出5期。

《东风》，一群文学青年于民国26年（1937）1月在杭州创刊，以东风社的名义编辑出版，由东南图书有限公司总经销。但因内容单薄，文笔稚嫩，销路不畅，出版了 4 期即告停刊。

《合作前锋》，是宣传农村合作经济的刊物。民国 26 年（1937）1 月创刊于杭州，月刊。由浙江省合作事业促进会主办。主编为陈仲明、唐巽泽，由中共地下党员徐由整等任编辑。出至第 8 期，停刊，次年 9 月在丽水复刊，直至民国 33 年（1944）1 月正式停刊。

《史地杂志》，民国 26 年（1937）5 月在杭州创刊，由浙江大学史地学系编辑出版。该刊除刊载有关中国历史、地理学科学术论文外，也发表研究世界自然地理、经济地理和地质状况的文章。竺可桢等著名学者曾为之撰稿。民国 31 年（1942）3 月出至第 2 卷第 2 期宣告停刊。

《抗敌导报》，民国 26 年（1937）9 月 11 日创刊，由浙江图书馆与浙大、医专、杭艺、杭高联合主办。由翁植耘、俞友青负责编辑、发行业务。于同年 11 月中旬杭州大撤退时停刊，共出 13 期。

《瓯风杂志》，民国 23 年（1934）1 月由林庆云、陈谧等在瑞安创刊，社址设在瑞安杨衙街利济医院内，月刊，每月 20 日出版。由陈谧任总编辑。主要栏目有通论、名著、专载、文苑、从录、记事 6 门。出至第 22 册后停刊。

《野烽》，文学刊物。民国 25 年（1936）5 月，由湖州高颂章等 10 名文学青年发起创办。在上海的中共党员王达人，救国会成员邹韬奋、章乃器及诗人王亚军、臧克家、黄浦风等人给予积极支持，并在湖州成立了野烽文艺社。编辑由姚天雁、宋铭心担任。该刊对社会腐败现象，予以有力抨击；呼吁全国人民团结一致，抗日救亡。同年 11 月被当局查封。

以上这些刊物，大部分是业务类刊物。这一时期各地民众教育馆办了不少以广大群众为读者对象的通俗刊物，如浙江省民众教育馆办的《浙江民众教育》、萧山办的《萧山民众》、永嘉的《永嘉民众》、龙游的《龙游民众》、衢县的《民友半月刊》、嘉兴的《民间生活》、吴兴的《粗茶淡饭》、鄞县的《民众园地》等，医药卫生方面的刊物也办了不少，如杭州医药师协会的《卫生周报》以及《现代医学》、《广济医刊》、《医药卫生月刊》、《医学与药学》（月刊）、《杭州市国医公会年刊》、《吴兴医学杂志》等。但如上一个时期那种抨击时弊、呼吁抗日的政治类刊物已明显减少，说明国民党政府对舆论的控制越加严格而有力。但从这些刊物中可以看出，五四时期兴起的新文学运动、白话文运动，仍有所发展。这个时期的刊物具有历史价值的不多，因此收藏者少。

二、出版的新型图书举要

从 1927 年 5 月到 1937 年 6 月这 10 年，被称为十年内战时期，国民党反动政府对中共中央苏区进行了五次军事"大围剿"；而在文化战线上，国民党对进步的思想文化界也进行"围剿"。据国民党中央宣传部印发的《取缔社会科学反动书刊一览》记载，在 1936 年全国被查禁的书刊即达 67 种，可见一斑。但是革命之火是扑灭不了的，扑得越凶，烧得就越旺。就拿浙江来说：本来现代出版业刚刚起步，因国民党政府采取野蛮的"围剿"办法，反而促使更多的人来做这工作，因而发展得更快。在抗战前夕，它只是初具规模，到抗战之初，很多出版人来到金华、丽水，就成燎原之火了。

这一时期，国民党政府对批评时政的图书严厉查禁，但对传播新思想、新文化的书，却不能查禁，不能禁止出版。九一八事变爆发以后，人民的反日情绪高涨，宣传抗日的图书也不能完全把它堵死。但是从总体情况来看，在这段时期内，浙江的图书出版业是大大地落后于形势的需要。书出版得不少，但有价值的，可流传下来的不多。简介于下：

《三民主义》，民国 16 年（1927）3 月北伐军第十四军政治部长兴刊本。

《建国方略》，民国 16 年（1927）3 月北伐军第十四军政治部长兴刊本。

《试看今日之蒋介石》，郭沫若著，民国 16 年（1927）6 月中共嘉兴独支共青团支部刊本。1927 年 4 月 11 日蒋介石发出了"已光复各省一律实行清党"的命令，12 日在上海解散了上海总工会，收缴了工人的武器，打死打伤 300 多人，赵世炎、陈延年等共产党领袖被杀害。随后几天，又在广东、浙江、江苏、福建等地进行所谓清党活动，大批国民党左派人士和共产党人被杀害。国共第一次合作宣告结束。郭沫若当时在北伐军中，任国民革命军总政治部副主任，愤而作《试看今日之蒋介石》一书，揭露蒋介石的反革命面目。

《游杭纪略》2 卷，杨昌祚撰，民国 17 年（1928）杭州文元堂铅印本。

《西湖探胜记》，顾明道撰，民国 18 年（1929）大东书局铅印本。

《国际联盟与远东问题》，民国 20 年 10 月至 21 年 3 月（1931—1932）中国国民党浙江省党部杭州刊本。

《日本在中国经济侵略一览》，民国 20 年 10 月至 21 年 3 月（1931—

1932）国民党省党部杭州刊本。

《沪难与日本》，民国 20 年 10 月至 21 年 3 月（1931—1932）国民党省党部杭州刊本。

《日军铁蹄蹂躏下之血迹》，民国 20 年 10 月至 21 年 3 月（1931—1932）国民党省党部杭州刊本。

《台湾鲜血与东北》，民国 20 年 10 月至 21 年 3 月（1931—1932）国民党省党部杭州刊本。

以上 5 种书被编入《反日宣传小丛书》。

《小学学历编造法》，田锡安著，民国 20 年（1931）1 月浙江省立第五中学附属小学刊本。

《公共体育场》，王寅著，浙江省教育厅编，民国 20 年（1931）3 月浙江省图书馆刊本。

《通俗教育讲演集》，俞雍衡著，浙江省教育厅编，民国 20 年（1931）4 月浙江省图书馆刊本。

《民间文艺漫话》，钱耕莘著，民国 20 年（1931）9 月浙江省立民众教育馆杭州刊本。

《通俗讲演纲要》，蒋锡恩著，民国 20 年（1931）9 月浙江省民众教育馆杭州刊本。

《东三省的铁路》，民国 20 年（1931）10 月杭州各界反日救国联合会杭州刊本。

《教育小丛书》4 种：《怎么叫做流通图书馆》、《图书馆为什么要劝人读书》、《图书为什么要流通》、《怎样办理流通图书馆》，陈独醒撰，民国 20 年 11 月至 21 年（1931—1932）杭州私立浙江流通图书馆刊本。

《惠风》（民歌），姚耕余编，民国 20 年（1931）浙江省民众教育馆刊本。

《杭州市教育法规》，民国 21 年（1932）杭州市政府刊本。

《困难时期经济的设施》，民国 21 年（1932）杭州浙江经济会刊本。

《军士丛书》，收有《军士之职责》、《不良兵之教育法》、《军队内务规则》、《野外勤务会》、《下士教育之要领》、《步兵斥候教育问答》、《模范的排长》、《模范的将校斥候》、《地形侦探之研究》、《新马兵教育必携》等，民国 21 年（1932）浙江军士社刊本。

《革命歌曲集》，民国 21 年（1932）国民党浙江省党部刊本。

《浙江水利局年刊》，民国 21 年（1932）浙江省水利局刊本。

《世界语文新字典》，民国 21 年（1932）杭州世界语社刊本。

　　《浙东景物记》，民国22年（1933）杭州铁路局刊本，后收入《杭州铁路导游丛书》。

　　《圣教宗与中国》，徐景贤著，民国22年至23年（1933—1934）杭州刊本，后收入《我存丛书》。

　　《我存文库》，收书3种：《李我存、杨淇园两先生传略》、徐景贤《徐文定故事》、杨廷筠《代疑续编》，杭州仓桥天主堂编，民国22年至25年（1933—1936）杭州我存杂志社刊本。

　　《我存丛书》，收书4种：徐景贤《圣教宗与中国》、袁梓青《兴农救国策》、孙哲文《象牙宝塔》、徐文定译《宗教论文集》，民国22年至24年（1933—1935）杭州我存杂志社刊本。

　　《自编爱国教材》，民国22年（1933）9月绍兴县教育局刊本。

　　《东北地理大纲》，张宗文著，民国22年（1933）杭州中华人地舆图学社版本。

　　《东北书痕》，印维廉、管举先编，民国22年（1933）杭州中国复兴学社刊本。后收入《复兴丛书》。

　　《古志新目》4卷，顾燮光撰，民国22年（1933）会稽顾氏金佳石好楼刊本。

　　《航空小丛书》，收书两种：《断臂队长》、《大战余生》，民国23年（1934）杭州航空情报科刊本。

　　《普通中学国文教学法》，丁篪孙编，民国23年（1934）杭州正中书局刊本。后收入《中等学校国文丛书》。

　　《实验民众学校的经营》，周振韶撰，民国23年（1934）4月浙江民众教育实验学校刊本，后收入《民教辅导丛书》。

　　《利用外资与经济建设》，马寅初著，民国24年（1935）杭州大风社刊本。后收入《大风文库》。

　　《天目游记》，钱文选撰，民国23年（1934）杭州文元堂铅印本。

　　《通俗讲演材料专号》，王宁适等著，建德县民众教育馆主编，民国24年（1935）1月第九省学区地方教育辅导会议办事处刊本。后编入《第九省学区地方教育辅导丛书》。

　　《航空气象简要》，胡信撰，民国24年（1935）杭州微辉社刊本。后收入《航空丛书》。

　　《复兴丛书》收书两种：林森等《党国名人讲演集》、蒋中正《民族复兴之路》，民国24年（1935）杭州空军特别支部刊本。

　　《世界史之地理因素》，陈叔时撰，民国24年（1935）杭州贞社刊本，后收入《贞社丛书》。

《将来大战与中国》，蒋坚忍著，民国 24 年（1935）杭州大风社刊本。

《风沙夜》，邵冠祥著，民国 25 年（1936）3 月杭州现代诗草社刊本，后编入《诗草丛书》。

《太平洋军事地理》，蒋震华著，民国 25 年（1936）杭州大风社刊本。

《战争文学》，殷作桢著，民国 25 年（1936）杭州大风社刊本。

《阿比西尼亚与世界黑人》，王佛崖著，民国 25 年（1936）杭州大风社刊本。

以上四种书后收入《大风文库》。

《孤山与林和靖》，胡行之著，民国 25 年（1936）浙江省立西湖博物馆刊本，后收入《名胜与史迹丛书》。

《绍兴县志四种合刊》，收《康熙会稽县志》、《嘉庆山阴县志》、《道光会稽县志稿》、《绍兴县志资料》第一辑，民国 25 年（1936）绍兴县修志委员会辑刊本。

《欧洲各国之青年教育》，日本龙山义亮撰，高乃同、黄仲图译，民国 26 年（1937）1 月嘉兴民众教育馆刊本，后编入《青年训练丛书》。

《研究试验丛刊》收书两种：汪洋编《农村合作指导的初步试验》、刘焕林编《凌家桥的青年团》，许公堂、林宗礼主编，民国 26 年（1937）夏浙江省民众教育实验学校刊本。

《西湖》，瘦鹃编著，民国 26 年（1937）4 月杭州东南图书公司刊本，后收入《东南导游丛书》。

《杭县良渚镇之石器与黑陶》，何天行编著，民国 26 年（1937）吴越史地研究会杭州刊本，后编入《吴越史地会研究丛书》。

《绍兴教育概况》，民国 26 年（1937）秋绍兴县政府刊本，后编入《第三区行政督察公署绍兴县政府教育丛书》。

《初中学友》，杨友群等著，民国 26 年（1937）6 月杭州明德印书馆刊本，后编入《东风学生丛书》。

《漫画集》，潘之江编著，民国 26 年（1937）天目书社於潜刊本。

《最后胜利论》，李时森著，民国 26 年（1937）10 月宁波最后胜利刊社刊本。

《日本帝国主义哪里去》，宋子亢著，民国 26 年（1937）8 月绍兴青抗社刊本。

三、出版年月不详的图书简要目录

这个时期，日本政府已发表了《对华政策纲领》，赤裸裸地暴露出它全面侵略中国的野心，形势咄咄逼人。华北地区的人们一日数惊，而江南地区却相对地比较平静，有的城市甚至歌舞升平。这时浙江的出版事业也稳步前进，进入新旧交替的时期，木版、铅印各显神通，出版的图书确实不少。因为缺乏统计资料，除上面所记载的以外，尚有不少书，只留下书名，没有出版年月，作者、编者或出版者也不详。下面据1935年杭州私人办的浙江流通图书馆出刊的《中国出版月刊》所作的调查，分类介绍于下：

教育类：

浙江省教育厅编辑或出版的有：浙江教育史略、三年来浙江中等教育概况、三年来浙江之高等教育、浙江的社会教育、浙江十三年度教育统计、教育辅导的几种具体办法、省学区辅导方案之一例、县督学应取的途径、浙江省廿二年度中学毕业会考试题答案、浙江省识字运动年报、识字运动资料参考集、识字运动演讲材料、小学训育实施法、小学各科开放教学法、小学实际问题解答、儿童自治指导、十个小学最低限度之表册、怎样举行教育行政展览会、浙江省民众学校法规汇刊。

浙江识字委：识字标语、歌词。

浙江书局：小学教师之友、新公民。

浙江省教育会：浙省教育会要览。

杭州师范学校编刊的有：教育概论（罗素）、教育心理学、小学行政、小学复式教学法、小学训育问题、小学自然科教学法、小学社会劳作教学法、小学唱歌及算学法、测验与统计、儿童文学讲义、师范教育学术讲演集、二年来之杭师。

浙江大学：改革中国学校教育刍议（程天放）、地方教育行政、小学公民训育实施法、初学教育辅导丛书、浙江全省学校通讯录。

浙省高中：浙省高中附小表册。

杭校五中：我们的一年。

杭州府教育局：杭州市教育法规汇刊。

杭州市政府教育科：杭市地方教育辅导丛稿、小学应有的设备、初小辅导丛刊、民校教育须知、反日救国歌曲。

杭高中附小：浙学区辅导会议研究问题、小学各科教材要目、自然科工业科教具图说。

浙江省民众教育馆：民众教育馆（钟伯庸）、民众学校学（钟伯庸）、壁报宣传材料、说书人训练班报告（黄紫轩）、第一期说书人训练班报告、职业问题（俞雍衡）、广播无线电话与成人教育（俞雍衡）、公民常识。

浙江省民教实验学校：三民主义千字课教学法（马祖武）、识字运动、民教实验学校概况（二十年）、三年来实验民校实验研究工作报告。

政治类：

国民党浙江省党部：党义教育、工人运动经过报告、农村合作运动、消费合作、合作运动（王世颖）、乡村合作运动、地方自治丛刊、保甲运动丛刊、佃农减租宣传大纲、减租问题、民国 17 年佃农缴租章程、佃农减租平议、二五减租法规及其他、浙省二五减租释例、中国国民党与民众运动、国民党和共产党的区别、国民党和共产党革命的区别、中国国民党历年重要宣言集、总理遗教拾零、党国旗的意义及其制造与使用、国历、革命歌曲集、铲共丛刊、总理奉安纪念册、革命先烈传略集、浙江编练保卫团宣传纲要、重要革命纪念日宣传纲要、怎样做反日救国宣传工作、一·二八暴日进扰淞沪事略、怎样取消不平等条约、拥护中央撤消领事裁判权纲要、七项运动宣传纲要、提倡国货、提倡国货的理论与方法、黄花岗、五三惨案小史、五三血案、六三二惨案小史、九七国耻小史、奇耻大辱的辛丑条约、日本的解剖、日本侵略满蒙政策的解剖、帝国主义侵略中国的趋势和变迁概论、打倒英帝国主义。

浙江省民众教育馆：帝国主义之祸害（胡超吾）、激荡中的国际现势（金志骞）。

杭州民众教育馆：日本为什么看相我们的满蒙。

鄞县民众教育馆：党国旗之制造及使用法、清洪战史、中国现状一览（张仁璇）。

杭防空委员会：防空常识、防空演习宣传大纲、防空演习市民救护须知、防空演习市民防毒须知、伪装及遮蔽须知、民间防空常识图说。

浙江省民教实验学校：亚东民族自决的先锋、航空救国。

杭州古今书局：党化教育的意义和要点（沈肃文）

杭世界书局：总理遗嘱的研究。

医药卫生类：

绍兴和济药局：喉病症治要略（曹炳章）、增订伪药条辨（曹炳章）。

杭祥林医院：肺痨病特殊疗养法（董志仁）。

杭慈航乐室：吐血肺痨指南（沈仲圭）。

杭寿山医院：肺痨之早期察觉法（陈闻达）。

杭沈氏医庐广学会：健康之道（沈仲圭）。

杭西湖医院：保健指南（杨郁生）。

杭民众俱乐部：卫生。

杭东坡路王寓：国医读本（王一仁）。

浙江省民教实验学校：健康之路。

浙江双林存济医庐：国医处方集（叶橘泉）。

杭州市医药公会（性存路 11 号）：救护教程。

宁波江东东方针灸学社：高等针灸学讲义。

鄞县民教馆：组织扑蝇队经过报告。

浙江省党部：蝇蚊、水与疾病。

农业类：

浙江省经济调查协会：浙江省各县土地分类统计。

浙江省经济调查所：浙江之农产食用作物论。

浙江省植物病虫害防治所：治螟浅说、桑蟥、铁甲虫、秧田期之治虫的意义和方法、冬季治虫的意义和方法、浙江省各县设置螟蛾预测灯办法、杀虫药剂、两种重要的杀菌药剂、稻虱浅说、稻熟病、麦类黑穗病。

浙江昆虫局：廿二年浙江省虫害的发生及防治概况（张巨伯）。

浙棉改良场：浙江棉业改良推进计划书、植棉浅说、浙江广棉各县棉业调查报告、试验报告、改良棉业之意义、棉场概要。

浙江棉场：百万棉、棉场廿一年度施政报告、棉作害虫金刚钻的驱除法、棉花掺杂问题与补救方法、播种、民十八年试验报告。

浙江省民教实验学校：蚕期。

衢县教育局：农民防旱救灾实施办法。

鄞县县政府：积谷备荒。

浙江省党部：造林、植树浅说、植树须知。

商业类：

浙商访问处：浙江之丝茧、浙江之米。

国民党浙江省党部：提倡国货、提倡国货之理论与方法。

杭州反日会：抵制日货的成功者。

浙江省建设厅：合作社是什么、合作社章程样式、浙江省合作章程。

浙江印刷公司：营业报告的使用方法（韩祖德）。

浙江棉改良场：棉农棉商及纺织者应有之觉悟。

浙江省民教实验学校：做生意的经络、提倡国货。

浙江省民众教育馆：棉花纺织（张寅仲）。

鄞县民众教育馆：商业常识。

通俗文艺类：

浙江省民教实验学校：人情世故、鸟人鸟事、熄了明灯、父与子、铁匠的儿子、呵龙的命运、小马甲、卖儿记（忧时子）、云儿的病、饼师的故事（冯默存）、亡国奴的悲哀、办学堂的乞丐、水面上的楼阁、微生物的利用、蜻蜓的母亲、白雀、扫帚迷、牺牲、鬼火、葡萄园、十年奋斗、祖母的觉悟。

浙江省民众教育馆：少男少女（金文恢）。

杭州民众教育馆：王二哥（钟伯庸）、阿狗的老婆（钟伯庸）、闹新房（钱耕华）。

鄞县民众教育馆：小白龙（曹也鲁）、张苍水的故事。

永嘉民众教育馆：张阁老的故事。

余姚民众教育馆：余姚歌谣集（邵苇水）。

绍兴民众教育馆：抗日时调（公策）、义和团（祖善）。

浙江书局：新诗文作法（朱采真）。

杭正则印局：格言合璧。

武林印书局：订正不可录。

杭大风社（体育场）：西南东北。

杭国立艺专：西施（林文静）。

浙江识字委：妈妈的错（宁静）、千元捐（杨荫深）。

地理、旅游类：

杭州古今书局：杭州指南。

杭州武林印书馆：修正浙江全省舆图并水陆道理记（宗源瀚等编、徐则均修订）。

杭州市政府：杭州市指南。

浙江省陆地测量局：十万分一浙江省全图。

其他：

浙江省民众教育馆：科学家的生活（钟伯庸）、动物（金文恢）、动物的求生（张寅仲）、文明的利器（金文恢）。

　　浙江省民教实验学校：四大成功人、日本的维新。

　　杭州民众教育馆：小宝宝的抚育。

　　杭东南日报社：献给儿童的父母。

　　鄞县民众教育馆：民众应用文、民教馆应用图表。

　　浙江印刷公司：妇女问题概观（李克华）。

　　浙江建设厅：筑路浅说。

　　杭州天主堂：宗教论文集（徐文定）

　　从以上所列书目来看，数量可观，出书范围十分广泛，门类也十分齐全。日本帝国主义从 1931 年九一八事变抢夺了我国东三省以后，仍贼心不死，正磨刀霍霍，妄图消灭中国，独霸亚洲。其侵略的步伐正一步紧似一步，我国已危如累卵，面临亡国灭种的"最危险的时候"。而国民党政府却无视日本帝国主义的狼子野心，提出所谓"攘外必先安内"的方针，把矛头对准共产党，向中央苏区进行了五次大规模的"围剿"，对一些进步人士及他们所办的书刊，则进行"文化围剿"，置国家的危机于不顾。从上述书单中我们就可以看出，国民党政府竭力粉饰太平，由它们控制的出版机构，没有哪一本书发出抗日的呼声，对其冒天下之大不韪的"围剿"，更没有表示反对。而相反地，国民党省党部却公然编刊"国民党与共产党革命的区别"、"铲共丛刊"等反动书籍；进步书刊则被查抄、被销毁。这时正如鲁迅的诗所说"于无声处听惊雷"，如暴风雨的前夜，浙江广大人民正蓄势待发，一旦时机成熟，即会如钱塘江潮那样，汹涌澎湃，把一切阻碍历史前进的反动势力冲垮。

第三节　古籍与地方志书的出版

　　在这一段时间内，浙江各地刊印的古籍与地方文献不少。

一、古籍的编刊

　　各地编印的古籍，有木刻本，也有石印本、铅印本。各地各取所需，各尽其能，反映出浙江出版正由旧的传统的向新的现代的方向转变。择要介绍于后：

　　《桐乡劳先生遗稿》8 卷，附"韧庵老人年谱"1 卷，劳乃宣撰，民国 16 年（1927）桐乡卢氏刊朱印本，国图、上图有藏。

《广陵散谱》1 卷，不著撰人姓氏，民国 16 年（1927）由桐乡冯氏据明嘉靖版重刊。

《抱经楼丛刊》5 种：收宋谢枋得《诗传注疏》5 卷，张世南《游宦纪闻》10 卷，车若水《玉峰先生集》1 卷，赵湘《南阳集》6 卷，明徐渭《徐文长佚草》10 卷。民国 16 年（1927）慈溪沈德寿辑刊，铅字排印本。

《三余堂丛刊》12 种附 1 种，林士图辑，民国 16 年（1927）鄞县林氏据旧刊版汇印。

《谢氏后汉书补遗》6 卷，清姚之骃辑，仁和孙志祖增订，民国 17 年（1928）孙氏寿松堂刊本。

《晋书斠注》130 卷，吴士堂、刘承幹撰，民国 17 年（1928）湖州嘉业堂刊本。

《古逸小说丛刊初集》3 种，陈乃乾辑，民国 17 年（1928）海宁陈氏慎初堂刊本。

《敬乡楼丛书》四辑，民国 17—24 年（1928—1935）永嘉黄群辑刊，铅字排印本。

此丛书的作者，都是温州的先贤前修，他们的著作不仅反映当代的历史、文化，也影响及于后代，属于温州重要的地方文献。

《夏小正传笺》1 卷，归安沈秉诚撰，民国 18 年（1929）刊本。

《尚书传授同异考》，清仁和邵懿辰撰，民国 18 年邵氏自刊本。

《老子古注》2 卷，瑞安李翘撰，民国 18 年劳薰馆刊本。

《松邻遗集》10 卷，清仁和吴昌绶撰，民国 18 年吴氏自刊本。

《顾氏家集》10 种，附 1 种，民国 18 年（1929）会稽顾燮光辑，顾氏金佳石好楼刊本。同年又刊《顾氏金石舆地丛书》第一集。顾燮光（1875—1949）字鼎梅，号石言，室名金佳石好楼、非儒非侠斋，金石学家。1917 年间曾在河南一带，搜集金石拓本数年，收获甚丰。于民国 7 年至 23 年（1918—1934）又辑刊《非儒非侠斋金石丛书》，有石印本，也有铅字排印本。又于民国 11 年（1922）与 19 年（1930）辑刊《范鼎卿先生所著书》，范寿铭著，石印本。范寿铭（1871—1922）字鼎卿，绍兴人，我国著名历史学家范文澜之叔。清末举人，尝任彭德府知府、河北道道尹等职。嗜金石学，先后搜集碑帖近万种。《河朔金石目》10 卷、《河朔访古新录》14 卷，顾燮光撰，民国 19 年（1930）刊本。

《秋澂斋丛书》10 种，民国 18 年至 20 年（1929—1931）瑞安陈准辑刊。陈准（1902—？）字绳甫，先后任瑞安修志局校勘、上海中国仿古印书局编辑部主任等职，曾加入考古学社，精于目录学。著有《管子集注》、《淮南子校记》、《金石学家列传》等。

民国 18 年所刊丛书还有赵之谦所辑之《仰视千七百二十九鹤斋丛书》，罗振玉所撰之《松翁居辽后所著书》。

《洛阳伽蓝记》5 卷，后魏杨衒之撰，"集证" 1 卷，吴若汇撰，张宗祥补，民国 19 年（1930）刊本。

《快阁师石山房丛书》7 种，附 1 种，民国 20 年（1931）浙江省图书馆刊本。

《校注字鉴》5 卷，方成珪撰。民国 21 年（1932）瑞安陈氏抱经堂刊。方成珪（1785—1850）字国宪，号雪斋，瑞安人。嘉庆十三年（1808）举人，尝官宁波教授。生平精研小学，尤勤于雠校古籍，家藏书数万卷。著有《集韵考正》、《字鉴校注证》、《韩集笺证》等。

《杏荫堂汇刻》3 种 14 卷，民国 21 年（1932）吴兴许氏杏荫堂辑刊。收《文山传语录》12 卷，《文文山（天祥）年谱》1 卷，《郑延平（成功）年谱》1 卷，许浩基撰。

《蛰庐存稿》，陈虬撰，民国 22 年（1933）瑞安瓯风社刊本。

《六斋剩稿》、《六斋论文》，宋恕撰，瑞安瓯风社刊本。陈虬、宋恕均为维新派人士，其论著多真知灼见。

《方氏（孝孺）家言》2 卷，民国 22 年（1933），镇海方氏余庆堂刊本。方孝孺（1357—1402）字希直、希古，人称正学先生，宁海人。理学名儒。建文帝即位，任侍讲学士，值文渊阁，不久改为文学博士。燕王朱棣南下夺皇位，命草登极诏书，不从，被磔死，并夷十族。后人为辑刊《逊志斋集》传世。

《义乌先哲遗书》，收《我疑录》1 卷，附《读古本大学》1 卷；《存梅堂诗草》1 卷，清程德调撰；《粲花馆诗钞》1 卷；《词钞》1 卷，清楼吉春撰。民国 22 年（1933）由义乌黄冈侗辑刊。

《惜砚楼丛刊》8 种，民国 23 年（1934）瑞安林氏林庆云辑刊，铅字排印本。

《嘉兴谭氏遗书》10 种 23 卷，收有谭吉璁撰《历代武举考》1 卷，《鸳鸯湖棹歌》1 卷、续 1 卷，谭瑄《续刑法叙略》1 卷等，民国 24 年（1935）嘉兴谭氏承启堂刊。谭吉璁（1624—1680）字丹石，号筑岩，嘉兴人。康熙间曾任延安府同知、山东登州知府。著述甚富。谭瑄亦嘉兴人，字护城，号左羽、星湖，尝任工科给事中。

《仙居丛书》第 1 集，收书 12 种，民国 24 年（1935）仙居李镜渠辑刊，铅字排印本。

《石达开全集》，卷数不详，钱书侯辑，民国25年（1936）9月绍兴景钟书店刊本，后编入《民族英雄丛书》。

《新唐书斠议》，罗振常撰，民国25年（1936）吴兴周氏蟫隐庐刊本。

《檇李丛书》9种，金兆蕃辑，民国25年（1936）嘉兴金氏刊本。

《南林丛刊》正集5种，次集7种，周延年辑，民国25年（1936）吴兴周氏排印本。

《愿学斋丛刊》7种，附1种，民国25年（1936）上虞罗氏墨缘堂石印本。

《待时轩丛刊》6种，罗福颐辑，民国26年（1937）上虞罗氏石印本。

《七经堪丛刊》7种，罗振玉撰，民国26年（1937）上虞罗氏石印本。

《宋史夏国集注》，罗福苌撰，民国26年（1937）上虞罗氏待时轩刊本。

二、地方志的编纂

我们中国有盛世修志的优良传统。民国时期虽然战乱不休，但浙江人仍不忘修志，在可能的条件下编辑出版了各类地方志。下表所收志书包括整个民国时期。

方志名称	纂修者	刊刻年日	备　考
杭州府志178卷、首10卷	齐耀珊修，吴庆坻等纂	民国8年（1919）修，11年（1922）铅印本	
杭州府志校勘记	吴庆奎等校，唐咏裳复勘	民国15年（1926）铅印本	
萧山县志稿32卷、首、末各1卷	彭延庆等修，姚荣俊等纂	民国24年（1935）修成，铅印本	今属杭州
昌化县志18卷、首1卷	曾国霖等修，许昌言等纂	民国19年（1930）铅印本	今属临安

方志名称	纂修者	刊刻年日	备　考
新登县志 20 卷、首 1 卷、附 1 卷	徐士瀛等修，史锡永纂	民国 11 年（1922）铅印本	今属富阳
续修分水县志 14 卷、首 1 卷	钟诗杰修，臧承宣纂	民国 31 年（1942）铅印本	今属桐庐
建德县志 15 卷、首 1 卷	张良楷等修，王勒等纂	民国 8 年（1919）修成，金华朱集成堂铅印	
遂安县志 10 卷、首、末各 1 卷	罗柏麓修，姚桓等纂	民国 19 年（1930）铅印本	今属淳安
寿昌县志 10 卷、首 1 卷	余兆鹏等修，李任等纂	民国 16 年（1927）金华大同印刷局铅印本	今属建德
鄞县通志	张传保、赵家荪修，陈训正、马瀛等纂	民国 24 年（1935）付印	今宁波市
奉化新志	奉化县政府编	民国 28 年（1939）刊本	
镇海县志 45 卷、首 1 卷	盛鸿涛等修，王荣商、杨敏曾同纂	民国 7 年（1918）修，20 年（1931）铅印本	
镇海县新志备稿 2 卷	董祖义编	民国 21 年（1932）铅印本	
余姚六仓志 44 卷、首、末各 1 卷	杨积芳等纂	民国 9 年（1920）铅印本	
象山县志 32 卷、首 1 卷	罗士筼等修，陈汉章等纂	民国 15 年（1926）修成，民国 16 年（1927）铅印本	
象山县志志文存疑 4 卷	樊家祯撰	民国 36 年（1947）铅印本	
南田县志 34 卷、首 1 卷	吕耀钤修，厉家祯等纂	民国 19 年（1930）铅印本	今象山

续表

方志名称	纂修者	刊刻年日	备 考
南田志略	象山陈汉章纂	民国 26 年（1937）铅印本	
宁海漫志 4 卷	于人俊编	民国 23 年（1934）铅印本	
宁海杂记 2 卷	于人俊编	民国 20 年（1931）石印本	
瑞安县志稿	瑞安县修志委员会	民国 25 年（1936）铅印本	
瑞安县志	瑞安县修志委员会	民国 35 年（1946）修，有铅印本	
平阳县志 98 卷、首 1 卷	王理孚修，符璋、刘绍宽纂	民国 14 年（1925）刊本	
嘉兴新志上编	阎幼甫修，陆志鸿等纂	民国 18 年（1929）嘉兴建设委员会刊本	
梅里备志 8 卷	余霖编	民国 11 年（1922）阅沧楼刊本	嘉兴市南
新塍镇志 26 卷、首 1 卷	朱士楷编	民国 5 年（1916）平湖绮春阁铅印本	嘉兴市西
新塍新志初稿 3 卷	严一萍	民国 37 年（1948）铅印本	
海宁州志稿 41 卷、首、末各 1 卷志余 1 卷补遗 1 卷	刘蔚仁续修，朱锡恩等续纂	民国 11 年（1922）铅印本	
乌青镇志 44 卷、首 1 卷	卢学溥续纂	民国 25 年（1936）刊本	桐乡北
濮院志 30 卷	夏辛铭辑	民国 16 年（1927）刊本	桐乡东北
澉水志汇编（澉水新志、澉水补录）	方溶、程煦元等纂	民国 24 年（1935）铅印本	海盐县南

方志名称	纂修者	刊刻年日	备　考
平湖通览	钱公治编	民国 21 年（1932）铅印本	
德清县新志 14 卷	王任化修，程森等纂	民国 21 年（1932）铅印本	
南浔志 60 卷、首 1 卷	周庆云编纂	民国 11 年（1922）吴兴周氏刊本	在吴兴东北
双林镇志 32 卷、首 1 卷	蔡蒙等编	民国 6 年（1917）上海商务印书馆刊本	吴兴东
会稽县志 20 卷	郭家襄编	民国 15 年（1926）印本	今绍兴
绍兴县志资料（第一辑）	绍兴县修志委员会编	民国 26—28 年（1937—1939）铅印本	收天乐志、安昌志、皋部志、曹娥乡志、沥海所志、柯山小志等
螭阳志 4 卷	张拯滋辑	民国 9 年（1920）铅印本	属山阴县，今绍兴市
嵊县志 32 卷、首 1 卷	罗毅等修，丁谦、余光耀纂	民国 23 年（1934）修成，民国 24 年（1935）铅印本	
新昌县志 20 卷	金城修，陈畬等纂	民国 7 年（1918）修，次年铅印本	
松夏志 12 卷	连克枢编，何鸣宣参订	民国 20 年（1931）沈湖楼铅印本	属上虞县
汤溪县志 20 卷、首 1 卷	薛达等修，戴鸿等纂	民国 20 年（1931）铅印本	今属金华

续表

方志名称	纂修者	刊刻年日	备　考
衢县志 30 卷、首 1 卷	郑永禧等纂	民国 9 年（1920）创修，民国 25 年（1936）铅印本	
龙游县志初稿 8 卷	余绍宋纂	民国 12 年（1923）编成，有铅印本	
龙游县志 40 卷、首、末各 1 卷	余绍宋纂	民国 14 年（1925）编成，铅印本	
定海县志	陈训正、马瀛同纂	民国 13 年（1924）铅印本	
岱山镇志 20 卷、首 1 卷	汤浚编	民国 17 年（1928）定海汤氏一梅轩木活字本	属定海
台州府志 140 卷、首 1 卷	喻长龄修，褚传诰等纂	民国 25 年（1936）铅印本	
台州府志刍议 1 卷	符璋撰	民国 15 年（1926）刊本	
临海县志稿 42 卷、首 1 卷	张寅等修，何奏簧等纂	民国 15 年（1926）创修，民国 25 年（1936）铅印本	
临海要览	项士元编	民国 5 年（1916）杭州铅印本	
路桥志略 2 卷	杨晨编，徐兆章参校	民国 4 年（1915）石印本，民国 24 年（1935）黄岩杨氏铅印本	今属椒江
增修路桥志略 6 卷	杨绍翰增订	民国 24 年（1935）铅印本	
丽水县志 14 卷	李钟岳等修，孙寿芝纂	民国 15 年（1926）修成铅印	
景宁县续志 17 卷、首 1 卷	吴吕熙等修，柳景元等纂	民国 22 年（1933）修刊本	今属丽水

方志名称	纂修者	刊刻年日	备　考
松阳县志 14 卷、首、末各 1 卷	吕耀钤等修，许作舟等纂	民国 14 年（1925）木活字本	今属遂昌
宣平县志 14 卷、首、末各 1 卷	何横等修，邹家箴等纂	民国 20 年（1931）修成，民国 23 年（1934）铅印本	今划归丽水武义二县
续修浙江通志采访稿	不著编者名氏	民国 5 年（1916）铅印本	
浙江通志厘金门初稿	顾家相编	民国 8 年（1919）会稽顾氏铅印本	
西湖志 24 卷	何振岱等纂	民国 5 年（1916）福建水利局铅印本	
西湖新志 14 卷	胡祥翰撰	民国 10 年（1921）铅印本	
西湖新志补遗 6 卷	胡祥翰撰	民国 12 年（1923）铅印本	
灵隐小志	释巨赞撰	民国 36 年（1947）铅印本	
云栖志 10 卷、首 1 卷	项士元撰	民国 23 年（1934）铅印本	在杭州
虎跑佛祖藏殿志 10 卷	虎跑纂志处	民国 10 年（1921）铅印本	杭州
招贤寺略记	释如幻撰	民国 9 年（1920）刊本	杭葛岭下
西溪秋雪庵志 4 卷	周庆云撰	民国间周氏梦坡室刊本	杭州
莲居庵志 10 卷	孙峻撰	民国年间刊本	杭府城土桥
敷文书院志略	魏颂堂撰	民国间刊本	杭万松岭
天竺游记	杨昌祚撰	民国 13 年（1924）杭州文元堂铅印本	

续表

方志名称	纂修者	刊刻年日	备　考
萧山湘湖志8卷、外编1卷、续志1卷	周昌藻撰	民国14年（1925）铅印本	
天目山名胜志	钱文选撰	民国25年（1936）石印本	在临安
东天目昭明禅寺志	松华、陈兆元辑	民国3年（1914）铅印本	在临安
北天目灵峰寺志9卷	王华编，江谦补订	民国4年（1915）铅印本	在临安
东钱湖志4卷	王荣商撰	民国5年（1916）刊	在鄞县
天童山续志2卷	释莲萍撰	民国年间刊本	在鄞县
花山志2卷	赵佩莊撰	民国20年（1931）铅印本	在温岭
雁荡新便览	蒋希召编	民国6年（1917）铅印本	在乐清
雁山一览	蒋希召编	民国23年（1934）西泠印社铅印本	在乐清
南雁荡山志13卷、首1卷	周喟辑	民国7年（1918）刊本	在永嘉
仙岩山志8卷、首、末各1卷	张扬纂	民国22年（1933）铅印本	属瑞安
南田山志14卷	刘耀东纂	民国24年（1935）刘氏启后亭铅印本	在青田文成西北
海昌胜迹志	管振志纂	民国21年（1932）刊本	海宁
东林山志24卷、首1卷	吴玉树纂	民国上海著易堂刊本	属吴兴
莫干山志13卷	周庆云纂	民国15年（1926）刊本	在德清
普陀洛迦新志12卷	王亨彦辑	民国13年（1924）刊本	在舟山

方志名称	纂修者	刊刻年日	备　考
萧山乡土志 1 卷	王铭鉴辑	民国 11 年（1922）萧山县立第一高等小学校铅印本	
萧山县乡土志	顾士江辑	民国 10 年（1921）铅印本	
平湖县乡土志	王积澄辑	民国 7 年（1918）铅印本	
诸暨乡土志	祝志学辑	民国 13 年（1924）铅印本	
桐庐访古记	侯鸿鉴撰	民国 10 年（1921）铅印本	
宁海六记	于人俊撰	民国 33 年（1944）铅印本	

三、余绍宋编纂的龙游县志

余绍宋（1883—1949）字越园，号寒柯，龙游人。宣统二年（1910）在日本东京政法大学毕业回国后，曾任清廷外务部主事。民国成立后，先后任众议院秘书、司法部参事、次长、修订法律馆顾问等职。历任北京美术学校校长、北京师范大学、北京政法大学教授。善书画，精鉴赏，所作《晚秋》山水轴，曾在莫斯科、柏林、巴黎展出，名震一时。所作风、雨、雪、月的四帧墨竹，为日本天皇之母以重金收买而去。著作有《画法要录》、《书画书录解题》、《中国画学源流概论》等。1928 年他定居于杭州，以书画自娱。1939 年任浙江省第一届临时参议会议员，1942 年被选为第二届临时参议会副议长。抗日战争爆发，隐居故乡的沐尘村。后被任为浙江省通志馆馆长，主持编纂《浙江通志》，至新中国成立前夕，完成初稿 125 册。

余绍宋于 1921 年应聘主纂《龙游县志》，历时 4 年成书。出版后为方志界所推重，认为民国时期浙江所纂之地方志，此为不可多得之佳构。志中之民族考、食货考等篇，尤别出心裁。梁启超为之作序曰："吾友龙游余越园……以四年之功，成其《县志》四十二卷（其中正志二十三卷、附志十七卷、首末各一卷，合起来为四十二卷）……越园之治学也，实事求是，无征不信，纯采科学家最严正之态度，剖析力极敏，组织力极强，故能驾驭其所得之正确资料……越园之学，得诸章学诚者独多固也。然以此书与实斋诸志较，其史识与史才突过之者盖不尠……越园之书，如氏族考，调集数百家谱牒，经极详慎之去取别择，而得其经纬脉络。其清代职官表，康熙后既无所凭借，乃搜断片于文集、笔记、诗歌、质剂或祠壁井栏中。天吴紫凤，缕错织文，常人所不注意者，字字皆沤心血铸成。其余他篇，类此者尚夥。征引之书，不下四五百种……实斋之鄂《志》食货考，今所存者仅一篇，诚不愧为一代杰作，惜全豹未睹焉……越园兹考，以户口、田赋、水利、仓储、物产及物价为次，什九皆凭实地采访，加以疏证。其必须参考官书格式者，则入诸附志之掌故……实斋之重表也至矣。顾其所作诸志，于地理部分有图有考而无表。越园创立都图表，道里远近，居民疏密，旁行斜上，一目了然，兼以与氏族考互证……名宦与人物异，撰宜专记宦绩，实斋言之备矣。然宦绩扬善隐恶，犹沿旧志成见。越园采康对山（海明武功人）《武功志》之意，美恶并收，非但以存直道，亦将儆官邪，裨图治者得所鉴焉。"①

四、编纂县镇志的名家简介

编纂县镇志的不少是名家、学者。如主纂《象山县志》、《南田志略》的陈汉章为象山东陈乡人，字云从，号倬云。光绪十四年（1888）举人，尝任北京大学、北京师范大学、南京中央大学教授、系主任等。著有《缀学堂丛稿初集》、《十三经疏中疏》、《史通补释》、《诗学发微》等 100 余种书。光绪三十三年（1907）回乡任象山劝学所总董，劝设小学 30 余所，又创办象山师范讲习所。民国 11 年（1922）应聘主纂《象山县志》，历时五载而成书。又纂《南田志略》。

参与编纂《鄞县通志》的陈训正，慈溪官桥（今余姚三七市镇）人。字屺怀，号玄婴。光绪二十九年（1903）举人。一生重视兴办地方文化教育事业，先后参与创建宁波公立甲种工业学校、私立效实中学、宁波女子师范学校、正始中学等。又致力于修纂地方志，先后纂修《定海县志》、《掖县志》、《鄞县通志》。其中《鄞县通志》，被许为一代佳志。所

① 洪焕椿：《浙江方志考》，浙江人民出版社 1984 年 6 月版，第 367—368 页。

撰文献志中的人物等 4 篇，内容丰富翔实，尤为人们所称许。

参与编纂《临海要览》、《云栖志》的项士元，临海人，原名元勋，又名家禄，号慈园。民国 3 年（1914）曾应浙江省图书馆之邀，从事史事编纂。17 年（1928）参加杭州新闻史编纂筹备委员会，独立编成《浙江新闻史》。抗日战争时期，浙江省通志馆成立，他被余绍宋聘为编纂。一生著述丰富，有《台州经籍志》（浙江省图书馆出版）、《中国簿录考》、《浙江方言考》、《两浙艺文志》、《两浙著述考》等共 130 余种。

主纂《路桥志略》的杨晨，是黄岩路桥人。光绪三年（1877）进士，尝授翰林院庶吉士，国史馆协修。光绪十年（1884）升任御史，开始编《三国会要》，立凡例。宣统三年（1911），编刻《台州丛书后集》，共收书 16 种，有《三国会要》、《台州艺文略》、《台州金石略》、《赤城别集》等。民国 4 年（1915）又刊印《台州丛书己集》，收《湖山集》等 4 种。《路桥志略》记载鸦片战争后洋货倾销，路桥地区资本主义萌芽以及台州人民反教会斗争及辛亥革命时的情况等。

主持纂修《南浔志》、《莫干山志》、《西溪秋雪庵志》的周庆云，是南浔巨富之一。他热心地方公益事业，尝投资兴建苏杭铁路，反对向英商借款，出卖路权；又在上海浦东设立五和精盐公司，抵制日盐进口。又曾与张宗祥等主持补抄文澜阁《四库全书》4400 卷，对浙江的名胜古迹进行考察、研究，对其中破旧的进行修复、整理。家有梦坡室，编辑出版有《梦坡丛书》、《琴史》、《历代两浙词人小传》等。

第八章　除旧布新

——浙江出版业进入转型期

"中华民国"只有 38 年的历史，在我国出版史上却是一个重要时期，是革故鼎新的时期。道光二十五年（1845）美国长老会把原来办在澳门的花华圣经书房迁入宁波，并改名为华花圣经书房，从此打开了我国出版史的新篇章，原来以木版刻印为技术特征，以线装竖排为装帧形式，以出版经、史、子、集为主的旧的传统的出版业，逐步向新的、用铅字排版、机械印刷为主的出版业转变。技术是生产力的要素，是最活跃的促进生产的动力。由于铅印技术和石印技术的引进，最终改变了我国出版业的面貌。

第一节　新的印刷技术促使出版业剧变

一、各地印刷业概况

如前所说，宁波在道光二十五年（1845）就已建立了使用铅活字印刷书刊的华花圣经书房。杭州在光绪十八年（1892）由宁波商人创办了第一家蒸汽机石印厂，有石印机两台，有 30 多名工人。到民国元年（1912），杭州有石印、铅印的印刷所 10 多家，民国 21 年（1932）发展到 60 多家。据《中国实业志》记载：民国 22 年（1933）11 月，"全市有印刷所（店）86 家，资本总额 22 万元，营业额 65.42 万元，占全省印刷业总额的 60 以上"，"浙江的印刷业，以杭州最发达，为全省印刷业之中心"。

宁波在光绪年间已经有了铅印机、石印机，向外承印书籍、报纸。民国 9 年（1920）又成立了宁波印书局。民国 20 年（1931）城区共有专营、兼营的书刊印刷所（公司）8 家，资本达 4.65 万元。宁波所属各县也建立了不少印刷书刊的所、厂、局，如奉化的九芳斋印刷所，大桥镇晋源印刷所，有铅印、石印两种设备；镇海有城关的小商务铅石印局，慈溪有自己的印刷公司，余姚有昌明印刷所等。

温州的印刷业也发展得很快，在 20 世纪 30 年代，府前街及南大街一带，已成为印刷机构的集中地，先后办起了松林斋、美本等 14 家印刷所。

嘉兴在 20 世纪二三十年代，其所属各县如嘉兴、海宁、海盐、平湖等地，先后办起大新、董立记、艺新、良友、立洽斋、崔公裕、久大兴、时代、东南、杨南、杨载兴等印刷厂（店），每个县都有几家。

湖州的传统刻书业向来发达。清末至民国初期，许多地方铅印与雕版印刷并行不悖，如南浔刘承幹的嘉业堂刊书，吴兴张钧衡刊《适园丛书》、《择是居丛书》，蒋汝藻刊《密韵楼丛书》，都是铅印与雕版印刷并行。到 20 世纪 20 年代，湖州太和坊一利印刷所开业，开始采用石印设备。30 年代，文明书局、进步石印局等，都开始置办新型的印刷设备。

绍兴在民国时期，拥有现今印刷设备的，有绍兴市区的《越铎日报》印刷厂、绍兴浙东印刷局以及上虞印刷局、上虞白马湖印刷所、嵊县印刷局、嵊县协华印刷所、新昌印刷铺、诸暨新民印刷所等 40 余家。

金华在 20 世纪 30 年代，各县创办的石印、铅印印刷所（店）20 多家，一般为前店后场，印刷兼营文具纸张等。

衢州在民国 17 年（1928）市区开设的三元印刷社，有铅印、石印设备，承印中西书报，并能套色印刷。民国 18 年（1929）江山开办了新文运书店，兼营石印业务；民国 20 年（1931）又创办新华印书局；龙游于民国 18 年（1929）创办了民声印刷所。民国 22 年（1933）衢州城区还创办了五县联立平民工厂。民国 25 年（1936）常山县创办定阳印刷局，民国 28 年（1939）又办丽华印刷所，均采用先进印刷设备。

丽水在 20 世纪 20 年代，松阳、缙云、龙泉、青田等县区相继开办了墨化石印局、文华阁文具书纸店、文华石印局、美达印刷所、益久印刷社。30 年代初，庆元创办的张骏头号码店，有四开印刷机两台，龙泉县龙渊镇开设了丽华铅印局、石印局和文苑印刷店。

在辛亥革命前夕，浙江各地有不少图书开始采用石印技术，或用铅字排印。光绪十八年（1892）杭州不仅有了石版印刷机，还办起了石印局。当年武林竹素斋刊行的《旧五代史》、《晋书》、《元史》、《明史》等均是石印。光绪二十四年（1898）杭城卫樽刊聚奎主人所辑《兵书七种》；杭省德记书庄《御制历象考成》，也用石印。绍兴墨润堂于光绪二十七年（1901）所刊《元代合参》（历算类书），用石印，嘉兴泉寿山房光绪三十四年（1908）刊《癖泉臆说》6卷，也是石印本；光绪二十四年（1898）浙西玑衡堂所刊《行素轩笔谈》，是石印本，宣统三年（1911）温州戴礼刊《大戴礼记集注》，也是石印本。铅印的书，有光绪二十七年（1901）余杭章炳麟所刊《张苍水集》2卷，附《北征录》1卷；仁和吴氏双照楼宣统元年（1909）所刊《劳氏碎金》3卷，以及宣统三年（1911）绍兴公报社所刊《苏甘宝读说文小识》1卷，等等。但是这个时期浙江所刊书仍有不少采用雕版印刷技术，如吴兴刘氏嘉业堂所刊书，瑞安玉海楼所刊书、桐庐袁氏浙西村舍所刊书等。

据浙江省教育文化事业委员会在民国27年（1938）12月的调查统计（当时杭嘉湖已经沦陷的地区未经调查，未能列入），共有民营印刷机构166处，铅印、石印技术已占上风，传统的雕版印刷技术已经逐步退出历史舞台。

二、图书木刻、铅印、石印杂陈

1922年前后，冯雪峰在一师读书时，开始写作新诗。他与潘谟华、应修人、汪静之等结成湖畔诗社，于当年4月把四人所作的新诗结集为《湖畔》诗集，在杭州排印出来。这是我国出版最早的新诗集之一。第二年12月，他又与应修人、潘谟华编著了一部《春的歌集》，仍以湖畔诗社的名义出版。同年，宁波春风学社刊印了王任叔所著《情诗》。民国14年（1925）宁波的华升印书局又刊印了柔石（赵平复）著《疯人》，这是一部小说。这些图书内容既新，形式也新，是用铅字排印的，说明当时杭州宁波等地已有铅印厂。不仅当代图书用铅印，古籍也有铅印的，如民国8年至15年（1919—1926）嘉惠堂排印的《武林丁氏家集》，民国13年（1924）杭州三三医社印的《三三医书》，也是铅字排印本。

石印本也不少。据汪家熔在《中国出版通史》中说，当时"石印集中在上海；苏州、武昌、宁波、杭州、广州等地也有石印书局。杭州的竹简斋能印大书"。[①]

传统的雕版印刷技术也还在继续发挥作用，如民国11年（1922）仁和吴氏双照楼所刊吴昌绶编辑的《十六家墨说》，分上下两册，即木刻本。

这是杭州的情况。其他各地有木刻的，有石印的，也有铅印的。如

---

①　汪家熔：《中国出版通史》（清代卷下），中国书籍出版社2008年版，第115页。

宁波，民国 10 年（1921）汲绠斋书庄刊《退思庐医书四种合刻》，收《感证辑要》4 卷，《女科精华》3 卷，《古今女科医案选粹》4 卷，《女科证治约旨》4 卷，石印本。民国 15 年至民国 16 年（1926—1927）慈溪沈德寿辑刊《抱经楼丛刊》，为铅字排印本；鄞县林仕荷辑刊《三余堂丛刊》，据旧本汇印。这一时期吴兴刊书较多，刘承幹刊书有少量石印，大部分为木刻本。民国 11 年（1922）归安朱氏所刊朱祖谋编辑的《彊村丛书》，也是木刻本。这本书校辑唐宋五代金元词达 160 余家，共 260 余卷，蔚为壮观。

嘉兴地区邻近上海，这时所刊书以排印本为多。如民国 9 年（1920）嘉善张祖廉辑刊的《娟镜楼丛刻》甲、乙、丙、丁帙。民国 10 年（1921）海盐谈文虹辑刊《武原先哲遗书初编》，民国 11 年（1922）又辑刊《桂影丛刊》等。

民国 8 年至 13 年（1919—1924）绍兴樊氏絵桐书屋所刊樊镇辑、唐樊宗师撰《樊谏议集七家注》，也是铅字排印本。

三、景印古籍，蔚为大观

景印就是影印，就是采用照相制版或其他化学方法制版印刷图书。它可保持古版图书的原有版式或原有的艺术风格，这是对于某些较罕见的图书或珍贵古籍所采取的印刷办法。按原书尺寸影印，称原大影印；比原书尺寸小的影印，称为缩印。

民国 15 年（1926），吴兴四大藏书家之一的张钧衡辑刊《择是居丛书初集》，其中如《尚书正疏》、《乐书正误》、《吴郡志》等，据宋本影印；《相台书塾刊正九经三传沿革例》、《唐书直笔新例》等，据宋抄本景刊等。

民国 11 年至民国 13 年（1922—1924）乌程蒋汝藻辑刊《密韵楼景宋本七种》。蒋汝藻（1877—1954）字孟萍，号乐庵，吴兴人。清光绪二十九年（1903）举人，曾任学部总务司郎中。辛亥革命后，任浙江军政府首任盐务局长。其家"密韵楼"，为吴兴四大藏书楼之一，藏有宋刊本 83 种，元本 102 种，明本 862 种。《密韵楼景宋本七种》收：

《吴郡图经续记》3 卷，宋朱长文撰，据宋本景刊；《曹子建文集》10 卷，魏曹植撰，据宋大字本景刊；《歌诗编》4 卷，唐李贺撰，据北宋本景刊；《草窗韵语》6 卷，宋周密撰，据宋本景刊；《雪岩吟草》甲卷，《忘机集》1 卷，宋宋伯仁撰，据宋本景刊；《青山集》30 卷，宋郭祥正撰，据宋本景刊；《窦氏连珠集》1 卷，唐窦常、窦牟、窦宝群、窦庠、窦巩撰，褚藏言辑，据宋本景刊。

四、陈乃乾景刊的古籍与丛书

这段时间，海宁陈乃乾影印古籍，成就卓著。陈乃乾（1896—1971）名乾，字乃乾，以字行，海宁硖石人。版本目录学大家，有"北赵（万里）南陈"之目。他世代书香，家藏书宏富，历任各书局编辑、经理、上海通志馆编纂、大学教授，著有《室名别号索引》等。民国 10 年（1921），他借徐乃昌（字积余，号随庵，安徽南陵人）积学斋藏本，编成《百一庐金石丛书十种》，于是年自费影印出版。王国维作序。其中：

图 8-1　陈乃乾

《啸堂集古录》2 卷，宋王俅撰，据宋本景印；

《王复斋钟鼎款识》1 卷，宋王厚之撰，据仪征阮氏本景印；

《焦山鼎铭考》1 卷，清翁方纲撰，据大兴翁氏本景印；

《浣花拜石轩镜铭集录》2 卷，清钱坫撰，据嘉定钱氏本景印；

《集古虎符鱼符考》1 卷，清瞿中溶撰，据嘉定瞿氏本景印；

《汉熹平石经残字》1 卷，清陈宗彝辑，据三山陈氏本景印；

《蜀石经残字》1 卷，清陈宗彝辑，据三山陈氏本景印；

《瘗鹤铭考》1 卷，清汪士鋐撰，据松南书屋本景印；

《孔子庙堂碑唐本存字》1 卷，清翁方纲辑，据大兴翁氏本景印；

《临汀苍玉洞宋人题名》1 卷，"附录"1 卷，清刘喜海撰，据诸城刘氏本景印。

同年又集资影印自辑《曲苑》（一作《曲苑十四种》）。

民国 14 年（1925），对《曲苑》进行重订，删去 1 种：明梁辰鱼所撰的《江东白苧》2 卷、"续"2 卷；增加了元钟嗣成撰《新编录鬼簿》2 卷，周德清撰《中原音韵》1 卷，明王骥德撰《曲律》4 卷，沈龙绥撰《度曲须知》2 卷，清汤恩寿《词余丛话》3 卷，王国维撰《戏曲考原》1 卷，董康撰《曲目韵编》2 卷等共 7 种，再加上原有的明徐渭撰《南词叙录》1 卷，《旧编南九宫目录》1 卷，《十三调南吕音节谱》1 卷，明张楚叔撰《衡曲麈谈》1 卷，魏良辅撰《曲律》1 卷，沈德符撰《顾曲杂言》1 卷，吕天成撰《曲品》3 卷，清高奕撰《新传奇品》1 卷，续 1 卷，梁廷枏撰《曲话》5 卷，李调元撰《雨村曲话》2 卷，焦循撰《剧说》6 卷，支丰宜撰《曲目表》1 卷，民国王国维撰《曲录》6 卷，共有 20 种。遂改名为《重订曲苑》，石印本。

民国 11 年（1922）陈乃乾又编成《海宁陈氏影印善本丛书》，影印出版。又据江苏汲古阁钞本编成《元四家集》，以上海古书流通处名义影印出版。又影印《古书丛刊》，其第二辑丙集中收有陈氏据清嘉庆江都秦氏本影印的《鬼谷子》3 卷，附录 1 卷，校记 1 卷。

民国 12 年（1923），又以"慎初堂陈氏"的名义影印云间（今上海松江）古倪园刻本《沈刻四妇人集》；又影印《魏正始经残字尚书》1 卷、《春秋》1 卷。

民国 13 年（1924）春，上海古书流通处（至是年底，由陈收购而另设"中国书店"）据道光年间陈氏本影印《崔东壁遗书》前后编。前编收书 10 种 54 卷，附 2 种 2 卷，后编收书 8 种 15 卷。5 月，又据日本东京大学所藏本影印《古今杂剧》，前有王国维所作序。当年 12 月还以铅字重印《滂喜斋藏书记》3 卷，附《滂喜斋宋元藏书目》1 卷。滂喜斋为江苏吴县潘祖荫的书室，《滂喜斋藏书记》为善本书录，由叶昌炽撰，计有宋本 58 种，元、明以下 52 种，朝鲜、日本刻本 14 种，抄本 6 种，详记其行款、题跋、印记及册数。

民国 14 年（1925）陈乃乾除石印《重订曲苑》外，又主持影印《蕙风丛书》、《江都汪氏丛书》，均据自藏版影印，由中国书店出版。据董氏本影印清沈泰所辑《盛明杂剧》30 卷，据乾隆五十七年（1792）小山堂刻本影印赵一清《东潜文稿》2 卷，也由中国书店出版。

民国 15 年（1926）陈氏得到嘉庆中承德孙氏刊《问经堂丛书》，洪颐煊辑《经典集林》30 种 32 卷及萧山沈豫著《学海经解提要》，以陈氏慎初堂名义，影印问世。同年又影印同光间所刻、刘长华所撰《崇川刘氏丛书》。据乾隆刊本影印清吴东发著《石鼓读》7 卷。

民国 17 年（1928）2 月上旬，集股影印的冯氏《说文解字段注考证》，印刷完毕。同年排印自辑《古佚小说丛刊初集》3 种，收唐张文成撰《游仙窟》1 卷，元《三国志平话》3 卷，明酌元亭主人撰《盛世杯》4 卷，以海宁陈氏慎初堂名义出版。

民国 20 年（1931）陈所辑王国维的《观堂遗墨》影印出版。

民国 21 年（1932）又集资影印《松江府属两志》；又将嘉靖《上海

县志》与正德《金山卫志》合并在一起，影印出版。

当代学者胡道静盛赞陈乃乾刊书之功，在为《陈乃乾文集》所作序中说："陈公……与挚友嘉兴陈立炎先生合设古书流通处于上海福州路。名曰流通处，志不仅在于购售之间，而欲使之兼具出版之职能。辄以古书一经售出，则如黄鹤飞去，不可复还。当以其在手之日，为之影印，则一以化百，乃可普及。时得清鲍廷博刻《知不足斋丛书》，全集三十辑为足刻初印本，于1921年影印行世，大受学坛欢迎。于是又辑金石学要籍及旧拓本为《百一庐金石丛书》，促进金石学之研求工作。次年（1922）又辑集清刻善本书若《尔雅》、《韩非子》、《盐铁论》、《晏子春秋》、《洛阳伽蓝记》等影印，为《古书丛刊》四辑，其书皆切实有用者。""先师又得清嘉庆中刻洪颐煊辑《古佚要籍若别录》《七略》《灵宪》等共三十种为《经典集林》一书。其书本为《问经堂丛书》中之一种，但今传《问经堂丛书》大多于《经典集林》为阙如也。故虽为清刻，特为可贵。于是在1962年以慎初堂名义影印，装为二册行世。"①

第二节　新型书店遍布全省各地

由于西方出版理念的传播，出版业开始出现编辑、印刷、发行三者分工的现象，书店、书坊逐渐成为图书发行的专业机构。民国时期，据不完全统计，全省有发行机构615家，其中杭州地区有173家，占1/4，宁波地区有65家，温州地区有41家，嘉兴地区38家，湖州地区15家，绍兴地区53家，金华地区93家，衢州地区34家，丽水地区50家，台州地区48家，舟山地区5家。抗日战争爆发以后，杭、嘉、湖、宁、绍等地区的书店内迁；自民国26年至34年（1937—1945），发行机构共有371家，其中包括中共组织或党员创立的书店，如新知书店生活书店分店和浙东韬奋书店等48家。

一、杭州地区

杭州地区的书店主要集中在杭州市区，杭州所属各县如余杭、富阳、桐庐、建德、临安、淳安等县相对较少，每县只有五六家。在抗战时期一些比较偏僻的小县城，也办起书店，如昌化有开明书店、於潜有天目

---

① 陈乃乾：《陈乃乾文集》，国家图书馆出版社2009年1月版。

书店等。它们多经营进步书刊，因而在国民党反共高潮中都先后被查封。

杭州市区的图书业向来兴旺发达，其中不少著名的书店不仅把触角伸向外省各地，而且开展海外经营活动。简介于下：

杭州文元堂书庄，清光绪二十年（1894）创办，业主杨耀松。店址在清河坊，又在花市路（今仁和路）开设分庄。主营古籍的收购与销售，兼营图书印行业务，曾印行《西湖导游》、"西湖丛书"等图书10余种。是当时杭城最大的书庄。民国16年（1927）歇业。

古懽堂，清光绪二十七年（1901）创办，店主郑小林，店址在花市路。它在当时也是业务兴隆的大书庄，为当时各图书馆和藏书家提供大量的宋版、元版图书，名闻遐迩。民国17年（1928）停业。

抱经堂书局，民国4年（1915）创立，店主朱遂翔。初设于杭州梅花碑，后迁至城站福缘巷，以书源充足，且多宋、元、明善本以及名人抄本而闻名全国。民国26年（1937）日军侵占杭州，被迫停业。

商务印书馆杭州分馆，民国2年（1913）初设立于杭州清河坊，民国19年（1930）迁保佑坊94号，民国25年（1936）迁迎紫路（现解放路新华书店地址）。经营各类图书和商务版教育用书，并兼营进口外文报刊和文具仪器。民国26年（1937），日军侵占杭州，迁往金华，并先后在兰溪、永嘉、龙泉等县开设支馆。民国31年（1942）迁江山并在安徽屯溪设办事处。抗日战争胜利后，迁回杭州。

中华书局杭州分局，民国3年（1914）开设在杭州保佑坊55号，民国25年（1936）迁往迎紫路。经理叶友声。主要销售该局自己出版的图书和教学用书，兼售文具仪器。在绍兴设有分销处。民国26年（1937），日军侵占杭州，迁往金华，与中华书局金华支局合并。民国31年（1942）5月，金华沦陷后迁江山，并在金华、永嘉设支局。抗日战争胜利后，迁回杭州。

世界书局杭州分局，设立于民国10年（1921），地址在杭州中山中路三元坊。主要经营图书和教学用书，兼营文体用品。抗日战争时期迁金华，在金华、兰溪、临海、永嘉、丽水等县设支局，抗日战争胜利后迁回杭州。

开明书局杭州分店，民国15年（1926）10月设立。店址在杭州中山中路三元坊，后迁中正街（现解放路）。主要经营本版图书课本和教育用品。抗日战争时期迁江山，并在鄞县、永嘉、金华、丽水设支店或分销店，抗日战争胜利后迁回杭州。

大东书局杭州分局，民国15年（1926）设立，地址在杭州太平巷，后迁中正街（现解放路）。经营本版图书、中小学校课本和文体用品。抗日战争时期迁金华，抗日战争胜利后迁回杭州。

正中书局杭州分局，民国 23 年（1934）先在杭州孝女路承德里设正中书局浙江办事处。不久，又在官巷口设杭州正中书局。主要发行官方出版的书刊及教育部审定的中小学校的《公民课本》。抗日战争时期先后迁金华、丽水、云和，售书外还出版图书 40 余种。抗战胜利后返回杭州复业。

宋经楼书局（新医书局），民国 22 年（1933）创立，店主韩学川。1949 年改称宋经楼新医书局，地址在杭州新民路马市街。初营图书购销业务。进入 20 世纪 40 年代，特聘浙江大学医学院附属医院院长等医界学者为编审，增设编辑出版部和印刷厂，成为医药卫生类书刊编译、印刷、发行的综合机构，有职工 57 人。在上海、北京设有分局，专司发行。新医书局按期编印书目，寄往各地，开展邮购业务，其发行远及东南亚和日本、美国。

中国文化服务社，民国 21 年（1932）8 月在杭州创立。创办人为金贡生、胡健中，是国民党官办的出版发行机构。抗日战争时期迁至金华，先后在敌后各县设立分社 37 家，曾印行图书 90 余种。民国 34 年（1945）后陆续歇业。

萧山前哨书店，民国 26 年（1937）中共地下组织创办，开设在萧山县临浦镇。发售新知书店、生活书店出版的书刊。民国 28 年（1939）迁入萧山县城。日军侵占县城后停办。

其他规模较小的书店，见附录三。

二、宁波地区

汲绠斋书局，清道光元年（1821）鄞县鲍家与慈溪严家人士合资创办，经理鲍永年，店址在宁波日新街 4 号。主要经营古籍和医药类图书。店中设有木刻工场，刻印过《三字经》、《千字文》、《四书》、《左传》等蒙学图书发售。鲍咸昌兄弟在上海创建商务印书馆后，特约为商务印书馆宁波经销处。

文明学社，清光绪二十四年（1898）由奉化人庄嵩甫创立，店址在宁波日新街。初期只经营文具纸张，后扩大经营范围，开始编印发售学校教科书和西方学术著作。

竞新书局，民国 26 年（1937）2 月由新学会社职工徐正甫集资开设。店址在宁波日新街。主要销售学校课本，供应文教用品。1949 年歇业。

明星书局，民国 12 年（1923）1 月由文明学社职工张耐馨开设在宁波日新街。经营学校课本兼售文具用品，并销售进步书刊《新青年》、《向导》等。

振新书局，民国 17 年（1928）6 月，原汲绠斋书局职工钱钧培开设于宁波东门街（现中山东路）。发行鄞县中小学教学用书和文具纸品。

开明书店（宁波），民国 25 年（1936）开设在宁波开明街。经销文艺类图书和宣传抗日的书刊。

新生书报社，民国 27 年（1938）5 月，中共鄞县县委在宁波和义路建立新生书报社，发售社会科学、文学艺术类进步书刊。同年 7 月又在奉化开设分店——抗战书店。新生书报社还秘密翻印革命书刊，发往苏皖诸省。并组织读书会，吸引青年参加中共外围组织"中华民族解放先锋队"。民国 28 年（1939）10 月被当局查封。

青春书店，民国 23 年（1934 年）开办，店址在宁波公园路。经销进步书刊，如新知书店、生活书店出版的图书。民国 25 年（1936）被当局查封。

在余姚的有：

普文明书店，清宣统元年（1909）由邵循南创办，店址在余姚虞宦街。经销新学图书、学校课本，兼售教学用品。民国 30 年（1941）日军侵占县城后关闭。抗战胜利后复业。

天马书店，由韩厥修、楼适夷创办，店址在余姚城内，出版发行进步文艺书刊。它也是中共地下组织的联络点。曾印行《鲁迅自选集》等书，并印行《拉丁文读本》。抗战时期先后迁汉口、广州。民国 27 年（1938）被当局查封。

禹风书店，民国 28 年（1939）由浙江省战时政治工作队主办，店址在余姚江南直街。发行抗日进步书刊。民国 30 年（1941）被当局查封，经理戚冉被捕入狱。

浙东韬奋书店，民国 33 年（1944）6 月，中共浙东区党委在余姚梁弄建成浙东书局，12 月更名为浙东韬奋书店。后迁往袁马，并设发行总部和三北、梁弄两个分部，又陆续办起印刷厂和造纸厂，还在上虞、余上、鄞西、新奉、章家埠等地设立分部，向新四军浙东抗日根据地发行书刊并作交通联络站。同时，印刷发行《新浙东报》、《战斗报》、《解放周报》（日文版）等报刊，还印制"浙东银行"的"抗币"。民国 34 年（1945）9 月随新四军浙东游击纵队北撤至山东。民国 34 年至 35 年（1945—1946）间，在鄞县樟村开办韬奋书店鄞西分店，在镇海澥浦开办有镇海分店。在余姚、奉化、象山、宁海等县也有分店。

三、温州地区

温州开办的书店也不少，如：

华新申庄，民国26年（1937）1月创办，又称商务印书馆、中华书局分庄。地址在温州市府前街。经销商务、中华版图书，兼售文具。日军侵占温州后歇业，抗日战争胜利后复业。

生活书店温州特约发行所，民国25年（1936）1月，中共党员陈其襄兄弟奉命开设于温州市区，是生活书店在浙江最早的分支机构。抗日战争时期为满足浙南、浙闽革命根据地的需要，发售一些革命理论著作和宣传抗日救国的书刊。民国26年（1937）被当局查封。

世界书局温州分局，创设于民国11年（1922），经营本版教科书和文化用品，业务范围遍及温州、台州所属各县。民国28年（1939）店址被日本飞机炸毁后停业。

抗战时期，温州较著名的书店有：

同益书店，民国27年（1938）开办，由黄云焰负责经营。它是商务印书馆和中华书局的分销处，于民国35年（1946）停业。

新知书店温州特约分店，由中共党员郑嘉治经办，开办年月已无考，于民国28年（1939）被国民党当局查封。

中国文化服务社永嘉分社，由国民党永嘉县党部主办，负责人为沙迦耶。

四、嘉兴湖州地区

嘉兴湖州地区文化发达，书业向来昌盛，其中著名书店如：

大同书店，民国11年（1922）顾瑞来创办于嘉兴建国路303号。有职工10余人，经营书刊和中小学课本以及古籍图书。民国26年（1937）日军入侵时被烧毁。

嘉华书店，民国21年（1932）陈智仙创办于嘉兴建国路。经营图书课本和文教用品，嘉属各县和江苏吴江县各中小学课本也多由该店发售。民国26年（1937），日军侵占嘉兴时被毁停业，民国34年（1945）复业。

绮春阁书庄，清光绪二十四年（1898）邵二毛开设于平湖城东大街汉水桥堍。经售图书课本兼售文具。

当湖书局，民国37年（1948）由陆松筠、朱国民开设于平湖东大街北寺前，经售进步书刊。1949 年与绮春阁书阁组成平湖县教科书联营处。

世界书局嘉兴分销处，民国 19 年（1930）开设在建国路，经营学校课本及一般图书，嘉兴沦陷后停业。

开明书店嘉兴分销处，抗战胜利后开设于市区，经营本版图书及课本。

湖州地区是雕版印刷的重要基地，出版了大量古籍，书业也发达，其中著名书店有：

王文光书斋，开设于清同治十三年（1874），地址在湖州黄沙路。店主王文光原为刻书工匠，刻售《三字经》、《千字文》、《古文观止》、《秋水轩尺牍》等图书，印刷精美，销行各地。

醉六堂，开设于清末，店址在湖州东门桥仓桥头，店主姓金。刻行经史类图书并广收各地古籍，供应考生。

嘉业堂藏书楼发行部，开设于民国 19 年（1930），为嘉业堂附设的发行机构，发售嘉业堂藏书楼编辑刊印的《吴兴丛书》、《嘉业堂丛书》等图书。还编印"刘氏嘉业堂印行书目"发往海内外，开办邮购业务。民国 38 年（1949）歇业。

中国书店，民国 36 年（1947）杨凤麟创办，店址在湖州志成路。它是商务、中华、开明、三联等书店在湖州的经销处，经售文艺科技等书刊。曾因出售《新观察》、《新天地》等进步书刊遭当局查处。

上海的商务印书馆、世界书局、正中书局在湖州市区还设有分局、分馆、分店，经营本版图书和学校课本。

五、绍兴地区

绍兴历史悠久，人文荟萃，书业发达，其中较有名的书店，如：

墨润堂书苑，清同治元年（1862）创办于绍兴城区水澄桥，蔡元培为题"墨润堂书苑"匾额。店内设有木刻作坊，刻印古籍销售。辛亥革命后，经销商务、中华、大东、开明版图书课本，兼营文具用品。1950 年停业。

万卷书楼，创办于清光绪二十八年（1902）。店主为原会稽学堂督办王子余，曾开办《绍兴白话报》，支持徐锡麟、秋瑾等的革命活动。店址在仓桥街。销售"时务书"，如《扬州十日记》、《猛回头》、《警世钟》、《浙江新潮》等，颇受读者欢迎。宣统三年（1911）十一月停业。

绍兴特别书店，清光绪二十九年（1903）由徐锡麟创办，地址在绍兴市闹区轩亭口。这是一个为宣传民主主义革命而开办的书店，出售反对清王朝的如《警世钟》、《浙江潮》、《革命军》等书刊，也发售介绍西方新思想、新知识的理论著作。光绪三十二年（1906）因受徐锡麟、秋瑾案的株连，被迫关闭。

绍兴城内还有两家中共组织开设的书店：

战旗书店，于民国27年（1938）创办，由刘壹负责经营，实际上是中共地下组织设立的书店，销售宣传抗日及革命的书刊，两年后停业。

禹风书店，于民国29年（1940）创业，由沈天贤负责经营，停业时间不详。

上虞有中共上虞县委开设的两家书店，一为百官印刷局书店，开办时间为民国15年（1926）；一为启民书店，开办于丰惠镇，由沈海潮负责。停业时间不详。共产主义青年团也开设一家战鼓书店，由斯鑫负责，经营时间为民国27年至30年（1938—1941）。

嵊县中共嵊县县工委也曾开办了两个书店，一为新城书画社，由薛仲三负责，民国28年（1939）开办，停业时间不详；一为长风书店，由钟德丰负责，创办于民国28年（1939），何时停业不详。

在绍兴地区比较有名的书店还有：

群力书店，民国27年（1938）4月，中共嵊县县委开办于嵊县城内。经销进步图书，也是上海新知，生活、天马等书店的特约经销处。民国28年（1939）8月被县当局以"贩卖赤色禁书"为由查封。

三益书局，民国4年（1915）3月，陈念祖集资1500银圆创立于新昌城内东直街五家巷，发售中华、商务版图书课本，并经营文教用品。民国30年（1941）4月19日遭日本飞机炸毁。

六、金华衢州地区

金华地区故有书店不多，在抗战时期由于杭州沦陷，省政府南迁到金华、永康、丽水等地，一些文化机关也纷纷南移，金华的图书业曾极一时之盛，其中有自沪、杭迁移来的，也有新办的，择其重要的，介绍于后：

潘记书局，这是开办得比较早的一家书店，于清光绪三十二年（1906）开设在金华城内，店主为丁朝红。经营古旧图书和中小学课本及文教用品。于民国23年（1934）停业。

新知书店金华分局，民国27年（1938）春，在中共组织主办的金华"抗战书报供应社"基础上创办。店址在金华城区四牌楼81号。建德、嵊县、海门、丽水、温州、青田、龙泉、慈溪、遂昌等地设有分销处，在浙闽边区流动供应马列主义著作和抗日书刊，同时向皖南新四军驻地发行书刊。民国28年（1939）6月20日被第三战区宪兵团查封。8月，改组为"金华书店"，继续营业。民国29年（1940）迁移至广西桂林。

生活书店金华分店，民国27年（1938）8月成立，是当年生活书店56处分支店之一，店址在金华西市街87号。发行进步书刊，并出版《东南战线》等抗日刊物。同年9月，在丽水和安徽屯溪设立分店，在温州设立特约发行所，并在於潜、余姚、兰溪、海门、宁海、天目山设供应所。业务远及闽北、皖南、赣东。民国28年（1939）6月30日分店被当局查封，丽水、屯溪支店及温州发行所随即停业。

商务印书馆、世界书局、开明书店、中华书局、正中书局在金华也设有分馆、分店或分局等。还有新办的如金华战时书报供应社、中国文化服务社金华分社、天行社等。

兰溪、永康等地也增加了不少书刊发行机构。兰溪有商务印书馆兰溪分馆、中华书局兰溪分局、世界书局兰溪分局。中共地下组织于民国27年（1938）8月开设战时书报社，由中共党员邵傅慈、唐向青等15人集资创办，地址在兰溪县城庙前街46号。因经售进步书刊，为当局所不容，两次被查抄，损失巨大，于民国28年（1939）3月关闭。又创办了教育用品消费合作社，经营图书报刊及文具，实际上是中共组织的秘密联络站，由鲍杰俊负责。民国28年（1939）被国民党当局查封。

衢州的书店多开设在城区，共有10余家，其中最有名的为：

大文堂书店，民国3年（1914）创办，店主何长发，经营各类图书，至1952年歇业，先后经营近40年。

聚奎堂书店，民国11年（1922）创办，店主余锦泉，店址在柯城下街，至1952年歇业。

青霞书局，民国24年（1935）学者徐映璞开办于衢州下街。主营文史类图书及教科书，兼营文化用品。民国31年（1942），日军入侵衢州，书局被炸毁。民国36年（1947）重建，增售文艺类书刊。1949年歇业。

聚秀堂书店，清光绪二年（1876）郑金标开设于开化华埠镇下街，销售木刻版图书。五四运动后经营进步书籍报刊。民国26年（1937）遭日本飞机轰炸，迁往开化县城。

龙游、常山、江山也各有五六家书店，都开设在城区。江山在抗战时期，因为地处浙赣交通要道，中华书局、正中书局、商务印书馆均设有分局和分馆。新知书店亦于民国28年（1939）在此开设分店，经营各种进步书刊，为政府当局所不容，于民国30年（1941）被查封。

七、台州丽水地区

台州地区最早的书店当数温岭县城内开办于光绪三十二年（1906）的王天成与翰墨林两家。前者经营各类图书，也经营文具，后者主要经营古籍。前者直至 1949 年停业，连续经营 40 余年，难能可贵。另外开办较早的，还有三育书店（民国元年——1912）、文林书社（民国 2 年——1913）与临海的金文元书店（民国 3 年——1914）、黄岩的同仁书店（宣统三年——1911）。抗战初期较有名的书店有：

椒江书店，民国 26 年（1937）11 月，由中共台属临时工作委员会开办，店址在海门东新街，并在路桥镇设代销处，在温岭县旗峰合作社设书报阅览室。除发售革命进步书刊外，还在店内设有秘密书库，备有被国民党当局列入查禁目录的书刊，供读者查阅抄录。民国 28 年（1939）4 月被当局查封。

陶熔书店，民国 27 年（1938）创办，由育青中学教师林天斗、杨伯泉、胡祖型、赵百辛等 4 人筹资 400 银圆开设，店址在天台县城孝节亭。实由中共天台县党组织领导。它发售各种进步书刊，如《共产党宣言》、《资本论》、《新观察》等，并供青年学生借阅。民国 28 年（1939）10 月，浙江省教育厅下文查封。

民国 27 年（1938）中共地下组织在黄岩开办新生书报社，在温岭开办太平镇消费合作社，经销各种进步书刊，次年即被国民党当局查封。

丽水地区的图书业原来并不发达。在抗日战争时期由于省政府南迁，政治、经济中心南移，原来在上海、杭州等地的文化机构和文化人也随着向金华、丽水移动，成为我国东南文化的中心。上海、杭州的商务印书馆、正中书局、新知书店、生活书店等都在各县城开起分号，也新开办了一些文化机构，如由国民党党部经办的中国文化服务社办起了龙泉支社、壶镇支社、松阳分社等。

丽水书坊最早的，如会文图书社，于清光绪二十六年（1900）创立，创办人董阳富，店址在丽水城内三坊口。辛亥革命以后经售商务、中华版图书课本和进步书刊，又在碧湖镇设立了分店。抗日战争时期兼营出版，曾编辑出版《抗战歌声》第一、第二、第三集，印数达 10 万册以上，行销全国各地。民国 27 年（1938）停业。

以经营古籍为主的龙泉文林堂和松阳的尺素坊，开办时间也甚早，前者开办于宣统三年（1911），后者在民国 3 年（1914）。新旧书店在抗战的总目标下，为抗日救亡都做出了重要贡献。其中应特别提到的几家书店是：

丽水浙东书店，民国 28 年（1939）春，由中共浙江省委开办，地址在丽水城内高井巷 3 号。它除经销抗日进步书刊外，还秘密印制党内文件。民国 30 年（1941）被日本飞机炸毁。

新知书店丽水分店，前身是民国 27 年（1938）1 月由中共浙江省临时工作委员会建立的"战时书报服务社"，同年 3 月，武汉新知书店派朱执诚来到丽水把它改组成为新知书店丽水分店。店址在丽阳门外北郭桥，又在龙泉、碧湖设支店。民国 28 年（1939）6 月被第三战区司令部查封。

第三节　刘承幹刊书的杰出贡献

在美丽富饶的杭嘉湖平原北部，有一座江南历史名镇——南浔镇，在镇西南的鹧鸪溪畔有一个风景优美的江南园林——小莲庄，坐落在小莲庄内有一座享誉海内外、声震学术文化界的嘉业堂藏书楼。这座藏书楼不仅其藏书之富称雄海内，还因其刊印了不少珍贵图书而为人称道。

图 8-2　晚年的刘承幹

嘉业堂主人刘承幹（1882—1963）字贞一，号翰怡，又号求恝居士。原籍浙江上虞，康熙年间其祖先迁居南浔，遂为南浔人。刘承幹曾捐资为光绪陵墓植树，宣统赐以"钦若嘉业"九龙金匾，藏书楼因以为名。他从宣统二年（1910）开始藏书，历时 20 年共藏书 18 万册、60 万卷，被誉为民国私人藏书第一人。哪里有善本书，他会不惜代价收购；有些书花钱也买不到，就出资雇人抄录。刘承幹不但是个著名的藏书家，也是卓有成就的刻书家。从 1913 年起，到 1933 年的 20 年间，先后刊刻了《嘉业堂丛书》57 种 750 卷、《吴兴丛书》65 种 852 卷、《求恝斋丛书》33 种 210 卷、《留余草堂丛书》10 种 62 卷、《嘉业堂金石丛书》5 种 50 卷，以及《八琼室金石补正》、《章氏遗书》、《旧五代史》、《景宋四史》、《晋书斠注》等书。其所刊书，涉及面之广，数量之大，也为近代刻书家中所少见。

刘承幹所刻 5 种丛书就收书达 170 种 1924 卷，加上 17 种单行本，共刻书 3000 余卷，经史子集都有。其中有很多以当时罕见的孤本或稿抄本作底本，如吴景旭撰《历代诗话》、王正功《中书典故汇记》等。著名学者胡道静先生说，刘承幹刻书，"所致孤秘，枣梨以行，功不可没也"。刘承幹刻书，不但重视内容质量，也非常讲究形式的美观，不惜工本，"一书之成，费或逾万"。他往往选上好红枣木作版片用料；有的书还请最善于摹写各类字体的写手；由刻工中之高手雕刻。他刻书还有一个特点，即虽自居清朝遗老，在所刻书中凡有"仪"（清朝末代皇帝溥仪）字都缺末笔，然而却又接二连三地刊刻了不少清朝明令禁止的书，所以鲁迅称他为"傻公子"。

一、辑刊《嘉业堂丛书》

刘承幹辑刊《嘉业堂丛书》，其中最早的刊于民国 2 年（1913），最迟的刊于民国 19 年（1930）。收有清代禁书《三垣笔记》、《安龙逸史》、《翁山文外》等。在清代，浙江所遭受的文字狱之害与禁书之严，史无前例，进入民国，这些书虽然已解禁，但是劫后余生，要征求在几年前被悬为厉禁的书稿，又谈何容易?! 比如屈大均的著作。这位具有崇高民族气节的著名诗人，在清兵进入广州前后曾参加抗清队伍，抗清失败后，仍不屈服，拒与清人合作，其诗文充满反清内

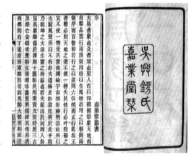

图 8-3　《嘉业堂丛书》

容，因而其著作累遭禁毁。乾隆三十九年（1774）清廷又借四库开馆搜访遗书之机，再次在民间搜索所谓"议论偏缪"的著作，对民间秘藏的屈大均的著作更不放过。乾隆甚至给两江总督高晋下达密谕，命令他对屈大均雨花台衣冠冢"速为刨毁，毋使逆迹久留"。而刘承幹却于民国 5 年（1916）搜罗、刊行了屈大均所撰写的《安龙逸史》（记明永明王事），民国 9 年（1920）又刊行了他的《翁山文外》。鲁迅先生在《病后杂说》一文中说及此事，对刘承幹赞赏有加，说："《安龙逸史》大约也是一种禁书，我所得的是吴兴刘氏嘉业堂的新刻本。他刻的前清禁书还不止这一种，屈大均的又有《翁山文外》；还有蔡显的《闲渔闲闲录》，是作者因此'斩立决'，还累及门生的……对于这种刻书家，我是很感激的，因为他传授给我许多知识。"[1] 刘承幹刻书还找到不少当时罕见的孤

---

① 《鲁迅全集》（卷六），人民文学出版社 1982 年版，第 168 页。

本或稿本作底本。如史部中的《中书典故汇记》，是"作者王正功雍乾间在内阁二十余年，搜辑档案，于乾隆三十年（1765）完成，皆一二百年存之旧稿"。或稀如星凤之刻本，如《王静学先生文集》，"刻印五次，旋刻旋毁，几不传于世"。收在经部的《周易正义》，"系杨惺吾影写日本单疏本，《四库全书》未收，阮元未见，被誉为绝传之本；《味水轩日记》，明李日华手稿……专记所见书画古玩"。① 在民国时期曾任故宫博物院图书馆馆长的傅增湘对刘承幹刻印古籍竭力搜罗稿本、孤本以付刊，亦倍加赞赏，在《嘉业堂善本书影序》中说："君刊成丛书凡三四编，多稿本秘册，未经传播者。成古人未竟之志，启后学向往之心，殆抱经（卢文弨），渌饮（鲍廷博）所不能过。然今观册中，古椠孤笈，为世所渴望者正多，过屠门而思大嚼，窥一斑而见全豹，吾知览者必同兹感叹也。"②

　　这些稿本或孤本，刘承幹在付刊前，必先请专家学者鉴定，认为有学术价值又世不经见的才付刊。他在《嘉业老人八十自叙》中说："延海内通人校雠精审，如缪筱珊参议荃孙、叶菊裳侍讲昌炽、王玫伯观察舟瑶、陈诒重侍郎毅、孙益庵广文德谦、杨文敬公钟羲、况夔笙太守周颐、董授经推丞康，均曾主余家。"③ 这几位渊博的学者在他家为他工作，他所刊行的这些书的质量就有了重要保证。

　　刘承幹刻书的底本大部分为家藏，但亦有部分是由专家学者提供的。李性忠在《刘承幹——一代藏书家与刻书家》一文中说，他刻经部的《春秋正义》残本4册，有2册借自罗振玉；《穀梁疏》残本，原为爱日经庐（清江苏常熟人张金吾的书室）旧钞，后归张元济，他向张借来录副付刊；《春秋公羊疏》残本，原为蒋汝藻收藏，珍如珙璧，他借来抄录后付刊。集部的《复初斋集外诗》集外文则是当代名家翁方纲的家藏遗稿。

二、辑刊《吴兴丛书》

　　《嘉业堂丛书》，"聚萧齐以后罕传之撰述以津逮后学也"，辑刊《吴兴丛书》则是"搜奇乡先辈之书以存乡邦文献也"。浙江自嘉庆以来，刊印郡邑类丛书已成风气。民国2年（1913）刘承幹购得《吴兴备志》稿，

---

① 李性忠：《嘉业藏书楼》，西安地图出版社2000年版，第13页。

② 傅增湘：《藏园群书题记》，上海古籍出版社1989年版，第1077页。

③ 应长兴、李性忠主编：《嘉业堂志》，国家图书馆出版社2008年版，第10页。

拟付梓，忽然想起光绪年间，陆心源曾刊有《湖州丛书》12 种 75 卷，许多应刊之书均未收，遂决心另刊《吴兴丛书》。他前后花了 16 年时间，终于在民国 18 年（1929）刊成。计有经部 13 家 173 卷，史部 11 家 185卷，子部 8 家 86 卷，集部 34 家 410 卷。作者都是吴兴人，如《易小传》的作者沈该，字约文，宋归安人。绍兴进士，曾官左仆射兼修国史。精于《易》，此书曾六次进呈乙览，颇得高宗褒奖。《周易消息》等书作者纪磊，字位三，号石斋，清乌程人。他读《易》30 年，颇多心得。此书体大思精，颇获读者好评。收入史部的《五代史记纂误补》，为吴兰庭撰。吴字虚石，号镇南，清归安人。乾隆三十九年（1774）举人，邃于史学，著述甚多。此书为其家藏稿，为最权威之版本。收入子部的《爨桐庐算剩》，作者方贞元，为咸同年间乌程人。精于算术，著作算稿当不下 15 种。身世飘零，身后算稿散佚殆尽，如果不是刘承幹把这本书刻印出来，此仅存的硕果也保不住。集部的《弁山小隐吟录》，作者元代黄玠，原为庆元定海人，乐吴兴山水，隐居于弁山，自号弁山小隐，故此书也被收入。此书"皕宋楼"珍藏，吴兴沈韵斋藏有钞本，刘承幹据钞本刊印。《历代诗话》，清归安人吴景旭所撰，亦是罕见的孤本；《吴兴诗话》，清归安戴璐撰，刊本久佚。这些书如果不把它们刊刻广布，也难免湮灭于历史尘埃中。吴景旭的另一本《南山堂自订诗》，共 10 卷，刘承幹从他的裔孙处得到卷 1 至卷 5 共 5 卷，他处处留意，终于在他人处得到另一半，终成完璧。明乌程董说的《丰草庵集》，康熙二十九年（1790）曾刻过一次，刘承幹得到前面的 25 卷，尚缺 2 卷，后来终于从他人处借到后面 2 卷的手稿，于是立即请人抄录，一并付刻。刘承幹对待刻书这种严肃、认真、一丝不苟的精神可为后人楷模。

三、辑刊《求恕斋丛书》及《留余草堂丛书》

《求恕斋丛书》为"摄录近时人著述经学国故稗史年谱地理文艺之属有稗世用者"，共收书 35 种。

刘承幹每刻一书均有序或跋，说明其刊书的用意与要求。其中有好的、积极的一面，即为了抢救文化遗产，保存、传播我国的优秀文化；也有不好的、消极的一面，即作为遗老，想通过刻书以保持封建传统，维护封建秩序。从他对《求恕斋丛书》中所收《礼仪》一书所作序可以看得十分清楚。为此书作序跋的还有劳乃宣、沈曾植、陈宝琛、娄张锡、钱同寿、曹元弼等一批以封建卫道士自居的人，他们都借此书以诅咒革命，攻击革命者，说他们"无父无君"，说"礼为国家之命"，"今日祸变至此，不得不求挽回之术"，欲与革命抗衡。甚至还使用"宣统五年"、"宣统八年"等年号，真是枉费一片心机。

图8-4　《求恕斋丛书》

图8-5　《求恕斋丛书》

刘承幹对刻书严肃认真的态度一以贯之。《求恕斋丛书》中史部所收《京师坊巷志》，乃缪荃孙、朱一新两人参加修《顺天府志》时合撰而成。在30年以后，"兵燹沧桑，朝市非昔"，有了很大的变化。刘承幹"考其未确者，补其已佚者"，撰成《京师坊巷志考正》1卷，附于书后。又如所收《水经注正误举例》5卷。刘承幹在跋中指出："濡水篇中索头水及武列五渡高石诸水所在地，杨惺吾图皆遵《大清一统志》，而丁先生全翻旧说，亦未揭明前人误在何处，阅者无从释疑。河水一篇附考西域诸地，多据洪文卿侍郎中俄交界图。此图蓝本俄人重译多误，兹以宣统初年新疆图校正之。"①

民国9年（1920）后所刊《留余草堂丛书》10种，为"择先儒性理格言诸编以扶翼世教也"。其中收《圣祖仁皇帝庭训格言》1卷，宋司马光撰《家范》10卷等。圣祖即康熙，这套丛书无疑是为了维护封建社会的道德规范，即所谓"扶翼世教"而编辑出版的。1960年"年臻八十"所作《嘉业老人八十自叙》，对清朝犹眷恋不已，称辛亥革命推翻清王朝为"乾坤息、人继绝"，向溥仪献言："此时权出他人，终非久计，亟宜力图振作，则生聚教训，二十年后必能恢复洪业"，张勋闹复辟时，他亦参与"奔走呼吁"，可见他对清王朝之灭亡，仍心有未甘。②

① 李性忠：《嘉业藏书楼》，西安地图出版社2000年版，第18页。
② 应长兴，李性忠：《嘉业堂志》，国家图书馆出版社2008年版，第10页。

四、辑刊《嘉业堂金石丛书》

刘承幹所刊《嘉业堂金石丛书》，收书 5 种。其中《闽中金石志》14 卷，清冯登府辑。《汉武梁祠堂石刻画像考》6 卷，附"图"1 卷，清瞿中溶撰。《海东金石苑》8 卷，"补遗"6 卷，"附录"2 卷，清刘喜海辑，刘承幹补。《邠州石室录》3 卷，民国叶昌炽辑。《希古楼金石萃编》10 卷，刘承幹辑。

冯登府（1783—1841）字云伯，号柳东，嘉兴人。嘉庆二十五年（1820）进士，尝官福建将作知府；中岁复游闽，佐修《福建盐法志》、《福建通志》。平生精研经学、训诂学，也谙熟金石掌故，所作《闽中金石志》，具有一定学术价值与历史价值。刘承幹在编辑校勘时，曾请罗振玉作具体指导。刘喜海（1793—1852）字燕庭，号吉甫，山东诸城人。尝官浙江布政使，喜鉴赏金石。其《海东金石苑》原稿已毁于咸丰年间，刘承幹经多次购求，获得此书钞本；后又借到刘喜海原藏的墨本，再经一年校录，把讹字衍文夺漏错迕，一一厘定，然后付印。他在《希古楼金石萃编》一书跋中说："顾古器古文出土后，市侩惟知射利，往往输入市舶，求售海外，数年之后，求一墨本而不可得，好古者徒扼腕而已。""余先后搜获拓本颇多，惧其久而散失，因收辑萃为一编，凡已见前人甄辑者悉屏勿录，石文则以晋宋为断，共得十卷。"[1] 可见其良苦用心。编好后，他又请著名金石学家褚德彝（字松窗，号礼堂，余杭人）校订一遍。

五、刊《景宋四史》及其他

刘氏嘉业堂景刊之"四史"，是其所刻书中之精品，为人们所称道。《史记》130 卷，民国 8 年（1919）据宋蜀大字本景刊。《汉书》100 卷，民国 9 年（1920）据宋嘉定十七（1224）年白鹭洲书院本景刊。《后汉书》120 卷，晋司马彪撰"续志"；民国 10 年（1921）据宋嘉定元年（1208）一经堂本景刊。《三国志》65 卷，民国 17 年（1928）据宋本景刊。

刘承幹景印"四史"，谨慎将事。据李性忠说，刘承幹筹措刊行"景宋四史"时，叶昌炽对他说："兹事体大，虽得良工影写，校刊收掌无事不需才，为筹全局，未可以贸然从事。"叶把"四史"以往的刊本，包括

---

① 李性忠：《嘉业藏书楼》，西安地图出版社 2000 年版，第 18 页。

图 8-6　《景宋四史》

元、明、清本以及江宁图书馆、常熟瞿氏、华亭封家、江阴缪氏四家所藏本录出，附以校本及有关图书目录，交给刘承幹参考。刘看了十分高兴，即于民国 5 年（1916）3 月聘请叶昌炽担任"四史"的校勘工作，为期 3 年。时叶已年近古稀，体力已衰，但并未推辞，自后日以为课。可惜《史记》校了一半，即病逝，其未竟之业，刘承幹请王舟瑶续成。原定校勘 3 年，结果推迟到民国 17 年（1928）才全部校勘完成。

除编辑丛书与"景宋四史"外，刘承幹所刊书还有民国 3 年（1914）刊行的清王绍兰所撰《说文段注订补》14 卷；《金石录》30 卷，附"札记" 1 卷，"碑目" 1 卷；明危素撰《危太仆云林集》2 卷、"补遗" 1 卷、"续补" 1 卷、"文集" 10 卷、"续集" 10 卷、"附录" 2 卷；民国 4 年（1915）又刊自撰《明史例案》9 卷，民国 7 年（1918）刊黄岩王棻撰《台学统绪》100 卷；民国 10 年（1921）刊《旧五代史》150 卷，"目录" 2 卷；民国 11 年（1922）刊章学诚《章氏遗书》内编 30 卷，"外编" 18 卷，"补遗" 1 卷，"附录" 1 卷，"校记" 1 卷；民国 12 年（1923）刊邵晋涵撰《旧五代史笺注》150 卷；民国 13 年（1924）刊陆增祥辑《八琼室金石补正》130 卷，"金石札记" 4 卷，"金石祛伪" 1 卷，"元金石存" 1 卷；民国 16 年（1927）刊吴士鉴、刘承幹撰《晋书斠注》130 卷，民国 18 年（1929）刊《吴兴刘氏嘉业堂善本书录》，以及不知刊刻年月的宋周邦彦的《清真集》、清戴望的《谪麐堂遗集》及《国朝正续诗萃》等。

其中《旧五代史》150 卷，原为甬东卢氏抱经楼旧藏抄本，刘承幹购进后，叶昌炽力劝其刊刻；《章氏遗书》的付刻，则由于沈曾植的推荐。章学诚的著作生前并未校订编次，临终时将全稿托付给萧山王宗炎。王宗炎辑成《章氏遗书》30 卷，包括《文史通义》、《校雠通义》、《方志略例》、《湖北通志检存稿》及"文集"。刘承幹付刊时又补入"外编"18卷。此书刊出后，极受学术界赞赏，称可从此见到章实斋史学的全貌。《晋书斠注》是由吴士鉴与刘承幹共同校注完成的。这本书旁搜博采，经过数年的努力，辨异，证同，纠谬，补遗，编成后，共有130卷。吴士鉴（1868—1933）字炯斋，别号含英，钱塘人。光绪十八年（1892）进士第二，历任编修、史馆纂修、资政院议员等职。著有《清宫词》、《含嘉室诗集》、《九钟精舍金石跋尾》等。刘承幹称他与吴士鉴是"文章道谊之交"。

湖州朱祖谋所撰《湖州词征》、《国朝湖州词录》，称有刘氏嘉业堂刻本，然在嘉业堂刊书目录中未见著录。

《嘉业藏书楼》的作者李性忠先生说："刘承幹对祖国文化的贡献体现在两个方面，一是创建嘉业藏书楼，保存了一大批古籍，二是雕版印书，使不经见之籍广为流转。"允称中肯。

第九章 拿起笔作刀枪

——出版业在抗日中建立功勋

1937 年 7 月 7 日，日本帝国主义悍然发动卢沟桥事变，挑起了全面侵华战争，妄图一举消灭中国，实现其独霸东方的美梦。日本军国主义分子穷凶极恶，为了贯彻三个月内解决"中国事件"的野心，一开始就把战争全面铺开，四面出击，卢沟桥一声炮响，震醒了全国民众，大家同仇敌忾，有钱的出钱，有力的出力，万众一心，向着日本鬼子开火。广大知识分子则拿起笔作刀枪，办报刊，写文章，谱歌曲，向日本鬼子进行全面的讨伐，日本鬼子迅即陷入人民战争的汪洋大海之中。抗日救亡的歌声响彻云霄，"大刀向鬼子们的头上砍去"，让日本侵略军胆战心惊。当时的报刊、图书与广大群众如火如荼的抗日热情相适应，铺天盖地，在一片抗日声中，我国的出版工作出现了自古以来少见的繁荣昌盛局面。

日本帝国主义一开始就把战火烧到浙江，国民党军队节节败退，杭嘉湖宁绍等沿海地区很快就成了敌占区。政府机关、学校及文化单位纷纷南迁到金华、丽水一带。当时国共已实现了第二次合作，比较开明能干的黄绍竑（1895—1966）主政浙江，中共组织开始恢复公开活动。不少文化人和进步人士也集结到这一地区，金华丽水成为当时抗击日寇、进行抗日宣传的基地，也成为浙江出版工作的中心。

第一节 金华丽水地区成为政治文化中心

20 世纪二三十年代，大批浙江文化人到外地和上海创业，如邵飘萍、王国维、吴昌硕、徐志摩、鲁迅、蔡元培、张元济等等，成为中国文化界的风流人物；鲍咸昌、陆费逵、沈知芳等在上海创办的商务印书馆、中华书局、世界书局等我国第一批第一流的现代化出版机构，对促进我国的出版事业也作出了巨大的贡献。抗战爆发,上海与浙江的杭嘉湖地区相继沦陷,一些文化人为了宣传抗日、救亡图存纷纷向内地转移。当时的金华丽水一带尚未被日寇占领,既属于后方,又是反击日寇侵略的前沿,就聚集了一大批文化人,如资深作家冯雪峰、许杰、许钦文、邵荃麟、曹聚仁、王西彦、黄源、林淡秋、谷斯范、万湜思、孙用(浙江籍人士)、聂绀弩、骆宾基、邱东平、葛琴(外籍人士)等,新进作家如莫洛、唐湜、吕漠野、陈向平、谢狱、张禹、戴不凡、林芷茵、杭苇、金逢孙、洛汀等,都来到金华、丽水、温州。战前他们都生活在大城市,散处于全国各地,抗战爆发,把他们融汇于抗战的大熔炉中。金华迅即成为浙江全省的军事、政治、文化中心。原来在沪杭的一些文化团体也来到这里,与后来组成的抗日救亡团体并肩作战。如由汪海粟和陈平带领的"同济学生战地服务团"(约有300多人);以刘保罗为首的浙江流动剧团;由著名学者杜国庠率领的国民党第八集团军战地服务团;由著名经济学家吴大琨率领的"上海青年会歌咏队";由上海救国会刘良模率领的"上海基督教青年服务队歌咏队"等,他们在金华城乡及各部队开展活动,为打倒日本帝国主义而奋斗不息。

一、中共东南文化工作委员会

当时黄绍竑第二次来到浙江主政,他与蒋介石不同,对中国共产党提出的抗日民族统一战线持拥护的态度。在一段时期内,中国共产党争取与他合作,推进了浙江的抗日民族统战工作,团结了一大批人,共赴国难。1938年11月,成立了中共浙江省文化工作委员会;1940年春,又成立了中共东南文化工作委员会。"省文委"由骆耕漠担任书记,邵荃麟、葛琴为委员;"东南文委"以邵荃麟为书记,夏征农、钱俊瑞、冯定、骆耕漠、冯雪峰为委员。这两个组织通过多种渠道和形式,领导了浙江及东南地区的文化工作。由东南文委和浙江文委领导和支持的刊物有《浙江潮》、《东南战线》、《青年团结》、《刀与笔》、《台湾先锋》、《浙江妇女》、《妇女战线》、《文化斗士》、《新中国》、《战时生活》、《抗建论坛》、《东方周刊》等。其中影响最大的是《浙江潮》和《东南战线》。"东南文委"所主办的大型综合性刊物《东南战线》,由邵荃麟主编,行销至东南各省。它通过言论、通讯等,传达中国共产党的指示,宣传中国共产党的政策,无形中使中国共产党在浙江和东南地区的文化工作中发挥了领导的作用。一些党员作家则通过他们的作品和行动,为抗日救亡运动把握前进的方向。黄绍竑也延揽和容纳了一些中共党员和

图9-1　各地救亡青年在
金华斗鸡巷4号

进步人士，帮助他们开展工作，像骆耕漠、邵荃麟、杜国庠等。黄绍竑请严北溟草拟了一个《浙江省战时救国纲领》。严北溟（1907—1990）字渤侯，湖南湘潭人。黄绍竑在浙江时期，为了发展地方武装力量，由第三战区建立了游击总司令部，黄绍竑任总司令，严北溟被任命为总司令部秘书。后来黄将游击总司令部改组为浙江省抗日自卫总司令部，下有教导总队，他任命严北溟为总队政治指导室主任。严北溟思想进步，与一些共产党人关系甚好，来往密切。他受命草拟的《浙江省战时救国纲领》即在杜国庠的协助下，按照中共中央所颁发的《抗日救国十大纲领》的精神，结合浙江的现实加以具体化。纲领共有十条（后来简称"十大纲领"），内容涉及政治、经济、军事、文化各个方面，文字精练，黄绍竑看了十分满意。提交浙江省党政联席会议讨论时，省党部认为与共产党唱一个调子，不予支持。经过多次协商，最后总算通过了。这个纲领后来成为指导浙江各方面工作的主要文件，在抗日救亡运动中发挥了很大的作用。如其中的第八条，强调动员和组织广大青年开展救亡运动，号召文化人回乡服务。这就为共产党人和一些进步人士在浙江开展各项活动，争取到了合法的地位。"省文委"和"东南文委"的领导人，往往以爱国的文化人士的身份，与各个文化团体、各种爱国民主人士进行接触，从团结的愿望出发，为他们协调相互关系，把他们联成一体以共同对敌，从而构成多阶层、多层次的文化界的民族统一战线。骆耕漠、邵荃麟、冯雪峰、葛琴等人，更以他们在文坛上的卓著声望，赢得众多文化界人士的信任，成为文化运动中的核心人物。一些老作家如许杰、许钦文、野夫、王西彦、曹聚仁、黄源、林淡秋、谷斯范、孙用等，则成为文化运动中的中坚力量。

当时在金华丽水等地区成立了许多新的文化社团。其中重要的，如1937年12月在丽水建立的"浙江省文化界抗敌协会"，简称"文抗会"，由邵荃麟出任会长。他们主要从事抗日文化宣传，出版救亡刊物，协助开办进步书店等。当时连同各县分会共有2000余人。1938年6月，在金华又成立了"战时儿童保育会浙江分会"，简称"保育会"，由黄绍竑夫人蔡凤珍与财政厅长夫人黎沛华分别担任正副理事长；理事中有不少当地地下党员和进步人士。他们办了两个保育院，出版了《浙江妇女》月刊。1939 年 1 月，经共产党员骆耕漠和张毕来协助，在金华成立了一支台湾义勇队，队长李友邦。这支由台胞组成的队伍，有受日本人奴役的亲身经历，都乐意奔赴各地进行反法西斯宣传。

1938 年 10 月和 1939 年 3 月，周恩来曾经两次来浙江视察。他在金华分别接见了"省文委"领导人骆耕漠、邵荃麟和葛琴，以及《东南战线》、《浙江潮》、《青年团结》等杂志的负责人，对在浙江如何开展抗日文化工作，加强民族统一战线等作了重要指示。他还到於潜，与黄绍竑会晤，并在浙西临时中学发表了演讲。

图 9 - 2　《浙江潮》浙江省政府在金华创办

浙西天目山为游击区，省政府在这里建有浙西行署。当时浙西有两家报纸办得比较出色，一是由王闻识任总编的《民族日报》；一是由吴曼华任总编的《浙西导报》。这两家报纸的骨干都是共产党员或进步文化人士，他们坚守浙西沦陷区的文化阵地，为抗日救亡、培养新进作家作出了重要贡献。中共中央派张爱萍到金华来，化名张舟，在金华抗敌自卫团三支队政训室工作。

这个时期，由杜国庠率领的战地服务团和刘保罗率领的浙江流动剧团十分活跃，他们的足迹不仅遍及金华丽水地区，而且远达闽、赣两省。他们演出的活报剧《放下你的鞭子》、《民族公敌》以及独幕剧《保卫卢沟桥》、《守住我们的家乡》等，大大激发了广大民众的抗敌情绪，纷纷加入抗日救亡运动。许多县自发组织起剧团或建立剧场。1938 年底，全省共有 69 个剧团，到 1939 年增至 80 多个，有戏剧工作者约 2000 多人。歌咏队更遍地开花，工厂、部队、农村所在都有，《打回老家去》、《救亡进行曲》等歌声响彻浙江大地。

温州当时聚集了一批温籍作家：如莫洛、王季思、胡今虚、胡景瑊、夏士野、陈綮等，创办了不少刊物，如《抗战漫画》、《瓯中画刊》等。青年诗人莫洛编辑出版的《暴风雨诗刊》，更受到读者的欢迎。他发起组织了"海燕诗社",以诗歌为武器,"献出我们的生命来向暴敌抗争"。出版了"海燕诗歌丛书"两种:《叛乱的法西斯》、《义勇军的母亲》;《暴风雨诗刊》两辑:《海燕》、《风暴》。其中收录了著名诗人雷石榆、罗铁鹰、辛劳、锡金、莫洛、吕漠野、童晴岚等人的诗作,发行全国,引起强烈反响。

外地的一些作家,如东北籍作家骆宾基、四川籍著名诗人王子豪、被称为东北流亡诗人的辛劳以及聂绀弩(湖北京山人)、邱东平(广东海丰人)等等,与浙江作家携手合作,对浙江的战时文化运动也作出了许多贡献。

二、风生水起各地建立了众多出版社

上海、杭州的出版机构南撤至金华、丽水以后,浙江的出版业遂形成了一个以金华为中心,以出版抗日读物为主的繁荣昌盛的局面,其印刷、出版发行均围绕着抗日这个大目标运转,遍及永康、丽水、宁波、绍兴、台州、永嘉、云和、龙泉、淳安、诸暨各地。

根据今日可查的当时出版的图书目录统计,书刊的出版单位在100家左右,个人出书还未计入。其中最重要的出版单位,金华约有22家,丽水有12家,永康有12家,龙泉有10家,云和有9家,宁波有5家,永嘉(温州)有3家,绍兴有6家,昌化有3家,天台有3家,临海有3家,黄岩有2家,其他於潜、长兴、瑞安、诸暨、淳安、遂安、景宁、青田各1家。根据《浙江省战时出版图书目录》及有关资料统计,全省从1937年8月至1945年7月,共出版图书697种。其中金华、丽水两地出书最多,约532种,占总数的76%。

从出版单位来看,出书最多的金华国民出版社93种,省战时文教会46种,国民党省党部45种,省训练团42种,正中书局40种,省教育厅19种。国民出版社创办于民国29年(1940)7月,主编赵建新,负责人为胡健中,原是《东南日报》社长。该社二三年内共出书93种,期刊2种。民国31年(1942)浙赣战役后迁往福建南平。

除以上所述出版社外,其他较重要的出版社还有"天行社",创办于民国29年(1940),负责人及主编为华封,独资经营,出书9种,刊物1种。民国31年(1942)也迁南平。"胜利出版社浙江分社",创办于民国30年(1941),负责人房宇园,主编孟锦华,出书4种。民国31年(1942)停办。"人生编译社",民国31年(1942)2月独资创办,负责人兼主编为姚耕余。后迁福建永安。"青年出版社",民国31年(1942)

独资创办，负责人孙诚，出书 2 种，浙赣战役后停办。"战时编译社"，民国 29 年（1940）7 月创办，负责人许士龙，主编杜绍文，出书 3 种，民国 30 年（1941）停办。还有"中国编译社"，民国 31 年（1942）创办，负责人何永德，主编成效宗，出书若干不详，不久即停办。丽水的"江南合作出版社"，民国 29 年（1940）创办，负责人潘一尘，出书 12 种，刊物 2 种。民国 31 年（1942）停办。"现代英文研究出版社"，民国 30 年（1941）徐葆炎独资创办，自任主编。出书 1 种，民国 33 年（1944）停办。"大公出版社"，民国 30 年（1941）12 月王赞侯创办，私人资本，出书 4 种。龙泉的"党军出版社"，民国 32 年（1943）7 月公家创办，非营业性，负责人陈亮，主编司徒常，共出书 12 种，月刊 1 种，画报 3 种。天台有"海啸出版社"，民国 33 年（1944）创办，拥有资本 60 万元，负责人陈英烈，主编王辅贤，出书 3 种，刊物 1 种。还有一个"青年出版社"，由三青团天台分团于民国 34 年（1945）1 月创办，主编金良本，出书 1 种。昌化有"民族出版社"，民国 33 年（1944）9 月集资创办，负责人郑小杰与郦时言，主编朱沛人，出书 4 种。"书林出版社"民国 34 年（1945）乐培文、墨易集股 20 万元创办。由唐成中任主编，出书 1 种。宁海有"今文出版社"，民国 34 年（1945）1 月创办，负责人倪凡夫，出书 1 种。

三、出版大量抗日图书

抗战时期，广大知识分子为了宣传抗日，爱国热情高涨，想方设法办刊，办出版社。因此在这段时期，浙江图书出版业空前繁荣。虽然那时物资、纸张、印刷器材等都较缺乏，人员流动性也比较大，但并未难倒他们。为了救亡图存，把日本帝国主义赶出去，出版界和文化界的人士排除万难，办起一家又一家出版社，出版了一大批宣传抗日救国的图书，对动员广大人民起来抗击日寇起到很大的作用。同时也出版了不少介绍新知识、新思想的书，对广大群众进行启蒙教育。中国共产党人遵行中共中央有关抗日战争的各项方针和政策，更是事事争先，为抗日宣传工作、为促进浙江文化的发展，做了不懈的努力，对促进浙江的出版事业，做出了巨大的贡献。

下面根据国民党浙江省政府图书审查处于民国 34 年（1945）编印的《浙江战时出版事业概况》，并参考其他有关资料，对浙江在这一时期出版的图书做一鸟瞰。由于当时杭嘉湖及宁绍等地区不少城镇已陷敌手，无法进行调查；未沦陷的地区，由于战时变动较大，搜集资料也比较困难，缺乏第一手的资料，下面介绍的各地区图书出版的情况是极不全面的、不完整的。但窥一斑可知全豹，基本上能反映出当时浙江出版业的面貌。

　　杭州及宁波地区：

　　杭州已被日寇侵占，附近城镇也在日寇的铁蹄下，原来在杭州的一些出版社大部分已迁往金华、丽水等处，因而其出版工作已陷于停顿状态。在昌化、淳安等未沦陷地区，这时倒办起一些出版社，出了几本书。但因物资匮乏，技术条件也不足，因而就数量与质量而言，与过去无法相比，所出版图书真正屈指可数。简介于下：

　　《茅舍》，伊本纳兹著、朱绍墀译，民国 32 年（1943）10 月民族出版社昌化刊本。

　　《浙西战后的建设》，郦时言著，民国 33 年（1944）11 月民族出版社昌化刊本。

　　《浙西抗战初期史话》，温永之著，民国 33 年（1944）6 月浙西民族文化馆昌化刊本。

　　《戈亭风雨集》（诗集），朱渭深著，民国 33 年（1944）浙西民族文化馆昌化刊本。

　　《铁波木刻集》，张益三编著，民国 33 年（1944）3 月书林出版社昌化刊本。

　　《新闻与通讯的写作》，施星火、唐成中、朱沛人等编著，民国 34 年（1945）4 月民族出版社昌化刊本。

　　《草原集》，陆戈特等编著，民国 34 年（1945）1 月青溪图书社淳安刊本。

　　《小学生活用画集》，俞乃大编，民国 34 年（1945）省美术协会刊本。

　　宁波地区这时期大部分地方已成为沦陷区，不少传统的出版机构已偃旗息鼓，新办起来的出版社也不多，因此所出版图书，不论古籍或现代书籍均数量极少，约如下述：

　　《最后胜利论》，李时森著，民国 26 年（1937）10 月宁波最后胜利刊社刊本。

　　《和英国记者贝兰特的谈话》，毛泽东著，民国 27 年（1938）宁波新生书报社重印本。

　　《论持久战》，毛泽东著，民国 27 年（1938）宁波新生书报社重印本。

《民众抗战歌声》，张布洛编著，民国28年（1939）2月鄞县动员会刊本。

《抗战双烈传》，林世堂著，民国28年（1939）12月鄞县动员会刊本。

《抗战儿歌选》，李刚滨编著，民国28年（1939）7月鄞县动员会刊本。

《对反动派反共宣传的分析》，连柏生著，民国年间余姚播种社刊本。

《回答两个问题》（"团结丛书"第二种），民国年间余姚播种社刊本。

《整风文献》，民国年间余姚播种社刊本。

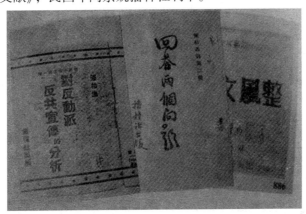

图9-3　播种社（余姚）出版的部分图书

四明山也属宁波地区，在抗日战争后期四明山革命根据地翻印了毛泽东及刘少奇等人的著作多种，如：

《论持久战》，毛泽东著，1944年浙东韬奋书店四明山重印本。

《新民主主义论》，毛泽东著，1944年浙东韬奋书店四明山重印本。

《论新阶段》，毛泽东著，1944年浙东韬奋书店四明山重刊本。

《论联合政府》，毛泽东著，民国34年（1945）浙东韬奋书店重印本。

《中国革命与中国共产党》，毛泽东著，民国34年（1945）浙东韬奋书店重印本。

《论共产党员的修养》，刘少奇著，民国34年（1945）浙东韬奋书店重印本。

《抗日游击战争的战略问题》，毛泽东著，民国34年（1945）浙东韬奋书店重印本。

《大众哲学》，艾思奇著，民国 34 年（1945）浙东韬奋书店重印本。

《评〈中国之命运〉》，民国 34 年（1945）浙东韬奋书店重印本。

《整顿三风》，1945 年后浙东韬奋书店四明山刊本。

《整风文献》，1945 年后浙东韬奋书店四明山刊本。

《关于红四军的决议》，1945 年后浙东韬奋书店四明山刊本。

《王贵与李香香》，李季著，1945 年后浙东韬奋书店四明山刊本。

《兄妹开荒》，1945 年后浙东韬奋书店四明山刊本。

宁波张寿镛热衷于弘扬中国传统文化，除编辑出版《四明丛书》外，于民国 29 年至 37 年（1940—1948）又辑刊国学大师马一浮先生的《复性书院丛刊》初、甲、乙三编，共收书 26 种。

温州地区：

这一时期，温州地区出版图书不多，今尚可考者有：

《叛乱的法西斯》（暴风雨诗刊第 1 辑），唐牧、莫洛等编著，民国 27 年（1938）海燕诗社温州刊本。

《守住我们的家乡》，夏野士撰，民国 28 年（1939）8 月游击文化社温州刊本。

《哑剧篇》（画册），陈振龙著，民国 28 年（1939）游击文化社温州刊本。

《抗战歌声——民族歌声》，邹伯宗、胡今虚合编，民国 29 年（1940）会文图书出版社温州刊本。

《目前形势和党的任务》，民国 29 年（1940）温州文化印刷所刊本。

《论持久战》，毛泽东著，民国 29 年（1940）温州文化印刷所刊本。

《抗建新歌》8 集，邹伯宗编，民国 30 年（1941）会文图书社温州刊本。

《永嘉沦陷目击记——纪念"四一九"》，叶汝龙著，民国 31 年（1942）温州刊本。

《农产制造学》，许世铮著，民国 32 年（1943）12 月朱公茂印刷所永嘉刊本。

《儿童漫画》，俞乃大编著，民国 33 年（1944）5 月俞乃大景宁刊本。

绍兴地区：

在抗战前两年，绍兴地区新办起的青抗社、战旗社、抗建社等出版了不少宣传抗日的图书。如：

《日本帝国主义那里去》，宋子亢著，民国 26 年（1937）8 月绍兴青抗社刊本。

《沦陷前后的杭州》，宋子亢著，民国 27 年（1938）2 月绍兴青抗社刊本。

《浙东前哨》，宋子亢著，民国 27 年（1938）10 月绍兴青抗社刊本。

《战歌》，绍兴战旗社编，民国 27 年（1938）绍兴战旗社刊本。

《抗战新歌曲选》，沈维余编著，民国 27 年（1938）绍兴战旗社刊本。

《抗战政治常识问答》，绍兴战旗社编，民国 27 年（1938）绍兴战旗社刊本。

《士兵读本》，绍兴战旗社编，民国 27 年（1938）绍兴战旗社刊本。

《初级战士军事读本》，绍兴战旗社编，民国 27 年（1938）绍兴战旗社刊本。

《中国必胜》，柴绍武著，民国 27 年（1938）绍兴抗建社刊本。

《血腥的故事》，柴绍武著，民国 27 年（1938）绍兴抗建社刊本。

《今日之浙西》，朱允坚著，民国 27 年（1938）绍兴抗建社刊本。

《抗战时期国民须知》，马涵叔著，民国 27 年（1938）绍兴抗建社刊本。

《抗日名将剪影》，郑士伟著，民国 27 年（1938）绍兴抗建社刊本。

《民众抗日问答》，柴绍武著，民国 27 年（1938）绍兴抗建社刊本。

《杭州的浩劫》，柴绍武著，民国 27 年（1938）绍兴抗建社刊本。

《日本在战争中毁灭》，鄞时言著，民国 27 年（1938）绍兴抗建社刊本。

《铁蹄下的杭嘉湖》，朱允坚著，民国 27 年（1938）绍兴抗建社刊本。

《浙西行》，黄源、宋子亢著，民国 27 年（1938）3 月绍兴抗建社重刊本。

《兵役法大全》，民国 27 年（1938）绍兴抗建社刊本。

《中国空军战绩》，民国 27 年（1938）绍兴抗建社刊本。

《钱江血潮》，方元民著，民国 28 年（1939）绍兴战旗社刊本。

《抗战漫画论》，刘壹编著，民国 28 年（1939）绍兴战旗社刊本。

《东北抗日英雄》，风沙编著，民国 28 年（1939）1 月绍兴青抗社刊本。

《浙东前线将领》，元郎著，民国 28 年（1939）1 月绍兴青抗社刊本。

《浙西行》，黄源、宋子亢撰，民国 28 年（1939）3 月绍兴青抗社刊本。

《抗战秘话》，柴绍武著，民国 28 年（1939）10 月绍兴青抗社刊本。

《初级战士政治读本》，绍兴战旗社编，民国 28 年（1939）绍兴战旗社刊本。

《浙西女战士》，陈乐著，民国 28 年（1939）绍兴战旗社刊本。

《跑狗场的突击》，王传本著，民国 28 年（1939）绍兴战旗社刊本。

《简救亡青年》，刘壹著，民国 28 年（1939）绍兴战旗社刊本。

《抗日美谈》，柴绍武著，民国 28 年（1939）绍兴抗建社刊本。

《国防前线的绍兴》，柴绍武著，民国 28 年（1939）绍兴抗建社刊本。

《日本必败》，林敬之著，民国 28 年（1939）绍兴抗建社刊本。

《明季越中民族先贤》，朱允坚著，民国 28 年（1939）绍兴抗建社刊本。

《傀儡群》，宋大蔚著，民国 28 年（1939）绍兴抗建社刊本。

《敌人会打到绍兴来吗》，民国 28 年（1939）绍兴抗建社刊本。

《论抗日民族统一战线》，毛泽东著，民国 29 年（1940）5 月绍兴三区政工队重刊本。

《大众哲学》，艾思奇著，民国 29 年（1940）5 月绍兴三区政工队重刊本。

《辩证唯物主义论》，民国 29 年（1940）5 月绍兴三区政工队重刊本。

《历史唯物主义论》，民国 29 年（1940）5 月绍兴三区政工队重刊本。

《日本经济的没落》，俞耀珊著，民国 29 年（1940）1 月绍兴青抗社刊本。

《五十年来绍兴维新人物》，祝宏猷著，民国 34 年（1945）9 月绍兴越州文化馆刊本。

《抗战建国纲领》，民国 27 年（1938）8 月诸暨县抗卫政训组刊本。

《抗日游击战争的战略问题》，毛泽东著，民国 27 年（1938）8 月诸暨县抗卫政训组刊本。

《抗日游击战争》，朱德著，民国 27 年（1938）8 月诸暨县抗卫政训组刊本。

《抗战歌谣选集》，曼陀罗编，民国 29 年（1940）1 月诸暨苎罗文艺社刊本。

《国际关系教程》，民国 29 年（1940）4 月上虞舜江学社刊本。

金华地区：

金华地区在抗战初期成为东南文化中心，其出版事业极一时之盛，出版了不少期刊与图书，书刊远销云贵一带。其出版的图书约如下述：

《傀儡集》，孟锦华著，民国 27 年（1938）浙江省战时教育文化委员会金华刊本。

《科学与抗战》，集体论著，民国 27 年（1938）浙江省战时教育文化委员会金华刊本。

《抗战一周年》，民国 27 年（1938）浙江省战时教育文化委员会金华刊本。

《瓦解敌伪军工作概要》，李友邦著，民国 27 年（1938）11 月新力社金华刊本。

《全面战术论》，白崇禧撰、许事农编，民国 28 年（1939）战时编译社金华刊本。

《什么叫法西斯与纳粹》，王遂今著，民国 28 年（1939）浙江省战时教育文化委员会金华刊本。

《科学杂谈》，俞子夷著，民国 28 年（1939）浙江省战时教育文化委员会金华刊本。

《两浙正气集》，吴召宣著，民国 28 年（1939）浙江省战时教育文化委员会金华刊本。

《科学丛书》，林天骥等著，民国 28 年（1939）浙江省战时教育文化委员会金华刊本。

《民族战争》，孟云帆著，民国 28 年（1939）浙江省战时教育文化委员会金华刊本。

《浙江抗倭故事》，孟锦华编，民国 28 年（1939）6 月浙江省战时教育文化委员会金华刊本。

《王朱学说》，孟锦华著，民国 28 年（1939）浙江省战时教育文化委员会金华刊本。

《大家看》（漫画集），俞乃大编著，民国 28 年（1939）浙江省战时教育文化委员会金华刊本。

《各国青年团的组织与训练》，顾岳中撰，民国 28 年（1939）8 月国民出版社金华刊本。

《第二次欧战人物志》，萧然编，民国 28 年（1939）10 月国民出版社金华刊本。

《第二次欧战透视》，史笔著，民国 28 年（1939）10 月国民出版社金华刊本。

《抗战期间美国远东外交文献》，陈子韶编，民国 28 年（1939）11 月民国出版社金华刊本。

《大同新释》，吴召宣著，民国 28 年（1939）8 月民国出版社金华刊本。

《战地哀鸿录》，王季思著，民国 28 年（1939）9 月民国出版社金华刊本。

《苏联新建设》，蔡可成著，民国 28 年（1939）9 月民国出版社金华刊本。

《地方自治概要》，沈松林撰，民国 28 年（1939）11 月国民出版社金华刊本。

《革命纪念日史略》，国民党中央宣传部编撰，民国 28 年（1939）11 月国民出版社金华刊本。

《欧战与远东》，蔡可成著，民国 28 年（1939）12 月民国出版社金华刊本。

《日本间谍与汉奸》，海童著，民国 28 年（1939）12 月民国出版社金华刊本。

《蒋百里抗战论集》，黄萍荪、张禾草编，民国 28 年（1939）10 月新阵地图书社金华刊本。

《蒋百里文选》，黄萍荪编，民国 28 年（1939）10 月新阵地图书社金华刊本。

《孙子兵法精义》，黄萍荪编，民国 28 年（1939）12 月新阵地图书社金华刊本。

《堡垒丛书》，樊祖鼎、张剑溪编，民国 28 年（1939）12 月樊祖鼎、张剑溪金华刊本。

《论第二次世界大战》，严北溟著，民国 28 年（1939）11 月浙江潮周刊社金华刊本。

《西行集》，严北溟著，民国 28 年（1939）6 月浙江潮周刊社金华刊本。

《论第二次世界大战》，邵荃麟著，民国 28 年（1939）11 月充实丛书社金华刊本。

《戏剧基础教程》，洗群编，民国28年（1939）11月充实丛书社金华刊本。

　《三民主义》，金鸣盛著，民国29年（1940）1月国民出版社金华刊本。

《德法两大防线》，蔡可成撰，民国29年（1940）3月国民出版社金华刊本。

《宪政文献》，金鸣盛编，民国29年（1940）3月国民出版社金华刊本。

《歼寇新战术》，金瓦文著，民国29年（1940）5月国民出版社金华刊本。

《日本能以战养战吗》，蔡可成著，民国29年（1940）6月国民出版社金华刊本。

《列强战争经济力》，蔡可成著，民国29年（1940）6月国民出版社金华刊本。

《现阶段的日本南侵政策》，蔡可成著，民国29年（1940）6月国民出版社金华刊本。

《国际纵横谈》，杜绍文著，民国29年（1940）7月国民出版社金华刊本。

《敌情研究》，邓美羹著，民国29年（1940）8月国民出版社金华刊本。

《民族英雄张自忠将军》，赵建新著，民国29年（1940）8月国民出版社金华刊本。

《贫血的日本》，蔡可成著，民国29年（1940）6月国民出版社金华刊本。

《锄奸录》，金鸣盛著，民国29年（1940）7月国民出版社金华刊本。

《科学珍闻》，戎昌骥著，民国29年（1940）9月国民出版社金华刊本。

《明代两浙倭寇》，孟锦华著，民国29年（1940）9月国民出版社金华刊本。

《民族心理学》，张蕙田著，民国29年（1940）11月国民出版社金华刊本。

《农业改良》，韦和勤著，民国29年（1940）12月国民出版社金华刊本。

《闪电战》，蔡可成著，民国 29 年（1940）12 月国民出版社金华刊本。

《越风》，王季思著，民国 29 年（1940）10 月国民出版社金华刊本。

《间谍战争》，朱良椿著，民国 29 年（1940）12 月国民出版社金华刊本。

《长超部队》（小说），温永之著，民国 29 年（1940）八一三印刷所金华刊本。

《国民教育》，周宏培编，民国 29 年（1940）12 月国民出版社金华刊本。

《间谍战争》，朱良椿撰，民国 29 年（1940）12 月国民出版社金华刊本。

《兵役与工役》，唐默亭撰，民国 29 年（1940）12 月国民出版社金华刊本。

《战时经济建设》，姚均撰，民国 29 年（1940）国民出版社金华刊本。

《仓储与救恤》，徐志康撰，民国 29 年（1940）国民出版社金华刊本。

《农业改良》，韦和勤撰，民国 29 年（1940）国民出版社金华刊本。

《活叶初中国文讲义》，国民出版社、省教文会合编，民国 29 年（1940）国民出版社金华刊本。

《政治漫谈》，陈果夫撰，民国 30 年（1941）国民出版社金华刊本。

《性的犯罪》，唐纳译，民国 30 年（1941）1 月天行社金华刊本。

《总裁言行》，民国 30 年（1941）1 月天行社金华刊本。

《农业金融简论》，王世颖著，民国 30 年（1941）11 月国民出版社金华刊本。

《胡适之传》，胡不归著，民国 30 年（1941）12 月萍社金华刊本。

《初中公民讲义》（第 1 册），章湘伯编，民国 31 年（1942）1 月国民出版社金华刊本。

《初中地理讲义》（第 1 册），赵景元编，民国 31 年（1942）1 月国民出版社金华刊本。

《江边血泪》，李乃文著，民国 31 年（1942）2 月天行社金华刊本。

《傀儡群像》，居不易著，民国 31 年（1942）3 月天行社金华刊本。

《国父遗教概述》，天行社编，民国 31 年（1942）4 月天行社金华刊本。

《行的哲学之研究》，孙介君撰，民国 31 年（1942）4 月天行社金华刊本。

《宋词集联》，王晓厂编，民国 31 年（1942）4 月天行社金华刊本。

《画虎画龙录》，吴吕才等编，民国 31 年（1942）4 月天行社金华刊本。

《明代浙江御倭人物志》，杜天糜编，民国 31 年（1942）4 月国民出版社金华刊本。

《地下集》，张北斗著，民国 31 年（1942）5 月天行社金华刊本。

《走向光明》，张北斗著，民国 31 年（1942）5 月天行社金华刊本。

《应用交际》，王源编，民国 31 年（1942）5 月天行社金华刊本。

永康，国民党省党部迁此，对日寇入侵也表示反对，因此在抗日初期也出了不少宣传抗日的图书，当然也不忘记宣扬自己。所出书约如下述：

《揭穿暴日整个侵华阴谋》，国民党浙江省党部编，民国 27 年（1938）永康刊本。

《敌国必败，我国必胜》，国民党浙江省党部编，民国 27 年（1938）永康刊本。

《总理革命年表及遗教概述》，国民党浙江省党部编，民国 27 年（1938）永康刊本。

《建党建国与训练干部》，民国 27 年（1938）国民党浙江省党部永康刊本。

《本省政治方针及实施概况》，民国 27 年（1938）国民党浙江省党部永康刊本。

《和平奋斗救中国之真谛》，民国 27 年（1938）国民党浙江省党部永康刊本。

《三民主义提要》，民国 27 年（1938）国民党浙江省党部永康刊本。

《抗战建国纲领宣传指导大纲》，民国 27 年（1938）国民党浙江省党部永康刊本。

《马克斯学说批判提要》，民国 27 年（1938）国民党浙江省党部永康刊本。

《保甲制度与地方自治》，民国 27 年（1938）国民党浙江省党部永康刊本。

《首都省会沦陷纪念手册》，民国 27 年（1938）国民党省党部永康刊本。

《国民精神总动员》（上编），民国27年（1938）国民党浙江省党部永康刊本。

《总裁抗战言论集》1辑，民国27年（1938）国民党浙江省党部永康刊本。

《总裁抗战言论集》2辑，民国27年（1938）国民党浙江省党部永康刊本。

《日本人》，曹天风著，民国27年（1938）浙西民族文化馆永康刊本。

《民族主义与科学思想》，三户社编，民国27年（1938）三户社永康刊本。

《民族主义与抗战》，奋进社编，民国27年（1938）奋进社永康刊本。

《战时文化人的使命》，奋进社编，民国27年（1938）奋进社永康刊本。

《陕北见闻录》，公社编，民国27年（1938）公社永康刊本。

《抗战建国与政治路线》，民国27年（1938）奋进社永康刊本。

《抗战时期民众运动》，民国27年（1938）奋进社永康刊本。

《关于三大政策》，民国27年（1938）奋进社永康刊本。

《告青年》，民国27年（1938）奋进社永康刊本。

《文化界适应单位化》，民国27年（1938）奋进社永康刊本。

《武装保卫浙江》，抗战歌画社编，民国27年（1938）抗战歌画社永康刊本。

《雪耻复仇》，抗战歌画社编，民国27年（1938）抗战歌画社永康刊本。

《楚歌集》，张载人著，民国27年（1938）5月新力社永康刊本。

《抗战必胜》，新力社编，民国27年（1938）5月新力社永康刊本。

《国际现势》，新力社编，民国27年（1938）9月新力社永康刊本。

《抗战歌集》，王听涛编，民国27年（1938）7月新力社永康刊本。

《攻势政治》，黄绍竑著，民国27年（1938）10月新力社永康刊本。

《武士保卫浙江》，民国27年（1938）抗战歌画社永康刊本。

《经济建设之实施办法》，民国27年（1938）国民党省党部永康刊本。

《农村合作应有之认识》，民国27年（1938）国民党省党部永康刊本。

《算术》，民国 27 年（1938）国民党省党部永康刊本。

《三字经》，民国 27 年（1938）国民党省党部永康刊本。

《张国焘脱离共产党》，民国 27 年（1938）战时出版社永康刊本。

《夜三点》，民国 27 年（1938）战时出版社永康刊本。

《汪精卫怎样卖国》，浙江省政工指导室编，民国 28 年（1939）浙江省政工指导室永康刊本。

《浙江省战时政治工作队之使命》，黄绍竑著，民国 28 年（1939）11 月浙江省政工指导室永康刊本。

《总裁讲总理遗教》，民国 28 年（1939）国民党省党部永康刊本。

《新生活运动》，民国 28 年（1939）国民党省党部永康刊本。

《政治的道理》，民国 28 年（1939）国民党省党部永康刊本。

《孙文学说》，国民党浙江省党部编，民国 28 年（1939）国民党省党部永康刊本。

《抗战建国纲领浅说》，民国 28 年（1939）国民党省党部永康刊本。

《廓清"和平"谬论》，民国 28 年（1939）国民党省党部永康刊本。

《抵抗日本武士道》，民国 28 年（1939）国民党省党部永康刊本。

《军人精神教育》，民国 28 年（1939）国民党省党部永康刊本。

《行的道理》，民国 28 年（1939）国民党省党部永康刊本。

《总裁指定必读文字》，民国 28 年（1939）国民党省党部永康刊本。

《国民精神总动员论与实际》，民国 28 年（1939）国民党省党部永康刊本。

《总裁两年来重要言论集》，民国 28 年（1939）国民党省党部永康刊本。

《党员对党德党纪应有之认识》，民国 28 年（1939）国民党省党部永康刊本。

《三民主义》，民国 28 年（1939）国民党省党部永康刊本。

《建国大纲》，民国 28 年（1939）国民党省党部永康刊本。

《革命哲学的重要性》，民国 28 年（1939）国民党省党部永康刊本。

《升降旗典礼的意义》，民国 28 年（1939）国民党省党部永康刊本。

《杀何瓒》，民国 28 年（1939）国民党省党部永康刊本。

《抗战建国纲领表解》，民国 28 年（1939）国民党省党部永康刊本。

《节约建国》，民国 28 年（1939）国民党省党部永康刊本。

《敌国言论选评》，曹天风著，民国 29 年（1940）浙西民族文化馆永康刊本。

《抗战模范妇女》，徐孝达编著，民国 33 年（1944）1 月徐孝达磐安刊本。

丽水地区：

抗战时期，丽水地区图书出版业兴旺发达，出书可观：

《论抗日民族统一战线》，毛泽东著，民国 28 年（1939）会文图书社丽水重印本。

《抗战歌声》（1—5 集），朱绛编，民国 28 年（1939）8 月会文图书社丽水刊本。

《吼声集》，陈麟章编著，民国 28 年（1939）9 月浙江省合作指导室丽水刊本。

《孙子兵法新注》，刘药耘、刘邦骥著，民国 29 年（1940）1 月八一三印刷所丽水刊本。

《抗战画集》，姜存松编，民国 29 年（1940）浙江省教育厅丽水刊本。

《抗战歌曲选》（三），民国 29 年（1940）杭州正中书局丽水刊本。

《中国国民党党史概要》，王耘庄撰，民国 29 年（1940）6 月浙江省训练团丽水刊本。

《县各级组织参考资料》，何国祥编，民国 29 年（1940）7 月浙江省训练团丽水刊本。

《浙江省三年施政计划纲要》，民国 29 年（1940）9 月浙江省训练团丽水刊本。

《法规汇编》，民国 29 年（1940）年 11 月浙江省训练团丽水刊本。

《黄兼主任干部训练言论选集》，民国 29 年（1940）11 月浙江省训练团丽水刊本。

《教育长陈希豪干部训练言论集》，民国 29 年（1940）11 月浙江省训练团丽水刊本。

《战时法令》，洪锡恒撰，民国 29 年（1940）浙江省训练团丽水刊本。

《总裁讲科学精神与科学方法》，民国 29 年（1940）11 月浙江省训练团丽水刊本。

《黄季宽先生言论集》，黄绍竑著，民国 29 年（1940）浙江省训练团丽水刊本。

《社会科学概论》，刘朗泉著，民国 29 年（1940）5 月浙江省训练团丽水刊本。

《法学通论》，洪锡恒撰，民国 29 年（1940）7 月浙江省训练团丽水刊本。

《总裁抗战演讲集》，民国 29 年（1940）浙江省训练团金华、丽水刊本。

《一年来浙江训练团》，民国 30 年（1941）5 月浙江训练团丽水刊本。

《工作讨论总结论选辑》，民国 30 年（1941）浙江训练团丽水刊本。

《总理遗教讲义》，李兴民编，民国 31 年（1942）3 月浙江省训练团丽水刊本。

《总裁政训词选集》，李兴民编，民国 31 年（1942）3 月浙江省训练团丽水刊本。

《总裁言论讲义》，李兴民编，民国 31 年（1942）3 月浙江省训练团丽水刊本。

《国际形势与抗战前途》，范长江著，民国 31 年（1942）2 月丽水会文图书社丽水刊本。

《国际形势与中国抗战》，胡愈之著，民国 31 年（1942）2 月丽水会文图书社丽水刊本。

《现代国际问题》，邓传楷撰，民国 31 年（1942）青年读书生活社、省训练团丽水刊本。

《投考大学全书》（9 种），民国 31 年（1942）青年读书生活社丽水刊本。

《中国国民党党史概要》，李兴民撰，民国 32 年（1943）6 月浙江省训练团丽水刊本。

《总理遗教》，李兴民编著，民国 33 年（1944）5 月浙江省训练团丽水刊本。

《四权行使法纲要》，丁全毅编著，民国 33 年（1944）4 月浙江省训练团丽水刊本。

《县各级组织大纲》，王鲁编著，民国 33 年（1944）4 月浙江省训练团丽水刊本。

《合作行政》，王鲁编著，民国 33 年（1944）5 月浙江省训练团丽水刊本。

《地方经济建设》，卢祖清编著，民国 33 年（1944）5 月浙江省训练团丽水刊本。

《瓜豆集》，陈希豪撰，民国 33 年（1944）5 月浙江省训练团丽水刊本。

《英文之友》，碧光英文研究社编，民国 33 年（1944）5 月大众出版社丽水刊本。

《大众政治经济学》，民国 27 年（1938）新知和生活书店云和重印本。

《力余丛谈》，周旦等，民国 32 年（1943）1 月云和刊本。

《国语常识补充读本》，沈寿金、俞子夷编著，民国 32 年（1943）7 月云和县成人教育实施委员会刊本。

《兵法法令释例》，宣保法撰，民国 32 年（1943）11 月杭州正中书局云和刊本。

《中国速记学》，陈瑞著，民国 33 年（1944）1 月中国速记学云和刊本。

《无线电报教程》，陈尚德编，民国 33 年（1944）1 月云和刊本。

《十个民族英雄》，周彬编，民国 33 年（1944）2 月周彬云和刊本。

《西厢五剧注》，王季思编著，民国 33 年（1944）6 月龙吟书屋龙泉刊本。

《言文对照古文观止》，民国 33 年（1944）9 月青年书店龙泉刊本。

《现行兵役法令问答》，沈福亭编著，民国 33 年（1944）10 月浙江日报龙泉办事处刊本。

《尺牍句解》，民国 33 年（1944）11 月青年书店龙泉刊本。

《唐诗三百首》，刘复明编，民国 34 年（1945）1 月业余书店龙泉刊本。

《千家诗》，民国 34 年（1945）1 月增智书局龙泉刊本。

《世界名人逸事》，达尔卡尼基著，羽沙译，民国 34 年（1945）2 月青年图书社龙泉刊本。

《五十回忆》，黄绍竑著，民国 34 年（1945）云和刊本。

《时事英文选》，严济宽编，民国 34 年（1945）4 月杭州正中书局云和刊本。

《四书集注》，民国 34 年（1945）4 月业余书店龙泉刊本。

《复活》，俄 L. 托尔斯泰著，夏衍改编，民国 34 年（1945）5 月第一巡回戏剧歌咏团云和刊本。

国民党办的杭州正中书局在抗战时期不但在金华刻书，也在丽水刻书，如：

《抗战歌曲选》（一），阙仲瑶编，民国 27 年（1938）杭州正中书局金华、丽水刊本。

《抗战歌曲选》（二），阙仲瑶编，民国 28 年（1939）杭州正中书局金华、丽水刊本。

《抗战剧曲选》，杭州正中书局编，民国 28 年（1939）杭州正中书局金华、丽水刊本。

《一个反间谍对于倭寇的分析》，杭州正中书局编，民国 28 年（1939）杭州正中书局金华、丽水刊本。

《三民主义提要》，国民党中央宣传部编撰，民国 28 年（1939）杭州正中书局金华、丽水刊本。

《公文作法讲话》，宋念慈、张厚植著，民国 28 年（1939）杭州正中书局金华、丽水刊本。

《民众科学说部大世界》，李毓镛著，民国 28 年（1939）杭州正中书局金华、丽水刊本。

《燕子诗集》，吕漠野著，民国 28 年（1939）杭州正中书局金华、丽水刊本。

《最后的胜利》，郭莽西著，民国 28 年（1939）杭州正中书局金华、丽水刊本。

《新编应用文》，王冥鸿撰，民国 28 年（1939）杭州正中书局金华、丽水刊本。

《抗战手册》，杭州正中书局编，民国 28 年（1939）3 月杭州正中书局金华、丽水刊本。

《步兵操典草案》，杭州正中书局编，民国 28 年（1939）3 月杭州正中书局金华、丽水刊本。

《女儿血》，杭州正中书局编，民国 28 年（1939）12 月杭州正中书局金华、丽水刊本。

《抗日故事》，王振铎、胡昌汉著，民国 29 年（1940）1 月杭州正中书局金华、丽水刊本。

《三民主义问答》，民国 29 年（1940）杭州正中书局金华、丽水刊本。

《总裁讲总理遗教》，民国 29 年（1940）杭州正中书局金华、丽水刊本。

《最新初中升学指导》，程岩金等编，民国 29 年（1940）杭州正中书局金华、丽水刊本。

《最新小学升学指导》，程岩金等编，民国 29 年（1940）杭州正中书局金华、丽水刊本。

《抗战歌选》（三），民国 29 年（1940）杭州正中书局金华、丽水刊本。

《小工艺制作法》，刘骥才撰，民国 29 年（1940）12 月杭州正中书局金华、丽水刊本。

《战时模范作文》，程育书编，民国 30 年（1941）3 月杭州正中书局金华、丽水刊本。

《青年故事丛书》(八册)，王冥鸿、孟锦华等编，民国 30 年（1941）3 月杭州正中书局金华、丽水刊本。

《身价集》，易鹰著，民国 30 年（1941）4 月杭州正中书局金华、丽水刊本。

《屠场》，易鹰著，民国 30 年（1941）4 月杭州正中书局金华、丽水刊本。

《两浙人英传》，章梅先著，民国 30 年（1941）1 月杭州正中书局金华、丽水刊本。

《当代名家日记选》，杭州正中书局编，民国 31 年（1942）1 月杭州正中书局金华、丽水刊本。

《半月历险记》，陈贻孙著，民国 32 年（1943）杭州正中书局金华、丽水刊本。

其他地区：

如吴兴，大部分城镇已沦陷，而台州、衢州等地的出版机构本来就比较少，这时就更显寂寥。

民国 33 年（1944）临海秦氏四休堂刊秦柟辑《四休堂丛书》11 种，新昌吕氏排印吕白华所辑的《新昌吕氏两代诗文集》2 种 2 卷；吴兴周延年刊罗振常辑《蟫隐庐丛书》18 种，附 1 种，又刊罗振常辑《邀园丛书》26 种。吴兴周庆云在民国年间尝辑刊《梦坡室丛书》40 余种，《晨风庐丛刊》18 种；归安蒋氏月河草堂辑刊蒋清瑞所撰《月河草堂丛书》3 种 3 卷。

另外，民国 27 年（1938）江山县抗卫宣传队刊有《三个月来的救亡工作》一书；民国 30 年（1941）天行社在江山刊刘建绪所撰《治兵与治心》；民国 28 年（1939）黄岩动员委员会刊有《抗战故事》；国民党温岭县党部于民国 32 年（1943）刊项风撰《大中华进行曲》；同年 8 月北斗艺术公司又在黄岩刊由方正中、贺鹤声编著的《美术字集》，等等。

从以上所列浙江在抗战时期的图书目录来看一共只有 300 余种，实际

上未及出书的一半。从这些图书来
看，表明：

第一，抗战之初，浙江人民的抗
日热情高扬。民间自发办起许多出版
机构，如温州的海燕诗歌社，绍兴的
青抗社、抗建社，永康的奋进社等
等。它们在战火纷飞、物资极度缺乏
的条件下，出版了许多抗日图书，为
激励士气，最后打败日本鬼子做出了
重要贡献。至抗战相持阶段，国民党

图9-4　浙东抗日根据地
出版的图书

掀起多起反共高潮，对图书出版业的
控制日益严格，出版的图书锐减。

第二，出版团体中，国民党所办的仍占多数，国民党的党政部门仍
占有极大优势，是强势群体；民间团体虽亦不少，但从出版资金、资源
等方面来看，仍属弱势群体，屡起屡伏；而中国共产党及革命根据地的
出版工作，则刚刚起步，出版图书仅54种，还远未形成气候。因此这三
个方面所出版的图书，从数量上看众寡悬殊。国民党所出版的图书，在
抗战之初，有不少部分是为宣传抗日，为战胜日本帝国主义服务的；但
也有一部分，特别是在抗战的中后期、皖南事变的前后，国民党省党部
所出版的图书，多为其反共、反人民的政策辩护，是用来蒙蔽读者群众
的。为了反映历史的真实情况，这些图书也一一照录。汪伪图书、报刊，
概不收录。

第三，从出版事业的角度来看，这些图书绝大多数是铅印的，也有少
量石印，雕版印刷的只有少量地方文献类丛书。说明浙江的出版事业即使
不看杭嘉湖等原来比较发达的地区，也已开始进入现代化的进程，其原来
传统的落后的操作方式已逐步被淘汰，而采取较先进的生产方式了。

第二节　抗日报刊铺天盖地

1937年7月7日，日本帝国贸然发动全面侵华战争，激起了我国人
民的极大愤慨。广大热血青年纷纷请缨上前线杀敌，知识分子不论在前
方或后方都拿起笔来，愤怒声讨日本鬼子的狼子野心，对他们在我国犯
下的滔天罪行大加挞伐。因此，在一段时期内，我国的报刊如雨后春笋

般纷纷破土而出。1937 年至 1938 年的抗战初期，是报刊兴办的高峰期。据统计，当时浙江省内大小报纸有 185 家，每个县都有自己办的报纸。据浙江省政府图书杂志审查处编印的《浙江战时出版事业概况》记载，从 1937 年至 1945 年，全省共计出版期刊不下 500 种，主要集中在金华、丽水、绍兴、温州、台州、宁波等地。

一、杭州地区出版的报刊

《春江潮》，综合性文学月刊。民国 28 年（1939）10 月在富阳创刊，由富阳县教文会编辑出版，罗云、张松年任主编。该刊欢迎："国际时事评述，战事纪实，有关抗战之文艺作品，富有激发性之小说、戏剧、诗歌和漫画、木刻"等作品。最后一期在民国 29 年（1940）6 月 30 日出版。

《抗战建国三周年纪念特刊》，民国 29 年（1940）7 月 7 日在杭州出版，由中国国民党陆军步兵学校特别党部政治部编刊。该刊只出一期，其具体的出版地点以及编辑人员均已无从查考。它围绕着七七事变探讨抗日战争中的各种问题，反映了当时国民党部队中的中下级军官，对抗战中有关政治、军事等方面的观点。

《天目》，综合性刊物。于民国 27 年（1938）12 月在於潜（今属临安）创刊。它由省政工队主办，以天目周刊社的名义编辑、出版、发行，由王绍之任主编。刊址在於潜县城内。初为 8 开周报，自次年 3 月的第 12 期起改为 16 开杂志。其内容主要是宣传抗战，曾刊李济深撰《战地政治工作与抗战前途》等文章。

《敌伪研究》，民国 30 年（1941）1 月创刊于天目山，由浙西民族文化馆研究室编辑出版。该刊除报道日军及汪伪政权在华东地区的动态外，并通过各种途径广泛采集有关敌伪内部的各种资料，在刊物上予以披露。半月刊，不公开发行。

《前方周报》，民国 28 年（1939）7 月在於潜创刊。由浙西行署主办，主要刊登中国国民党政府的重要法令，报道浙江地区的政治军事形势及汪伪政权在浙江地区的活动情况。同年 9 月停刊，共出 12 期。

《突击》，民国 27 年（1938）冬在安吉创办，由省政工大队二队主办，实际上由中共安吉县委控制，它旗帜鲜明地宣传中共中央对抗日战争的各项政策和主张。中共浙江省委文委领导人邵荃麟、骆耕漠等曾把它与后来创办的《进攻》，并誉为"浙西前线抗日宣传工作中的两朵姐妹花"。停刊时间不详。

《进攻》，民国28年（1939）4月在安吉创刊，以省政工大队三队名义出版。编辑为何行之（中共安吉县工委委员）。该刊宣传抗日，颇具特色，因而与《突击》同被浙江文委誉为"浙西前线抗日宣传工作中的两朵姐妹花"。停刊日期不详。

《文学月刊》，民国28年（1939）4月1日在建德创刊。编辑兼发行人为何德明。社址设在建德严州中学。文化界知名人士如郑振铎、邵荃麟、傅东华等为特约撰稿人，刊发论文、散文、诗选、小说、短论等。曾发表过"文学大众化的动向"、"论乡村文学"等专论。终刊时间不详。

二、金华地区出版的报刊

金华最早出现的抗日刊物是从杭州迁来的《战时生活》，紧接着有民国27年（1938）2月先后由赵龙文负责、姚思铨主编的《大风》三日刊和严北溟主编的《浙江潮》旬刊出版。次年1月，又有骆耕漠与邵荃麟创办并主编的《东南战线》半月刊。2月，原创于江西南昌的《青年团结》在金华复刊，主编是邝辛芜。7月15日，由战时儿童保育会浙江分会主办的《浙江妇女》创刊了，由陈怀白、林秋若（林琼）、秦秋谷先后任主编。至抗日战争中期，民国29年（1940）1月，万湜思主编的《刀与笔》创刊；4月15日，台湾义勇队主办的《台湾先锋》月刊出刊了。其中影响较大的有：

《战时生活》，浙江省首家抗日救亡刊物，旬刊。由陈叔时、王闻识、翁哲永等人士发起，自筹资金，并得到社会各界人士慷慨捐助，于民国26年（1937）11月1日在杭州岳王路21号创刊。主编由王闻识担任。黄绍竑主浙后，委任王闻识为卫士大队政训室主任，后卫士大队改编为第三游击支队，该刊便成为第三游击支队政训室主办的刊物。在《发刊词》中指出，为了"更有力地掀起抗战的浪潮"，号召"每个人都应拿出所有力量，在政府焦土抗战政策的领导下，给敌人以致命的痛击，用血和肉来争取我们民族的独立与解放"。当年12月迁至金华四牌楼87号，由金华新知书店总经销。次年12月出至第2卷第三期，由于主编王闻识前去浙西创办《民族日报》；同时为了集中力量办好《东南战线》，《战时生活》自行停刊。撰稿人有王亚平、麦新、陈叔时、骆耕漠、石西民、王闻识、邵荃麟、葛琴等。张爱萍以艾平的笔名，也经常为《战时生活》撰稿。1938年4月21日曾发表他写的《改变军队军政教育的内容与方式》一文，指出，必须"改变用旧的态度来对付部队的军事政治教育内容"，"一要使政治教育充满着抗战的内容；二要改变军事教育的内容与方式"；三要"把军事教育与政治教育适当配合起来"。

《浙江潮》，由国民党省政府主办的旬刊，主编严北溟。民国 27 年（1938）2 月 24 日创刊于金华。社址在金华酒坊巷 34 号。它的宗旨是："以奔腾澎湃的雄姿，排山倒海的气势，推动浙江三千万民众踊跃参加抗日自卫，以争取最后的胜利。"主编严北溟是一位进步民主人士，一贯拥护共产党的政策主张，力主抗战，同时又知识渊博，文思敏捷，富有才干，深得浙江省主席黄绍竑的信任，在共产党员杜国庠的协助下，为黄绍竑起草了《浙江省战时政治纲领》。他先后安排了由中共省委文委和金衢特委推荐的葛琴、翟毅、刘异云、王平夷、萧卡、沈任重、钟明远、吴伟等十多位共产党员任编辑。经常为该刊写稿的有杜国庠、骆耕漠、吴大琨、石西民、邵荃麟、王亚平、刘良模、何家槐、张锡昌、陈虞孙、麦新、石凌鹤、黄继武等。远在西南大后方的千家驹、胡愈之、范长江、夏衍、乔木（乔冠华）等也不时有文章在刊物上出现。《浙江潮》积极宣传《浙江省战时政治纲领》，宣传国共合作，提倡持久抗战，批评消极抗战，深受读者欢迎。每期印数总在 8000 份以上，是当时发行量最大的刊物。

《东南战线》，民国 28 年（1939）1 月 20 日在金华创刊，是在《抗建论坛》、《战时生活》两刊的基础上创办起来的，为中共中央东南分局宣传部的机关刊物，由浙江省委文委书记骆耕漠和委员邵荃麟主编。半月刊，逢 5 逢 20 出刊。社址就设在文委驻地金华柴场巷 15 号，由金华生活书店总经销。该刊设有政治报告、国际之页、战时大学、地方通讯、工作讨论、书报展览、文艺园地等栏目，主要报道中国东南战区的经济、军事、政治情况和国际大事，以及各个方面抗日救亡活动的信息。该刊的编委有：王闻识、单建周、刘良模、万湜思、徐进、查民愈、杜麦青、葛琴等 8 人。特约撰稿人有薛暮桥、石西民、贝叶、罗琼、孙冶方、吴大琨、宾符、夏征农、黄源、聂绀弩、柏山、王淑明、艾青、王任叔、严北溟、陈虞孙等。民国 27 年（1938）12 月 18 日，汪精卫逃离重庆投进日寇怀抱，全国人民义愤填膺，奋起声讨。时正值《东南战线》创刊，于是马上组织发表了一批声讨汪精卫的文章，其中有何香凝写的《痛斥汪精卫并告国人》，又转载了《新华日报》、《申报》、《星岛日报》等讨汪文章，形成一次声势浩大的讨伐汪精卫的高潮。《东南战线》的发行点有浙、赣、闽、粤、桂、黔、滇、川、湘、甘、苏、新及香港等 36 处，还发行到国外。但出刊仅半年，至第 5 期，也即同年 6 月 12 日即被查禁。同时被查封的还有生活书店、新知书店等。

《青年团结》，民国 27 年（1938）8 月 20
日创刊于江西南昌，由中共东南分局青年部主
办，主编为杜麦青。出刊 6 期后停刊，乃于次
年 2 月 16 日迁至金华文昌巷 15 号，由中共浙
江省委青年部接办，主编仍是杜麦青，由新知
书店总经销。民国 28 年 6 月 13 日青年部在给
各级青年部、青委会的指示信中指出："《青年
团结》是党领导下的青年群众刊物，它担负着
研究和指导东南青运（青年运动）以及反映各
地青运的实际任务，并将成为团结全体青年参
加抗战的武器。"《青年团结》的发刊词明确指

出："全中国的青年，不分地域、不分职业、　　图 9-5　《东南战线》
不分信仰、不分性别，像铁一样团结起来，建
立青年抗日统一战线，整齐青年抗救的步伐，是目前万分迫切的要求。"
《青年团结》辟有评论、青年问题研究、国内青年动态、文艺、青年岗
哨、国际青年生活、读书信箱等栏目，曾刊出石西民的《怎样来纪念战
斗中的国际青年节》、张郁文的"鲁迅先生关于抗日战争的见解"、朱镜
我的"两种方针，两种办法"、周平的"青年运动的新任务和青年工作的
新方式"、胡愈之的"中国青年运动的统一与中国青年的解放"、邹韬奋
的"大时代的苦闷与努力"和薛暮桥的"怎样巩固抗日民族统一战线"
等重要文章。这样一个旗帜鲜明的、以抗日救亡为职志的刊物，当然不
容于国民党反对派，于 1938 年 6 月与《东南战线》一起被查封。

《大风》，民国 27 年（1938）2 月 19 日在金华创刊，三日刊，每逢 3
日、6 日、9 日出版。刊址在金华八咏门外紫岩路 1 号。宣传抗日战争是
持久战。第 41 期发表了王默思所撰《浙江是理想的游击区》一文，指出
游击战争的三个基本原则："第一，不能用于敌人战略动向的正面来阻止
敌人的进攻，只能在敌人的侧方和后方起破坏牵制的作用；第二，游击
战争不能用于平原，而宜于岗峦重叠之山地，或汉港分歧之水域；第三，
游击战争必须根据广大民众之觉悟。"又发表了张威所撰"第四区政工队
今后改进的新方向"，吴醒邯撰《政工队员应有的认识和把握》等文章，
要求各地加强对政工队的领导，努力实现《浙江省战时政治纲领》。

《浙江妇女》，民国 28 年（1939）7 月 15 日在金华创刊，由战时儿
童保育总会浙江分会主办，受中共浙江省委的直接领导。这个刊物是黄
绍竑的夫人蔡凤珍（儿童保育会分会理事长）、省财政厅长黄祖培的夫人

图9-6　《浙江妇女》

黎沛华（分会副理事长）听了分会秘书、中共党员贵畹兰的建议，经理事会讨论通过，由黄绍竑批准拨款而创办起来的。先后担任主编的陈怀白、林秋若（林琼）、秦秋谷，均为共产党员，编辑人员也多为中共党员和共青团员。编辑部设在金华默相坊6号保育会内。其编辑方针是："团结、教育、动员广大妇女坚持抗战到底，争取最后胜利"，是浙江省一份"配合抗战建国，争取妇女解放，反映各地妇女动态，提高姐妹们理论文化水平的刊物"。辟有哨岗、时事报告、妇女问题讲座、生产知识讲座、儿童保育讲座、妇女动态、妇女呼声、女学生园地、妇女习作、文艺园地、地方通讯、书刊介绍、生活战线、反响信箱、随感以及法律顾问、医药顾问等栏目。由于刊物观点鲜明、内容丰富、形式生动，读者争相订阅，发行量从1000份迅速增至4000份，除在省内52个县设行销处，并发行到苏、皖、闽、赣、川、黔、滇、粤、桂、豫、湘等11省。从1940年8月30日第25期开始，该社又转移到丽水大水门横街43号。1943年10月，主编秦秋谷遭国民党通缉，离开浙江，《浙江妇女》被迫停刊，共出刊30期。

《东南儿童》，民国28年（1939）9月在金华创刊。根据中共浙江省委文委邵荃麟建议，由中共党员杭苇、陈怀白以个人名义创办的以儿童为读者对象的刊物，由杭苇任编辑，陈怀白为发行人。半月刊。在《东南日报》印刷所印行。主要宣传中共中央抗战救亡的政策方针，报道前线战争消息和后方各地的动态；也报道和介绍各地儿童的活动及其开展抗战活动的经验等。这份刊物在东南各省颇有影响，发行量高达1万份。社址初设在金华将军殿29号，次年初迁至丽水。民国29年（1940）11月被当局查禁，共出版2卷16期。

《台湾先锋》，由台湾义勇队主办，月刊，于民国29年（1940）4月15日在金华创刊。由中共支部书记张毕来（又名张启权、张一之）任主编。台湾义勇队是在中共浙江省委文委书记骆耕漠和中共党员张毕来的协助下，由台湾革命领袖李友邦于民国28年（1939）1月在金华组织起来的。李友邦为义勇队队长，张毕来任该队秘书。刊物内容主要有两个方面：一是宣传台湾历来是中国的领土，并介绍台湾人民的斗争史；二是鼓励人民把抗战进行到底。在"发刊词"中指出："为了记载血的斗争史实而呈献祖国人士之前，并向全世界爱好正义者报道我们的斗争；为了探求指导我们革命行动的理论以保证我们工作之必然成功；为了想把目下为帮助祖国抗战而组织起来的台湾义勇队所做的向大家报告，而由祖国各界人士得到'应如何做'的指示。"为了扩大台湾义勇队的影响和声势，还请国民党的军政要人为《台湾先锋》题词。黄绍竑、陈立夫的题词是"还我河山"，于右任题的是"祖国精神"，郭沫若题的是"发扬民族精神、争取自由平等"，邵力子题的是"待从头收拾旧山河，看彻底团结全民族"，谷正纲题的是："要维持东亚和平及求东方各民族的自由独立，惟有共同努力，打倒日本帝国主义"等。台湾革命领袖李友邦在第 4 期上发表了《我们的祖国》一文，说："台湾割后，迄于今日，已四十余年，虽日寇竭死力以奴化，务使台人忘其祖国以永久奴役于日人。然台人恋祖国之情，实与日俱增。时间越久，其情弥殷，固未尝一日忘也。此我眷恋之情，其隐藏于台人心中者，至深且厚，惟以日寇不许台人提及中国，故不闻诸大雅之堂，而实存于广众之间。"表达了台湾广大人民的心声。

图 9-7　抗日战争初期的温州出版的部分抗日刊物

《吼声》，民国 27 年（1938）5 月 25 日在浦江创刊，由中华民族解放先锋队浦江县大队部主办，张世梓、于林桂等任编辑。该刊以"保卫自己的领土主权，争取国家独立自由，为建立统一的民主的近代国家"为宗旨，是宣传抗日的刊物，而中国国民党当局却拒发登记证，办了 2期，被迫停刊。

《抗建论坛》，原名《新中国》旬刊，民国 27 年（1938）7 月 15 日于金华创刊。刊址在金华城内桂林巷 27 号。主编骆耕漠。出刊 5 期后，发现上海某汉奸团体也办有以《新中国》为名的刊物，遂改今名。《抗建论坛》旨在讨论抗战以及建设新中国的问题，先后发表了骆耕漠的"克服困难、克服危机"、石西民的"巩固团结，突破困难，争取胜利"、严北溟的"怎样纪念今年的'九一八'"、汪海粟的"将一切斗争汇合到抗日反奸的总流中去"等社论。同年 12 月，骆耕漠等为了集中精力办《东南战线》，这份中共东南分局的机关刊物，遂宣告停刊。

《吼声》，民国 27 年（1938）5 月在金华创刊，周刊，由金华抗日自卫委员会主办，由马疏任主编。这是抗战初期由抗日民众团体自办的宣传抗日的刊物，致力于对广大民众进行救亡教育，积极宣传抗日救亡运动。共出版 12 期，当年 10 月中旬因经费不足而停刊。

《文化战士》，民国 28 年（1939）6 月 1 日在金华创刊，半月刊，主编为聂绀弩。社址在金华同升巷 10 号。一批文化人撰文宣传抗日，文笔犀利，出版到第 2 卷第 2 期即遭国民党当局查禁。

《浙江战时教育文化》，由浙江省抗日自卫委员会教育文化事业委员会主办，于民国 28 年（1939）3 月 10 日在金华创刊，月刊，由孟锦华、郭子韶任主编。主要报道抗战时期浙江各地的教育文化机构的动态，发表有关文化教育的论著，是研讨浙江抗战时期文化教育的参考资料。共出版 24 期，至民国 30 年（1941）2 月停刊。

《战时记者》，由浙江省战时新闻学会于民国 27 年（1938）9 月 1 日在金华创办，社址在金华塔下寺前街 19 号。杜绍文、汪道涵任主编，月刊，每期约发 2000 份。

《作者通讯》，由浙江省战时作者协会主办，于民国 28 年（1939）3 月 20 日创刊，由姚畊余任主编。社址在金华冯宅岭背 25 号。月刊，每期约发 2000 份。

《抗卫》，由中国国民党浙江省抗敌自卫特别党部主办的政治宣传刊物，于民国 28 年（1939）12 月 1 日在金华创刊，由曾今可任主编，浙江省国民抗敌自卫团总司令部政训处发行。初为半月刊，次年改为月刊。

《一条心》，民国 27 年（1938）4 月在永康创刊，半月刊。由中国国民党浙江省党部战时推进民众团体工作委员会编辑出版，主编杨持真。该刊宣传抗日并报道前线作战情况及国防建设情况。民国 29 年（1940）1 月停刊，共出 30 期。

《决胜》，民国 27 年（1938）7 月在永康创刊，由朱沛人任主编，周刊。评论时事政治，讨论浙江省战时政治，出至第 6 卷第 10 期停刊。

三、丽水各地创办的重要报刊

在丽水、温州、台州、天目山等地，陆续创办了一些以宣传抗日为主的刊物，择要介绍于后：

《动员周刊》，民国27年（1938）1月20日在丽水创刊，以"动员周刊社"名义刊行。主编是骆耕漠，由中共丽水县委书记蒋治等任编辑。其创刊号申明办刊目的为"唤起一部分文化上的力量，求促进全国总动员的局面，使抗战能够得到最后的胜利"。写稿的大部分是在丽水地区工作的共产党员，如张锡昌、陈虞孙、石西民、邵荃麟、葛琴、汪海粟、石础等。该刊积极宣传共产党的抗日民族统一战线的方针与政策，揭露国民党片面抗战、制造"摩擦"、抵制进步力量的错误做法，旗帜鲜明，在社会上产生很大的反响。社址初设于城关王衙弄2号，同年3月迁至丽阳门外。共出19期，于6月27日停刊。

《浙江合作通讯》，民国27年（1938）7月在丽水创刊的业务类刊物。旬刊。先由浙江省建设厅物产调整处组织出版，18期后，改由中国合作事业协会浙江分会出版，由徐荣连、周国瑜、杨嘉昌等中共党员任编辑，它实际上是由中共丽水地下组织领导的既谈业务，又宣传抗日的刊物。民国30年（1941）一度停刊，至民国33年（1944）复刊。终刊日期不详。

《太平周报》，民国28年（1939）5月创刊，名义上由浙江省建设厅特约丽水太平经济实验区区署编刊，实际上是由中共太平区委机关报负责编印，由太平区区委书记查铭愈（张之清）任主编。该刊除宣传中共中央的抗战方针、政策，报道各地抗战的消息外，并以重要篇幅报道实验区内的基层政权建设情况以及开展"二五减租"的情况等。

《乡建通讯》，民国28年（1939）5月在丽水创刊。由浙江省建设厅秘书室主办，其编辑陈虞孙、李楚书是中共党员。该刊不仅关注乡村建设，也积极宣传抗日救国。共出5卷63期，至民国34年（1945）5月停刊。

《合工十日》，民国28年（1939）9月在丽水创刊的宣传战时互助合作运动的刊物，由浙江省政府派出的战时合作工作队总队部主办。从第1期至18期为旬刊，第18期后改为半月刊。主编袁吉，编辑廖卜三（中共党员）。每期4版，辟有10多个专栏，除宣传战时互助合作运动的意义并指导业务外，同时剖析国内外形势，鼓励全民团结，坚持抗战。发行地区覆盖东南西北各省。后因政治形势发生变化，战时合作工作队改组，于次年12月15日宣告停刊，共出36期。

《胜流》，综合性刊物。民国34年（1945）1月1日在云和创刊。主编陈光增，发行人钱英。半月刊。办刊宗旨为：提倡学术研究，介绍世界知识，弘扬中华文化。民国 35 年（1946）元旦迁至杭州出版。民国 37 年（1948）6 月终刊。

《大家看》，民国 27 年（1938）3 月由龙泉县政府在龙泉创办，实际上是中共党组织主办的刊物。主编为葛琴，旬刊，油印。以广大工农兵为读者对象，并宣传抗日，刊登揭露时弊的杂感、散文、诗歌、故事等。为该刊撰稿的人有邵荃麟、葛琴、张三扬、俞坚、舒文等。次年初停刊。

《浙江省通志馆馆刊》，专业性刊物。民国 27 年（1938）秋浙江省通志馆在云和大坪乡成立，由余绍宋担任馆长。为了编好通志，使馆内外的专家学者，能够各抒己见，收集思广益之效，以充分阐扬浙江文献，并向各方报告馆务工作，于民国 34 年（1945）2 月创办此刊，由馆长兼任主编。该刊内容分为：论著（关于浙江文献之阐述、考证或评判之类文章，以及馆内外各家对修志的意见等）、丛载（选刊该馆所采集之重要史料）、序记（有关浙江书籍之序跋、遗著以及未曾出版之浙江文献旧稿）、艺苑（选录有关浙江文献之诗文）、杂录等诸项。按期于每年 2 月、5 月、8 月、11 月 15 日出版。为该刊撰稿多当代社会知名人士，如黄绍竑、褚辅成、宋慈抱、俞寰澄、竺可桢、张其昀等，馆内如余绍宋、孙延钊、项士元、洪焕椿、刘祝群、刘衍文等亦多撰文以充篇幅。民国 35 年（1946）年初，通志馆迁至杭州，从第 5 期开始在杭州出版，直到民国 38 年（1949）3 月停刊。

四、其他地区出版的重要报刊

《战时大众》，民国 27 年（1938）5 月，由奉化爱国青年胡华等人创办。中共党员詹步行具体指导，用方言编写，主编为胡华。每期出版后胡即邮寄一份到延安送呈毛泽东同志。当年 7 月，毛泽东阅读后，即来信称赞其"用通俗文字，向人民大众进行抗日救亡的宣传，这一工作很好"。初为油印，3 日刊，后改为铅印，5 日刊，每期发 500 份。同年 8 月停刊。

《生线》，民国 27 年（1938）元旦在温州创刊的半月刊，社址在温州高公桥 6 号。主编为谷崇熙、夏野士。由中共温州地下组织领导出版。参与撰稿的有胡景瑊、郑嘉治、马骅等。该刊以宣传抗日救亡为主。每期印 1500 份，共出 8 期。

《老百姓》，民国 27 年（1938）3 月 15 日创刊于永嘉，王晓梅、郑之纲、王敏等先后任主编，以永嘉县抗日自卫委员会的名义编辑出版。初为旬刊，后改为半月刊。内容浅显、文字通俗，并配有图片，面向广大的平民群众。民国 29 年（1940）2 月停刊，共出 71 期。

《游击》，民国 27 年（1938）5 月在温州创刊的一份抗日刊物。由青年知识分子项浪平、陈燊（炽林）等所组织的游击文化社主办，陈燊任主编。经常给该刊写稿的有中共文化战士与各界知名人士。半月刊，每期印数 2000 份。至民国 29 年（1940）3 月，出满 40 期，被迫停刊。

《老百姓》，民国 28 年（1939）由永嘉县动员委员会文化事业委员会编辑出版。名为《老百姓》，实是一份以知识分子为主要读者对象的刊物。重点报道和评析国内外时事，同时也发表研究和讨论本县的政治、社会问题等文章，涉及范围较广。此刊约于民国 30 年（1941）年底停刊。

《青读》，青年读书杂志的简称，于民国 28 年（1939）5 月 1 日创刊。由浙江省政工大队二队主办。旬刊。社址设在吴兴双林镇，编辑有蔡敬贤（中共党员）

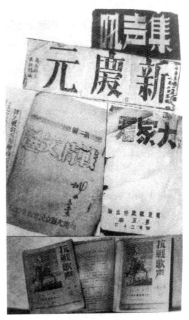

图 9-8　浙西南地区出版的
部分抗日书刊

等。同年 5 月底更名为《战工生活》，出至第 7 期停刊。

《前线》，综合性旬刊，民国 27 年（1938）3 月在绍兴创刊。郦时言等任编辑，由绍兴县抗日自卫委员会教育文化事业委员会出版发行。该刊广泛探讨中日战争形势和日本的内政外交政策，分析研究中国政治、经济、教育、文化、财政、青年、农村建设、外交政策和工农业生产等各方面的问题。民国 29 年（1940）1 月出至 2 卷 34 期后停刊。

《战旗》，民国 27 年（1938）5 月 10 日在绍兴创刊。起初，绍兴各抗日团体发起成立"战旗社"，隶属于绍兴三区行政督察专署政工指导室，出版了不少图书，后来又创办了《战旗》这一刊物，由中共绍属特委主办。最初为旬刊，总编辑为殷秦义。从第 41 期起改为周刊，主编先后为曹天风、王传本。民国 29 年（1940）3 月后，主编改由骆宾基担任，副主编陈静之，旬刊改为周刊，版面、内容都有新的面貌。除保留区政要闻、抗战建国信箱、各地战时通讯、游击状况、报告文学、敌情研究等专栏外，又增加了大众讲座、文化广播、抗战论文、专题讨论、无线电台等栏目。该刊由绍兴战旗书店总经销，销路甚广，上虞、嵊县设有战旗书店销售处，远销至成都、西安、贵阳等地。民国30年（1941）中国国民党掀起了第二次反共高潮，《战旗》第100期出了特大号后，陈静之等撤离，《战旗》也随之停刊。

《号角》，综合性刊物，民国27年（1938）6月1日在江山创刊。由江山县抗日自卫委员会主办，总编辑朱剑蓉。半月刊，内容以时事评析为主，发行约500份，免费赠阅。共出53期，民国29年（1940）10月停刊。

《抗卫》，民国27年（1938）10月在黄岩创刊的综合性刊物。由黄岩县抗日自卫委员会教育文化事业委员会编辑出版。主编郑韫三。曾出过"七七事变"、"八一三事变"、"国民精神总动员"等特辑。民国29年（1940）3月停刊，共出35期。

《力行》，民国28年（1939）元旦在台州创刊，月刊。这是一份由中国国民党台州专员邢震南等发起创办，而实际上由中共台州特委直接领导的刊物。主编为李洁天、叶斐英等。台州特委力求把《力行》办成"抗日论坛"，宣传中共的抗日主张，对推动台州地区抗日救亡运动发挥了一定作用。共出30余期，民国29年（1940）8月，被中国国民党省党部勒令停刊。

浙江在抗战时期出版的文艺刊物也不少，如建德办的《文学月刊》，金华由省战时剧协办的《东南戏剧》，丽水由吴天主编的《文艺长城》，绍兴由孙月舫主编的《战时文学》，浙西由朱吉民、洛丁编的《怒火文艺》等。

五、各地报刊小结

浙江在抗日战争初期，群情振奋，掀起抗日救亡的高潮。各地的知识分子纷纷披挂上阵，办报办刊，声讨日本帝国主义的侵略罪行，号召广大人民行动起来，投入抗日队伍。当时以宣传抗日为主的期刊，可说是铺天盖地。据调查统计，从民国26年（1937）年底至29年（1940）年初，全省先后创办的抗日期刊就达500余种。据《浙江战时出版事业概况》调查，从民国27年（1938）至民国34年（1945）7月，浙江省战时杂志出版情况如下：

1938年12月统计：156种；

1939年12月统计：165种；

1940年12月统计：144种；

1943年1月统计：37种；

1945 年 7 月统计：49 种。

据《出版事业概况》所附期刊目录，这五次调查对刊物名称、刊物性质、主编、刊期、发行人、创办年月等均有记录。从这些纪录来看，不少刊物的负责人或主编多是中共党员或是爱国进步人士，一些刊物虽有国民党的背景，仍有共产党人或进步人士参与其中。可见这时的省主席黄绍竑的确能以大局为重，真正拥护共产党提出的抗日民族统一战线政策，给共产党人和进步人士较多的活动空间，把抗日救亡作为国家的第一件大事，尽可能办好。至抗日战争中后期，特别是日寇发动浙东战役以后，抗日刊物锐减。这说明国民党政府开始执行反人民的政策，消极抗战，掀起几次反共高潮，破坏了抗战的大好形势，限制了人民言论与出版自由的权利，致使出版工作又陷入困顿的局面。在 1937—1945 年调查统计出来的 500 余种出版刊物，其中，1940 年以前每年均办有 100 余种刊物；而到 1943 年以后，出版刊物每年只有三四十种，而且多业务类刊物，除革命根据地外，国民党所在地区的抗日刊物已不多。

第三节　木刻运动异军突起

浙江是中国新兴版画的策源地之一。早在 1929 年 11 月，杭州国立艺术院（即现在杭州的中国美院前身）部分进步学生就组织起"一八艺社"，从事木刻艺术。这是由胡一川、夏明发起成立的第一个以革命版画为主的艺术团体，让木刻艺术从沙龙走向十字街头，走向民间。胡一川原名胡以撰，曾化名胡白夫，福建永定人。当时他已参加共青团，后转入共产党，抗战后赴延安。他们在"左翼美术家联盟"的领导下，以版画反映现实生活，为人民大众服务。他们的作为颇得鲁迅先生的赞赏和支持，却被反动当局视作洪水猛兽，多方迫害。不久，"一八艺社"被解散。1932 年，张眺、力扬等又在上海联合江丰、黄聊化等，成立了"一八艺社研究所"，并在上海举行了"国立杭州艺专—八艺社 1931 年习作展览会"，同时展出油画、雕塑与木刻作品。当时展出的木刻作品有汪占非的《纪念五死者》（五死者即"左联"五烈士），胡一川的《饥民》、《囚》、《流离》，陈爱的《汗血》、王肇民的《叫》等。艺术上虽不够成熟，却富有革命斗争精神。

1933 年，杭州艺专的曹白、力群、叶洛等青年木刻家，又建立了"木铃木刻研究会"，出版过一本《木铃木刻画》。同年 10 月，这三个人被国民党当局逮捕，研究会也被迫解散。曹白原名刘平若，化名焦明，江苏武进人。抗日战争初期，曾任江南社（即新华社）社长，后到苏北，在新四军军部华中党校学习。

一、全国一批知名的木刻家聚集金温地区

抗战初期，浙江一批青年木刻家：张明曹、王良俭、林夫、金逢孙、可扬等从上海返回浙江，郑野夫也从香港回来。为了宣传抗日救国，他们在金华、丽水、永嘉、乐清等地开展了轰轰烈烈的木刻运动。张明曹、王良俭都是乐清人。张明曹毕业于上海美术专科学校。王良俭在杭州艺专毕业后曾赴日本留学。林夫，苍南人，在上海美专学习时加入共青团。金逢孙也是上海美专的学生，丽水人。可扬，杨可扬，原名杨嘉昌，笔名阿阳，遂昌人。1935 年到宁波青春书店工作，同年秋赴上海新华学艺。郑野夫原名郑诚之，乐清人，毕业于上海美专。回到家乡，他们即四处活动。1937 年冬，张明曹在永嘉发起成立了"黑白木刻研究会"，参加的有 20 余人；郑野夫与王良俭则在乐清组织了"春野木刻研究会"；贺鹤声、方正中、林之白在海门组织了"巨轮木刻社"；金逢孙和林夫在丽水发起组织"七七版画研究会"。在此之前，1937 年 8 月，金逢孙曾经编辑出版了《解放画报》，刊载漫画与木刻作品；1938 年春，又以"七七版画研究会"名义编辑出版了《红五月木刻集》（又作《五月纪念木刻集》）。

为了把分散的木刻家组织起来，更好地开展木刻运动，郑野夫和金逢孙等商议，通过改组"浙江省美术工作者协会"，加强对木刻运动的领导。经过两个多月的努力，他们与各方面进行了联系，并得到浙江美术界人士的赞同与支持，于 1939 年春天，组成了浙江美协新的理事会。他们推举孙福熙、万湜思、张明曹、章西崖、朱苴民、郑野夫、俞乃大、金逢孙、徐天许、许炎、陈松平等为常务理事，推选俞乃大为理事长，章西崖为宣传组长，金逢孙为研究组长，万湜思为总务组长，朱苴民为组织组长；并决定革新《战画》月刊，增刊木刻作品。孙福熙（1898—1962）字春苔，绍兴人，1920 年赴法国勤工俭学，考进法国国立美专，1925 年学成回国。于 1928 年出任国立西湖艺专的教授，主编过《艺风》、《文艺茶话》等刊物。抗战开始后，曾在武汉举办抗日宣传画展，反响强烈。1938 年，他回到绍兴，兴办孑民美术学院。1940 年到昆明，1946 年回到上海，历任教授、高级编辑。出版有《孙福熙画集》及译著多种。万湜思（1915—1944）原名姚思铨，桐庐人。抗战时期在金华从事文化工作，主编过《大风》、《新力》、《刀与笔》等刊，后病逝于缙云。徐天

许（1898—1994）原名兴许，浦江人。曾任中央美院教授，擅长花鸟，尤以画鹰鹫著称，被称为"全国画鹰三老"之一。有《徐天许画集》、《天许画论》等著作出版。陈松平，东阳人，1935 年毕业于中央大学艺术系，为著名画家张书旂之高足，后任教于金华中学等学校。

二、木刻家建立的各种组织

黄绍竑在浙江，比较重视抗日统一战线工作。为了适应抗战的需要，组织广大青年学生参加政工队。金华当时文化人云集，他对不同政治立场和派别的知识分子持宽容的态度，因而浙江当时不仅有沪杭等地迁入的各种不同性质的团队，也新建了不少文化团体。"浙江省战时美术工作者协会"在金华改组完成以后，又在丽水成立了"浙江省战时木刻研究社"，由孙福熙兼任社长，金逢孙、万湜思任副社长。随后又推孙福熙、万湜思、金逢孙、郑野夫、张明曹、章西崖、朱顶苦、项荒途等筹办木刻函授班。

木刻函授班设在丽水。为了扩大影响，先举办了一次"七七抗战二周年木刻展"，在金华、丽水、云和、平阳等地流动展览，并把一些木刻作品刊登于各报刊。另外，还由郑野夫、金逢孙、潘仁、夏子颐合作刻了一套《抗战门神》，交由省供销社精印发行，很受群众欢迎。为了扩大知名度，木刻函授班还聘请一些虽不从事木刻却颇有名望的画家做导师，如倪贻德、张乐平等。倪贻德（1901—1970）油画艺术家、作家，杭县人。1922 年毕业于上海美专西画系，留校任教；1927 年到日本留学，进入东京川端绘画学校。次年发生济南惨案，愤而回国，先后在广州艺专、上海美专任教。抗战军兴，在军委政治部三厅代理美术科长，后在英士大学、国立艺专任教。抗战胜利后，随艺专回到杭州。新中国成立后曾任浙江美院教授、副院长。张乐平（1910—1992）原名张昇，海盐人。著名漫画家，1935 年以《三毛流浪记》而闻名全国。1937 年与叶浅予等组织抗战漫画宣传队，任副队长。有《张乐平画集》等著作。

当时参加木刻函授班的有 100 多人，大多是爱好美术的爱国青年，分布于浙、闽、赣、粤、桂、湘、黔、滇等省。"木函班"出版了《木刻半月刊》，其内容有木刻史话、木刻创作、透视学、素描知识、构图法、艺术概论、全国美术动态以及木刻动态，并刊有示范作品，以供学员阅读。还先后出版《旌旗》、《铁骑》等木刻专集。因为学员分布的地区很广，"木函班"划分金华、永康、绍兴、丽水、温州、桂林等几个指导区，分别聘请专家负责指导。

在那一段时间，各县的木刻运动十分活跃。乐清的"春野木刻研究会"，参加的有 10 余人，1938 年秋出版了《春野木刻集》。温州的"黑白木刻研究会"有二三十人参加，他们经常在《老百姓》、《海防前哨》、《抗敌画报》等刊物上发表作品。张明曹出版了一套连环木刻《仇》，第一版就销售了 5000 份。1940 年，"木函班"在温州的学员陈沙兵、杨涵、夏子颐、叶蓁、葛克俭、张大辉等又发起组织了"战时永嘉木刻通讯社"，出版了《木刻通讯》，共出版了 6 期。台州贺鹤声、方正中、金炽等，举办过几次木刻流动展览，陈叔亮还远从延安寄来古元、彦涵、沃渣、江丰等名家的作品参加展出，使当地群众了解解放老区的抗战活动。1940 年前后，温岭青年学生里予和芯姑，刻制了不少抗日宣传画，自费出版了一本《芯姑里予木刻集》。绍兴中学、湘湖师范、义乌中学、树范中学、严州中学、联合中学、温州中学等都开办了木刻课程，温州中学还建立了"温中木刻研究会"。树范中学出版了《树范木刻集》，又有《义乌中学木刻集》、《增爵木刻集》、《广化木刻集》、《三希木刻集》、《康乐木刻集》、《瓯江木刻集》等。

图 9-9　支前运输（1939 年作）

在开办木函班的同时，还创办了"木刻用品社"或称"木刻用品供应社"，木函班结束后，改组为"浙江省木刻用品供给合作社"。开班之初由郑野夫、金逢孙、潘仁三人筹集了 50 元，置备了刻刀等木刻用具供给社员，对外省办理邮购业务。其刻刀曾远销至湘、滇、川、黔各省。改组为合作社以后，按照当时的合作组织条例，设理事会和监事会，分别由郑野夫和金逢孙负责。社员都是木刻工作者。每人一股，每股股金 10 元，共有 200 股左右。"木合社"办了社刊《木合》，由可扬任主编，先后出版了 10 期左右。另外又创办了《木刻艺术》期刊，16 开本，由郑野夫、可扬任主编，潘仁为发行人。1941 年 4 月，日寇派飞机轰炸丽水，"木合社"被炸毁，《木刻艺术》转移至福建出版。

三、出版《刀与笔》

在浙江木刻运动最盛时，1938 年 6 月，在金华成立了"中华全国木刻抗战救国协会东南分会"。1939 年夏，由作家邵荃麟、葛琴、聂绀弩等发起，由张乐平、万湜思、项荒途、章西崖、金逢孙等联络华中、华南文学界人士，在金华成立了"刀与笔社"，出版《刀与笔》综合性月刊。《刀与笔》于民国 29 年（1940）1 月 25 日在金华创刊，社址在金华紫岩路 1 号。编辑委员会由万湜思、项荒途、章西崖、金逢孙、张乐平、冼群、匡辛芜 7 人组成，万湜思任主编。该刊辟有漫画、木刻、经济、文学、国际、政治 6 个专栏，而以宣传抗日的木刻版画所占篇幅最大。创刊号于当年 11 月出版，刊登了乔木的《我们对欧战的认识》，赖少其的《抗战中的中国绘画》、邵荃麟的《论鲁迅、史沫特莱》、李桦的《木刻修养问题》等文章，以及叶浅予、张乐平、西涯等的漫画，李桦、野夫、万湜思、项荒途、金逢孙等人的木刻。由金华四牌坊的金华书店经销。由于内容丰富多彩，形式新颖活泼，一出版即受到广大读者的欢迎，印数达 1 万册。这在当时是很少见的。但也因此招致国民党当局的关注，只出版了 4 期，次年 4 月就被勒令停刊了。

1942 年，日本帝国主义发起浙赣战役，金华陷落，丽水被炸，木刻工作者离散，浙江的革命版画运动也渐趋低潮。不过在这短短的三四年中，浙江的木刻运动的成就是巨大的。鲁迅先生尝说："当革命时，版画之用最广，虽极匆忙，顷刻能办。"在抗日宣传中，木版画就像匕首，直刺敌人的心脏。当时，专门刊登木刻的刊物除了《刀与笔》，还有：

《木刻通讯》，由永嘉战时木刻通讯社主办、由陈沙兵等编辑。1941 年 1 月创办，至次年 4 月停刊，共出 6 期。

《巨轮》，由海门（今椒江）贺鸣声等人于 1940 年创办。出了一期停刊。

《抗战画报》，由丽水美术工作者协会主持于 1938 年创办。由版画家金逢孙任主编。原计划为半月刊，后因金逢孙去金华，只办了两期即停刊。

《战时木刻》，在遂昌由"浙江省战时木刻研究社"于 1939 年 11 月 15 日创办。半月刊，由郑野夫担任主编。后因郑野夫转丽水办刊，即停刊。

《东南木刻》，1940 年郑野夫等在丽水创办。为时不长，停刊时间不详。

《木刻艺术》，1941 年 9 月"浙江省战时木刻艺术社"主办。双月刊，由郑野夫、金逢孙任主编。丽水遭日机轰炸后，不久，转移到福建赤石刊行。

《木合》，"浙江省木刻用品供应合作社"主办。由可扬主编，出刊约 10 期。

四、出版木刻集

在木刻运动中，除了创办刊物，举行木刻展览之外，还出版了不少木刻集。如：

《铁笔集》，郑野夫、金逢孙编，1940 年木函班暑期绘画第一期结业后刊行。

《红五月木刻集》，林夫编辑，1938 年丽水七七版画研究会刊行。

《抗战门神》，郑野夫等作，1939 年 7 月丽水木刻函授班出版，浙江省合作供销社发行。

图 9－10　破路回来（1939 年作）

《旌旗》，丽水木刻函授班刊行。

《号角》，丽水木刻函授班刊行。

《战鼓》，丽水木刻函授班刊行。

《铁骑》，丽水木刻函授班刊行。

《春野木刻集》，乐清"春野美术研究会"编辑出版。

《仇》，张明曹作，温州"黑白木刻研究会"编辑出版。

《芯姑里予木刻集》，芯姑、里予作，自费出版。

《树范木刻集》，树范中学编辑，永康刊本。

《义乌中学木刻集》，义乌中学编辑出版。

《中国战斗》，万湜思作，木刻用品社出版。

《铁牛》，郑野夫作，木刻用品社出版。

《怎样研究木刻》，郑野夫撰，1939 年 12 月丽水合作批发部刊本。

《木刻丛书》，丽水会文图书社编，1939 年 11 月会文图书社刊本。

《铁波木刻集》，张益三编著，民国 33 年（1944）书林出版社昌化刊本。

《鲁迅与木刻》，郑野夫著，民国 33 年（1944）温州刊本。

这些木刻家都比较年轻，他们怀着满腔的爱国热情，为了抗日救国，不计个人名利得失，积极投身于木刻运动。木刻的内容都是反映现实的。为了唤起民众、教育民众，共同对敌，更快地把日本鬼子赶出去，他们对待每一幅版画都呕心沥血，全力以赴。还在 1935 年，鲁迅先生就说过："木刻的图画，原是中国早先就有的东西……它本来就是大众的，也就是'俗'的……近五年来骤然兴起的木刻，虽然不能说和古文化无关，但绝不是葬中枯骨，换了新装，它乃是作者和社会大众的内心的一致的要求，所以仅有若干青年们的一副铁笔和几块木板，便能发展得如此蓬蓬勃勃。"① 我们从《木刻丛书》、《浙江革命版画选集》等书中可以看到，这个时期的确精品迭出，佳作纷纭，在宣传抗日救亡中发挥了重要作用。

郑野夫在 1939 年所刻的《抢饭吃》以及《流动铁工厂》，细腻柔美，近似木炭画。

万湜思创作的《秘密的树林里——游击队歌》，一片高耸入云的大树和树下端枪的游击队员，令人如置身于对敌作战的丛林之中。

郑野夫所作的《街头行业》与万湜思所作的《炸后》，使人感到在后方也不平静。

夏子颐于 1940 年创作的《木刻工场》，则反映了木刻家自己的生活。他在 1939 年所创作的《皇军的末路》，是听到平型关大捷的消息后奏刀刻成的，不仅表达胜利的喜悦，更坚定了抗战必胜的信念。

章西崖的《往前方送》、余白墅的《晚归》，反映了后方人民为了及早打败日本鬼子积极支前及努力劳作的情景。

张明曹所刻的连环木刻《仇》，在刊物上陆续发表后，更吸引了众多读者，影响深远。

这段时期，众多的报纸、刊物也常配有木刻封面和插图。木刻作品揭露和谴责日本鬼子的罪行，激励人民抗日的激情，做出了巨大的贡献，是出版战线的重要方面军。

① 《鲁迅全集》（第六卷），人民文学出版社 1982 年版，第 338 页。

第十章 黎明前的奋斗

——为出版业打开新路

中国人民经过八年艰苦卓绝的抗战，终于在 1945 年 8 月迎来了日本帝国主义无条件投降的消息，赢得了抗日战争的最后胜利。然而，这个胜利正如新中国成立前夕在上海出版的《观察》杂志在创刊号上所说的："抗战虽然胜利，大局愈见混乱。政治动荡，经济凋敝，整个社会已步近崩溃的边缘，全国人民无不陷入苦闷忧惧之境。在这种局面之下，工商百业，俱感窒息，而文化出版事业所遇的困难，尤其一言难尽。"当此时刻，执政的国民党政府，照理说，应该把稳定政局、恢复国民生计放在优先的地位，给人民大众休养生息的机会。但是，蒋介石的既定方针是消灭共产党，独揽国家政治大权。因此，他的政府根本不考虑这些问题，而把抢班夺权、争摘"桃子"放在第一位。一得到日本投降的消息，即不顾一切，不管人民的死活，迫不及待地安排人员和部队到处去抢地盘，演出了一幕又一幕"劫收"的丑剧。接着又来抢夺原已被八路军夺回的土地，进攻解放区，从而发起了大规模的"内战"。这样的倒行逆施，理所当然地激起了全国人民的反对，加以物价飞涨，人民的生活朝不保夕，民怨沸腾，"打倒国民党"、"打倒蒋介石"，成为全国人民的最强烈要求。因此，在不到 3 年的时间里，国民党的反动政府就被赶出了中国大陆，蒋介石也成了丧家之犬。

在这一段时间内，解放区不断扩大，国民党统治区日益缩小。出版工作与之相适应：新兴的革命的出版事业从小到大，由弱变强，最后占领整个国内市场；而国民党办的一些出版机构虽犹作困兽之斗，最后也不得不跟着国民党政府一起被踢出大陆。

浙江的出版事业一直走在全国的前头，现代化的出版事业发展趋势也不落人后。但是，就革命的出版事业而言，在全国来说，却起步较晚，其规模与老解放区也无法相比。在抗日战争初期，如第七章所描述的，在金华、丽水等地区，不仅有共产党人直接领导与操办的报刊与图书；

有不少有国民党背景的刊物与出版社也往往有中共党人在其中主持；而浙东抗日根据地则已有了自己的报纸和刊物，还办起了浙东韬奋书店，不仅担起书报发行的任务，还翻印了不少毛泽东同志以及老解放区的著作，并出版部分新书。浙西游击区也有报刊及图书出版。进入解放战争时期，革命根据地的出版工作更具规模，除浙东韬奋书店外，又办起了新路南、鸡鸣社、燎原等出版社，工作也逐步走上正轨，订有各种规章制度，有了自己的印刷厂，为新中国成立以后浙江出版事业的大发展开了先河。

　　这一时期的出版工作虽然为期不长，却是出版事业发生根本变化的开端：从广大读者——特别是工农兵读者的需要出发，使出版工作真正从庙堂走向民间，所出版的图书从内容到形式都面向大众，与过去大不相同，从为少数人服务到为广大工农兵服务。据《浙江省出版志》所刊《革命根据地的图书出版统计》，在这时期共出版各种革命图书达 146 种，其数量也不少。

第一节　国统区的出版工作奄奄一息

　　抗战胜利后，浙江省政府各机关纷纷迁回杭州，各团体、学校也紧随其后，杭州又恢复其政治、经济、文化中心的地位。商务印书馆杭州分馆、中华书局杭州分局、正中书局等也先后离开金华、丽水等地，陆续回到杭州开业。但是，正如前面所说的，由于政治动荡，经济凋敝，各行各业均感到困难重重，难以重现昔日的光辉。

一、国统区的出版业

　　这时国统区的出版业只是重印与发行中小学课本与教学用书，新书编印极少；报刊倒办了不少，像样的出版机构屈指可数。当时具有一定规模，且有较大影响的民营出版社，新医书局（又称宋经楼书局）可算得一家。它创办于民国 22 年（1933）7 月，由韩学川独资经营，专门出版医药类图书，地址在杭州马市街酱园弄 4 号。有编审出版部，还有自己的印刷厂；在上海、北京等地还设有分局。从 1945 年到 1949 年共出书51 种。杭州市中正街（今解放路）有家中国儿童书店，创办于民国 35 年（1946）也还像样。其负责人为盛世澄、田吟梅，而由谢德耀负责编辑出版工作，编辑出版了部分少年儿童读物和中小学教学用书。国民党经营的出版机构杭州正中书局，在杭州官巷口。它在抗战时期先后迁到金华、丽水，曾出版过一些宣传抗日的图书，如《抗战歌曲选》、《抗战剧作选》、《中日战争之始末与教训》等，抗战胜利后迁回到杭州，其出版和发行的图书主要是国民党中央教育部审定的教科书和教学用书，以及宣传国民党党义的图书和反共读物。

在蒋介石的统治集团日益走向专制和腐败的情况下，浙江的政局和经济状况日趋恶化。1946 年春，杭州曾发生数起捣毁米店的事件，民生之多艰，时局之混乱，可见一斑。特务横行，杀害了浙大学生于子三，引爆了一场以于子三事件为标志的反饥饿、反内战、反迫害的群众性运动。国民党当局已日暮途穷。由于物价飞涨，百业凋零，图书的销售也日趋萎缩。据调查，当时杭州的书店仅剩下商务印书馆杭州分馆、中华书局杭州分局、杭州正中书局、世界书局杭州分局、大东书局杭州书局、石渠阁、拜经楼、豸华堂、松泉阁、东方图书公司、近知书店、蚂蚁书屋、时代出版社杭州分社等三四十家，有的已气息奄奄，不少书店还经常遭受国民党的书报检查机关和特务组织的骚扰和打击。整个出版业呈现出一片夕阳西下的境况。

原来民间出版力量比较浓厚的一些地区，这时似乎都已偃旗息鼓，只是偶尔出版一两本书，如民国 34 年（1945）绍兴聚州文化馆辑刊祝宏献所撰《五十年来绍兴维新人物》一书，民国 35 年（1946）宁波文物社曾辑刊由汪兆平、郑大慈合撰之《虞洽卿先生》一书。民国 36 年（1947）浙大组织了"浙大一〇·二九惨案处理委员会"，为纪念于子三等烈士并真实报道于子三运动，由许良英、陈永时、谷超豪等集稿编辑出版了《踏着血迹前进——于子三运动纪念册》。民国 37 年（1948）7月和 11 月，杭州青年中学赵烈阳（中共浙东游击队的地下联络员）联络了一批志同道合的朋友，以上海大江文艺社的名义，编印《大江文艺丛刊》两辑。第 1 辑名《大江》，由罗山主编，第 2 辑名《江流》，由朱锡山主编，其中收有《迎接人民的军队》、《人民的历史性胜利》等文章，出版后不久即被国民党政府内政部下令禁售。

二、国统区出版的刊物

相形之下，这时期出版的刊物要多得多。据国民党政府内政部公布的一项统计，到民国 36 年（1947）12 月底止，全国的报纸、杂志依法完成办理换证或新登记手续的共有 1763 家，其中杂志在上海出版的有 456

种，在南京的有 206 种，在浙江的有 42 种。① 此统计中缺乏 1948 年与 1949 年上半年的数字，而且这些刊物都是官方认可的，不包括革命根据地的以及某些地下的报刊，因此并不能正确地反映当时的真实情况。就是说，实际上当时浙江出版的刊物远不止 42 种。先介绍几种重要且有较大影响的：

《群言》，民国 35 年（1946）年 1 月在杭州创刊。郑余德主编。该刊声称"透露内幕新闻，报道正确消息"。主要披露国民党内部官僚政客之间争权夺利的政治内幕，报道国内政治、经济、财政、外交、军事等方面的消息。民国 37 年（1948）7 月迁至上海出版。次年 3 月终刊。

《春风文艺》（春风），民国 35 年（1946）6 月在宁波创刊，名《春风文艺》，次年（1947）6 月改名为《春风》。民国 38 年（1949）4 月停刊，历时 3 年，共出 3 卷 36 期。创办人为陈载、俞梦魁，由春风文艺社编辑出版，庄禹梅为社长，陈载为总编辑，俞梦魁为发行人。内容有诗歌、散文、小说、译文，并辟有"习作园地"，发表青年学生的习作。后根据郭沫若等人的意见，将它从纯文学周报改为综合性的半月刊，由陈载和路萍（蔡智达）同任主编，并曾辟以杂文为主的专栏"甬江潮"，对国内外新近发生的重大政治事件加以评论。这是在宁波出版的历时最长，影响也最大的一个刊物。社长庄禹梅（1885—1970），原名庄继良，笔名庄病骸，镇海人。民国 4 年（1915）曾为上海国华书局等写武侠小说。民国 11 年（1922）出任宁波《时事公报》编辑。民国 14 年（1925）加入国民党，曾任国民党宁波市党部商民部长，并任《民国日报》社长。四一二政变后，两次被捕入狱。民国 18 年（1929）5 月加入中国共产党，任宁波《商情日报》等报编辑、编辑主任。后又被捕入狱两次。抗战时期参加中共浙东临时特委领导的统战工作。民国 36 年（1947）再进《时事公报》，任副刊"四明山"主编。新中国成立后，先后任宁波市政协副主席、主席，"文化大革命"中被迫害致死。

《浙江经济》，月刊。民国 35 年（1946）7 月在杭州创刊。由浙江地方银行经济研究室编辑发行，主任委员方祖桐。研究经济理论，评述现实经济问题，报道浙江及国内外经济动态，发表浙江省有关经济资源及经济建设等方面的统计资料，刊载国民政府及省政府有关经济方面的方针政策、法令法规等。民国 38 年（1949）3 月出至第 6 卷第 3 期停刊，

① 据台湾行政院《中华民国出版事业概况》，转引自叶再生著《中国近代现代出版通史》第 4 卷。

共出 6 卷 33 期。

《龙丘通讯》，民国 36 年（1947）3 月 20 日由龙游籍的大学生组建的龙丘学会（"龙丘"系龙游县之古称）发起创办，在杭州出版。不定期，至民国 37 年（1948）年底共出 7 期。以隐蔽的手法，犀利的文笔，揭露了国民党的黑暗、腐败统治，发出了要求变革的呼声。主编李子珍系当时学生爱国民主运动的积极分子，后加入中国共产党。该刊实际上是中共组织掌握的进步刊物。

《新文艺》，民国 36 年（1947）6 月在慈溪创刊，由锦堂师范部分师生、校友组织的观海卫文研究会编辑出版。不定期。该刊主张文艺为人民大众服务，与"一切不利于人民的存在战斗"。刊有郭沫若、赵景深、臧克家等写的文章。出版 2 期后停刊。

《浙江学报》，浙江大学校刊。季刊。民国 36 年（1947）在杭州创刊。主编张其昀。设有论著、注评等栏目。刊载研究社会科学学术论文，内容涉及政治、历史、哲学、文学等方面，并报道校内新闻。次年 6 月出至第 2 卷第 2 期停刊。

《学报》，月刊。民国 36 年（1947）12 月 8 日创刊。浙江大学海盐校友会发行。主编王自强。编辑部设在浙大校园内。内容主要是揭露海盐的贪官污吏，抨击国民党征粮、抽丁、"戡乱行宪"等暴政。出至第 22 期停刊。

《孩子们》，月刊。此刊原于民国 33（1944）由李公朴提议创刊于昆明，主编先后由王吟青、夏风（原名陈冠周，鄞县人）担任，当时畅销大后方。李公朴被害后，刊物也被迫停刊。抗战胜利后，夏风回到宁波，于民国 35 年（1946）7 月在宁波复刊，仍保持其原有的风格，以强烈的时代精神，干预现实，反映现实生活。陶行知、陈鹤琴、陈伯吹、光未然等知名作家都曾为其撰稿，颇受读者欢迎。停刊时间不详。

《大江通讯》，民国 35 年（1946）11 月英士大学民主学社创办于永康，主旨在宣传学生民主运动，揭露国民党的罪恶行径。由邵俊德、胡宪卿、张志芳、叶绍书任编辑。只出版了 8 期，于次年 7 月停刊。

《群声报》，民国 36 年（1947）4 月创刊于金华，由英士大学民主学社主办，其内容也是报道学生运动消息，宣传爱国民主运动。编辑为英大学生黄垂庆等。至当年 7 月 30 日已出 32 期。9 月 15 日校方以"煽动学潮"的罪名将黄垂庆等 9 名同学开除，《群声报》随即停刊。

《永康评论》，民国 36 年（1947）春创刊于金华，由英士大学中的永康玉峰学生会主办。该刊主旨是要求民主，反对独裁。编辑潘钧。次年 2

月被查禁。

《崇德风》，崇德原为县，1958年并入桐乡。《崇德风》半月刊，原由崇德县民众教育馆主办，创刊于民国35年（1946）11月，由蒋永泉任主编。其主旨是报道地方新闻，揭发社会弊病陋习，并不时有评议时事的文章发表。

《开化民报》，民国36年（1947）3月创刊于开化，每周8开纸一张，油印，由开化民众教育馆主办。负责人邹士魁，编辑邹鼎山。办刊主旨在揭露国民党的暴政及美帝国主义的侵略罪行，以唤起民众的觉悟，多转载上海《大公报》与《文汇报》的文章。

《春耕》，也是开化民间所办刊物，油印，民国36年（1947）3月创刊。其主旨也是揭露社会黑暗面，抨击独裁统治。发行人陈士魁，半月一期发往邻近各县，但是出了5期即遭查禁。

《新世纪》，民国36年（1947）12月1日创刊于海盐，半月刊，主编杨作泉，发行人王坚。该刊揭露统治阶级的腐败，要求开展和平民主运动。停刊时间不详。

《求是周报》，民国36年（1947）3月16日创刊于杭州，由浙江大学学生会主办，办刊矛头直指国民党当局，因而同年11月即被查禁。学生会乃改出《浙大周刊》和《快讯》，宗旨不变，不久《浙江周刊》又被查禁。

《新羽》，文艺刊物，民国37年（1948）5月由桐乡县中共地下党员陈振创办。该刊用诗歌、小说等文艺形式批判国民党的独裁统治，巧妙地宣传党的政策，在青年中有一定影响。

《新原》，民国37年（1948）7月在湖州创刊，由湖州米业中学教师凌宁安联络王延之、杨尹泉等青年学生及王秋藻、阙大甲等青年工人一起创办。该刊大量报道解放区的情况，批评国民党，言辞激烈，发行后即遭到浙江省第一专员公署明令查禁，凌宁安遭通缉，王延之被逮捕，只出了1期即被迫停刊。

《批判》，中共组织支持的杭州地下刊物。民国38年（1949）1月25日在杭州创刊。主编赵烈阳。以"上海批判社"名义出版，得到浙东游击队的支持和领导。不定期刊。16开16页，约3万字。第1期印了1000本，除杭州外，还向上海、南京等城市发行。文风泼辣，揭发时弊一针见血，在社会上影响甚大。第2期印2000本，几天内售完。不久主编被逮捕，刊物被迫停刊。

《民主周报》，民国37年（1948）8月定海城区部分青年创办，其中如杨良济、叶清和、王亚清等为办好此刊，出了不少力。该刊曾刊登《反动派在淮海战役中失败的必然性》一文，在群众中引起极大反响。后因创办人赴浙东游击根据地而宣告停刊。

第二节　革命根据地出版活动生气蓬勃

浙东抗日根据地包括四明、三北①、会稽、浦东等地区，处于杭州湾两岸的沪、杭、甬的三角地带，面积有 2 万余平方公里，人口 400 余万。它扼守海上南北交通的咽喉，在战略上具有十分重要的地位。在抗日战争爆发以后，中国共产党就在这里建立了各级组织，在 1939 年年底，已有 8 个县委，2000 余名共产党员。1941 年 4 月，日本发动了宁绍战役，仅半个月时间，就连陷绍兴、宁波、镇海、慈溪、余姚等县城，占领了杭甬铁路以北、杭州湾以南的整个地区。4 月 30 日，毛泽东、朱德向中央华中局发出指示："敌占宁波、奉化、温州、福州。如系久占，你们应该组织该地的游击战争。"中共浦东工委根据上级指示，遂先开辟了"三北"敌后根据地。1942 年 5 月中旬，日军发动了浙赣战役，在不到两个月的时间里，先后占领了浙江 20 多个县城。为了广泛地开展敌后游击战争，发展会稽山地区的武装斗争，中国共产党又组建了南进支队，建立了以诸暨枫桥为中心的会稽山游击根据地。为了进一步发展浙东的敌后抗日根据地，中共中央华中局和新四军军部决定加强对浙东的领导，于1942 年 7 月成立了浙东区委，由谭启龙、何克希、杨思一、张瑞昌四人组成，谭启龙任书记。中共浙东区委的成立不仅使浙东人民的抗日斗争有了坚强的领导核心，在经济建设和文化建设各方面也打开了一个新的局面。8 月，又成立了第三战区三北游击司令部——后改为新四军浙东游击纵队司令部，并挺进四明山，建立了四明山根据地。于是，如《浙江通史·民国卷下》第七章"浙江省第二期抗战"中所说的："中共浙东区委成立以来，经过艰苦的努力，不仅坚持了'三北'游击区，保存了浦东原有的阵地，还开辟了四明、会稽和金萧三块新的根据地，成为华中抗日的东南前哨阵地。"②

抗战胜利以后，中国共产党为了避免内战，实现国内和平，把在浙

---

① 指余姚、慈溪与镇海三个县的姚江以北地区。

② 金普森等：《浙江通史》（民国卷下），浙江人民出版社 2005 年版，第 295 页。

江的新四军的军政机关和部队约 1.5 万余人，撤退到北方去，只留下少数干部及秘密武装，建立了新四军浙东纵队留守处，由朱洪山与黄明分别担任正副主任。但是国民党不信守承诺，不仅对北撤的部队进行阻击，对留守人员也不肯放过，派部队到各根据地进行"清剿"。国民党政府违背人民的意志，在全国范围内发动全面内战。根据地人民也不示弱，发起了反"清剿"的斗争。"到 1948 年底，浙东根据地以四明山为中心，东起台属，北至三北，西跨富春江两岸，南到金华、武义、永康一线，包括四明、三北、会稽、路西、路南、台属等 6 个地区，成为一大块较完整的游击战争根据地。"①

图 10-1 中共浙东区委旧址（余姚梁弄）

早在抗日战争时期，浙江各地的抗日根据地就已创办起多种报刊，大力宣传共产党的抗日方针和统一战线政策等，并及时报道各战地的消息，对动员群众抗日以及教育干部、战士发挥了重要的作用。1942 年 8 月，中共浙东区党委在四明山地区创办了机关刊物《时事简讯》，以时事简讯社的名义编印发行。社长先后由陈静之、于岩担任。每周三六出刊，主要刊载新华社电讯。首期油印 8 开，到次年 7 月改为铅印 4 开，增刊地方新闻，发行约 1500 份。1944 年停刊。1943 年 8 月，三北游击司令部政治部创办了《战斗报》，社长江岚，油印周刊，16 开。地址在余姚梁弄。次年 3 月由新四军浙东游击纵队政治部接办，改为铅印。自第 15 期起，改为每周发 2 期，发行约 500 份。1945 年新四军北撤，该刊停办。1945 年 4 月，中共浙东区委创办了《团结》不定期刊，委派黄源、楼适夷等成立东南文化编辑委员会，出版《东南文化》月刊。1945 年 6 月，长兴地区的新四军苏浙军区政治部创刊《前线》和《江潮》不定期刊，于当年秋停刊。

① 金普森等：《浙江通史》（民国卷下），浙江人民出版社 2005 年版，第 366—367 页。

在这个广大的游击根据地，中共各级组织加强领导，不仅发展了工农业生产，文化建设也出现了新面貌，新闻出版工作呈现出从未有过的繁荣景象。首先成立了新华通讯社浙江分社，全面领导根据地内的新闻工作；又在物资人员俱缺的情况下，创办了不少报刊，开办了不少出版社。这些举措，不仅维持浙江出版业于不坠，而且大大促进了浙江出版业的现代化进程。

一、革命根据地创办的出版机构

出版事业发展的标志是出版机构，先看看根据地的出版机构：

浙东韬奋书店：它的前身是浙东书局。早在民国 33 年（1944）6 月，中共浙东区党委宣传部和浙东敌后临时行政委员会，为了宣传抗日、动员民众、教育干部的需要，在余姚洪山乡杜徐岙村建立了浙东书局，编辑出版革命书刊；并在梁弄设立了一个门市部。该书局曾出版过《文献与资料》、《关于红四军的决议》等图书。

当年 12 月，中共浙东区党委决定在浙东书局内增设编辑部，并把它改名为浙东韬奋书店。门市部由褚克任经理，从梁弄迁往袁马，下辖梁弄、三北两分部。书店的主要任务是翻印毛主席等领导人的著作以及解放区出版的图书。在短短几年中，就翻印了《论持久战》、《新民主主义论》、《论解放区战场》、《论共产党员的修养》、《中国革命与中国共产党》、《抗日游击战争的战略问题》，以及《王贵与李香香》、《兄妹开荒》等著作，也编辑出版了部分当地干部的论著，如张瑞昌（即顾德欢）所编著的《政治常识》、《根据地的建设》等。浙东韬奋书店于 1945 年 9 月随新四军北撤部队到山东后，并入山东新华书店，1949 年 5 月浙江解放后，又在原地建了一个韬奋书店，但只是发行机构。

燎原出版社：1945 年 9 月，浙东新四军奉命北撤后，金萧支队干部杨光等于 1946 年春组织人员编印了一批政治读物，油印出版，以供党员、干部学习的需要。当时还用"燎原出版社"的名义，编辑出版了《政治时事报告》1—4 号，《对目前国际国内形势的几点看法》、《群众工作提纲》、《人生观报告提纲》、《我们的出路》等图书，并出版了党刊《火花》。

鸡鸣社：1947 年 7 月建立，是中国共产党路西（浙赣铁路以西）工委主办的出版社。社址最初在浦江县东北的养元坑，先后流动到诸暨溪溪乡、桐庐四管乡（今新合乡）等地，负责人为杨水镜。有工作人员 9 人，先后翻印和出版了大量中共中央文件，新华社新闻和社论以及自编的战士读物等。

金萧报社：1948 年 12 月，中共路西工委改组为金萧工委，并决定创刊《金萧报》。于是与鸡鸣社合并而变成一个机关，两块牌子。《金萧报》于 1949 年 1 月 14 日在浦江马剑乡创刊，社长钱熙春（未到职），副社长方福仁兼主编。这时的工作人员有 40 多人，编辑有施律、吴天、陈力萍、丁予、杨翼等，记者有管白宇、张金庄、洪坦、顾忿、欧发、徐堪等。报纸主要刊载新华社电讯、地方新闻，还有副刊。同时还编辑出版了《群众报》（共刊 7 期）、《金萧画报》（共 15 期）。又以"鸡鸣社"的名义，翻印、出版了《人民解放军宣言》、《三大纪律八项注意》、《目前形势和我们的任务》、《中国土地法大纲》、《将革命进行到底》、《论联合政府》、《中国革命与中国共产党》、《千里长征》、《严衢扫荡记》、《李有才板话》、《王贵与李香香》等图书。

新浙东出版社：1948 年 3 月，中共浙东临委为了加强对干部教育，扩大对外宣传，及时报道各战场的胜利消息，推进革命斗争，决定创办《四明简讯》，在慈南（今余姚）洪山乡杜徐岙村创设"新浙东出版社"，其代号为"文化公司"。《四明简讯》由中共四明工委委员兼宣传部长薛驹直接领导，负责人先后有乐子型、梅寒白、徐炎（后代理副社长）、邹清（编辑主任）等。创刊号于 3 月下旬出版，8 开 4 版，刻写油印，主要刊载新华社电讯。随着革命形势的发展，浙东临委要求"在宣传上展开对敌的积极进攻，以宣扬我党之政策及我军胜利消息，扩大我们的影响，揭发蒋帮的'三征'、'三光'等罪恶暴行，在政治文化上完全击败蒋帮的欺骗歪曲宣传，加强人民对我党我军之信心，以作我胜利的基础。"为此，《四明简讯》由不定期刊改为三日刊，并加强发行网络建设，印数也由原来的 200 份增至 500 份；其内容由原来的以报道全国时事为重点逐步增加地方新闻，还开辟了"解放区"专版、"蒋管区"专版、"部队生活"专版等，并增加了通俗文艺、连环画等。后来又在此基础上，先后创办四明出版社和台属出版社。

四明出版社：随着人民解放战争的胜利进展，浙东临委所属四明、三北、会稽、台属、金萧等游击区不断扩大，逐渐连成一片。浙东临委驻地在台属地区，新浙东出版社 20 余人跟随临委南下，留下 5 人继续办《四明简讯》，而以"四明出版社"的名义出版，由徐炎任代理副社长，邹清任编辑主任。1949 年 2 月 23 日遭到国民党突击营的袭击，被迫停刊，至 4 月 17 日复刊。5 月 25 日，人民解放军解放了宁波，《四明简讯》出版了终刊号，宣告终刊。从创刊到终刊共经一年零两个月，刊出 66

图 10-2   新路南出版社出版的部分图书

期，增刊 20 余期。

新路南出版社：路南游击根据地以永康为中心，包括武义全县以及宣平、金华、义乌、东阳、磐安、松阳和丽水部分地区。新路南出版社的前身是括苍简讯社。1949 年 1 月，中共路南地区特派员、浙东人民解放军第二游击纵队第六支队政委卜明和副特派员、支队长应飞，为了促进路南地区的新闻出版事业，决定创办《括苍简讯》。接着又在括苍简讯社的基础上扩大机构，配备人员，建立了新路南出版社。社长是潘钧（张洁）、徐克明（林克），任务是编辑出版《新路南报》（由徐克明兼任主编）和"新路南丛书"。

台属出版社：1949 年 3 月在原有的《四明简讯》的基础上建立起来，由台属工委副书记王槐秋负责领导。其主要任务是定期编刊油印小报《台州简讯》，同时编印供干部学习的各种资料，出版了《城市政策》、《论连队政治工作》等小册子。

路东通讯社：1944 年 1 月由中共会稽中心县工委创建，社长由路东县副县长钱章超兼任，总编辑为余震，工作人员有白刃、马达、石在、甘为平等 7 人。该社的主要任务是编辑出版中共会稽中心县工委的机关报《路东简讯》。创刊号于 1949 年 1 月下旬出版，刊载全国要闻、地方新闻等。同年 4 月《浙东简讯》与《路东简讯》合而为一，《路东简讯》宣告停刊。

浙东简讯社：《浙东简讯》是中共浙东临时工委的机关报，1949 年 3 月 15 日创刊，以浙东简讯社的名义出版。《浙东简讯》由梅寒白负责，余震任编辑主任。编辑部和电台工作人员有罗毅、胡春、何其、苏沛、余芳、庞佑中、叶洁、萧鱼、骆健、李雅赞、王文黎等。3 月 15 日《浙东简讯》的创刊号刊登了顾德欢同志在纵队干部会上的讲话，号召全军做好准备，迎接大军南下。1949 年 5 月，大军渡过长江，解放了南京，接着解放了杭州。《浙东简讯》出了号外，5 月 15 日出了最后一期，然后停刊。

二、革命根据地创办的刊物

革命根据地除了创办以上出版社，还创办了以下几种刊物：

《时事简讯》，中共浙东区党委的机关刊物。民国31年（1942）8月创刊，由中共浙东区委宣传部主办，由时事简讯社编发。每周三六出刊。地址先设在慈北洞山寺，后迁至四明山杜徐岙。社长先后为陈静之、于岩。前期油印8开4版，刊载新华社电讯。从次年7月第129期起，改为铅印，扩为4开4版，除刊新华社电讯外，并刊外浙东地方新闻。发行1500份左右，民国33年（1944）4月13日停刊。

《战斗报》，民国32年（1943）8月23日创刊，由三北游击司令部政治部主办，社长为江岚，地址在余姚梁弄横坎头村。周刊。开始为油印，每周16开4版。次年3月，由新四军浙东游击纵队政治部接办，遂改为铅印。从第15期每周出刊2期。内容广泛，除刊社论、各地新闻、上级指示外，也刊地方新闻、介绍各单位工作经验、工人生活等，还有副刊曰"战斗俱乐部"。每期发行500份左右，至民国34年（1945）9月底新四军奉命北撤时停刊。

《抗日报》，民国32年（1943）10月创刊，周刊，是中共金义浦地区组织的机关刊物。油印。主编先后为马丁、林岚。每期发行500份左右，主要在金义浦抗日根据地发行，有时也发送到建德、福建建阳等国民党统治区。没有固定地址，于民国34年（1945）9月终刊。

《解放周报》，民国34年（1945）1月16日创刊。由日本人民解放同盟浙东支部主办，由黄源、楼适夷任编辑，吉永寿秀（原日军军官）、栗原、田中等负责翻译校对。其办刊宗旨是向日本军人宣传中共政策及国际形势，敦促日本军人反对侵华战争。周刊，8开4版，用日文刊发，铅印。由浙东韬奋书店和区党委敌工部人员通过各种渠道传递至宁波、余姚等地，散发给日军官兵。

《新民主》，半月刊，中共浙南特委于1946年11月1日创刊，地址在瑞安县湖岭，由胡景瑊负责。刊物主要是报道时事，揭露国民党和美帝国主义勾结的真相，要求给人民以民主和自由。

《做学写》，周刊，1945年9月1日由中共浙东区委宣传部与新华社浙东分社联合创办，供一般工农干部与战士学习。

《新华电讯》，1947年年初由中共浙江临工委创办。工作人员有乐子型、李文彪、贺英、萧鱼、叶洁以及从上海调来的梅寒白、徐炎、邹清、萧容等，收抄新华社所发来的电讯，不定期编印出版，油印。1948年4

月后改为《四明简讯》。

《浙南月刊》，《浙南周报》的前身，1946 年 12 月 1 日由中共浙江特委创办，胡景瑊负责。至 1947 年 5 月 1 日并入《浙南周报》。

《浙南周报》，周刊，1947 年 5 月 1 日由中共浙南特委创办，由胡景瑊负责。初称《时事周报》，同年 7 月起改名《浙南周报》，在浙南游击区内发行。1948 年 1 月后增加了通俗版。1949 年 5 月 11 日温州新中国成立后改组为《浙南日报》。

《火花》，1946 年 11 月由燎原出版社创办。编辑人员有董松楼、杨光、陈光等。共出 3 期，至 1947 年 1 月停刊。

《新民主》（瓯北版），1947 年 2 月 25 日由中共乐清县委创办，负责人汤少林。不定期，主要发行于括苍游击区。

《锻炼》，1948 年 2 月 20 日中共瑞安县委创办于温州，是一份综合性刊物。余不详。

《工农丛刊》，为括苍中心县委党刊，1948 年 3 月 1 日括苍中心县委报刊委员会主任邱清华领导创办，负责人为郑梅欣。不定期，发行于括苍游击区，共出 9 期。

《浙南简讯》，1948 年 12 月在黄岩创刊。中共浙南工委党刊，不定期。

《台州简讯》，1948 年中共台州工委在宁海天台创刊，不定期。

《浙东通讯》，1949 年 2 月中共椒南工委在海门（今台州市椒江区）创办，不定期，共刊出 25 期，1949 年 5 月停刊。

《东磐简讯》，由中共东磐办事处创办，社长张牧。初在乡间油印发行，进城后改用铅印，出了 10 期。1949 年 5 月 20 日转为《东阳人民报》。

三、根据地出版的图书

在这段时期内，浙江革命根据地一共编辑出版了几种图书，《浙江省出版志》有一个统计（包括 1937 年以前、抗日战争期间、解放战争期间），见下表：

革命根据地的图书出版统计 单位：种

地区	1937 年以前	抗日战争期间	解放战争期间	合计
浙西地区		13	2	15
浙东的路东地区		29	60	89
浙东的路南地区	2	1	53	56
浙南地区		11	31	42
合计	2	54	146	202

抗日战争期间共出版图书 54 种，其中 1938 年 3 种，1939 年 1 种，1940 年 11 种，1942 年 1 种，1943 年 3 种，1944 年 15 种，1945 年 20 种。

图 10-3 解放战争时期浙南游击队根据地出版的部分书刊

解放战争期间共出版图书 146 种，其中 1946 年 10 种，1947 年 22 种，1948 年 56 种，1949 年 58 种。因为是在战争年代，情况错综复杂，调查统计比较困难，这些数字近乎概数。各出版社编印的主要图书约如下述：

《对目前国际形势的几点看法》，1945 年 12 月至 1947 年 7 月燎原出版社路西刊本。

《我们的出路》，1945 年 12 月至 1947 年 7 月燎原出版社路西刊本。

《新华文选》，1946 年 7 月后新华电讯社刊本。

《干部文丛》，1946 年 7 月后新华电讯社刊本。

《论革命军队管理的原则》，1946 年 7 月后新华电讯社刊本。

《目前形势与整军工作》，1946 年 7 月后新华电讯社刊本。

《论政治工作提纲》，1946 年 7 月新华电讯社刊本。

《政治时事报告》（1—4 号），1946 年春燎原出版社路西刊本。

《群众工作提纲》，1946 年燎原出版社路西刊本。

《人生观报告提纲》，1946 年燎原出版社路西刊本。

《我们的路》，杨光改编，1946 年 12 月燎原出版社诸暨刊本。

图 10 - 4   解放战争时期浙东游击队根据地出版的部分图书

《中国共产党党章》，1947 年 7 月后鸡鸣社路西刊本。

《目前形势和我们的任务》，毛泽东著，1948 年鸡鸣社路西重刊本。

《中国革命与中国共产党》，毛泽东著，1947 年 7 月后鸡鸣社路西重刊本。

《论联合政府》，毛泽东著，1947 年 7 月后鸡鸣社路西刊本。

《中国土地法大纲》，1947 年 7 月后鸡鸣社路西刊本。

《土地改革中的几个问题》，任弼时著，1947 年 7 月至 1948 年 12 月鸡鸣社路西重刊本。

《新党员读本》，1947 年 7 月至 1948 年 12 月鸡鸣社路西刊本。

《党的建设》，1947 年 7 月至 1948 年 12 月鸡鸣社路西刊本。

《三大纪律八项注意》，1947 年 7 月至 1948 年 12 月鸡鸣社路西刊本。

《根据地建设问题》，1947 年 7 月至 1948 年 12 月鸡鸣社路西刊本。

《中国人民解放军宣言》，毛泽东著，1948 年 1 月鸡鸣社路西重刊本。

《战士读本》，1947 年 7 月后鸡鸣社路西刊本。

《党性锻炼》，1947 年 7 月后鸡鸣社路西刊本。

《土改与整党》，1947 年 7 月后鸡鸣社路西刊本。

《新民主主义论》，毛泽东著，1948 年底鸡鸣社诸暨重刊本。

《将革命进行到底》，毛泽东著，1949 年鸡鸣社诸暨刊本。

《浙东十大行动纲领》，1949 年鸡鸣社诸暨刊本。

《入城守则》，1949 年鸡鸣社诸暨刊本。

《李有才板话》，赵树理著，1948 年 12 月至 1949 年 5 月鸡鸣社金萧地区刊本。

《王贵与李香香》，李季著，1948 年 12 月至 1949 年 5 月鸡鸣社金萧地区刊本。

《千里长征》，1948 年 12 月至 1949 年 5 月间鸡鸣社金萧地区刊本。

《严衢扫荡记》，1948 年 12 月至 1949 年 5 月间鸡鸣社金萧地区刊本。

《大众应用文》，1949 年 1 月浙江路西鸡鸣社刊本。

《新山歌》，1949 年 1 月浙江路西鸡鸣社刊本。

《中国革命的基本问题》，1949 年新路南出版社刊本。

《阶级教育提纲》，1949 年 2 月新路南出版社刊本。

《新路南丛书》4 辑 33 册，1949 年 1—5 月新路南出版社刊本。

第 1 辑：《目前浙东形势与任务》、《廖耀湘就擒记》、《中共中央主席毛泽东对时局的声明》、《目前工作上的新问题》、《中国土地法大纲》等 10 册。

第 2 辑：《胜利的欢呼》、《新民主主义论》、《台湾独立运动的真相》、《新党员读本》等 10 册。

第 3 辑：浙东农民协会筹备会发布的《乡农民协会简章草案》、《从乡村到城市》、卜明著《领导方法与领导作风》等 10 册。

第 4 辑：《国内和平协定最后修正案》、《目前形势与整军工作》、《进军解放全中国》等 3 册图书，还包括《新四军军歌》，以及《括苍谣》、《山那边呀好地方》、《朱大嫂送鸡蛋》等歌曲。

从这短短的几年中，浙江革命根据地所办的出版社以及所出版的图书报刊来看，其出版宗旨十分明确，即根据中国共产党的指示，为了打倒国民党反动派，解放全中国，大量地揭露国民党政府的罪恶，向广大人民群众进行阶级教育，为夺取政权大造舆论。这时期的出版工作与过去相比，有两个特点，即一是在共产党的领导和直接指挥下进行；二是读者对象以广大革命干部和工农兵群众为主。内容结合实际，文字力求通俗浅显。这实际上是新中国成立后所提出版工作"两为"方针的雏形。

第三节　地方文献出版余波荡漾

浙江人一向重视对地方文献的搜集、整理和出版，这是浙江文化的一个优良传统。民国期间，虽然战乱不休，各地纂修的地方志，在短短的 30 多年中就有 80 种左右，刊刻的郡邑类丛书也有 10 来种。如绍兴周树人的《会稽郡故书杂集》、黄岩杨晨的《台州丛书后集》、温岭金嗣献的《赤城文献汇刊》、平阳黄群的《敬乡楼丛书》、青田刘祝郡的《括苍丛书》、仙居李镜渠的《仙居丛书》、吴兴刘承幹的《吴兴丛书》、宁波张寿镛的《四明丛书》等，都有很高的历史价值。而吴兴、四明、敬乡楼诸丛书，卷帙尤富。《四明丛书》新中国成立后江苏广陵古籍刻印社还依据旧版片重印过一次。

清雍正年间浙江曾修《浙江通志》。民国成立以后，虽然百废待兴，且一直战乱不休，但鉴于世事沧桑，无论政治、经济、文化各个方面都有巨大变化，于是有人提议重修《浙江通志》。《浙江通志》的纂修昉自明嘉靖年间。清康熙年间修过一次，雍正七年（1729），清政府要编纂《大清一统志》，又下令各省编修通志。浙江从雍正九年（1731）起开局编纂，历时4年，到雍正十三年（1735）完成，于乾隆元年（1736）刊印。这是浙江自有通志以来材料最充实的一部史志，执笔纂辑的有沈翼机、傅奎勋等人，而傅王露始终其事。此志共分54门，较以前所修各志有所增加，所记各事也经得起推敲。《四库全书总目提要》说它"所引诸书，皆具列原文，标列出典。其近事未见记载者，亦具列其案牍。有见闻异辞者，则附加考证于下方"。浙江书局曾于光绪二十五年（1899）据以影印过一次。

一、浙江省通志局编纂《浙江通志》

民国3年（1914），浙江省又设立了通志局，决定在（雍正）《浙江通志》的基础上续修一部更完善的《浙江通志》。当时，延聘著名学者沈曾植、喻长霖、朱祖谋、吴庆坻、张尔田、陶保廉、章梫、叶尔恺、朱福清、王国维、刘承幹、金蓉镜等组成编纂班子，聘请沈曾植任总纂，喻长霖为提调。参加编写的共有30余人，各县还设有采访员若干人。沈曾植（1850—1922）字子培，号乙庵，又号寐翁，晚称巽斋老人、东轩居士等，嘉兴人。光绪六年（1880）进士，历任刑部主事、知府、总理衙门章京、安徽提学使等职。1895年参加北京强学会，赞助康梁变法维新。任学政时，扩广教育，设存古学堂。辛亥革命后，却坚持"忠清"立场，参与溥仪的复辟活动，赞助张勋复辟。学识渊博，并深谙古今律令，著有《海日楼文集》、诗集等，又有《汉律辑补》、《晋书刑法志》等。喻长霖（1857—1940）字志超，黄岩人。清光绪十一年（1885）进士，授翰林院编修、国史馆协修、武英殿和功臣馆纂修、实录馆纂修，也曾任两浙师范学堂监督、京师女子师范学校总理。著作有《清儒学案》、《九通会纂》、《两浙文徵》等。

　　浙江通志局成立后，沈曾植就从上海来到杭州，拟定修志凡例。因为是续志，所以拟从乾隆元年起修至宣统三年（1736—1911）止。其体例，也大致按照（雍正）《浙江通志》原有门目，另外增"大事记"（编年体）、"大事纂"（纪事本末体）以及"遗民传"。修成初稿200余册。沈曾植后病逝于上海，通志馆也被裁撤，此事遂停顿下来。但社会各界人士仍希望这工作能继续进行下去，著名学者蒋梦麟还提出具体方案。民国31年（1942）浙江省政府在云和设立了史料征集委员会，聘请著名学者余绍宋为主任委员，主持《浙江通志》的史料征集工作。次年，又把史料征集委员会改组为浙江省通志馆，任命余绍宋、凌士钧为正副馆长，瑞安孙延钊、杭县钟毓龙任总编纂，下设编纂及分纂。

　　余绍宋等先拟定《重修浙江通志体例纲要》、《浙江省通志编纂大纲》。根据《编纂大纲》，重修的《浙江通志》分为五纲：

　　一曰纪：记浙江自古以来大事，拟正史本纪例；

　　二曰考：分为八类，有疆域考、物产考、古迹考等，记载浙江自然现象及历史遗迹；

　　三曰略：凡十二类，皆有关政治和社会事项，如党务略、一般行政略、教育略等；

　　四曰传：分三类，拟正史列传之例；

　　五曰谱：凡分二类，拟正史表之例。

　　另外又有杂记一类，并仿章学诚《湖北通志》之例，别辑《两浙文徵》。

　　抗战胜利后，浙江通志馆迁到杭州里西湖梅庐，工作步入正轨，编纂速度加快。此时通志馆有编纂20余人，设浙东、浙西两个办事处，每个办事处设主任一人，分纂若干人。各市县均聘有采访员，同时还出版《浙江省通志馆馆刊》，上下沟通，工作进展顺利。到了1948年已完成初稿240余册。这部民国《重修浙江通志稿》在方志体例上有所突破，增添了许多新的门类，如矿产、交通、宗教、民族、气候、雨量、潮汐等，以往志书均未见，为新型的地方志。但一直未付梓，稿藏于浙江省图书馆。近年已开始整理，不久将出版问世。

二、宁波编纂的《四明丛书》

　　《四明丛书》之编纂较《台州丛书》、《金华丛书》等为迟。宁波历史悠久，为古扬州之域，秦、汉、两晋、南北朝，属会稽郡。至唐始称明州。明州以四明山为望，宋元古地志都称"四明"，有《四明图经》、

《四明志》等。《四明丛书》虽编纂较迟，但其规模可观。

图 10-5　《四明丛书》

《四明丛书》由张寿镛及其子历经 19 年辑刊而成。张寿镛（1876—1945）字伯颂，一字泳霓，历任浙、鄂、苏、鲁财政厅长，上海中央银行副行长、财政部次长等。在上海曾创办光华大学。著有《四明经籍志》、《史学大纲》等。《四明丛书》始辑于民国 19 年（1930），原定 10 集。民国 25 年（1936）刻完第 4 集后，抗战爆发，第 5 集只刻一种；中辍三年，民国 29 年（1940）又刻第 6 集、第 7 集。张寿镛忽一病不起，嘱其子续成。民国 38 年（1949），其子刻成第 8 集，即收尾。前后共收书 178 种，均以张氏约园名义刊行。

这部丛书辑刊于战火纷飞的抗日年代。抗战时期，哪有一天安宁的日子，加以物资缺乏，要刊成这样一部大型丛书，的确困难重重。但是张寿镛由于桑梓情深，且"学兼汉宋"，具有深厚的文献学功底，终于排除万难，玉成其事。他不仅为全书撰了总序，每集也均撰有前后序或跋，或阐述学术源流，或提示全书纲要，或考证版本之来龙去脉。校勘更不遗余力，如校刊《张苍水集》，"二十余年，先后得本不下十余本，反复勘比"，先"以高本为胜，邓本为详"，后张美翊"出示所校邓本《张苍水集》"，于是"将其勘校之语……并注见集中"。178 种书中，有 46 种均经 2 种以上版本校勘过，而据单本刊刻者，也多取善本、孤本，或未经刊刻的稿本、抄本。所用纸张亦十分考究，取连史纸中的薄而白、平滑而柔韧者。故《四明丛书》刊本之精良，为人所称道。

还应提到的是马一浮先生在抗日战争后，回到杭州继续刻印他在四川乐山复性书院开刻的《群经统类》及《儒林典要》两书。这两部书对促进近代儒学的发展有一定的影响，应视为浙江文化史中的一件大事。马一浮（1883—1967）名浮，字一浮，号湛翁，晚号蠲叟，会稽（今绍兴）人。周恩来称之为"中国当代理学大师"，梁漱溟誉为"千年国粹，一代儒宗"，新中国成立后被聘为浙江文史研究馆首任馆长。他在杭州的自刻书还有《蠲戏斋诗前集》2 卷、《避寇集》1 卷、《蠲戏斋编年集》8 卷、《芳杜词剩》1 卷等。

附　录

1. 五四前后（1912—1927）浙江省
各县市出版的刊物一览表

刊物名称	类别	创刊时间或办刊时间	主办单位或负责人	主编	社址
农友会报（季刊）	农业	1912 年	农友会	沈望农、周友山	杭州
警察杂志（月刊）	专业	1912 年	省会公安局	赵龙文	杭州
浙江省农会报（月刊）	农业	1913 年	浙江省农学会		杭州
教育周报（后改为教育潮）	教育	1913 年 4 月至1919 年 3 月	浙江省教育会		杭州
新神州杂志（月刊）	综合	1913 年 5 月	新神州杂志社		杭州
白阳	会刊	1913 年 5 月	浙江两级师范学校校友会		杭州
浙江兵事杂志（月刊）	军事	1914 年	浙江军事编辑处林之夏、厉家福		杭州
法律周报	法制	1914 年 1 月	杭州法律周报社		杭州
医药观（月刊）	医卫	1914 年 2 月10 日	杭州中华医药学会	厉家福	杭州
广济医报（双月刊）	医卫	1915 年 1 月至1916 年	杭州广济医学专门学校同学会		杭州

刊物名称	类别	创刊时间或办刊时间	主办单位或负责人	主编	社址
游艺杂志（月刊）	文艺	1915 年	浙江之江日报社	黄严为	杭州
杭州青年（旬刊）	青年	1915 年	杭州青年会	董承光、朱孔阳	杭州
省立甲种商业学校校友会杂志（年刊）	会刊	1916 年 7 月	省立甲种商业学校校友会		杭州
浙江月刊	综合	1916 年	浙江月刊社		杭州
司法月报	政法	1916 年	浙江高等审判厅		杭州
浙江图书馆年报	文化	1916 年至 1926 年	浙江图书馆		杭州
农业浅说（月刊）	农业	1917 年 2 月	浙江农会		杭州
妇女旬刊	妇女	1917 年	杭州妇女学会何慨秋、张丽娟等	楼尹庚	杭州
浙江教育月刊	教育	1918 年 1 月	浙江省教育厅		杭州抗战后迁丽水
之江潮声（半年刊）	综合	1918 年 5 月	之江大学学生		杭州
秋声杂志（月刊）		1918 年 11 月	杭州秋声编译社		杭州
浙江农言（月刊）	农业	1919 年 4 月 21 日	省立甲种农业学校		杭州
浙江青年团月刊	青年	1919 年 5 月	浙江青年团筹备会	经子渊、刘大白	杭州
杭州学生联合会会报（周刊）	青年	1919 年 6 月 25 日	杭州学生联合会	傅彬然、查猛济	杭州
浙江实业丛报（月刊）	经济	1919 年 9 月	浙江省实业厅	鄂慕寅	杭州保安桥南首
浙江新潮	综合	1919 年 11 月 1 日	浙江新潮社	施存统、沈乃熙（夏衍）等	杭州
浙江学生联合会周刊	综合	1919 年 11 月 21 日	浙江学生联合会	何赤华	杭州

刊物名称	类别	创刊时间或办刊时间	主办单位或负责人	主编	社址
独见（半月刊）	综合	1919 年 11 月 26 日 至 1920 年 1 月	凌荣宝		杭州
钱江评论（周刊）	综合	1920 年 1 月 1 日	杭州学生、教师		杭州
晨钟（双月刊）	综合	1920 年 1 月 16 日	杭州法政专门学校	程德明等	杭州
浙江第一中学学校学生自治会半月刊	综合	1920 年 1 月 17 日	浙江一中学生自治会	翁廷栋	杭州
进修团团刊	综合	1920 年 1 月 18 日	浙江女子师范学校进修团		杭州
浙人（旬刊）	综合	1920 年 3 月 15 日	浙江一师师生	查猛济、俞大同	杭州
浙潮第一声	综合	1920 年 6 月 1 日	省立一师学生自治会		杭州
浙江财政汇刊（月刊）	综合	1920 年 7 月	浙江省财政厅罗颂唐		杭州
浙江十中周刊	综合	1920 年 11 月 1 日	浙江十中自治会		杭州
药报	医卫	1920 年 11 月 1 日	杭州药报社	华鸿	杭州
浙江第一师范十日刊	综合	1920 年 11 月 10 日	浙江省立第一师范学校师生	姜琦等	杭州
越声	综合	1920 年 11 月 28 日	绍兴旅杭学生同乡会	朱佩弦（朱自清）	杭州
曲江工潮（半月刊）	综合	1920 年 12 月	浙江印刷公司工作互助会 倪忧天、徐梅坤	钱耕莘、魏金枝、陈 东	杭州
东瓯留杭学生同乡会（月刊）	综合	1920 年	温州留杭学生同乡会		杭州
中华实业丛报（月刊）	经济	1921 年 3 月	中华实业丛报社		杭州
省宪周报		1921 年 7 月	浙江省宪周报社		杭州

刊物名称	类别	创刊时间或办刊时间	主办单位或负责人	主编	社址
浙农	会刊	1921 年 7 月	浙江省立甲种农业学校校友会		杭州
蕙兰月刊（双月刊）	综合	1921 年	杭州蕙兰中学		杭州
医药话（月刊）	医卫	1921 年	浙江医药专门学校		杭州
浙人与世界（旬刊）	综合	1922 年 2 月	省教育会		杭州皮市巷 3 号
杭县教育杂志	教育	1922 年 4 月	杭县教育杂志社委员会		杭州（今余杭区）
棠社季刊	文艺	1922 年 4 月	余杭棠社		杭州（今余杭区）
浙江第一师范学生自治会会刊	综合	1922 年 9—12 月	浙江第一师范学生自治会	非我、黄庆祥等	杭州
学星（周刊）	综合	1922 年 9 月 25 日	张包子俊、方幼壮		杭州严衙弄 8 号
责任（周刊）	综合	1922 年 11 月 27 日	"任社" 沈定一、宣中华等	徐白民	杭州
弘道	综合	1923 年 1 月	杭州市弘道女子学校		杭州
兰友（旬刊）	文学	1923 年 1 月 1 日	兰社	戴梦鸥（戴望舒）	杭州大塔儿巷 10 号
会报（月刊）	会刊	1923 年 4 月	东阳工界同乡会		杭州孩儿巷大和弄 9 号
浙江第四师范月刊	综合	1923 年 4 月	第四师范校友会		杭州
协进（半月刊）	专业	1923 年春	青年协进会	唐公宪	杭州
浙江一中周刊	综合	1923 年 10 月 1 日	浙江第一中学		杭州
浙江道路杂志（月刊）	专业	1923 年 10 月	中华全国道路建设协会浙江分会		杭州

刊物名称	类别	创刊时间或办刊时间	主办单位或负责人	主编	社址
宗文	综合	1923 年 11 月	杭州宗文学校校友会		杭州
浙江中医专门学校校友会会刊	会刊	1923 年 12 月	浙江中医专门学校校友会		杭州
之江大学旬刊	综合	1924 年 2 月	之江大学		杭州
九九社社刊	教育	1924 年 5 月	九九社（光明等五小学）		杭州
浙江周刊（1925 年11 月改名《浙江》）	综合	1924 年 6 月 4 日	国民党浙江临时省党部		杭州
工声（半月刊）	综合	1924 年 5 月	浙江省公立工业专门学校学生自治会		杭州
湖光杂志（月刊）		1924 年 6 月	湖光杂志社		杭州
浙江教育会月刊	教育	1924 年 8 月	浙江省教育会		杭州
迦音（周刊）	宗教	1924 年	郁延祚		杭州金刚寺巷42 号
铎音（月刊）	综合	1925 年 1 月	杭州木业初级学校第一部同学会		杭州
潮声（月刊）	综合	1925 年 4 月	杭州潮声杂志社		杭州
公道（周刊）	综合	1925 年 8 月	杭州各公团联合会		杭州
萧山月刊	综合	1925 年 10 月	国民党萧山县党部		杭州（今萧山区）
之大月刊	综合	1925 年至 1926年 10 月	之江大学之大月刊社		杭州
三民周刊	综合	1925 年	中国国民党浙江各县市党部联席会		杭州
浦江（初为报纸，后改刊）	教育	1925 年	浦江旅杭学生		杭州
杭州画报（周刊）	美术	1926 年 1 月			杭州

刊物名称	类别	创刊时间或办刊时间	主办单位或负责人	主编	社址
浙江潮（月刊）	综合	1926 年 5 月	国民党浙江省执委会		杭州头发巷 15 号
蚕校月刊	校刊	1926 年 5 月	浙江省立蚕业学校		杭州
每周评论	综合	1926 年 6 月	国民党浙江省党部		杭州小车桥
星期（周刊）		1926 年 7 月 11 日	周心帆、孙孙山		杭州华藏寺巷 14 号
浙江实业季刊	经济	1926 年 7 月	浙江省实业厅		杭州
两浙盐务月刊	经济	1927 年 4 月	两浙盐运使公署 童筝德		杭州
省委通讯	党刊	1927 年 9 月	中共浙江省委		
浙江妇女（半月刊）	妇女	1927 年 4 月	国民党浙江省党部妇女部		杭州
青白（周刊）	综合	1927 年 5 月	国民党浙江省党部		杭州
政治周刊	综合	1927 年 5 月	浙江省防军指挥部政治部		杭州
血汗（月刊）	综合	1927 年 6 月	国民党浙江省党部工人部		杭州
浙江建设月刊	经济	1927 年 6 月至 1937 年 5 月	浙江省建设厅　曾养甫		杭州
浙江中医协会月刊	医卫	1927 年 7 月至 1928 年	浙江中医协会	汤士彦、沈仲圭	杭州
钱塘怒潮	党刊	1927 年 10 月 10 日	中共浙江省委		杭州
国立第三中山大学教育周刊	教育	1927 年 10 月	国立第三中山大学		杭州
三中大工学院学生会会刊	综合	1927 年 11 月	国立第三中山大学工学院学生会		杭州
青年之光（月刊）	综合	1927 年 11 月	国民党浙江省党部临时执委会青年部		杭州

刊物名称	类别	创刊时间或办刊时间	主办单位或负责人	主编	社址
浙江民政月刊	专业	1927 年 11 月	浙江省民政厅		杭州
工人前锋	综合	1927 年 12 月	杭州市总工会改组委员会宣传部		杭州
国立第三中山大学劳农学院周刊		1927 年 12 月	国立第三中山大学劳农学院		杭州
浙江图书馆报（年报）	馆报	1927 年 12 月至 1931 年 12 月	浙江图书馆		杭州
卫生周报	医卫	1927 年	杭州医药师协会	盛佩葱	杭州
杭州学生周刊	综合	1927 年	杭州学生联合会		杭州
省立医专校刊	校刊	1927 年	省立医药专科学校		杭州
妇女旬刊	妇女	1927 年	杭州妇女学社		杭州直骨牌弄19 号
促进报（月刊）	综合	1912 年 5 月至 7 月	宁波社会公益促进会		宁波
堇江潮（周刊）	综合	1913 年	刘花瑶		宁波
四明医铎	医卫	1913 年 1 月	宁波医学研究会	郭永年	宁波
商学协会杂志	商业	1913 年 7 月	宁波商学协会	秦　开	宁波
中医新刊（月刊）	医卫	1918 年 4 月至 1919 年 5 月	宁波中医协会		宁波
医学卫生报	医卫	1918—1920 年	宁波中华卫生公会	徐友丞	宁波（共出25 期）
余姚医药卫生报	医卫	1918—1921 年	余姚中化卫生公会		余姚
学生自助会周刊	青年	1919 年 5 月	宁波效实中学学生自助会		宁波（共出20 期）
救国	综合	1919 年 6 月	宁波救国十人团	乌一蝶	宁波
良心	综合	1919 年 6 月	宁波救国十人团		宁波

刊物名称	类别	创刊时间或办刊时间	主办单位或负责人	主编	社址
火花	综合	1919 年	宁波救国十人团	戴统痴	宁波
天鸣	综合	1919 年	宁波救国十人团	戴统痴	宁波
宁波工厂周刊	经济	1919 年 11 月至 1920 年 1 月	林端甫		宁波
回浦潮	校刊	1920 年 4 月 3 日	私立回浦学校		宁海
一六刊（五日刊）	综合	1920 年 8 月	裘村民学会	庄嵩甫	奉化
春风周报	综合	1923 年 4 月	春风学社 王吟雪、王任叔		宁波
詹詹报（周刊）	综合	1923 年 5 月 27 日	金臻庠、乌一蝶		宁波
月湖之光	校刊	1923 年 5 月	浙江省第四师范学校		宁波
新奉化（年刊）	综合	1923 年 7 月	剡社	胡颖之	奉化
秋灯月刊	文艺	1923 年夏			象山石浦
姚江周报	综合	1923 年冬	余姚邵家花园张一渠		余姚
石浦商报（月刊）	经济	1923 年冬			象山石浦
新宁波	综合	1923 年 12 月至 1924 年 6 月	新宁波杂志社　屠哲隐		宁波
正言报（五日刊）	综合	1923 年			象山石浦
四中之半月	校刊	1923 年	省立第四中学　经亨颐		宁波
宁波公报	公报	1924 年 1 月	司徒克秋		宁波江北岸
农林报	经济	1924 年 4 月	宁波农林报馆		宁波
宁波评论	综合	1924 年 5 月 15 日	中国社会主义青年团宁波支部　周天僇、谢传茂		宁波（共出 10 期）
余姚评论	综合	1924 年 5 月至 1925 年	郭静唐 杨贤江协办		余姚

续表

刊物名称	类别	创刊时间或办刊时间	主办单位或负责人	主编	社址
我们	综合	1924 年 7 月 30 日	文学研究会宁波分会	朱自清	宁波
农林品种报	经济	1924 年秋	奉化尚田勤生农局总办事处		奉化
日月旬刊	综合	1924 年 8 月	省立第四中学日月文学社　王玄冰		宁波
新蚶	综合	1924 年 9 月	象山旅甬学生组织新蚶社　宋　轼		宁波
锦溪（旬刊）	校刊	1924 年 9 月	奉化县立初级中学		奉化
文学（周刊）	文艺	1924 年 10 月	雪花文学社	王任叔	
青年（周刊）	青年	1924 年 10 月		周天僇	宁波
月霞（月刊）	综合	1924 年	张　超		宁波
余姚青年（半月）	青年	1924 年	余姚青年协社楼适夷、郭静唐		余姚
宁波旬刊	综合	1925 年 1 月			宁波江北岸洋船弄 116 号
中华农报（周刊）	农业	1925 年 2 月	奉化浙东垦务处		奉化尚田八乡岩
中华农报（周刊）	农业	1925 年 2 月	逸　农		宁波江北岸傅家道头 57 号
火曜（周刊）	综合	1925 年 3 月 24 日	共青团宁波地委	潘念之	宁波
劳星（月刊）	综合	1925 年 5 月	钧和印刷公司工人联合会		宁波
爱国（半月刊）	综合	1925 年 5 月	宁波道侧六邑工会李琯卿		宁波

刊物名称	类别	创刊时间或办刊时间	主办单位或负责人	主编	社址
爱国青年（半月刊）	青年	1925 年 5 月至 1926 年 1 月	宁波爱国青年社	李珀卿	宁波
宁波学生（周刊）（半月刊）	综合	1925 年 7 月 16 日	宁波学生联合会	周曹裔	宁波
嗷声周报	综合	1925 年 7 月	省立第四中学 汪子望		宁波
宁波学生联合会周刊	综合	1925 年 7 月 16 日	宁波学生联合会		宁波
农国周报	农业	1925 年 8 月	宁波农国周报馆		宁波
大风（周刊）（半月刊）	综合	1925 年 8 月	启明女子中学 张孟闻		宁波
甬江枪声	综合	1925 年 8 月 26 日	省立第四中学学生部		宁波
桃源（月刊）	文艺	1925 年 9 月	奉化县萧镇桃源社		奉化
慈溪周报	综合	1925 年 10 月至 1926 年 3 月	郑留隐		慈溪
浃滨旬刊	综合	1925 年冬	李啸琴		江南小港
姚江声	综合	1925 年 12 月至 1926 年秋	许天定、黄德望、茅可人		余姚
鄞西旬刊	综合	1926 年 1 月 1 日			宁波西门外文昌阁
宁波妇女报（月刊）	综合	1926 年 1 月	宁波各界妇女联合会		宁波（共出6期）
春草	综合	1926 年 1 月 1 日	省立第四中学 李世诚		宁波
农趣（旬刊）	农业	1926 年 2—8 月	鄞县东吴山逸农场		鄞县
鸣报	综合	1926 年 2 月	鸣社	范船僧	宁波

续表

刊物名称	类别	创刊时间或办刊时间	主办单位或负责人	主编	社址
甬江潮（周刊）	综合	1926 年 7 月 15 日	国民党宁波市党部	蒋本菁	宁波
好同学（月刊）	综合	1926 年 9 月	余姚好同学会		余姚
苍蝇（月刊）	综合	1926 年 10 月至 1927 年 7 月	宁波乙丑编译社	乌一蝶	宁波
野火（周刊）	综合	1926 年 10 月	宁波书店		宁波
教育月刊	教育	1926 年	奉化教育会 王任叔		奉化
宁波工人（周刊）	综合	1927 年 4 月	宁波总工会		宁波
革命画报	综合	1927 年 4 月 13 日	宁波学生联合会		宁波
余姚国民	综合	1927 年 4 月	黄望德		余姚
宁波革命周报	综合	1927 年 7 月	国民党宁波市党部改组委员会		宁波
林损杂志	综合	1913 年 9 月	林 损		瑞安县城内（仅出 1 期）
瓯海潮（周刊）	综合	1916 年 12 月 24 日	梅冷生等		温州洗马桥
救国讲演周刊	综合	1919 年 6 月	郑振铎、陈仲陶、王希逸		温州（共出 6 期）
新学报（半年刊）	综合	1920 年 1 月	永嘉新学会	郑振铎	温州
励进（月刊）	综合	1920 年 10 月 29 日	浙江十中高中部		温州
浙江十中周刊	校刊	1920 年 11 月 1 日	朱隐青、伍敏行		温州浙江十中（共出 3 期）
先驱（半月刊）	综合	1922 年 5 月 15 日			温州
友谊会会刊（半月刊）	会刊	1923 年 1 月	永嘉工商伙友会 李哀鸿		永嘉
乐清导报（半月刊）	综合	1923 年 3 月至 1931 年	赵祥麟、赵竞南		乐清县城内

刊物名称	类别	创刊时间或办刊时间	主办单位或负责人	主编	社址
东瓯杂志（双月刊）	综合	1923 年 5 月 30 日	周　雪（周志侨）		温州大同巷 29 号
佛学周刊	宗教	1923 年 6 月	瓯海公报社 王云龙		温州
俭德（旬刊）		1923 年 12 月	温州俭德会 赵柏卿		温州
完人（月刊）	校刊	1924 年元旦	浙江十中小学部 王亦文		温州浙江十中小学部
瓯声（周刊）		1924 年 5 月	梅冷生、白文俊		温州
医学报（周刊）	医卫	1924 年 10 月	温州卫民医院		温州
毅力（周刊）		1924 年 10 月	金志超		温州
暮鼓晨钟	综合	1924 年 12 月	中共温州独立支部 胡识因		永嘉县新民小学
晨曦（周刊）	综合	1924 年 12 月	孙道济		温州
会文学社刊（月刊）	会刊	1925 年 1 月 15 日	会文学社		永嘉任桥任民书院
晨钟（半月刊）	文艺	1925 年 10 月 1 日	乙丑小说社		温州城隍殿巷 47 号
浙江十中旬刊	综合	1925 年 10 月 11 日	浙江十中　金　嵘		温州
秋籁	综合	1925 年 12 月	十中学生自治会		温州
新永嘉周刊	综合	1926 年 3 月	郑恻尘等		中国国民党永嘉县党部
温州学生（月刊）	综合	1926 年 3 月	温州学生救国联合会 蔡　雄、苏中常		温州

刊物名称	类别	创刊时间或办刊时间	主办单位或负责人	主编	社址
照胆报	综合	1927 年 5 月 9 日	中共温州独支 蔡　雄		温州
女师校刊	校刊	1927 年	温州女师校友会		温州
自由月刊	综合	1912 年	自由党平湖县分部		平湖
海盐县公署公报	公报	1917 年 8 月	海盐县政府		海盐
槜李杂志	综合	1919 年 11 月	槜李出版社		嘉兴
新乡人（新桐乡）	综合	1919 年 7 月	桐乡籍学生	沈雁冰	桐乡乌镇
秦溪月报	综合	1920—1930 年	王缉夫、王隐如		海盐 通元镇
澉钟（半月刊）	综合	1920—1921 年	朱伯谦		海盐
澉水潮声（半月刊）	综合	1920—1921 年	毕云程		海盐
新塍半月刊	综合	1921 年 2 月 16 日	嘉兴新塍镇读书会	朱亮人	嘉兴 新塍镇
务本	综合	1921 年 11 月			平湖乍浦
流虹周刊	综合	1921 年 11 月	沈剑儒	共出 5 期	嘉兴二 师附小
霹雳（周刊）	综合	1922 年			海盐
秀州钟	校刊	1922 年 4 月 1 日 至 1948 年	秀州中学青年会、 爱国会、校友会办		嘉兴（共 出 18 期）
黎明月刊（1923 年 改周刊）	综合	1922 年 4 月	枫泾镇共读社		嘉善 与松江
龙湫新声	综合	1922 年 4 月			平湖乍浦
礼拜三（周刊）	综合	1922 年 5 月			平湖乍浦
微光报	综合	1922 年 10 月 20 日	共读社		嘉善 魏塘镇 北门街
碧漾	文艺	1922 年 12 月 3 日	秀州中学文学研究会		嘉兴
澉浦报（月刊）	综合	1922 年	吴侠虎		海盐
鸳湖杂志		1923 年 7 月 5 日	商余学社		嘉兴

刊物名称	类别	创刊时间或办刊时间	主办单位或负责人	主编	社址
平川半月刊		1923 年 8 月至 1949 年			嘉善
少年新塍（旬刊）（月刊）	综合	1923 年 10 月 10 日	少年新塍社		嘉兴新塍镇
嘉善医药月报	医卫	1924 年 1—7 月	叶西林、叶汉章、沈济人		嘉善
鸳湖钟（半月刊）	综合	1924 年 4 月 10 日	嘉兴平民社		嘉兴
新少年	综合	1924 年 7 月	沈雁冰、郑明德等		桐乡
红花	综合	1924 年夏	晦鸣读书会	沙可夫	海宁
平民周刊	综合	1924 年			平湖
晨钟	综合	1925 年 1 月 1 日	嘉兴学生联合会		嘉兴
吟啸月刊	综合	1925 年春	池耕襄、陈丹池等		崇德（今桐乡）
救国半月刊	综合	1925 年 6 月	救国同志会		嘉兴
新嘉潮	综合	1926 年 2 月	中国国民党嘉兴县党部		嘉兴
西溪周刊	综合	1926 年 12 月			桐乡
弹花	综合	1927 年 2 月	国民革命军 26 军政治部驻平机关办		平湖
猛进壁报	综合	1927 年 3 月	国民革命军 26 军一师政治部		平湖
革命的平湖	综合	1927 年 4 月	国民党平湖县党部		平湖
鹉湖新声	综合	1927 年 9 月 10 日			平湖
月华	综合	1927 年 11 月			平湖
当湖工声	综合	1927 年 11 月	国民党平湖县党部		平湖
黄花	综合	1927 年 12 月	国民党平湖县党部		平湖
吴兴东吴第三中学学生杂志	文艺	1918 年 6 月	吴兴东吴第三中学学生		吴兴
吴兴女学界	综合	1919 年 5 月 9 日	湖郡女校		吴兴

刊物名称	类别	创刊时间或办刊时间	主办单位或负责人	主编	社址
山钟	校刊	1919 年	湖州中学		吴兴
孝丰周报	综合	1921 年	方秉性、诸文蔚		孝丰（今属安吉）
双星	综合	1922 年	高事恒		吴兴
越社丛刊	综合	1912 年 2 月	南社绍兴分社	周树人	绍兴
绍兴教育杂志（月刊）	教育	1913 年 10 月至 1919 年 1 月	绍兴县教育会	周作人	绍兴
爻社（爻社丛刊）	文艺	1913 年 12 月至 1918 年	绍兴第五中学 施宗昱		绍兴
医学卫生报	医卫	1913 年 10 月	绍兴利济药局 何廉臣、曹炳章		绍兴（共出 10 期）
笑世界	综合	1914 年 8 月	笑报社　杨一放、平智峰		绍兴
绍兴第五师范校友会	会刊	1919 年 1 月至 1921 年 1 月	绍兴第五师范校友会	何赤华	绍兴
上虞教育杂志（旬刊）	教育	1919 年 7 月至 1921 年 3 月	上虞县教育会	徐丹臣	上虞丰惠镇
谊社月刊	文艺	1919 年 9 月	金月如		诸暨
浙江学生联合会周刊	会刊	1919 年 11 月	绍兴学生联合会 何赤华、董秋芳	何赤华、董秋芳	绍兴
沃野农报（季刊）	专业	1920 年 6 月至 1922 年 6 月	沃野试验场 张若霞		绍兴漓渚
绍兴教育周刊	教育	1920 年 10 月	绍兴县教育会 韩步先		绍兴
越潮（月刊）	综合	1921 年 8 月	绍兴第五师范	何赤华	绍兴
启明（周刊）	综合	1921 年 11 月	绍兴五中启明学社	曾寿昌	绍兴
微光（半月刊）	综合	1922 年 1 月 1 日	绍兴五师学生团体 微光社	许　杰、何竞业	绍兴

刊物名称	类别	创刊时间或办刊时间	主办单位或负责人	主编	社址
绍兴教育界（季刊）	综合	1922 年 1 月 10 日 至 1924 年 11 月	绍兴教育会学生部	章锐初	绍兴
绍兴教育公报（半月刊）	公报	1922 年 1 月至 1933 年 12 月	绍兴教育局　李士铭		绍兴
爱社（周刊）	综合	1922 年 4 月 19 日	绍兴爱社		绍兴
春晖（半月刊）	教育	1922 年 10 月	上虞春晖中学	夏丏尊、倪文宙、朱自清等	上虞白马湖
学生（半月刊）	综合	1923 年 5 月	绍兴女师、绍兴五中学生自治会		绍兴
工商月刊	经济	1923 年 6 月	绍兴工商友谊会	孙庆尘	绍兴
绍兴医药月报	医卫	1924 年 1 月至 1928 年	绍兴医药月报社	何廉正、杜同申、曹炳章	绍兴（共48期）
春晖的学生（月刊）	综合	1924 年 2 月至 12 月	春晖中学协治会	王执中、钟先吾	上虞
琴心	综合	1925 年 8 月	共青团绍兴独立支部	黄超裳	绍兴
上虞旬刊	教育	1925 年 9 月至 1926 年夏	上虞县教育局　胡憨珠		上虞惠丰镇
白马嘶（半月刊）	综合	1925 年 6—7 月	春晖中学白马嘶社		上虞
琴声	综合	1925 年 9 月	中共绍兴特支	唐公宪	绍兴
绍兴妇女协进会（半月刊）	妇女	1925 年 10 月	绍兴妇女协进会	王若真、张莼	绍兴
绍兴非基督教同盟	综合	1925 年 12 月	绍兴非基督教同盟、中共绍兴特支	张莼、苏媚如	绍兴
革新	综合	1926 年 2 月	绍兴学生革新社	钱坤煦	绍兴

续表

刊物名称	类别	创刊时间或办刊时间	主办单位或负责人	主编	社址
晨曦	综合	1926 年 3 月	绍兴晨曦学社	高定中	绍兴
组织（周刊）	综合	1926 年 4 月 9 日	绍兴下方桥机业罢工团工会		绍兴
教育月刊	教育	1926 年 8 月至1927 年 4 月	上虞县教育会	叶天底	上虞谢家桥
绍萧塘闸工程月刊	专业	1926 年 10 月	绍萧塘闸管理局董开章		绍兴
南针周报	综合	1927 年 5—6 月	国民党上虞县党部	徐懋庸	上虞
石榴报	综合	1927 年 5 月	石榴社	徐懋庸	上虞丰惠镇
浦江教育旬报	教育	1913 年 1 月			浦江
童灯	综合	1919 年 5 月	省立第七中学、省立第七师范学校	张新锦吴溶仓	金华
会刊	综合	1919 年 6 月	东阳学生联合会	吴兆莘	东阳
新兰溪（半月刊）	综合	1919 年冬至1923 年夏	新兰溪学社	郑瑞彭方希亮	金华
新浦江	综合	1920 年下半年	省立第七师范学校浦江籍学生		金华
白话文报	综合	1922 年秋	省立第七师范学校白话文研究会		金华
曙光	综合	1923 年	省立第七中学		金华
大锣报	综合	1926 年 12 月	国民党武义临时县党部（左派）	何觉人	武义
金华新闻	综合	1927 年 2 月	国民党金华临时县党部（左派）		金华
乌喊报	综合	1927 年春	国民党义乌临时县党部（左派）	方元永	永康
妇女解放（周刊）	综合	1927 年春	永康县妇女联合会		永康

刊物名称	类别	创刊时间或办刊时间	主办单位或负责人	主编	社址
四牌楼	综合	1927 年 11 月至 1928 年 4 月	共青团浦江支部	宋甘夫	浦江
农民运动特刊	综合	1926 年至 1927 年 4 月	国民党（左派）江山县党部农民部	毛鹏仙	江山
常山周报	综合	1927 年至 1931 年 7 月	国民党常山县党部宣传部		常山
开化周报	综合	1927 年	国民党开化县党部		开化
中华青年	青年	1912 年	项士元等		临海
游艺（月刊）	文艺	1914 年	游艺杂志社		临海
回浦潮（周刊）（半月刊）	校刊	1917 年 10 月	临海县回浦学会	项士元	临海
赤城旬刊（救国旬刊）		1919 年 6 月	台州救国协会	孙一影	临海
青年周刊	综合	1920 年 1 月	临海青年团		临海
觉非旬刊	综合	1920 年	回浦学校觉非旬刊社		临海
新横湖	综合	1921 年 6 月	温岭旅京同学会		温岭
妇女半月刊	妇女	1921 年	台属女子师范学生部		临海
敬一周刊	校刊	1922 年 5 月	敬一小学		临海
教育月刊	教育	1922 年 5 月	临海县教育促进会		临海
警告画	美术	1924 年 6 月	黄岩文华石印社	蒋之东	黄岩（共出6期）
共新（月刊）	综合	1924 年 9 月	黄岩清献中学共新学社		黄岩
绿丝		1926 年	六师教员　许钦文		临海（约2—3期）

2. 抗战时期（1937—1945）浙江省各地
出版的期刊一览表

刊物名称	类别	创刊时间	主办单位或主编	社址
战时生活	综合	1937 年 11 月 1 日	第三游击支队政训室 王闻识	杭州岳王路 21 号 当年 12 月迁至金 华四牌楼 87 号
大风（周刊）	综合	1938 年 2 月	第一游击支队	萧山（今属杭州）
最前线（半月刊）	综合	1938 年 8 月	杨维礼　韩启深	於潜（今属临安）
警报（周刊）	综合	1938 年 10 月	师　超　章成军	昌化（今属临安）
施教（周刊）	教育	1938 年 11 月	建德县流通施教团 陈孝感	建德
天目（周刊）	综合	1938 年 12 月	浙江省政工队天目周 刊社	於潜
抗战一周（周刊）	综合	1938 年 12 月	淳安县抗卫会	淳安
启民（周刊）	教育	1938 年	新登县民教馆	新登（今属富阳）
抗战（旬刊）	综合	1938 年	新登县政工队	新登（今属富阳）
前锋（半月刊）	综合	1938 年	国民党桐庐县党部	桐庐
施教（周刊）	综合	1939 年 1 月	黄人培　余绍敬	遂安（今属淳安）
浙东前哨（半月刊）	综合	1939 年 1 月	萧山抗卫会　魏懿章	萧山
点滴（旬刊）	综合	1939 年 1 月	许如连　许文达	昌化
切蹉（半月刊）	综合	1939 年 4 月	许　耀	昌化
文学月刊	文学	1939 年 4 月 1 日	何德明	建德严州中学
富阳（旬刊）	综合	1939 年 5 月	富阳县动员会	富阳
战时萧山（半月刊）	综合	1939 年 5 月	程子香　王焕倩	萧山
民族（旬刊）	综合	1939 年 6 月	曹天风　郑小杰	於潜
日出（半月刊）	综合	1939 年 6 月	浙西中学初中部	於潜
前方周报	综合	1939 年 7 月	浙西行署	於潜
富春江（半月刊）	综合	1939 年 7 月	富春江半月刊社	富阳

续表

刊物名称	类别	创刊时间	主办单位或主编	社址
萧山教育（月刊）	教育	1939 年 7 月	程子香　王赞源	萧山
青溪（半月刊）	综合	1939 年 7 月	邵维梁	淳安
儿童园地（周刊）	通俗	1939 年 7 月	陈鸿文　潘晓耕	昌化
大众（周刊）	通俗	1939 年 7 月	王　非	昌化
前方周报	综合	1939 年 7 月	浙西行署	於潜
民众（月刊）	通俗	1939 年 8 月	於潜动员委员会	於潜
抗战画报（半月刊）	美术	1939 年 8 月	许企由	建德
浙江教育行政周刊	教育	1940 年 9 月	浙江省教育厅第四科	杭州平海路
春江潮（月刊）	文学	1939 年 10 月	富阳县教文会 罗　云、张松年	富阳
力画（月刊）	美术	1939 年 12 月	浙美工协会浙西分会 顾兆周	於潜
浙保政治（半月刊）	综合	1939 年	浙江省保安处政治部	临安
前卫	综合	1939 年	萧山战时工作队	萧山
建德妇女（月刊）	妇女	1940 年 1 月	胡亦庄	建德
浙保周刊	综合	1940 年 1 月	浙江省保安司令部政治部	於潜
民族周报	综合	1940 年 4 月	浙西民族文化馆 陈元善	於潜
伙伴文艺月刊	文艺	1940 年		於潜
敌伪研究（半月刊）		1941 年 1 月	浙西民族文化馆研究室	於潜天目山
淳安政情（周刊）	公报	1943 年 3 月	淳安县政府秘书室	淳安
三三月刊		1943 年 11 月	杭州中学三三级学术股	杭州
新潮（半月刊）	综合	1943 年 12 月	新潮出版社	1945 年迁杭州
桥西青年（月刊）		1944 年 1 月 1 日	淳安县桥西中心小学 余熙朝、夏步英	淳安县桥西镇
青年周报	综合	1944 年 1 月		於潜
华报（周刊）	综合	1944 年 2 月	郦时言、余葆成、 胡云翼	於潜

刊物名称	类别	创刊时间	主办单位或主编	社址
新少年报（周刊）	通俗	1944 年 5 月	乐培文、邵展成、金　诚	於潜
文献季刊	文艺	1944 年 6 月	富阳县文献委员会	富阳
民众月刊	通俗	1945 年	省立严州民众教育馆研究辅导部	建德
血魂（周刊）	综合	1937 年 11 月 12 日	宁波血魂社　马天闲	宁波
团结周报	综合	1937 年 12 月	宁波团结周报社	宁波
野战（半月刊）	综合	1937 年 12 月	抗日团体飞鹰团朱鉴、庄禹梅	鄞县
抗战青年（旬刊）	综合	1938 年 1 月	宁波抗战青年社	宁波
抗日（旬刊）	综合	1938 年 1 月	镇海县抗日自卫委员会　冯白鲁	镇海
战时教育（周刊）	教育	1938 年 2 月	鄞县抗卫会四学区办事处	鄞县
民众旬刊	综合	1938 年 2 月	余姚县动员委员会杜天縻、宋梦侯	余姚
叱咤（旬刊）	综合	1938 年 3 月	中国国民党陆军第十集团军一九四师政治部	鄞县
宁中学生（月刊）	校刊	1938 年 3 月	省立宁波中学	鄞县
正义（半月刊）	综合	1938 年 4 月	正义旬刊社　洪道庸	鄞县
迅雷（周刊）	综合	1938 年 4 月	鄞县抗日自卫委员会姜文涛	鄞县
妇女战画（半月刊）	通俗	1938 年 4 月	鄞县妇女会　汤雪帆	鄞县
政工生活（旬刊）	综合	1938 年 4 月	余姚政工队　郭静唐、许振武	余姚
抗战画报（旬刊）	综合	1938 年 4 月	鄞县抗日自卫委员会陈天涯	鄞县
战斗（周刊）	综合	1938 年 4 月	余姚县抗日自卫委员会　周康成	余姚
战时大众（3 月刊）（5 月刊）	综合	1938 年 5 月	胡　华、詹步行等	奉化

续表

刊物名称	类别	创刊时间	主办单位或主编	社址
号声（半月刊）	综合	1938 年 5 月	奉化县抗日自卫委员会　袁伯华	奉化
救亡呼声（周刊）	通俗	1938 年 5 月	省立宁波民众教育馆	鄞县
群力周刊	综合	1938 年 5 月	镇海县政工队	镇海
抗日壁报（月刊）	综合	1938 年 5 月	象山县政府	象山
战友（半月刊）	综合	1938 年 6 月	三青团战友半月刊社	奉化
生路（月刊）	综合	1938 年 7 月	潘以治	宁海
实践（旬刊）	综合	1938 年 7 月 21 日	实践旬刊社　翁北溟	鄞县
奉化县政半月刊	公报	1938 年 8 月	奉化县政府	奉化
前进（周刊）	综合	1938 年 8 月	慈溪县抗日自卫委员会　马毓龙	慈溪
抗日旬刊	综合	1938 年 9 月	象山县抗日自卫委员会　赖文滋	象山
宁波青年（半月刊）	青年	1938 年 9 月	中华民族解放先锋队鄞县临时分队　陆企人	鄞县
宁波学生（周刊）	综合	1938 年 11 月	学生周刊社　史俊、孔林嘉	鄞县
华报（月刊）	综合	1938 年 11 月	鄞县城防指挥部宣传队	鄞县
战时镇海（半月刊）	综合	1938 年 12 月	镇海县战时文化教育事业推进委员会　李侠民	镇海
抗建（月刊）	综合	1938 年	奉化县政工指导室	奉化
乡卫（半月刊）	综合	1938 年	镇海县动员委员会　陈鱼庭	镇海
战时民众（半月刊）	通俗	1938 年	中山民教馆	鄞县
学锋（月刊）	校刊	1938 年	奉化武岭学校	奉化
现实（半月刊）	校刊	1938 年	奉化中学	奉化
大众（旬刊）	通俗	1938 年	奉化县抗日自卫委员会　司徒超	奉化

续表

刊物名称	类别	创刊时间	主办单位或主编	社址
战时儿童（周刊）	儿童	1938 年	鄞县文化事业推进委员会	鄞县
复兴（旬刊）	综合	1939 年 1 月	复兴出版社　倪维雍	宁波呼童街 61 号
龙山呼声（不定期）	综合	1939 年 1 月	虞天石、虞金迅	镇海
宁工学生（半月刊）（月刊）	校刊	1939 年 9 月	省立宁波高级工业学校	鄞县
民教岗位（旬刊）	通俗	1939 年 12 月	省立石浦民众教育馆　王宁适	宁波
大家看（半月刊）	通俗	1940 年 1 月	中山民教馆　宋思溥	鄞县
镇海儿童（旬刊）	儿童	1940 年 1 月	镇海动员会　李侠民、毛元仁	镇海
学习（不定期）	教育	1940 年 3 月 29 日	学习社　孔林沛、张联甫	宁波菱池街 2 号
象山青年（半月刊）	青年	1940 年 10 月	象山青年服务队	象山
励志通讯（月刊）	综合	1940 年	余光裕	鄞县
余姚青年（旬刊）	青年	1940 年	周光宇	余姚
小战士（月刊）	儿童	1940 年	邬显胼	奉化
教育阵地（半月刊）	教育	1940 年	张丙光	慈溪
县政（月刊）	公报	1940 年	镇海县政工室　葛正栋	镇海
灵桥镇公报（月刊）	公报	1940 年	鄞县灵桥镇公所　吴涵秋	鄞县
波漪（月刊）	文艺	1941 年 2 月	波漪文学学习社　孔林嘉	鄞县
生活	党刊	1941 年 9 月 22 日	中共鄞县东区委　吴　田、葛维风	鄞县
青年（半月刊）	青年	1941 年	周思义	鄞县
正气半月刊	综合	1942 年 4 月	鄞南区署正气刊社　陈士英、病　虎	鄞县
微光	综合	1942 年 11 月	鄞县潘火桥读书会　韩　毅、蔡彤君	鄞县

刊物名称	类别	创刊时间	主办单位或主编	社址
鄞东半月	综合	1942 年		鄞县次年迁宁海冠庄
枕戈	综合	1942 年	吴伟农	宁海（出 40 期）
前卫（月刊）	综合	1942 年	陈瘦梅	鄞县
师友（月刊）		1942 年	包学濂	鄞县
四明青年（月刊）	青年	1943 年 7 月	三青团鄞县分团部	宁海冠庄
前卫月刊	综合	1943 年 9 月	鄞县东南乡（邹溪）严纪民	鄞县东南乡
铁流半月刊	综合	1944 年 2 月	宁海县中学学生会	宁海
明报（周刊）	综合	1944 年 5 月	钱剑心	宁海城内象巷 1 号
学苑（旬刊）	文化	1944 年 12 月	学苑社、倪凡夫、石村等	宁海
胜流半月刊	综合	1945 年 1 月	胜流半月刊社 钱　英、陈增光	宁海
民权旬刊	综合	1945 年 2 月	王万成	镇海
集报（周刊）	综合	1945 年 3 月	宁海黄坛集报社 章景谦	宁海
芒种（季刊）	综合	1945 年 11 月	奉化中学　胡育其（麦野青）	奉化
正义（半月刊）	综合	1945 年 12 月		宁波
时事简讯	综合	1942 年 8 月	中共浙东区委宣传部	四明山杜徐呑（浙东根据地）
战斗报	综合	1943 年 8 月 23 日	三山游击司令部政治部	余姚梁弄横坎头村
抗日报	综合	1943 年 10 月	中共金义浦地区组织 马　丁、林　岚	
战斗半月刊	综合	1944 年 10 月	浙东游击纵队政治部	浙东根据地
解放周报	综合	1945 年 1 月 16 日	日本人民解放同盟浙东支部	浙东根据地
学习与工作（不定期）	综合	1945 年 3 月	中共四明地委	浙东根据地

刊物名称	类别	创刊时间	主办单位或主编	社址
团结（不定期）	综合	1945 年 4 月	中共浙东区委员会	浙东根据地（四明山区）
东南文化（月刊）	文化	1945 年 4 月	东南文化编辑委员会 黄 源、楼适夷	浙东根据地
做学写（周刊）	综合	1945 年 9 月	中共浙东区委宣传部、新华社浙东分社	浙东根据地
新路（半年）	校刊	1937 年 1 月 20 日	温中学生自治会学术股 郑伯永、邱清露	温州中学内
联合（半月刊）	综合	1937 年 1 月	永嘉等六县战时青年服务团 郑嘉治	温州
新医药杂志（月刊）	综合	1937 年 2 月	金慎之、潘澄濂	温州百里坊
新声（半月刊）	综合	1937 年 3 月	瑞安中学	瑞安城内
动态（半月刊）	综合	1937 年 8 月	永嘉县战时青年服务团 动态周刊社	瑞安
瑞中校刊（不定期）	校刊	1937 年 8 月	瑞安中学学生自治会 王超六	瑞安
救国导报（半月刊）	综合	1937 年 9 月	永嘉抗敌后援会 赵瑞蕻	永嘉
抗敌漫画（半月刊）	综合	1937 年 11 月 16 日	永嘉抗敌后援会 张明曹、朱君爽等	温州五马街
十日话（旬刊）	综合	1937 年	瑞安青年救国团	瑞安
生线（半月刊）	综合	1938 年元旦	中共温州地下组织 谷崇熙、夏野士	温州高公桥 6 号
救亡画刊	通俗	1938 年春	陈振龙等	温州
老百姓（旬刊）（半月刊）	通俗	1938 年 3 月 15 日	永嘉抗日自卫委员会 王晓梅等	永嘉
文抗（半月刊）	文艺	1938 年 3 月	瑞安文抗协会	瑞安会文里 4 号
笔阵（月刊）	综合	1938 年 3 月	国民党乐清县党部 项朝壬、邱康先	乐清
橄榄（不定期）	综合	1938 年 3 月	中共闽浙边临时省委第二期救亡干训班	平阳山门

刊物名称	类别	创刊时间	主办单位或主编	社址
抗敌旬刊	综合	1938 年 5 月	抗敌旬刊社	温州
活力（周刊）	综合	1938 年 5 月		平阳县昆阳镇
先锋（半月刊）	综合	1938 年 5 月	永嘉县抗敌自卫会　夏野士等	温州
女战士（季刊）	妇女	1938 年 5 月	温州各县妇女联合会　陈禹铭	温州
温中学生（半年）	青年	1938 年 5 月	温州中学自治会	温州中学内
温州学馆（半月刊）	馆刊	1938 年 5 月	孙延钊	温州石坦巷
游击	综合	1938 年 5 月	游击文化社　项浪平　陈　燊等	温州
抗战漫画（月刊）	综合	1938 年 6 月	省抗敌后援会宣传第二大队	温州
学生先锋（半月刊）	综合	1938 年 9 月 18 日	温州学生抗日联合会　学生先锋社	温州
永嘉地政	业务	1938 年 9 月	永嘉县政府　张　鑫	永嘉
乡建消息（半月刊）	专业	1938 年	瑞安乡建研究会	瑞安
前进（月刊）	综合	1938 年 10 月	温州学生联合会	温州
画兵（月刊）	综合	1938 年 10 月	永嘉美术界抗敌协会　张明曹	永嘉
动员（月刊）	综合	1938 年 10 月	永嘉县动员委员会教育文化事业委员会　董梦痕	永嘉
砥柱（月刊）	综合	1938 年 11 月	乐清县城区战青团　张文波	乐清
时代儿童（旬刊）	通俗	1938 年 11 月 3 日	永嘉县动员委员会　张晓梅、张明曹	温州府学巷
教与战（半月刊）	校刊	1938 年	省立温州师范　陈纪业	温州
大家看（周刊）	通俗	1938 年	项宗甄	瑞安
火线（月刊）	综合	1938 年	乐清记者会　叶　孚	乐清
瓯中画刊	校刊	1939 年 1 月	瓯海中学	温州

刊物名称	类别	创刊时间	主办单位或主编	社址
战时商人（半月刊）	经济	1939 年 4 月（共出 15 期）	永嘉商会战时商人社 马 骅	永嘉
政治进攻（半月刊）	综合	1939 年 5 月	瑞安县政工队 蔡尔汶	瑞安
永嘉青年（月刊）	综合	1939 年 11 月	三青团永嘉分团部	永嘉
战时民众（月刊）	通俗	1939 年 12 月 1 日	永嘉县民众教育馆 邱鸣和	永嘉
学生行进	青年	1939 年 12 月（共出 5 期）	温中、联中、瓯中三校学联办事处 谷超英、胡焕光	永嘉
海防前哨（半月刊）	综合	1939 年 12 月	温州行政公署战时工作指导室 尹 庚、程一戎	永嘉
老百姓	通俗	1939 年	永嘉县动员委员会文化事业委员会	永嘉
抗卫军（周刊）	综合	1939 年	永嘉抗日自卫委员会第三支队	永嘉
战士（周刊）	综合	1939 年	永嘉抗日自卫委员会第四支队	永嘉
温中校刊（双刊）	校刊	1940 年 1 月	钱耕莘	青田水南温中
商声（月刊）	经济	1940 年 2 月	永嘉商会 林文笃	永嘉
突击手	综合	1940 年 3 月	温属六县联立初级中学学生会	
永嘉政情（月刊）	公报	1940 年 4 月	永嘉县政府	永嘉
画阵（月刊）	木刻	1940 年 6 月 15 日	永嘉县动员委员会 陈振龙、黄振琪	永嘉
歌与剧（旬刊）	文艺	1940 年 6 月 27 日（共出 19 期）	邹伯宗	《温州日报》社内
浙瓯儿童（周刊）	通俗	1940 年 9 月 1 日（共出 31 期）	王 敏、徐世康	《浙瓯日报》社内
永嘉妇女（月刊）	妇女	1940 年 10 月	永嘉妇女会	永嘉

刊物名称	类别	创刊时间	主办单位或主编	社址
青年阵地（旬刊）	青年	1940 年 12 月	三青团永嘉青年服务队	永嘉
木刻通讯（半月刊）	木刻	1941 年 1 月	永嘉战时木刻通讯社 陈沙兵等	永嘉（共出 6 期）
儿童音乐（不定期）	儿童	1941 年 3 月（共出 5 期）	永嘉新音乐研究社 李 凌、邹伯宗	永嘉
温中学生（半年）	校刊	1941 年 5 月	严刘祐	青田　水南
野火（月刊）	文艺	1941 年 9 月	萧善元、陈式干	平阳
明天（月刊）	青年	1942 年 1 月 1 日	温中学生自治会 卢伯炎	温州县学前路
乐清青年（不定期）	青年	1942 年 9 月	中共乐清县委 郑梅欣	乐清
工农先锋（不定期）	通俗	1943 年 7 月	中共乐清县委 邱清华、林鹤翔	乐清
绿洲半月刊		1944 年 8 月 15 日	黄剑寿	温州大南门西城下 31 号
新文摘（不定期）	综合	1944 年 10 月（共出 3 期）	中共乐清县委 林鹤翔	乐清
正风（半月刊）	通俗	1944 年	平阳县民教馆 林光熙	平阳
黎光（月刊）	校刊	1945 年 4 月	英士大学黎光月刊社 王笑白	泰顺
永嘉县政公报（半月刊）	公报	1945 年 9 月	永嘉县政府	永嘉
科学儿童（月刊）	通俗	1945 年 10 月	温州三希小学 陈志远	温州
温师民教（月刊）	通俗	1945 年冬	温师附属民教馆	温州
抗敌画报（半月刊）	综合	1937 年 8 月	海盐抗敌后援会 陶明培	海盐
湖声（周刊）	综合	1938 年 8 月	平湖县政工队	平湖
歼敌（旬刊）	综合	1939 年 2 月	省抗日自卫总团六支队战地政工队	海盐

刊物名称	类别	创刊时间	主办单位或主编	社址
桐乡抗卫（半月刊）	综合	1939 年 3 月	桐乡县动员会	桐乡
国魂	综合	1939 年 4 月	桐乡县国魂社	桐乡
海潮	综合	1939 年 5 月	海宁县政工队	海宁
教战	教育	1939 年 6 月	嘉善县政工队	嘉善
青联	综合	1939 年 6 月	青联半月刊社	海盐
政工动态	综合	1939 年 7 月		平湖
凯歌半月刊	综合	1939 年 7 月		桐乡
克城旬刊	综合	1939 年 8 月 10 日	平湖县抗卫会克城分会	平湖
战线	综合	1939 年	海盐县政府	海盐
嘉善政工	综合	1939 年	嘉善县政工队	嘉善
民舌	综合	1939 年	嘉善县政工队	嘉善
锄奸	综合	1939 年	嘉善县政工队	嘉善
民族魂（半月刊）	综合	1939 年		嘉善
蓬勃（半月刊）	综合	1940 年 3 月	海宁县政工队	海宁
持久（半月刊）	综合	1940 年 6 月	中共海北工委	平湖
坚定	综合	1940 年 9 月		平湖新埭
塘南半月刊	综合	1940 年 11 月 1 日	桐乡县塘南文化社 吴友唐	桐乡塘南
血印周刊	综合	1940 年		嘉兴
海风	综合	1941 年		嘉兴凤桥
海北青年	综合	1945 年 5 月	朱聚生等	海盐
救亡（周刊）	综合	1937 年 7 月	湖报副刊　丁簇荪、朱谓深	长兴
战地快讯	综合	1937 年 9 月	范雨村、魏芝卿	德清新市
抗战消息	综合	1937 年 10 月	吴兴双林涵漾社宣传组	吴兴弁南
抗战消息	综合	1937 年 11 月	流动抗日工作团 贵诵芬	吴兴双林
战报	综合	1937 年冬	上海回乡知识青年 杨　建等	吴兴双林
国魂	综合	1937 年冬	国魂社　施星火	吴兴菱湖

刊物名称	类别	创刊时间	主办单位或主编	社址
战生报	综合	1938 年 1 月	长超部队　杨　建等	吴兴
雪耻	综合	1938 年 1 月	国魂社	吴兴菱湖
自强	综合	1938 年 1 月	国魂社	吴兴菱湖
新青年	综合	1938 年 1 月	国魂社	吴兴菱湖
战地大众	综合	1938 年 3 月	吴兴县政工队 温永之	吴兴梅峰
敌前	综合	1938 年 3 月	吴兴县政工队 温永之	吴兴梅峰
呼号	综合	1938 年 3 月	吴兴县轧村青年	吴兴轧村
抗敌五日刊	综合	1938 年 5 月	吴兴县政工队 温永之	吴兴
铁血周刊（报）	综合	1938 年 6 月	"朱希部队"政治部 姚　逊	吴兴
煤山呼声（周刊）	综合	1938 年 6 月	长兴县政工队	长兴长桥圩
战声	综合	1938 年 10 月	朱　希、汪松鹤部队 徐洁身	吴兴
火花	综合	1938 年 10 月	朱　希、汪松鹤部队 徐洁身	吴兴
铁血（半月刊）	综合	1938 年 10 月	朱　希、汪松鹤部队 徐洁身	吴兴
民舌	综合	1938 年 10 月	朱　希、汪松鹤部队	吴兴
突击	综合	1938 年冬	省政工大队二队 （中共安吉县委）	安吉
政工导报（周刊）	综合	1938 年		安吉
动员旬刊（旬刊）	综合	1938 年		安吉
怒火（半月刊）	综合	1938 年		德清新市
烽火（周刊）	综合	1938 年		德清新市
动员（旬刊）	通俗	1939 年 1 月	省十四流动施教团 郑焕庭	长兴
进攻（周刊）	综合	1939 年 4 月	省政工大队三队 何行之	安吉

刊物名称	类别	创刊时间	主办单位或主编	社址
青读（旬刊）	综合	1939 年 5 月 1 日	浙江省政工大队二队 蔡敬贤	吴兴
大众	通俗	1939 年 5 月	长兴县流动施教团 施　忠	长兴
战教（旬刊）	通俗	1939 年 5 月	流动施教团	吴兴
学习、工作、生活	综合	1939 年秋	吴兴县政工队反扫荡 同志社　王　维	吴兴
烘炉（半月刊）	综合	1939 年 11 月	汪寿彭、张石痴	长兴
动力（旬刊）	综合	1939 年 12 月	长兴县动员会 姚天雁	长兴
敌后（半月刊）	综合	1939 年 12 月	吴兴县政工室 葛绍亮	吴兴
战地合工报	经济	1939 年冬	浙西游击区直属分队 史之华（中共党员）	长兴
反扫荡	综合	1939 年	吴兴县政工队	吴兴
抗战（周刊）	通俗	1939 年	浙江第四流动施教团	长兴
流光（周刊）	通俗	1939 年	省第三流动施教团	长兴
中华儿女	综合	1939 年	省政工大队一队	长兴
青年歌声	文艺	1939 年	省政工大队一队	长兴
小溪口（半月刊）	综合	1939 年	中共安吉县小溪口支 部青年服务员	安吉
青年（半月刊）	综合	1940 年 2 月	国民党长兴县党部 郑子英	长兴
青年们	综合	1940 年 4 月	省政工大队二队 徐步尧	德清洛舍
妇女们	综合	1940 年 4 月	省政工大队二队 王月秋	德清
吴兴动员（月刊）	综合	1940 年	方元民　范文汉	吴兴
湖光（月刊）	综合	1940 年	吴兴县政工队	吴兴
洛钟（半月刊）	文艺	1942 年 12 月	德清洛钟社	德清
晓风（月刊）	文艺	1942 年	晓风编委会	孝丰（今属安吉）

刊物名称	类别	创刊时间	主办单位或主编	社址
浙西二中校刊	校刊	1943 年 4 月	省立浙西二中	吴兴
安吉教育（月刊）	教育	1944 年 8 月	蒋咏泉、姜兆瑞	安吉
前线	综合	1945 年 6 月	新四军苏浙军区政治部	长兴
江潮	综合	1945 年 6 月	新四军苏浙军区政治部	长兴
扫荡报（湖州号）（周刊）	综合	1945 年 10 月	国民党二十九军发行人范奇浚	吴兴
抗日自卫（周刊）	综合	1937 年 8 月	抗救后援会 张珂表、陈午韵	嵊县
涛声	综合	1937 年 9 月	上虞各界青年救亡协会 陈树谷	上虞
抗敌（周刊）	综合	1937 年 9 月	嵊县抗敌后援会 张珂表	嵊县
钟声（半月刊）	综合	1937 年 11 月	小越钟声社 陆志范、袁哨吟	上虞
剡沃文艺周刊	文艺	1937 年	剡声日报社	嵊县
前进（半月刊）	综合	1938 年 1 月	新昌县抗卫会 俞渭川	新昌
抗卫（半月刊）	综合	1938 年 1 月	嵊县抗卫会	嵊县
前线（旬刊）	综合	1938 年 3 月	绍兴抗卫教文会	绍兴
向导（周刊）	综合	1938 年 3 月	国民党绍兴县党部 吴文先	绍兴
同仇（周刊）	综合	1938 年 4 月	上虞县抗卫会 戚肖波	上虞
妇女周报（周刊）	妇女	1938 年 4 月	上虞县妇女会 陈芝娟	上虞
青年战号（旬刊）	综合	1938 年 4 月	浙江省励志会绍兴分会 金 林	绍兴
群力（月刊）	应用技术	1938 年 4 月	嵊县农业推进区	嵊县

刊物名称	类别	创刊时间	主办单位或主编	社址
战旗（旬刊） （周刊）	综合	1938 年 5 月 10 日	战旗社　殷秦义、曹天风、王传本、骆宾基、陈静之	绍兴
怒吼（半月刊）	通俗	1938 年 5 月	上虞县抗日歌咏团 丁秉钧	上虞
五五战时教育辅导（月刊）	教育	1938 年 6 月	省立绍中附小 孙礼成	绍兴
政工（旬刊）	综合	1938 年 7 月	嵊县政工队	嵊县
战友（半月刊）	综合	1938 年 7 月	绍兴民教馆　陈德杰	绍兴塔子桥直街
老百姓（画报）（半月刊）	通俗	1938 年 8 月（共出 2 期）	大众出版社　郦咸明	诸暨
抗战知识（又名《抗战十日》）（月刊）	综合	1938 年 8 月	诸暨县抗卫会 李士豪、郦咸明	诸暨
第一线（半月刊）	综合	1938 年 9 月	绍兴三区政工队 周丹虹（伊　兵）	绍兴
社训（半月刊）	专门	1938 年 10 月	绍兴社训总队 张一平	绍兴
战鼓（月刊）	综合	1938 年 11 月	上虞县抗卫会 吕国源、俞菊生	上虞
越王魂（半月刊）	综合	1938 年 12 月	绍兴县政工队　李　山	绍兴
越联（月刊）	校刊	1938 年	绍兴私立联合中学	绍兴
白马风	校刊	1938 年	上虞春晖中学	上虞
新生（旬刊）	综合	1938 年	新昌县抗卫会 俞魏滨	新昌
妇女阵地（月刊）	综合	1938 年	新昌县妇女会 马彝准	新昌
东南文艺（半月刊）	文艺	1939 年 2 月	绍兴东南文艺社 墨　易	绍兴
浣涛（旬刊）	综合	1939 年 2 月	诸暨县政工队	诸暨
政工阵地（旬刊）	综合	1939 年 2 月	上虞县政工队 戚肖波	上虞
战时文学（半月刊）	文艺	1939 年 3 月	国民党绍兴党训班同学会　孙越舫	绍兴

刊物名称	类别	创刊时间	主办单位或主编	社址
上虞县政导报（半月刊）	公报	1939 年 5 月	上虞县政工指导室 钟子岩	上虞
动员（半月刊）	综合	1939 年 6 月	诸暨县动员委员会 杨葆甫、郦咸明	诸暨
战时儿童（周刊）	儿童	1939 年	绍兴战时儿童社 陈屏汶	绍兴
禹风（旬刊）	综合	1940 年 3 月 15 日	三区专署政工指导室 郦咸明	绍兴
新音乐之友（月刊）	音乐	1940 年 6 月	新音乐之友社 叶崇淦等	嵊县
舜江通讯（半月刊）	综合	1940 年 10 月	上虞县舜江学社 俞菊生	上虞
向前（半月刊）	综合	1940 年 11 月	绍兴政工指导室 商梅庄	绍兴
舜塔（周刊）	综合	1940 年	陈慎安	上虞
新流（月刊）	综合	1940 年	新昌县政工指导室 卜升华、吕楚汀	新昌
星峰（周刊）	经济	1940 年	嵊县储蓄银行 汪洋	嵊县
新生命（月刊）	综合	1942 年 8 月	新生命月刊社 李凤翔	上虞
新昌战地（旬刊）	综合	1944 年 5 月	新昌县政府傅祖兴 钟敬绍	新昌
晨呼月刊	综合	1944 年 6 月	浙江保安第三纵队第二支队 谈坤	绍兴
战果	综合	1944 年	绍兴县自卫队十二地区指挥政训室	绍兴
春晖青年	综合	1944 年	春晖中学学生自治会	上虞
更生月刊	综合	1944 年	更生月刊社	绍兴
芒荻（月刊）	综合	1945 年 12 月	施承基	绍兴《越报》社内
战时生活	综合	1937 年 12 月	王闻识	金华四脚楼 87 号
青年抗敌特刊	综合	1937 年	中国青年励志会	金华

续表

刊物名称	类别	创刊时间	主办单位或主编	社址
浙江潮	综合	1938 年 2 月 24 日	国民党省政府 严北溟	金华酒坊巷 34 号
抗卫报（周刊）	综合	1938 年 2 月	永康县政工队 胡济涛	永康
老百姓（小学生） （半月刊）	通俗	1938 年 2 月	浙江教文会　周辅仁	金华
大风（三日刊）	综合	1938 年 2 月 19 日	赵龙文、姚思铨	金华八咏门外紫岩路 1 号
警钟（周刊）	综合	1938 年 3 月	武义县抗卫会 楼贤明　乌克定	武义
救亡（半月刊）	综合	1938 年 3 月	救亡半月刊社	金华
一条心（半月刊）	通俗	1938 年 4 月	国民党省党部战时推进民众团体工作委员会　杨持真	永康
新阵地（旬刊）	综合	1938 年 4 月	新阵地旬刊社 黄萍孙	金华
进攻（半月刊）	综合	1938 年 5 月	浦江抗卫会　张启棠	浦江
吼声（周刊）	综合	1938 年 5 月	金华县抗卫会　马疏	金华
大路（周刊）	综合	1938 年 5 月	宣铁吾、林光宇	金华
吼声	综合	1938 年 5 月 25 日	中华民族解放先锋队浦江县大队	浦江
刀与笔（月刊）	专门	1938 年 6 月	中国木刻协会东南分会	金华
浙江军训（月刊）	综合	1938 年 6 月	谭计全、叶寿康	金华
青年（半月刊）	综合	1938 年 6 月	徐　浩、何永德	金华
抗建论坛（旬刊）	综合	1938 年 7 月 15 日	骆耕漠	金华桂林巷 27 号
决胜（周刊）	综合	1938 年 7 月	朱沛人	永康
军法（月刊）	业务	1938 年 7 月	浙江省保安处 庞冶章	金华
浙江卫生（半月刊）	医卫	1938 年 8 月	浙江省民政厅卫生实验处	永康

刊物名称	类别	创刊时间	主办单位或主编	社址
吼声（半月刊）	综合	1938 年 9 月	中华民族解放先锋队浦江县大队部 张鲁英	浦江
战时记者（月刊）	综合	1938 年 9 月 1 日	浙江省战时新闻学会 杜绍文、汪道涵	金华塔下寺前街19 号
战地（半月刊）	综合	1938 年 9 月 18 日	八路军战地服务团 李楚狂、吴可读	金华
战画（月刊）	通俗	1938 年 9 月	浙江省美工协会 章西崖、俞乃大	金华
反攻（半月刊）	综合	1938 年 10 月	浦江县政工队	浦江
巨浪（周刊）	通俗	1938 年 10 月	金华县民教馆	金华
胜利	综合	1938 年 11 月	国民党浙江省党部胜利周刊社 陈贻孙、贾守本	永康
新青年（半月刊）	综合	1938 年 12 月	浙江省教文会 姚耕余	金华
东方（周刊）	综合	1938 年	郭沫若、朱剑农	金华
战时社教（月刊）	通俗	1938 年	金华县民教馆	金华
碧湖（旬刊）	综合	1938 年	省政工指导室 凌潜夫	永康
新力（周刊）	综合	1938 年	新力社　晏忠承 张载人	永康
义旗（周刊）	综合	1938 年	义乌县政工队	义乌
施教（周刊）	通俗	1938 年	义乌流动施教团	义乌
抗建漫画（月刊）	通俗	1938 年		兰溪
战时民众（周刊）	通俗	1938 年		兰溪
宣平周报（周刊）	综合	1938 年	国民党宣平县党部 祝兴邦	宣平（今属武义）
民意（周刊）	综合	1938 年	民意周刊社	东阳
血流（月刊）	文艺	1939 年 1 月 1 日	血流月刊社　翁北溟	金华
战时童军向导（月刊）	儿童	1939 年 1 月	姜卿云、周伯平	永康

刊物名称	类别	创刊时间	主办单位或主编	社址
东南战线	综合	1939 年 1 月 20 日	中共中央东南分局宣传部 骆耕漠、邵荃麟	金华柴场巷 15 号
青年团结	综合	1939 年 2 月 16 日	中共中央东南分局青年部 杜麦青	金华文昌巷 15 号
汤溪（旬刊）	综合	1939 年 3 月	徐转蓬、胡子惠	汤溪
东南戏剧（月刊）	文艺	1939 年 3 月 10 日	省战时剧人协会、省文委中心剧团 蔡极	金华
浙江战时教育文化（月刊）	教育	1939 年 3 月 10 日	浙江省抗卫会教文会 孟锦华、郭子韶	金华
作者通讯	文艺	1939 年 3 月 20 日	浙江省战时作者协会	金华冯宅岭背 25 号
金严（周刊）	通俗	1939 年 4 月	金严师管区 杨振	金华
民众（5 日刊）	综合	1939 年 5 月	金华县教文会	金华
文化战士（半月刊）	综合	1939 年 6 月 1 日	聂绀弩	金华同升巷 10 号
浙江妇女	综合	1939 年 7 月 15 日	战时儿童保育总会浙江分会	金华默相坊 6 号
政治通讯（月刊）	业务	1939 年 7 月	政治通讯社	兰溪
东南儿童（半月刊）	通俗	1939 年 9 月	杭苇、陈怀白	金华将军殿 29 号
浙江兵役（半月刊）	业务	1939 年 9 月	黄绍竑、赵天声	金华
文艺新型（月刊）	文艺	1939 年 9 月	王沉	金华
挺进（月刊）	综合	1939 年 9 月	挺进月刊社 邹鸿达	兰溪
金华（月刊）	综合	1939 年 10 月	金华县教文会	金华
抗卫（半月刊）（月刊）	综合	1939 年 12 月 1 日	国民党浙江省抗敌自卫特别党部 曾今可	金华
浙江特产（月刊）	经济	1940 年 1 月	省油茶棉丝管理处	永康
东战场（月刊）	综合	1940 年 1 月	温广彝、廉士聪	金华
浙江青年（月刊）	综合	1940 年 1 月	三青团浙江支团 林光宇、王传本	金华
天行杂志（旬刊）	综合	1940 年 2 月	华封	金华
现象（月刊）	综合	1940 年 2 月	王家齐	金华
东线文艺（不定期）	文艺	1940 年 3 月	东线文艺社	金华

刊物名称	类别	创刊时间	主办单位或主编	社址
歌与画（半月刊）	文艺	1940 年 4 月	歌与画半月刊社 易　鹰	永康
浙江民众（月刊）	综合	1940 年 5 月	吴望佽、吴一飞、 张永成	永康
浙江商业（月刊）	业务	1940 年 7 月	省商联会　金润泉、 缪敬承	永康
台湾先锋	综合	1940 年 4 月 15 日	台湾义勇队　张毕来	金华
浙茶通讯（旬刊）	经济	1940 年	中茶公司　蒋鸿泽	永康
战时工人（半月） （周刊）	综合	1940 年	浙赣铁路抗敌后援会	金华
西风副刊（月刊）	文艺	1940 年	西风月刊社	金华
建国（周刊）	综合	1940 年	曾今可	金华
浙江动员（月刊）	业务	1940 年	省动员会	永康
浙江警察（月刊）	专门	1940 年	省民政厅	永康
浙江政治（月刊）	专门	1940 年	浙江省政府　沈松林	永康
党员知识（半月刊）	党刊	1940 年	国民党浙江省党部 吴一飞	永康
浙江青年（旬刊） （月刊）	综合	1940 年 1 月	浙江青年旬刊社	金华
铁血（周刊）	综合	1940 年	武义县民教馆 王肇锦	武义
武义民众（月刊）	通俗	1941 年 2 月	武义县民教馆 王寿标	武义
战警（月刊）	专门	1941 年 3 月	阮笃成、刘尚清	永康
文化生活（月刊）	文艺	1941 年 9 月	房宇园	金华
方岩人报（半月刊）	文艺	1941 年 11 月	吴一飞	永康
辅导（季刊）	校刊	1941 年	省立金华师范	金华
四区农讯（月刊）	业务	1941 年	省第四农业推广区	金华
正路	综合	1942 年 2 月	国民党浙江省党部 周树枬	永康
四区青年（月刊）	综合	1942 年 3 月	孙越舫	金华
四九月刊	综合	1942 年 4 月	国军第四十九军军部 郭腾龙	金华

续表

刊物名称	类别	创刊时间	主办单位或主编	社址
万象（周刊）	综合	1942 年 4 月	孙子彬、王 沉	金华
绍中魂	综合	1943 年 1 月	绍中宣平校友会 李鸿梁	宣平（今属武义）
南联旬报（旬刊）	综合	1943 年 4 月 23 日	义乌县抗日自卫总队 一大队　何锦秀	义乌（共出 80 期）
兰溪县政（半月刊）	公报	1944 年	兰溪县政府秘书室 范文质	兰溪
永康民声（半月刊）	综合	1945 年 1 月	陈达夫	永康
辅导通讯（月刊）	通俗	1945 年 4 月	金华民教馆	金华
血钟（旬刊）	综合	1938 年 4 月	江山县政工队	江山
号角（半月刊）	综合	1938 年 6 月 1 日	江山抗日自卫委员会 朱剑蓉	江山
民声（周刊）	通俗	1938 年	常山流动施教团	常山
衢民（旬刊）	综合	1939 年 1 月	衢县国民兵团 施步雷	衢县
前哨（5 日刊）	综合	1939 年 1 月	吕敦来、陈文渊	龙游
龙游民众（月刊）	通俗	1939 年 6 月 11 日	胡宗岳、严志真	龙游
前锋（半月刊）	综合	1940 年 7 月	三青团江山分团部 徐根泉	江山
常山县政（旬刊）	公报	1940 年 8 月	叶木青、郑寿松	常山
衢州青年（月刊）	综合	1940 年 10 月	三青团衢州分团 周正祥	衢县
政光（半月刊）	综合	1940 年 12 月	柳一弥、吴荣庆	衢县
发动周刊	综合	1940 年（共出 2 期）	江山县抗日自卫宣 传队	江山
妇女营地（月刊）	妇女	1941 年 1 月	衢县妇女会　王松贞	衢县
天行杂志（旬刊）	综合	1941 年 5 月从金 华迁入	华 封	江山
江涛（半月刊）	综合	1944 年 6 月 1 日	江山县政府政工室	江山
社友通讯（月刊）	专业	1944 年 8 月	中国计政学社 郭炳权	江山
开化简报（周刊）	综合	1944 年 8 月	开化县政府秘书室	开化

刊物名称	类别	创刊时间	主办单位或主编	社址
馆刊	综合	1937 年 10 月	定海小小图书馆 陈达夫	定海（共出 80 期）
战时意见（周刊）	综合	1938 年 3 月	定海县抗卫会 杨子江	定海
怒潮（旬刊）	综合	1938 年 10 月	定海县抗卫会 林菁士	定海
文选	综合	1939 年	小小图书馆	定海
核心旬刊	综合	1939 年	第六区国民抗日自卫队	定海
定海（旬刊）	综合	1940 年 2 月	定海动员会	定海
瀜声	综合	1942 年秋	知　青　李　渔	定海六横
定海周报	综合	1945 年 9 月	国民党定海县党部 秘书傅志行等	定海
友声（不定期）	综合	1945 年冬	定海昌国中学 1944 届 同学会	定海
烽火（不定期）	综合	1937 年 5 月	杨炎宾	玉环
抗敌（周刊）	综合	1937 年 8 月	临海县抗敌后援会	临海
民众简报（不定期）	综合	1937 年 10 月	天台民众抗日救国团	天台
敌情（不定期）	综合	1937 年 12 月	黄岩县立中学学生自治会	黄岩（今属椒江）
救亡报（不定期）	综合	1937 年		临海
药工月刊	医卫	1938 年元旦	温岭县药业工会	温岭
吼声（半月刊）	综合	1938 年 2 月	三台民教馆救亡歌咏剧团	临海
统一（旬刊）	综合	1938 年 3 月	李绍青等	海门（今椒江）
抗敌青年（周刊）	综合	1938 年 3 月	临海抗卫会第二宣传工作队	临海
怒潮（半月刊）	通俗	1938 年 4 月	海门民众教育馆等	海门
抗日民众（半月刊）	综合	1938 年 4 月	临海抗日自卫委员会 王文贵、李日法	临海
动机（旬刊）	综合	1938 年 6 月	仙居县政工队 吴相鸿	仙居

续表

刊物名称	类别	创刊时间	主办单位或主编	社址
小国民（周刊）	通俗	1938 年 8 月	小国民周刊社 郭人全	黄岩
抗卫（月刊）	综合	1938 年 10 月	黄岩抗日自卫委员会 教文会　郑锟三	黄岩
原上草	文艺	约 1938 年	回浦中学	临海
民众抗敌（周刊）	校刊	1938 年	民生中学	仙居
民间（半月刊）	综合	1938 年	临海国难研究会	临海
业余生活（旬刊）	综合	1938 年	黄岩县政府	黄岩
正心通讯（双月刊）	综合	1938 年	陈其如、楼观海	临海
青年（月刊）	综合	1938 年	天台县青年学会 许世治	天台
抗日（周刊）	综合	1938 年	天台县抗卫会宣传队 朱　薪	天台
文化导报（周刊）	校刊	1938 年	天台中学	天台
复兴	校刊	1938 年	台属联立女师	天台
康谷农报（周刊）	农业	1938 年	郭颂铭等	临海康谷
战时医药学生	校刊	1938 年	省科学医药学校学生 自治会	临海
力行（月刊）	综合	1939 年元旦	国民党台州专员邢震 南（中共台州特委） 李洁天、叶斐英	台州
抗建（半月刊）	综合	1939 年 3 月	许竞明、曹壁初	天台
抗卫月刊	综合	1939 年 4 月	皮嗣襄、叶作民、 林吟乔	温岭
玉环儿童（月刊）	通俗	1939 年 6 月	方纪孙	玉环
尤溪周刊	综合	1939 年 7 月	周　璜	临海尤溪
天台民众（月刊）	通俗	1939 年 10 月	齐知今、陈立业	天台
星海文艺（月刊）	文艺	1939 年 11 月	星海文艺社	黄岩
青年之友（月刊）	综合	1939 年 12 月	张仁洪、金清言	临海
台中校刊（半月刊）	综合	1939 年 12 月	省立台州中学	黄岩
台中校友	综合	1939 年	省立台州中学	仙居
育青校刊（半月刊）	综合	1939 年	育青中学　陈茋民	天台

刊物名称	类别	创刊时间	主办单位或主编	社址
大公抗敌（周刊）	综合	1939 年	大公中学 许 杰	黄岩
努力（旬刊）	校刊	1939 年	省立台州中学	海门
青年先锋	综合	1939 年	温岭县青年战时救国团	温岭
心花（月刊）	校刊	1939 年	君毅中学	黄岩
临海教育（月刊）	教育	1940 年 1 月	临海县政府教育科 王襄平	临海
天明（月刊）	综合	1940 年 3 月	天台县政工队	天台
巨轮	木刻	1940 年 5 月	贺鸣声、方正中、林元白	海门
星火文艺（半月刊）	文艺	1940 年 10 月	回浦中学黄沙分校学生	临海
民间实报（周刊）	综合	1940 年 11 月	陈思源等	临海
台钟	校刊	1940 年	台州中学	仙居
黑海文艺（月刊）	文艺	1940 年	郑朔平	黄岩
地方行政干部训练所所刊（月刊）	公报	1941 年 10 月	玉环县行政干部训练所	玉环
正业青年	青年	1941 年	正业青年社	临海
温岭月报（月刊）	综合	1942 年元旦	金桐村等	温岭
北山人报（旬刊）	综合	1942 年 2 月 10 日	临海县政府新生活运动促进会	临海
玉环青年（半月刊）	综合	1942 年春	战时临时青年工作队	玉环
临海县政（旬刊）	公报	1942 年 2 月 10 日	临海县政府	临海
黄岩县政府公报（旬刊）	公报	1942 年 7 月	黄岩县政府	黄岩
鹾光	业务	1943 年 5 月 1 日	临海县盐务分局	临海
青年生活（月刊）	青年	1943 年 5 月	青年生活杂志社	温岭
新女性	妇女	1943 年 5 月	玉环妇女会楚门分会	玉环
临海青年（月刊）	综合	1943 年 9 月	三民主义青年团临海战时服务团	临海
海风月刊		1943 年	海风月刊社	玉环
坎门周报	综合	1943 年	郭世祯等	玉环坎门

刊物名称	类别	创刊时间	主办单位或主编	社址
玉环简报（周报）	综合	1943 年	玉环县政府　以定邦	玉环
青年周报	综合	1944 年 2 月	三青团三门县团务筹备处、民众教育馆	三门
仙居青年（月刊）	青年	1944 年 3 月	仙居青年服务队	仙居
建国儿童周报	周报	1944 年 5 月	张梅芳、戴天仇等	临海
新光（半月刊）	校刊	1944 年 7 月	临海简易师范　王笑白	临海
自卫		1944 年	自卫刊社	黄岩
临合通讯	经济	1945 年 3 月	中国合作事业协会临海支会　省合作社物供处临海办事处	临海
教育通讯（周刊）	教育	1945 年 5 月	临海国民教育研究会　王香屏	临海
台师通讯	校刊	1945 年 7 月	台州师范学生服务指导会	仙居
诚报（5 日刊）	综合	1945 年	沈信真	黄岩
玉环民众	通俗	1945 年	玉环县民众教育馆	玉环
临师期刊	校刊	1945 年	临海县简师学生自治会	临海
动员周刊	综合	1938 年 1 月 20 日	动员周刊社　骆耕漠	丽水城关王衙弄 2 号 3 月迁至丽阳门外
碧湖（月刊）	业务	1938 年 3 月	碧湖训练团团友会　朱仰曾	云和
儿童简报	儿童	1938 年 3 月	遂昌简易师范	遂昌
抗敌前线（旬刊）	综合	1938 年 3 月	省抗敌协会丽水分会	丽水
出路	综合	1938 年 3 月	省第五区区立民教馆	遂昌
大家看（旬刊）	通俗	1938 年 3 月	省文化界抗敌协会丽水分会　遂昌县民教馆	遂昌
大家看（旬刊）	通俗	1938 年 3 月	龙泉县政府（中共党组织）　葛琴	龙泉
号声	校刊	1938 年 4 月 14 日	景宁县立简易师范	景宁
抗日自卫（半月刊）	综合	1938 年 4 月	丽水县抗卫会　徐昭	丽水

刊物名称	类别	创刊时间	主办单位或主编	社址
新力（周刊）	综合	1938 年 4 月	浙江省抗敌自卫委员会　蒋治	丽水
调整（旬刊）	业务	1938 年 5 月	省建设厅物产调整处	丽水
政工队情报（周刊）	综合	1938 年 5 月	遂昌县政工队　王一心	遂昌
新庆元	综合	1938 年 6 月 1 日	庆元县民教馆　赵国琛	庆元
浙江合作通讯（旬刊）	专门	1938 年 7 月	中国合作事业协会浙江分会	丽水
遂昌快报	综合	1938 年 7 月	遂昌民教馆	遂昌
遂昌教育	综合	1938 年 7 月	遂昌大枧区政工队	遂昌
抗战建设	综合	1938 年 9 月	抗战建设周刊社　何建松	丽水
浙江工业（月刊）	业务	1938 年 9 月	省工业改进所　沙存之	丽水
抗战画报（半月刊）	木刻	1938 年	丽水美术工作者协会　金逢孙	丽水
浙光（半月刊）	业务	1938 年	浙江地方银行　顾文渊	丽水
桐油（周刊）	业务	1938 年	浙江桐油运输处	丽水
浙江自治（半月刊）	专业	1938 年	浙江自治出版社　经贯之	丽水
碧湖旬刊	综合	1938 年	省府战时政工指导室	丽水
解放漫画（旬刊）	通俗	1938 年	丽水县抗卫会	丽水
处中旬刊	校刊	1938 年	省立处州中学	丽水
新青年（旬刊）	青年	1938 年	丽水新青年编辑室	丽水
文艺	文艺	1938 年	遂昌县政府	遂昌
丘八	通俗	1938 年	丘八周刊社　周国俊、金更	庆元
垦荒（半月刊）	综合	1938 年	龙泉县政工队	龙泉
剧野（半月刊）	文艺	1938 年	龙泉民众剧场	龙泉
警察（半月刊）	专业	1938 年	周诚	龙泉

续表

刊物名称	类别	创刊时间	主办单位或主编	社址
合作（半月刊）	专业	1938 年	龙泉县政府　孔定凡	龙泉
大众吼声	通俗	1938 年	青田县抗卫会	青田
烽火	通俗	1938 年	青田县民教馆	青田
新经济（月刊）	经济	1938 年	云和县政府合作室	云和
云和教育（月刊）	教育	1938 年	云和县政府	云和
云和诗刊（月刊）	文艺	1938 年	云和县民教馆 陈曾善	云和
农情（月刊）	专门	1938 年		松阳
农声	专门	1938 年	云和中心之农场 冯金义	云和
景宁周报（周刊）	综合	1938 年	国民党景宁县党部 黄　炳	景宁
抗战建设		1939 年 1 月	两浙经济通讯社	丽水
战时中学生（月刊）	综合	1939 年 2 月 20 日	杭州中正书局 李一飞、郭莽西	丽水
进修（半月刊）	青年	1939 年 2 月	丽水杭州中正书局	丽水
遂昌政导报	综合	1939 年 2 月	遂昌县政工队	遂昌
乡建通讯	专门	1939 年 5 月	浙江省建设厅秘书室 陈虞孙、李楚书	丽水
太平周报	综合	1939 年 5 月	浙江省建设厅特约丽水 太平经济实验区区署 （中共太平区委机关）	丽水
新蕉川（周刊）	综合	1939 年 5 月	遂昌民教馆蕉川分馆	遂昌
青田卫生（半月刊）	医卫	1939 年 6 月	周子岐	遂昌
遂昌经济建设（半月刊）	经济	1939 年 7 月	南　鸿　李元明	遂昌
半月时事（半月刊）	综合	1939 年 8 月	遂昌县政府	遂昌
合工十日（旬刊）（半月刊）	专业	1939 年 9 月	省政府战时合作工作队总队部　袁　吉	丽水
浙江建设（月刊）	业务	1939 年 10 月	省建设厅　蔡炳贤、陈虞孙	丽水
遂昌民教	综合	1939 年 10 月	遂昌民教馆	遂昌
战时木刻（半月刊）	木刻	1939 年 11 月 15 日	省战时木刻研究社	遂昌

刊物名称	类别	创刊时间	主办单位或主编	社址
社教通讯（月刊）	专业	1939 年	省社教研究会	丽水
政工导报	综合	1939 年	遂昌县政府	遂昌
浙江农业（月刊）	农业	1939 年	浙江农业改进所	松阳
湘湖通讯（半月刊）	校刊	1939 年	省立湘湖师范	松阳
浙江省通志馆馆刊	专业	1945 年 2 月	浙江省通志馆 余绍宋	云和大坪乡后迁杭州
丽水团讯	青年	1939 年	三青团丽水分团部	丽水
浙江青年（月刊）	综合	1940 年 1 月	三青团浙江支团 王传本	云和
遂昌民报（月刊）	综合	1940 年 1 月	遂昌民教馆 郑新华	遂昌
青田青年（月刊）	综合	1940 年 1 月	三青团第七分团 徐萤光	青田
人间佛教（月刊）	宗教	1940 年 1 月	释稀明、尚　贤	缙云
英大周刊（周刊）	校刊	1940 年 2 月	省立英士大学	丽水
会员通讯	会刊	1940 年 4 月	中国文化建设协会浙江分会	丽水
浙江教育（月刊）	教育	1940 年 4 月	省教育厅　史美钧	丽水
动员（周刊）	综合	1940 年 4 月	云和县动员会 李元白	云和
文艺丛刊	文艺	1940 年	受中共处署特委指导 陈沙蒂	丽水
龙泉青年	综合	1940 年	三青团龙泉分团 邱璧光	龙泉
新知（半月刊）		1940 年	新知半月刊社	缙云
东南木刻	木刻	1940 年	郑野夫	丽水
浙江商业（月刊）	经济	1940 年	省商联会金润泉	丽水后迁永康
儿童新闻（旬刊）	儿童	1941 年 2 月 20 日	儿童新闻出版社 潘一尘、俞子夷	丽水
温中校刊	教育	1941 年 3 月	省立温州中学 钱耕莘	青田
民国教育指导月刊	教育	1941 年 8 月	许绍棣	景宁

刊物名称	类别	创刊时间	主办单位或主编	社址
木刻艺术（双月刊）	木刻	1941 年 9 月 1 日	省战时木刻艺术社 郑野夫、金逢孙等	丽水
人报（半月刊）	文艺	1941 年 11 月	吴一飞	云和（原在永康）
浙江图书馆月刊	综合	1941 年 12 月	省图书馆 陈博文	青田
处州社教（月刊）	通俗	1941 年	处州民众教育馆 朱仰曾	丽水
浙江政情通讯 （月刊）	公报	1943 年 1 月	浙江省政府秘书处 李 洁	云和
读书生活月报	综合	1942 年	碧湖青年读书生活社	丽水碧湖
正气（周刊）	综合	1943 年 3 月	遂昌县三青团	遂昌
读书杂志（月刊）	综合	1943 年 4 月	王赞侯、季芰芹	丽水碧湖
浙江教育行政月刊	公报	1943 年 4 月	浙江省教育厅 许绍棣	景宁
经济建设	经济	1943 年 6 月	省建设厅 蔡斌咸	云和
交通通讯（周刊）	经济	1943 年 8 月	杨澍松、李可镇	云和
浙江税务（月刊）	业务	1943 年 10 月	张 杰、张远谋	青田
真话（月刊）	综合	1943 年 10 月	翁华康、张凡公、 陈一然	云和
青年文学月报	文艺	1943 年 10 月	翁北溟、王霖、 赵关关	云和
党军（月刊）	综合	1944 年 1 月	国民党浙江军队特别 党部 汪剑隐	龙泉
农牧导报（月刊）	农业	1944 年 1 月	章乃焕	丽水
庆元公报（周刊）	公报	1944 年 4 月	潘然幅	庆元
浙江社政（月刊）	业务	1944 年 4 月	浙江省政府社会处 范鸣麒	云和
计人（月刊）	综合	1944 年 7 月	李宗渤、杨时展	云和
胜流（半月刊）	综合	1945 年元旦	陈光增	云和
遂昌青年（月刊）	青年	1945 年 1 月	宣尔先、赵建贤	遂昌
图书评价（双月刊）	学术	1945 年 1 月	省图书馆研究辅导部	青田
浙江图书馆月报	学术	1945 年 1 月	省图书馆 陈博文	青田
浙合旬报	业务	1945 年 1 月	唐巽泽、刘照藜	云和

续表

刊物名称	类别	创刊时间	主办单位或主编	社址
新活力（半月刊）	综合	1945 年 3 月	朱辅仁、倪苿棠	龙泉
东南儿童（周刊）	通俗	1945 年 4 月	刘孟周、萧 江	龙泉
浙江日报月刊	综合	1945 年 5 月	严北溟、朱祖瞬、陈虞孙	龙泉
三民主义制度导报（月刊）	党刊	1945 年 7 月	阙中天	丽水
民众科学	通俗	1945 年 11 月	省立处州民教馆	丽水

3. 晚清至民国时期杭州书店、书坊名录①

单位名称	经营者	经营项目	地址	起讫年份	附注
文宝斋		古旧书	昭庆寺、仁和路	？—1925	
汇古斋	朱宝庭	古旧书	城站	？—1958	
经香楼	朱成章 朱惠泉	古旧书	梅花碑	1909—1935	
杨炳生书店	杨炳生	古旧书	多福路	1901—？	后在上海开设集成书局
小琳琅书馆	郑月宝	古旧书	福缘巷	1910—1924	
汲古斋	侯月樵	古旧书	梅花碑	1910—1924	
文玉堂	顾树培	古旧书	梅花碑	1912—1921	
务本堂	顾树培	古旧书	梅花碑	1912—1921	
述古堂	朱宝泉 陈立炎	古旧书	梅花碑	1917—1927	
宜新书店	黄震通	古旧书	延龄路	1918—？	
文宝堂		古旧书		1918—1924	
通志堂		古籍、书刊		1918—1924	
奇晋斋				1918—1924	
道古堂	张维熙	古籍、书刊	教仁街	1918—1928	

---

① 正文中已介绍过的，不再收录。

单位名称	经营者	经营项目	地址	起讫年份	附注
万卷楼	王连福		湖滨路	1921—1931	
聚元堂				1921—?	
大文堂	黄震通	古籍、书刊	清河坊	1921—1931	
问经堂	周竹斋 周孝穆	古籍、书刊	官巷口	1921—1958	
宝晋斋	朱如山	古籍、书刊	梅花碑	1921—1925	
文艺书局	屠叙臣	古籍、书刊	城站	1921—1937	
知新书店	周竹斋	古籍、书刊	清河坊	1911—1912	
二酉山房		古籍、书刊		?—1925	
石渠阁	陈子卿 陈士奎	古籍、书刊	延龄路	1921—1950	
通学斋		古籍、书刊		1921—1935	
复初斋	顾立章	古籍、书刊	城站	1921—1949	
道生堂		古籍、书刊		?—1935	
同道善书局	倪忧天	古籍、书刊	贡院前	1922—?	
通艺斋		古籍、书刊		1922—1929	
麟经堂	朱麟宝	古籍、书刊	板儿巷	1922—1929	
文奎堂	陈士英	古籍、书刊	湖滨路	1925—1931	
周氏善本书店	周老四	古籍、书刊	泗水坊桥	1928—1937	
经训堂	朱菊人	古籍、书刊	城站	1927—?	
佛学书局杭州分局			龙翔桥	?—1937	
陆氏书店	陆少宝	古籍、书刊	许衙巷口	1928—?	
翰墨林	钟林发	古籍、书刊	保佑坊	1932—1947	
锦记书庄	章剑生	古籍、书刊		1937—1947	
拜经楼	朱立行	古籍、书刊	新民路	1930—1958	
文艺书店	高坤 屠兆绶	古籍、书刊	新民路	?—1958	
大观斋	朱宝庆	古籍、书刊	教仁路		
豸华堂	金元达	古籍、书刊	马市街	1932—1947	
撷英书店	洪承德	古籍、书刊	板儿巷	1933—1937	
武林书店	王联福 黄振毅	古籍、书刊		1936—1951	

单位名称	经营者	经营项目	地址	起讫年份	附注
天禄阁	徐春樵	古籍、书刊	新民路	1939—1949	
文汇堂	杜国威	古籍、书刊	新民路	1931—1958	
陈氏书店	陈茂盛	古籍、书刊	许衙巷口	1939—1949	
天泰书店	徐志樵	古籍、书刊			
松泉阁	王松泉	古籍、书刊	新民路	1942—1958	
宝贻斋	严宝善	古籍、书刊	平海街	1946—1957	
经韵楼	陈梅成	古籍、书刊		1946—?	
上海美华书馆杭州分馆（教会图书公司杭州分公司）		图书报刊		1915—1927	并入商务印书馆
吴山书店		图书报刊	国货陈列馆	1919—?	
浙江图书馆印行所	（公营）	图书报刊	大学路	1920—1924	
古今图书店		图书报刊		1919—1939	
湖上书局	许达	图书报刊		1919—1939	
有正书局		图书报刊		1921—1937	
六艺书局	陈立炎 葛俊铨	图书报刊	湖滨路	1921—1937	
德记书庄		图书		1921—1935	
梁溪图书社		图书		1921—1925	
集益合作书店	楼从晓	图书		1921—1926	
之江图书仪器店	鲍志刚 张平清	图书文具	中山路保佑坊	1922—1929	
浙江书局官书坊	（官办）		小营巷	1882—1909	并入浙江图书馆
光华书局		图书报刊	湖滨路	1927—1929	被中国国民党浙江省党部查封
现代书局		图书		1931—?	
文华书局	姚斌奎	图书		1931—1937	
德新书店	方林元	图书		1931—?	

单位名称	经营者	经营项目	地址	起讫年份	附注
新文化书店	黄葆荣	图书		1931—1937	
大中书局	朱阿华 周孝穆			1931—1937	
新民书店	楼××	图书报刊	新民路	1931—1937	
维新书店	陈士奎	图书报刊	湖滨路	1931—1958	
云浮书报社	夏水源	图书报刊		1931—1937	
生活书店		图书报刊		1927—1928	被中国国民党浙江省党部查封
壎篪书社	高燮守	图书报刊		1931—1935	
星星书社	杨锦洲	图书报刊		1932—1952	
民智书局	梁佐厚	图书报刊		1927—1928	被中国国民党浙江省党部查封
我等书店	崔晓立	图书报刊	新民路	1928.10—1928.12	被中国国民党浙江省党部查封，崔晓立被捕入狱
小说林书店	程松斋	图书报刊		1930—1935	
开文书店	娄伯堂	图书报刊		1931—1935	
菊生书店	王菊生	图书报刊		1932—1937	
民众书店	宣佑寿 赵雪丰	图书报刊		1934—1937	
三星书局	郭秋萍	图书报刊		1935—1937	
集成图书公司		图书报刊			
摩登书店	小骆驼	图书报刊		1933—1937	
当代出版社	郑邦琨	图书	皮市巷	1933—1949	
有美书画社	唐吉生	图书报刊	迎紫路	1934—1937	
环球书店	吴再仁	图书报刊	迎紫路	1936—1937	
唯一书店	陈士英	图书报刊	迎紫路	1936—1937	
北新书局	娄百堂	图书报刊	新民路	1937—1952	
志成书店	尹家斌	图书报刊	中山路	1938—1958	

单位名称	经营者	经营项目	地址	起讫年份	附注
杭州书店	蔡新发	图书报刊		1939—1958	
中国书店		图书报刊	青年路	1943—?	
独立出版社	顾碧琴	图书报刊		1946—1949	
西蒙书店	范志仁 吴伯训	图书报刊	延龄路	1946—1950	曾被当局多次搜查
悦来书店	李作尧	图书报刊	延龄路	1946—1947	被当局查封
任兰生书店	任兰生	图书报刊	积善坊巷	1946—1947	被当局查封
龙门书店	钱绍杭	图书报刊	延龄路	1946—1951	
湖滨书店	钱绍杭	图书报刊	湖滨路	1946—1949	
东方图书公司	王裕生	图书报刊		1946—1953	
文益书店	章寅	图书报刊		1946—1957	
良然书店		图书报刊		1946—1958	
文城书店		图书报刊		1946—1949	
东南图书公司	鲍郡	图书报刊	仁和路	1946—1950	曾被当局搜查
华华书店	孙瑞洲	图书报刊	延龄路	1946—1952	曾被当局搜查
中国儿童书店	盛澄世 田吟梅	少儿读物 中小学教学用书		1946—1958	
新中国书店	黄桐生	图书		1946—1958	
近知书店	沈尧敬	图书		1946—1958	
小小书店	朱嵩巢	图书		1946—1958	
新生书店		图书		1946—1958	
浙江大学书店	校办	图书报刊	大学路	1946—1949	
达记书店	陈士英			1946—1949	
人和图书文具社	娄伯堂	图书文具	仁和路	1946—1956	
天行杂志社	华封	图书文具	迎紫路	1946—1949	
大新书店	郑蔚文	图书文具		1947—1952	
五洲书报社	陈云卿	图书文具	迎紫路 27 号	1947—1951	曾于 1948 年被当局查封
蚂蚁书屋 （骆驼书店）		图书文具	青年路	1947—1948	被当局查封
新光书店	王世德	图书文具		1948—1949	

主要参考文献

［1］金普森、陈剩勇、汪林茂：《浙江通史》（清代卷上下），浙江人民出版社 2005 年版。

［2］金普森等：《浙江通史》（民国卷上下），浙江人民出版社 2005 年版。

［3］朱赛虹、曹凤祥、刘兰肖：《中国出版通史》（清代卷上），中国书籍出版社 2008 年版。

［4］汪家熔：《中国出版通史》（清代卷下）中国书籍出版社 2008 年版。

［5］叶再生：《中国近代现代出版通史》，华文出版社 2002 年版。

［6］肖东发、方厚枢：《中国编辑出版史》（下），辽海出版社 2008 年版。

［7］上海图书馆：《中国丛书综录》，上海古籍出版社 1982 年版。

［8］瞿冕良：《中国古籍版刻辞典》，齐鲁书社出版社 1999 年版。

［9］张秀民：《中国印刷史》，上海人民出版社 1989 年版。

［10］张秀民、韩琦：《中国活字印刷史》，中国书籍出版社 1998 年版。

［11］薛冰：《中国版本文化丛书——插图本》，江苏古籍出版社 2002 年版。

［12］肖东发、杨虎：《插图本中国图书史》，广西师范大学出版社 2005 年版。

［13］刘伯钧：《中国书史简编》，书目文献出版社 1982 年版。

［14］浙江省出版志编纂委员会：《浙江省出版志》，浙江人民出版社 2007 年版。

［15］顾志兴：《浙江出版史研究——元明清时期》，浙江古籍出版社 1993 年版。

［16］寿勤泽：《浙江出版史研究——民国时期》，浙江大学出版社 1994 年版。

［17］洪焕椿：《浙江方志考》，浙江人民出版社 1984 年版。

［18］宋慈抱：《两浙著述考》，浙江人民出版社 1985 年版。

［19］浙江出版史编委会：《浙江出版史料》，浙江人民出版社。

［20］戈公振：《中国报学史》，商务印书馆 1927 年版。

［21］孙殿起：《贩书偶记续编》，上海古籍出版社 1980 年版。

［22］叶德辉：《叶德辉书话》，浙江人民出版社 1998 年版。

［23］黄裳：《榆下杂说》，上海古籍出版社 1992 年版。

［24］陈乃乾：《陈乃乾全集》，国家图书馆出版社 2009 年版。

［25］李性忠：《嘉业藏书楼》，西安地图出版社 2000 年版。

［26］纪昀：《四库全书总目提要》，河北人民出版社 2000 年版。

［27］顾廷龙主编：《中国古籍善本书目》，上海古籍出版社 1985 年版。

［28］王重民：《中国善本书提要》，上海古籍出版社 1983 年版。

［29］浙江图书馆古籍部：《浙江图书馆善本书目》，浙江教育出版社 2002 年版。

［30］胡学彦：《浙江历代版刻书目》，浙江人民出版社 2008 年版。

［31］姚觐元：《清代禁毁书目》（补遗），商务印书馆 1957 年版。

［32］孙殿起：《清代禁书知见录》，商务印书馆 1957 年版。

［33］傅增湘：《藏园群书题记》，上海古籍出版社 1989 年版。

［34］马端临：《文献通考》，中华书局 1999 年 6 月版。

［35］乾隆官修：《续文献通考》，浙江古籍出版社 2000 年 1 月版。

［36］乾隆官修：《清朝文献通考》，浙江古籍出版社 2000 年 1 月版。

［37］刘锦藻：《清朝续文献通考》，浙江古籍出版社 2000 年 1 月版。

［38］湖州博物馆选编、清陆心源：《仪顾堂集》，富阳古籍印刷厂印刷。

［39］章太炎：《章太炎全集》（卷三、卷四、卷七），上海人民出版社 1984—1999
年版。

［40］鲁迅：《鲁迅全集》，人民文学出版社 1981 年版。

［41］徐洪兴：《王国维文选》，上海远东出版社 1997 年版。

［42］浙江省政协文史资料委员会：《民国轶事撷拾》，浙江人民出版社 2002 年版。

［43］浙江省档案馆：《浙江民国史料辑要》（上），浙江省档案馆。

［44］中国人民政治协商会议温州市委文史资料委员会：《孙诒让遗文辑存》，浙江人
民出版社 1990 年版。

［45］韩天衡：《历代印学论文选》，西泠印社 1999 年版。

［46］杭州市地方志编纂委员会主任王永明、总编任振泰：《杭州市志》，中华书局
1995—1997 年版。

［47］宁波市地方志编纂委员会主任陈文宪等、主编俞福海：《宁波市志》，中华书局
1995 年版。

［48］温州市志编纂委员会主任卢声亮等：《温州市志》，中华书局 1998 年版。

［49］嘉兴市地方志编纂委员会主任周洪昌等主编：《嘉兴市志》，中国书籍出版社
1997 年版。

［50］湖州市地方志编纂委员会主任王承惠等、主编王克文：《湖州市志》，昆仑出版
社 1999 年版。

［51］绍兴市地方志编纂委员会主任陈祖楠等、总纂任桂全：《绍兴市志》，浙江人民
出版社 1996 年版。

［52］金华市地方志编纂委员会主任郭懋阳等、总纂章关键：《金华市志》，浙江人民
出版社 1992 年版。

［53］滕复等：《浙江文化史》，浙江人民出版社 1992 年版。

［54］陈桥驿：《浙江古今地名辞典》，浙江教育出版社 1992 年版。

［55］陈玉堂：《中国近现代人物名号大辞典》，浙江古籍出版社 1993 年版。

［56］中共浙江省委党史研究室：《浙江人民革命史画册》，浙江摄影出版社 1991
　　　年版。